KB123472

한국어
어문 규범의 평가

- 표준어 어휘·표준 발음·한글 맞춤법·외래어 표기·로마자 표기 -

한국어 어문 규범의 평가

이주행 저

표준어 어휘   표준 발음
한글 맞춤법   외래어 표기
로마자 표기

보고사
BOGOSA

　온 국민이 공적인 상황에서 의사소통을 잘하려면 어문 규범에 맞게 말을 하고 글을 써야 한다. 어문 규범이란 모든 국민이 언어생활을 할 때 마땅히 따르고 지켜야 할 말과 글에 관한 규범이다.

　한국어의 어문 규범에는 「표준어 사정 원칙」, 「표준 발음법」, 「한글 맞춤법」, 「외래어 표기법」, 「국어의 로마자 표기법」 등이 있다. 어문 규범을 제정할 때에는 표준어를 먼저 사정한 다음에, 사정한 표준어를 참고 자료로 삼아 맞춤법을 제정한다.

　「표준어 사정 원칙」과 「표준 발음법」은 표준어의 규정에 관한 것이다. 「표준어 사정 원칙」은 동일한 의미를 나타내는 여러 변종 중에서 어떤 것을 표준어로 삼을 것인지에 대해서 규정한 것이고, 「표준 발음법」은 표준 발음을 규정한 것이다. 「한글 맞춤법」과 「외래어 표기법」은 한국어를 한글로 적을 때 지켜야 할 규범이다. 「한글 맞춤법」에는 맞춤법, 띄어쓰기, 문장 부호 등에 대한 규정이 포함되어 있다. 북한에서는 맞춤법, 띄어쓰기, 문장 부호 등에 대해서 각각 분리하여 규정하고 있다. 「국어의 로마자 표기법」은 한국어를 로마자로 바르게 쓰도록 하기 위해 만든 규범이다. 이것은 한국인이 한국어를 로마자로 표기함으로써 외국인이 한국어를 쉽게 읽을 수 있도록 하기 위하여 제정한 것이다. 행정 구역 단위인 '도(道), 시(市), 군(郡), 구(區), 읍(邑), 면(面), 리(里), 동(洞)' 등의 이름과 인명(人名), 역명(驛名), 문화재명(文化財名), 자연 지물명(自然地物名), 인공 축조물명(人工築造物名), 회사명(會社名), 상품명(商品名) 등을 로마자로 표기한다.

대기업, 방송사, 신문사, 출판사 등의 신입 사원과 공무원의 채용 시험에서 한국어 어문 규범 ― 표준어 어휘, 표준 발음, 한글 맞춤법, 외래어 표기, 국어의 로마자 표기 ― 에 관한 문제가 출제된다. 또한 외국어로서의 한국어 교육 능력 검정 평가와 외국인을 대상으로 실시하는 한국어 시험에서도 어문 규범에 관한 문제가 중요한 비중을 차지한다.

해마다 한국방송공사(KBS)에서는 2004년부터 방송국에 입사를 희망하는 지원자와 일반인을 대상으로 실시하는 '한국어 능력 시험'에서도 어문 규범에 관한 문제를 많이 출제한다.

이 책은 1. 「표준어 어휘」 평가, 2. 「표준 발음」 평가, 3. 「한글 맞춤법」 평가, 4. 「외래어의 표기」 평가, 5. 「국어의 로마자 표기」 평가, 6. 「종합 모의고사」 등 모두 6장으로 구성되어 있다.

이 책에서는 표준어 어휘, 표준 발음, 한글 맞춤법, 외래어 표기, 국어의 로마자 표기 등에 관한 것을 출제하였다. 방송사 실기 시험에서 장음(長音)과 단음(短音)을 정확히 식별하는 능력을 평가하는 것을 중시하기 때문에 「2. 표준 발음」에서 장단음(長短音)에 관한 문제를 비중 있게 다루었다.

어문 규범 중에서 「한글 맞춤법」과 「외래어 표기법」에 관한 문제가 많이 출제되기 때문에 이것들에 관한 문제를 다른 것들에 비해 더 많이 출제하였다. 「한글 맞춤법」에 대한 문제는 '맞춤법에 맞게 표기하기', '띄어쓰기', '문장 부호 사용' 등에 대한 것을 출제하였다. 「외래어의 표기」에 관한 문제는 일상 언어생활에서 자주 쓰이는 외래어를 많이 선정하여 출제하였다.

「국어의 로마자 표기법」에 관한 문제는 행정 구역, 문화재, 유적지, 명승지 등의 이름을 로마자로 바르게 표기하는 문제를 주로 출제하였다.

어문 규범의 평가에 그치지 않고 어문 규범의 학습에 도움을 주기 위해서 모든 문항 바로 뒤에 그 문제에 대한 해설과 정답을 제시하였다. 해설할 때에는 문항과 관련되는 어문 규범의 해당 조항을 소개하였다.

6. 「종합 모의고사」에서는 표준어 어휘, 표준 발음, 한글 맞춤법, 외래어의 표기, 국어의 로마자 표기 등에 관한 문제를 종합하여 출제하였다.

이 책의 발간 목적은 독자가 스스로 한국어 어문 규범에 관한 문제를 풀어 보고, 어문 규범에 맞는 언어를 구사하는 자신의 능력을 점검함으로써 더욱 나은 바른 언어 생활을 하고, 각종 시험을 준비하는 분들에게 도움을 주려는 데 있다.

이 책이 각종 시험을 준비하는 분들이 소기의 꿈을 실현하는 데 도움을 주기를 간절히 바란다. 그리고 일반 독자가 어문 규범에 어긋나지 않고 바르게 언어생활을 하는지에 대해서 스스로 알아보는 평가 자료로 널리 활용되면 그 이상의 기쁨은 없을 것이다.

2021년 12월 23일

이주행(李周行)

차례 ────────────────────────────────────

1
「표준어 어휘」 평가

제1회 「표준어 어휘」 평가

01 표준어만으로 묶인 것은?

① 가을카리, 쪽밤, 저으기　　② 삼춘, 이드름, 강남콩
③ 끄나풀, 살쾡이, 털어먹다　　④ 냄비, 수퀑, 오똑이

| 문항 해설 |

① '가을카리'는 '가을갈이'의 비표준어이다. '쪽밤'은 '쌍둥밤'의 비표준어이다. '저으기'는 '적이'의 비표준어이다.
② '삼춘'의 표준어는 '삼촌'이고, '이드름'의 표준어는 '여드름'이며, '강남콩'의 표준어는 '강낭콩'이다.
③ '끄나풀, 살쾡이, 털어먹다' 등은 모두 표준어이다.
④ '오똑이'의 표준어는 '오뚝이'이다.

정답 ③

02 다음 □ 속의 문장은 「표준어 사정 원칙」 제1항의 내용이다. (　) 속에 들어갈 알맞은 말은?

표준어는 (　)이 두루 쓰는 현대 서울말로 정함을 원칙으로 한다.

① 교양 있는 사람들　　② 중류 계층
③ 온 국민　　④ 일반인

「표준어 사정 원칙」 제1항은 1988년 「표준어 사정 원칙」을 개정하여 고시하기 전에는 "표준말은 대체로 현재 중류 사회에서 쓰는 서울말로 한다."라고 하였던 것을 바꾼 것이다. 사회적 기준으로서, 표준어는 '교양 있는 사람들이 사용하는 언어'이어야 한다는 것이다. '중류 사회'를 '교양 있는 사람들'로 바꿈으로써 표준어를 구사하지 못하면 교양이 없는 사람이 된다는 점을 강조한 것이다. 시대적 기준으로서, 표준어는 현대어(現代語)이어야 한다는 것이다. 지역적 기준으로서, 표준어는 서울말이어야 한다는 것이다. '원칙으로 한다'는 예외도 허용한다는 것을 뜻한다.

정답 ①

03 밑줄 친 단어 중에서 표준어에 해당하는 것은?

① 나는 <u>숫나사</u> 열 개를 샀다.
② 나는 <u>숫은행나무</u>를 심었다.
③ 나는 <u>숫염소</u> 한 마리를 샀다.
④ 나는 <u>숫병아리</u> 두 마리를 샀다.

「표준어 사정 원칙」 제7항에서는 '숫양, 숫염소, 숫쥐' 등을 제외하고, 수컷을 뜻하는 접두사는 '수-'로 통일한다고 규정하고 있다.
① '숫나사'의 표준어는 '수나사'이다.
② '숫은행나무'의 표준어는 '수은행나무'이다.
③ '숫염소'는 표준어이다.
④ '숫병아리'는 '수평아리'이다.

정답 ③

04 밑줄 친 단어 중에서 표준어에 해당하는 것은?

① 우리는 막내딸의 <u>돐잔치</u>를 하였다.
② <u>재떨이</u>가 저기에 있어요.
③ 정든 곳을 떠나기가 <u>아숩다</u>.
④ 바람에 <u>허섭쓰레기</u>들이 날린다.

| 문항 해설 |

① '돐잔치'의 표준어는 '돌잔치'이다.
② '재떨이'의 표준어는 '재털이'이다.
③ '아숩다'의 표준어는 '아쉽다'이다.
④ '허섭쓰레기'는 표준어이다. 이것은 '좋은 것을 골라낸 뒤에 남은 찌꺼기 물건'을 뜻한다.

정답 ④

05 밑줄 친 단어 중에서 표준어가 아닌 것은?

① 그는 <u>두리뭉실하게</u> 말하는 버릇이 있어.
② 그는 <u>맨날</u> 놀기만 한다.
③ <u>발가송이</u> 산은 보기가 좋지 않다.
④ 저 산에 <u>아지랑이</u>가 피어 오른다.

| 문항 해설 |

① '두리뭉실하다'는 본래 '두루뭉술하다'의 비표준어였는데, 2011년 8월 국립국어원에서 '두루뭉술하다'와 어감에 차이가 있는 것으로 판단하여 표준어로 인정하였다.
② '맨날'은 본래 '만날(萬날)'의 비표준어였는데, 2011년 8월 국립국어원에서 '만날'과 동일한 뜻으로 널리 쓰이는 것으로 판단하여 복수 표준어로 인정하였다.
③ '발가송이'의 표준어는 '발가숭이'이다.
④ 종래에는 '아지랭이'를 표준어로 간주하였는데, 1988년에 현실 언어를 중시하여 '아지랑이'를 표준어로 삼았다(「표준어 사정 원칙」 제9항 붙임 1 참조).

정답 ③

06 표준어끼리 짝지어 있는 것은?

① 여왕벌/장수벌　　　　② 애달프다/애닯다
③ 순대/골집　　　　　　④ 광우리/광주리

| 문항 해설 |
① '여왕벌'과 '장수벌'은 표준어이다. '여왕벌(女王벌)'은 알을 낳는 능력이 있는 암
　벌이다. '여왕벌'의 유사어는 장수벌(將帥벌), 봉왕(蜂王), 여왕봉(女王蜂), 왕봉
　(王蜂), 장봉(將蜂), 후봉(后蜂) 등이다.
② '애닯다'는 '애달프다'의 비표준어이다.
③ '골집'은 '순대'의 비표준어이다.
④ '광우리'는 '광주리'의 비표준어이다.

정답 ①

07 다음 대화 중에서 비표준어가 쓰이지 않은 것은?

① "벳섬 좀 치워 달라구요."
② "남 졸음 오는데, 님자 치우시관."
③ "내가 치우나요?"
④ "에이구 칵 죽구나 말디."

| 문항 해설 |
문항 7의 ①∼④ 문장은 김동인의 「감자」에서 발췌한 것이다.
① '벳섬'의 표준어는 '볏섬'이고, '달라구요'의 표준어는 '달라고요'이다.
② '님자'의 표준어는 '임자'이고, '치우시관'의 표준어는 '치우셔'이다.
③에 쓰인 두 어절 '내가'와 '치우나요'는 모두 표준어이다.
④ '죽구나'의 표준어는 '죽고나'이고, '말디'의 표준어는 '말지'이다.

정답 ③

08 밑줄 친 단어 중에서 표준어가 아닌 것은?

① 저 사람은 여대치게 생겼어.
② 그는 칙살스러운 벌이를 했다.
③ 앞길이 환하니 틔었다고 그랬지?
④ 어린 소견에도 보기에 퍽 딱하고 민망합디다.

| 문항 해설 |

① '여대치게'의 표준어는 '빽치게'이다.
② '칙살스러운'은 표준어이다. 이것은 '하는 짓이나 말이 잘고 더러운 데가 있는'을 뜻한다.
③ '틔었다고'는 표준어로, '트이었다고'의 준말이다. '트이다'는 '트다'의 피동사이다.
④ '민망합디다'는 표준어이다. 이것에 쓰인 종결 어미 '-ㅂ디다'는 '하오' 할 상대에게 자신이 겪은 어떤 사실을 전달하여 알리는 데 쓰인다. '민망하다(憫惘하다)'는 '보기에 답답하고 딱하여 안타깝다'를 뜻한다.

정답 ①

09 밑줄 친 단어 중에서 표준어가 아닌 것은?

① 식초는 입맛을 돋우는 데 좋아.
② 벽에 생긴 구멍을 시멘트로 메워라.
③ 언동을 삼가해 주세요.
④ 배를 타려면 뱃삯을 내야 한다.

| 문항 해설 |

① '돋우는'은 표준어이다. 이것의 의미는 '입맛을 당기게 하는'이다. '돋우다'는 '돋다'의 사동사이다.
② '메워라'는 표준어이다. '메우다'는 '뚫려 있거나 비어 있는 곳을 막거나 채우다'를 뜻한다. 이것은 '메다'의 사동사이다.
③ '삼가해'는 '삼가'의 비표준어이다. '삼가'의 기본형은 '삼가다'이다. '삼가다'의 뜻은 '몸가짐이나 언행을 조심하다'이다.
④ '뱃삯'은 표준어이다. 이것의 의미는 '배에 타거나 짐을 싣는 데 내는 돈'이다. '뱃값'은 '과일인 배를 사고 내는 돈'을 뜻한다.

정답 ③

10 밑줄 친 단어 중에서 표준어인 것은?

① 저 사람은 <u>유기쟁이</u>입니다.
② 저기에 있는 <u>담장이덩쿨</u>이 예쁘다.
③ 그 사람이 <u>미장이</u>입니다.
④ 그의 집은 <u>골목장이</u>에 있다.

| 문항 해설 |

① '유기쟁이'의 표준어는 '유기장이'이다. '장인(匠人)'이란 뜻이 살아 있는 말은 '-장
    이'로, 그 외는 '-쟁이'라고 한다(「표준어 사정 원칙」 제9항 붙임 2 참조). '유기장이
    (柳器장이)'는 '키버들로 고리짝이나 키 따위를 만들어 파는 일을 직업으로 하는
    사람'이다. '유기장이(柳器장이)'의 유사어는 '고리장이'이다.
② '담장이덩쿨'의 표준어는 '담쟁이덩굴'이다.
③ '미장이'는 표준어로, 건축 공사에서 벽이나 천장, 바닥 따위에 흙, 회, 시멘트
    따위를 바르는 일을 직업으로 하는 사람을 뜻한다. '미쟁이'는 비표준어이다.
④ '골목장이'는 '골목쟁이'의 비표준어이다. '골목쟁이[골:목쨍이]'는 골목에서 좀 더
    깊숙이 들어간 좁은 곳을 뜻한다.

정답 ③

11 밑줄 친 단어 중에서 표준어가 아닌 것은?

① 나는 <u>알타리무</u>를 좋아해.
② <u>부항단지</u>를 가져오너라.
③ 오늘 나는 전세 계약금을 <u>치르었어</u>.
④ 나는 <u>미숫가루</u>를 좋아해요.

| 문항 해설 |

① '알타리무'는 '총각무(總角무)'의 비표준어이다.
② '부항단지'는 표준어이다. 이것의 비표준어는 '부항항아리'이다.
③ '치르었어'는 표준어이다. 이것의 비표준어는 '치루었어'이다.
④ '미숫가루'는 표준어이다. 이것의 비표준어는 '미싯가루'이다.

정답 ①

12 밑줄 친 단어 중에서 표준어인 것은?

① 이것은 <u>귀후비개</u>이다.
② 자주 <u>귓불</u>을 만지면 건강에 좋다고 한다.
③ 그는 <u>주착</u>이 너무 없어.
④ <u>상치</u>로 쌈을 싸서 먹으면 건강에 좋단다.

| 문항 해설 |

① '귀후비개'의 표준어는 '귀이개'이다. '귀이개'는 귀지를 파내는 기구이다.
② '귓불'은 표준어이다. 이것은 '귓바퀴의 아래쪽에 붙어 있는 살'을 뜻한다. '귓볼'은 비표준어이다.
③ '주착'의 표준어는 '주책'이다.
④ '상치'의 표준어는 '상추'이다.

정답 ②

13 밑줄 친 단어 중에서 표준어인 것은?

① 파릇파릇 돋아 오른 풀 한 <u>숲</u>을 뜯어 들었다.
② 이건 위아래가 몽툭한 것이 네 눈에는 <u>헐없이</u> 감참외 같다.
③ 입은 밥술이나 <u>흑흑히</u> 먹음직하니 좋다.
④ 한 가지 <u>파(破)</u>가 있다면 가끔가다 몸이 너무 빨리빨리 논다.

| 문항 해설 |

①～④는 김유정의 소설 「봄·봄」에서 발췌한 것이다. 이 작품에는 강원도 방언이 쓰였다.
① '숲'의 표준어는 '숱'이다. 이것의 의미는 '풀이나 머리털 따위의 부피나 분량'이다.
② '헐없이'의 표준어는 '영락없이'이다. '감참외'는 박과에 속하는 참외의 한 종류이다. 이것은 속의 살이 잘 익은 감빛과 같고 맛이 좋다.
③ '흑흑히'의 표준어는 '톡톡히'이다.
④ '파(破)'는 표준어로서, '결점'을 뜻한다.

정답 ④

14 밑줄 친 단어 중에서 표준어인 것은?

① 오랫동안 어둑시니같이 눈이 어둡던 허생원도 요번만은 동이의 왼손잡이가 눈에 띄지 않을 수 없었다.

② 읍내 강릉집 피마에게 말일세.

③ 걸음도 해깝고 방울 소리가 밤 벌판에 한층 청청하게 울렸다.

④ 사람을 물에 빠치울 젠 만은 대단한 나귀 새끼군.

| 문항 해설 |

①~④는 이효석의 소설 「메밀꽃 필 무렵」에서 발췌한 것이다.

① '어둑사니'의 표준어는 '청맹과니(靑盲과니)'이다. 이것은 '눈이 멀쩡하나 앞을 보지 못하는 눈'을 뜻한다.

② '피마(피馬)'는 표준어로, '다 자란 암말'을 뜻한다.

③ '해깝고'의 표준어는 '가볍고'이다.

④ '빠치울'은 비표준어로서, '빠지게 할'을 뜻한다.

정답 ②

15 밑줄 친 단어 중에서 표준어가 아닌 것은?

① 온돌이 있으니까, 방 안에만 들어엎디었으면 십상이지.

② 나하고 마주 앉았는 자가 암상스러운 눈으로 그자를 말끔히 쳐다본다.

③ 그녀가 말참례를 하기 시작한다.

④ 나는 분이 치밀어 올라와서 이렇게 볼멘소리를 질렀다.

| 문항 해설 |

①~④는 염상섭의 소설 「만세전」에서 발췌한 것이다.

① '들어엎디었으면'은 '들엎드리었으면'의 비표준어이다. '들엎드리었으면'의 기본형은 '들엎드리다'로, '밖에서 활동하지 않고 틀어박혀 머물다'를 뜻한다.

② '암상스러운'은 표준어로, '보기에 남을 시기하고 샘을 잘 내는 데가 있는'을 뜻한다. '그자(-者)'는 '그 사람'을 조금 낮잡아 이르는 삼인칭 대명사이다.

③ '말참례(말參禮)'는 표준어로, '다른 사람이 말하는 데 끼어들어 말하는 짓'을 뜻한다. 이 단어의 유사어는 '말참견'이다.

④ '볼멘소리'는 표준어로서, '서운하거나 성이 나서 퉁명스럽게 하는 말투'를 뜻한다.

정답 ①

16 밑줄 친 단어 중에서 표준어인 것은?

① 이것은 여늬 꽃처럼 아름답다.
② 그는 성미가 매우 괴팍하다.
③ 추우니까 웃도리를 입어.
④ 이 시구(詩句)가 매우 감동적이다.

| 문항 해설 |
① '여늬'는 '여느'의 비표준어이다. 이것은 '그 밖의 다른'을 뜻한다.
② '괴퍅하다'는 '괴팍하다'의 비표준어이다. '괴팍하다'의 의미는 '성격이 까다롭고 별나다'이다.
③ '웃도리'는 '윗도리'의 비표준어이다.
④ '시구(詩句)'는 표준어로, '시의 구절(句節)'을 뜻한다.

정답 ④

17 밑줄 친 단어 중에서 표준어인 것은?

① 건빨래(乾빨래)를 많이 했더니 매우 피곤하구나.
② 잔전(잔錢)을 모두 줘.
③ 요사이 우리는 불을 피울 때 화곽(火-)을 안 사용해.
④ 그들은 오순도순 이야기를 나누었어.

| 문항 해설 |
① '건빨래(乾-)'의 표준어는 '마른빨래'이다. 이것의 의미는 '흙 묻은 옷을 말려 비벼 깨끗하게 하는 것'이다.
② '잔전(잔錢)'의 표준어는 '잔돈'이다.
③ '화곽(火곽)'의 표준어는 '성냥'이다.
④ '오순도순'은 표준어이다. 2011년 8월 31일 국립국어원에서 비표준어로 간주하던 '오손도손'도 표준어로 인정하였다.

정답 ④

18 밑줄 친 단어 중에서 표준어인 것은?

① 참감자가 매우 달다.

② 오늘은 겁나게 더워.

③ 네가 그렇게 말하는 게 <u>역겨워</u>.

④ 나는 빈자떡(貧者떡)을 좋아해.

| 문항 해설 |

① '참감자'의 표준어는 '고구마'이다.

② '겁나게'의 표준어는 '매우'이다. 이것은 전라도와 충청도 일부 지방의 방언이다.

③ '역겨워'는 표준어이다. 이것은 '역정이 나거나 속에 거슬리게 싫어'를 뜻한다.

④ '빈자떡(貧者떡)'의 표준어는 '빈대떡'이다.

정답 ③

19 밑줄 친 단어 중에서 표준어인 것은?

① 이 달은 <u>군달</u>이다.

② 이것은 내가 좋아하는 <u>모란꽃</u>이다.

③ 바닷가에서 아이들이 <u>모새</u>로 성을 쌓으면서 논다.

④ 나는 할머니와 함께 식사를 하려고 <u>맞상</u>을 차렸다.

| 문항 해설 |

① '군달'은 '윤달(閏-)'의 비표준어이다.

② '모란꽃'은 표준어이다.

③ '모새'는 '모래'의 비표준어이다.

④ '맞상'은 '겸상(兼床)'의 비표준어이다. '겸상'은 '둘 이상의 사람이 함께 음식을 먹을 수 있도록 차린 상', 또는 '마주 앉아서 식사하는 것'을 뜻한다.

정답 ②

20 다음 중에서 표준어인 것은?

① 홑벌   ② 고봉밥(高捧밥)

③ 민주스럽다   ④ 구들고래

| 문항 해설 |

① '홑벌'은 '단벌(單벌)'의 비표준어다.

② '고봉밥(高捧밥)'은 표준어이다. 이것의 비표준어는 '높은밥'이다.

③ '민주스럽다'는 '민망스럽다'와 '면구스럽다(面灸스럽다)의 비표준어이다. 이것의
의미는 '낯을 들고 대하기에 부끄러운 데가 있다'이다.

④ '구들고래'는 '방고래(房고래)'의 비표준어이다. 이것은 '방의 구들장 밑으로 나
있는, 불길과 연기가 통하여 나는 길'을 뜻한다.

정답 ②

21 다음 중 복수 표준어로 짝지어진 것은?

① 가는허리/잔허리   ② 국물/멀국

③ 언뜻/펀뜻   ④ 까치발/까치다리

| 문항 해설 |

① '가는허리/잔허리'는 복수 표준어이다. '가는허리/잔허리'는 '잘록 들어간, 허리의
뒷부분'을 뜻한다.

②의 '국물', ③의 '언뜻', ④의 '까치발' 등은 표준어이다. ②의 '멀국', ③의 '펀뜻',
④의 '까치다리' 등은 비표준어이다. '까치발'은 '발뒤꿈치를 든 발'을 뜻한다.

정답 ①

22 밑줄 친 단어 중에서 표준어인 것은?

① 그는 매우 다사하다(多事하다).
② 담배꽁추를 길에 버리지 마세요.
③ 그는 대장일을 한다.
④ 그는 매우 뒤꼭지쳤어.

| 문항 해설 |

① '다사하다(多事하다)'의 표준어는 '다사스럽다(多事스럽다)'이다. 이것의 의미는 '긴하지 않은 일에도 간섭하기를 좋아하다'이다.
② '담배꽁추'의 표준어는 '담배꽁초'이다.
③ '대장일'은 표준어이다. 이것은 '쇠를 달구어 연장 따위를 만드는 일'을 뜻한다. 이것의 비표준어는 '성냥일'이다
④ '뒤꼭지쳤어'의 표준어는 '뒤통수쳤어'이다. '뒤통수치다'는 '바라던 일이 이루어지지 아니하여 매우 낙심하다', 또는 '믿음이나 의리를 저버리고 돌아서다'를 뜻한다.

정답 ③

23 다음 중에서 비표준어인 것은?

① 돌부리　　　　　　　② 떡보
③ 딸꼭단추　　　　　　④ 며느리발톱

| 문항 해설 |

① '돌부리'는 표준어이다. '돌부리[돌:뿌리]'는 땅 위로 내민 돌멩이의 뾰족한 부분이다.
② '떡보'는 표준어이다. 이것은 '떡을 즐겨서 많이 먹는 사람'을 뜻한다. '떡충이'는 비표준어이다.
③ '딸꼭단추'는 '똑딱단추'의 비표준어이다. 이것은 '끼거나 뺄 때에 똑딱 소리가 나는 쇠로 된 단추'이다.
④ '며느리발톱'은 표준어이다. 이것은 '새끼발톱 바깥쪽에 덧달린 작은 발톱', 또는 '길짐승이나 새의 뒷발에 달린 발톱'을 뜻한다.

정답 ③

24 다음 중 의미가 똑같은 형태가 몇 가지 있을 경우, 그 중 어느 하나가 압도적으로 널리 쓰여서 그 단어만을 표준어로 삼은 것은?

① 먼발치   ② 목맺히다
③ 보릿짚모자   ④ 열바가지

| 문항 해설 |

① '먼발치'는 '먼발치기'보다 더 널리 쓰여 표준어로 삼은 것이다. 이것은 '조금 멀리 떨어진 곳'을 뜻한다.
② '목맺히다'는 '목메다'와 의미가 같은데, '목메다'보다 덜 쓰이기 때문에 비표준어로 처리한 것이다.
③ '보릿짚모자'는 '밀짚모자'보다 널리 쓰이지 않기 때문에 비표준어로 간주한 것이다.
④ '열바가지'는 '바가지'보다 널리 쓰이지 않기 때문에 비표준어로 처리한 것이다. 이것은 '물을 푸거나 물건을 담는 데 쓰는 그릇'을 뜻한다. '열박'도 비표준어이다.

정답 ①

25 다음 중 의미가 똑같은 형태가 몇 가지 있을 경우, 그 중 어느 하나가 압도적으로 널리 쓰여서 그 단어만을 표준어로 삼은 것은?

① 서령   ② 버젓이
③ 법받다   ④ 부끄리다

| 문항 해설 |

① '서령'은 '설령(設令)'의 비표준어이다. 이것은 ((뒤에 오는 '-다 하더라도' 따위와 함께 쓰여)) '가정해서 말하여'를 뜻하는 부사이다. '설령'은 부정적인 뜻을 가진 문장에 쓰인다.

　　예 설령 눈을 뜬대도 연막에 가리어 앞을 분별할 수가 없었다.
② '버젓이'는 '뉘연히'보다 널리 쓰이기 때문에 표준어로 삼은 것이다. '버젓이'는 '남의 시선을 의식하여 조심하거나 굽히는 데가 없이', 또는 '남의 축에 빠지지 않을 정도로 번듯하게'를 뜻한다.
③ '법받다'는 '본받다(本받다)'보다 널리 쓰이지 않기 때문에 비표준어로 처리한 것이다.

④ '부끄리다'는 '부끄러워하다'보다 널리 사용되지 않기 때문에 비표준어로 처리한 것이다.

정답 ②

01 의미가 똑같은 형태가 몇 가지 있을 경우, 그것들 중에서 압도적으로 널리 쓰여서 표준어로 삼은 것은?

① 부스러기

② 붉으락-푸르락

③ 빙충맞이

④ 빠치다

| 문항 해설 |

① '부스럭지'는 '부스러기'보다 널리 쓰이지 않기 때문에 비표준어로 삼은 것이다. '부스러기'는 '잘게 부스러진 물건'을 뜻한다.

② '붉으락-푸르락'은 '푸르락-붉으락'보다 널리 쓰여서 표준어로 삼은 것이다.

③ '빙충맞이'는 '빙충이'보다 널리 쓰이지 않기 때문에 비표준어로 처리한 것이다. '빙충이'는 '똘똘하지 못하고 어리석으며 수줍음을 잘 타는 사람'을 뜻한다.

④ '빠치다'는 '빠뜨리다'나 '빠트리다'보다 널리 쓰이지 않아서 비표준어로 삼은 것이다.

정답 ②

02 밑줄 친 단어 중에서 표준어가 아닌 것은?

① 그는 일등을 했다고 무척 느물었다.

② 저 사람은 새앙손이이다.

③ 그 사람이 선머슴이다.

④ 나는 놀라서 식은땀을 많이 흘렸어.

| 문항 해설 |

① '느물었다'는 비표준어이다. 이것의 기본형은 '느물다'이다. '느물다'의 표준어는 '뽐내다'이다.

② '새앙손이'는 표준어이다. '새앙손이'는 '손가락 모양이 생강처럼 생긴 사람'을 뜻한다.

③ '선머슴'은 표준어이다. 이것은 '차분하지 못하고 매우 거칠게 덜렁거리는 사내아이'를 뜻한다. '풋머슴'은 비표준어이다.

④ '식은땀'은 표준어이다. 이것은 '몹시 긴장하거나 놀랐을 때 흐르는 땀', 또는 '몸이 쇠약하여 덥지 아니하여도 병적으로 나는 땀'을 뜻한다. '찬땀'은 비표준어이다.

정답 ①

03 밑줄 친 단어 중에서 표준어인 것은?

① 그는 영판 딴 사람이 되어 돌아왔다.

② 저 사람은 안다미씌우길 좋아한다.

③ 그는 매우 안절부절한다.

④ 100m 경기에서 이 선수가 저 선수를 따라먹었다.

| 문항 해설 |

① '영판'의 표준어는 '아주'이다.

② '안다미씌우길'은 표준어이다. '안다미씌우다'는 '제가 담당할 책임을 남에게 넘기다'이다. '안다미'는 '남의 책임을 맡아 짐', 또는 '그 책임'을 뜻한다.

③ '안절부절하다'의 표준어는 '안절부절못하다'이다. '안절부절못하다'는 '마음이 초조하고 불안하여 어찌할 바를 모르다'를 뜻한다.

④ '따라먹었다'는 '앞질렀다'의 비표준어이다.

정답 ②

04 밑줄 친 단어 중에서 표준어가 아닌 것은?

① 이 책에서 그 <u>귀절</u>(句節)이 가장 감동적이다.
② 이 시의 <u>결구</u>(結句)를 읽어 보세요.
③ 이 시에는 <u>대구법</u>(對句法)이 쓰였다.
④ 이 <u>문구</u>(文句)를 음미해 보세요.

| 문항 해설 |

「표준어 사정 원칙」제13항에서는 "한자 '구(句)'가 붙어서 이루어진 단어는 '귀'로 읽는 것을 인정하지 아니하고, '구'로 통일한다."라고 규정하고 있다.
① '귀절(句節)'은 '구절'의 비표준어이다. '구절'은 '구(句)'와 절(節)을 아울러 이르는 말', 또는 '한 토막의 말이나 글'을 뜻한다.
② '결구(結句)'는 표준어이다. 이것은 '문장, 편지 따위의 끝을 맺는 구절', 또는 '한시(漢詩)와 같은 시가(詩歌)의 마지막 구절'을 뜻한다.
③ '대구법(對句法)'은 표준어이다. 이것은 비슷한 어조나 어세를 가진 어구를 짝지어 표현의 효과를 나타내는 수사법이다.
④ '문구(文句)'는 표준어이다. 이것은 '글의 구절'을 뜻한다.

정답 ①

05 밑줄 친 단어 중에서 표준어가 아닌 것은?

① 이것은 <u>인용구</u>(引用句)이다.
② 저 아이는 <u>글구</u>(글句)가 밝다.
③ 이 <u>절구</u>(絕句)를 읽어 봐.
④ 이 <u>성구어</u>(成句語)의 뜻을 말해 봐.

① '인용구'는 표준어이다. 「표준어 사정 원칙」제13항에서는 "한자 '구(句)'가 붙어서 이루어진 단어는 '귀'로 읽는 것을 인정하지 아니하고, '구'로 통일한다."라고 규정하고, 다만 '귀'로 발음되는 '귀글(句-)', '글귀(-句)' 등은 표준어로 삼기로 하였다.

② '글구(글句)'의 표준어는 '글귀'이다. '글귀'는 '글의 구나 절'을 뜻한다.

③ '절구(絶句)'는 표준어이다. 이것은 한시(漢詩)의 근체시(近體詩) 형식의 하나이다. '절구'는 기(起)·승(承)·전(轉)·결(結)의 네 구로 이루어진다. 한 구가 다섯 자로 된 것을 오언 절구(五言絶句), 일곱 자로 된 것을 칠언 절구(七言絶句)라고 한다.

④ '성구어(成句語)'는 표준어이다. 이것은 '이미 이루어진 구절'을 뜻한다.

정답 ②

06 다음 중에서 표준어와 비표준어가 짝지어 있는 것은?

① 귀퉁머리 – 귀퉁배기
② 추근거리다 – 치근거리다
③ 암내 – 곁땀내
④ 흑판 – 칠판

| 문항 해설 |

① '귀퉁머리'와 '귀퉁배기'는 둘 다 표준어이다. 이 두 단어는 '귀퉁이'를 낮잡아 이르는 말이다. '귀퉁이'는 '귀의 언저리', 또는 '사물이나 마음의 한 구석이나 부분', 또는 '물건의 모퉁이나 삐죽 나온 부분'을 뜻한다.

② '추근거리다'와 '치근거리다'는 둘 다 표준어이다. 이것들은 '조금 성가실 정도로 은근히 자꾸 귀찮게 굴다'를 뜻한다. '치근거리다'는 '지근거리다'보다 거센 느낌을 주는 것이다.

③ '암내'는 표준어인데, '곁땀내'는 비표준어이다. '암내'는 체질적으로 겨드랑이에서 나는 고약한 냄새이다.

④ '흑판'과 '칠판'은 둘 다 표준어이다. 흑판(黑板)과 칠판(漆板)은 '검정이나 초록색 따위의 칠을 하여 그 위에 분필로 글씨를 쓰거나 그림을 그리게 만든 판'이다.

정답 ③

07 밑줄 친 ㈀, ㈁, ㈂, ㈃ 중에서 표준어가 아닌 것은?

> 여름 장이란 ㈀애시당초에 글러서, 해는 아직 중천에 있건만 장판은 벌써 쓸쓸하고 더운 ㈁햇발이 벌려 놓은 전 ㈂휘장(揮帳) 밑으로 등줄기를 ㈃훅훅 볶는다.
>
> — 이효석, 「메밀꽃 필 무렵」—

① ㈀   ② ㈁   ③ ㈂   ④ ㈃

| 문항 해설 |

① ㈀ '애시당초(애시當初)'는 '애당초'의 비표준어이다. '애당초'는 '애초'의 힘줌말로 '맨 처음'을 뜻한다.

② ㈁ '햇발'은 표준어로, '사방으로 뻗친 햇살'을 뜻한다.

③ ㈂ '휘장(揮帳)'은 표준어로, '피륙을 여러 폭으로 이어서 빙 둘러치는 장막'을 뜻한다.

④ ㈃ '훅훅'은 표준어로, '냄새나 바람, 열기 따위의 기운이 잇따라 밀려드는 모양'을 뜻하는 부사이다.

정답 ①

08 밑줄 친 ㈀, ㈁, ㈂, ㈃ 중에서 표준어가 아닌 것은?

> ㈀춉춉스럽게 날아드는 파리떼도 장난꾼 각다귀들도 ㈁귀치 않다. ㈂얼금뱅이요 왼손잡이인 ㈃드팀전의 허생원은 기어코 동업의 조선달을 낚아 보았다.
>
> — 이효석, 「메밀꽃 필 무렵」—

① ㈀   ② ㈁   ③ ㈂   ④ ㈃

| 문항 해설 |

① (ㄱ) '츱츱스럽게'는 표준어이다. 이것은 '보기에 너절하고 염치없는 데가 있게'를 뜻한다.

② (ㄴ) '귀치 않다'는 비표준어이다. "준말이 널리 쓰이고 본말이 잘 쓰이지 않는 경우에는, 준말만을 표준어로 삼는다(「표준어 사정 원칙」 제14항)."라는 규정에 따라 본말인 '귀치 않다'는 비표준어로 간주하고, 준말인 '귀찮다'를 표준어로 인정한다.

③ (ㄷ) '얼금뱅이'는 표준어이다. 이것은 얼굴이 얼금얼금 얽은 사람을 낮잡아 이르는 말이다. 작은 말은 '알금뱅이'이다.

④ (ㄹ) '드팀전'은 표준어이다. 이것은 '예전에 온갖 피륙을 팔던 가게'를 뜻한다.

정답 ②

09 밑줄 친 (ㄱ), (ㄴ), (ㄷ), (ㄹ) 중에서 비표준어만으로 묶인 것은?

> 봉평 장에서 한번이나 (ㄱ)흐붓하게 (ㄴ)사 본 일 있었을까. 내일 대화 장에서나 (ㄷ)한몫 벌어야겠네. 오늘 밤은 밤을 (ㄹ)새서 걸어야 될걸.
> — 이효석, 「메밀꽃 필 무렵」 —

① (ㄱ), (ㄴ)　　　　② (ㄴ), (ㄷ)　　　　③ (ㄴ), (ㄹ)　　　　④ (ㄷ), (ㄹ)

| 문항 해설 |

① (ㄱ) '흐붓하게'와 (ㄴ) '사'는 비표준어이다. '흐붓하게'는 '마음이 흡족하게'를 뜻한다. (ㄴ) '사'의 기본형은 '사다'이다. 이것은 '팔다'를 뜻한다.

② (ㄴ) '사'는 비표준어인데, (ㄷ) '한몫'은 표준어이다. '한몫'은 '한 사람 앞에 돌아가는 배분', 또는 '한 사람이 맡은 역할'을 뜻한다.

③ (ㄴ) '사'는 비표준어인데, (ㄹ) '새서'는 표준어이다. '새서'의 기본형은 '새다'이다. '새다'는 '새우다'의 준말이다. 이것은 '한숨도 자지 아니하고 밤을 지내다'를 뜻한다.

④ (ㄷ) '한몫'과 (ㄹ) '새서'는 표준어이다.

정답 ①

10 밑줄 친 말 중에서 표준어가 아닌 것은?

① 오늘은 검불이 <u>까불릴걸</u>!
② 9월이면 벼가 <u>여문다</u>.
③ 그 양반이야 <u>알구말구</u>요.
④ 이 자의 형이 헌병 군조라는 것을 듣고 이용할 작정으로 반색을 한 <u>게로군</u>!

| 문항 해설 |

①~④는 염상섭의 소설 「만세전」에서 발췌한 것이다.
① '까불릴걸'은 표준어이다. 이것의 기본형은 '까불리다'로 '키질을 당하듯이 위아래로 흔들리다'를 뜻한다. '까부르다'의 피동사이다. '-ㄹ걸'은 '해' 할 자리나 혼잣말에 쓰여, 화자의 추측이 상대편이 이미 알고 있는 바나 기대와는 다른 것임을 나타내는 종결 어미이다.
② '여문다'는 표준어이다. 이것의 기본형은 '여물다'로, '과실이나 곡식 따위가 알이 들어 딴딴하게 잘 익다'를 뜻한다. '여물다'의 유사어는 '영글다'이다.
③ '알구말구'는 비표준어이다. 이것의 표준어는 '알고말고'이다.
④ '게로군'은 표준어로, '것이로군'의 준말이다.

정답 ③

11 밑줄 친 단어 중에서 표준어인 것은?

① 정 그럴 테면 이리로 들어와서 조사를 하라고 <u>하구려</u>.
② 하여간 이리로 좀 <u>나오슈</u>.
③ 그럼 문을 닫고 나가서 <u>기다류</u>.
④ 얼마나 창피하면 예서 더 <u>창피할꾸</u>.

| 문항 해설 |

①~④는 염상섭의 소설 「만세전」에서 발췌한 것이다.
① '하구려'는 표준어이다. 종결 어미 '-구려'는 '하오' 할 자리에 쓰여, 상대에게 권하는 태도로 시키는 뜻을 나타낸다.

② '나오슈'는 비표준어이다. '-슈'는 표준어 '-어요'에 해당하는 충청도 방언이다.

③ '기다류'는 '기다리어유'의 축약형이다. 이것은 충청도 방언으로, 표준어 '기다리어요'에 해당한다.

④ '창피할꾸'는 표준어 '창피할꼬'의 비표준어이다. 종결 어미 '-ㄹ꾸'는 표준어 '-ㄹ꼬'에 해당한다.

'-ㄹ꼬'는 '해라' 할 자리에 쓰여, 정해지지 않은 일에 대한 물음이나 추측을 나타낸다.

정답 ①

12 밑줄 친 말 중에서 표준어인 것은?

① 이러다가 기차가 영영 안 올라는 갑다.

② 싫으면 나 혼자라도 갈란다.

③ 빌어묵을 눔의 기차가 ······.

④ 자네 운이 좋은 걸세.

| 문항 해설 |

①~④는 임철우의 소설 「사평역」에서 발췌한 것이다.

① '갑다'는 '가 보다'의 준말이다. 이것은 전라도 방언이다.

② '갈란다'는 '가려고 한다'라는 뜻을 나타내는 전라도 방언이다. '갈란다'에서 '갈'은 어간 '가-'에 'ㄹ'이 첨가된 것이다. '-란다'는 '-련다'의 비표준어이다. '-련다'는 '-려고 한다'의 준말이다.

③ '빌어묵을'은 '빌어먹을'의 비표준어이다.

④ '걸세'는 표준어이다. '걸세'는 '것일세'의 준말이다. 종결 어미 '-ㄹ세'는 '하게' 할 자리에 쓰여, 추측이나 의도를 나타낸다. 여기에서 '-ㄹ세'는 '추측'을 뜻한다.

정답 ④

13 밑줄 친 말 중에서 표준어인 것은?

① 난 틀림없이 놓쳐 버린 줄로만 <u>여겼다구요</u>.

② 여보세요. 기차 아직 안 <u>왔대믄서요</u>?

③ 조금만 기다리십시오. 곧 올 <u>겁니다</u>.

④ 영락없이 난 얼어 죽는 줄 <u>알았당께</u>.

| 문항 해설 |

①~④는 임철우의 소설 「사평역」에서 발췌한 것이다.

① '여겼다구요'는 '여겼다고요'의 비표준어이다.

② '왔대믄서요'는 '왔다면서요'의 비표준어이다.

③ '겁니다'는 표준어로, '것입니다'의 준말이다.

④ '알았당께'는 '알았다니까'의 비표준어로, 전라남도 방언이다. '-ㅇ께'는 '-니까'
를 뜻하는 어미이다.

정답 ③

14 밑줄 친 (ㄱ), (ㄴ), (ㄷ), (ㄹ) 중에서 표준어인 것은?

> (ㄱ)<u>글씨</u>, 자네 말을 들을 (ㄴ)<u>거신디</u>. (ㄷ)<u>무담씨</u> 그놈의 버스 (ㄹ)<u>기다리느라고</u>
> 생고생만 했네.

① (ㄱ)   ② (ㄴ)   ③ (ㄷ)   ④ (ㄹ)

| 문항 해설 |

①~④는 임철우의 소설 「사평역」에서 발췌한 것이다.

① (ㄱ) '글씨'는 '글쎄'의 비표준어이다. 이것은 '남의 물음이나 요구에 대하여 분명하
지 못한 태도를 나타내는 감탄사'이다.

② (ㄴ) '거신디'는 '것이지마는'의 비표준어이다.

③ (ㄷ) '무담씨'는 '공연히'의 비표준어로서, 전라도 방언이다.

④ (ㄹ) '기다리느라고'는 표준어이다. 연결어미 '-느라고'는 '하는 일로 말미암아'의
뜻을 나타낸다.

정답 ④

15 밑줄 친 단어 중에서 표준어가 아닌 것은?

① 차마 발길이 안 나가는 것을 <u>오정</u> 때가 되어서 데리고 갔지요.
② 지난밤에 <u>아범</u>이 왜 그렇게 울었나?
③ 아이구, 옥분아. 옥분이 <u>에미</u>!
④ <u>어멈</u>의 편지가 왔다.

| 문항 해설 |
①~④는 전영택의 소설 「화수분」에서 발췌한 것이다.
① '오정'은 표준어로 '정오(正午)'를 뜻한다.
② '아범'은 표준어로, '아비'를 조금 대접하여 이르는 말이다.
③ '에미'는 '어미'의 비표준어이다. '어미'는 '어머니'의 낮춤말이다.
④ '어멈'은 표준어로, '어미'를 조금 대접하여 이르는 말이다.

정답 ③

16 밑줄 친 단어 중에서 표준어가 아닌 것은?

① 난 네 <u>할배다.</u>
② 신부가 안 <u>이쁘더라.</u>
③ 아홉시 막버스가 지나가면 손님이 <u>없습죠.</u>
④ 소년이 <u>남포</u>를 기둥에 걸고 방을 치운다.

| 문항 해설 |
①~④는 서정인의 소설 「강」에서 발췌한 것이다.
① '할배'는 '할아버지'의 비표준어이다. '할배'는 경상도와 강원도의 방언이다.
② '이쁘더라'의 기본형은 '이쁘다'이다. '이쁘다'는 '생긴 모양이 아름다워 눈으로 보기에 좋다'를 뜻한다. '이쁘다'의 유사어는 '예쁘다'이다.
③ '없습죠'는 표준어이다. '없습죠'에서 '-습죠'는 '-습지요'의 준말이다.
④ '남포'는 표준어로, '석유를 넣은 그릇의 심지에 불을 붙이고 유리로 만든 등피를 끼운 등'을 뜻한다. 이것은 '남포등(남포燈)'의 준말이다. '남포'는 램프(lamp)에서 유래한 단어이다.

정답 ①

17 밑줄 친 단어 중에서 표준어가 아닌 것은?

① 동생이 밭에서 <u>김</u>을 맨다.
② 그녀는 <u>똬리</u> 위에 물동이를 이고 갔다.
③ 차려 둔 결혼 <u>비음</u>은 어디 있지?
④ 저 나무에 <u>솔개</u>가 앉아 있다.

| 문항 해설 |
① '김'은 표준어로, '논이나 밭에 나는 잡풀'이다.
② '똬리'는 표준어로, '짐을 머리에 일 때 머리에 받치는 고리 모양의 물건'이다.
③ '비음'은 비표준어이다. 표준어는 '빔'이다. 준말이 널리 쓰이고 본말이 잘 쓰이지 않는 경우에는, 준말만을 표준어로 삼는다(「표준어 사정 원칙」 제14항 참조). '빔'은 '명절이나 잔치 때에 차려입는 새 옷'을 뜻한다
④ '솔개'는 표준어로, 수릿과의 새이다.

정답 ③

18 밑줄 친 단어 중에서 표준어인 것은?

① 저기에 <u>배암</u>이 있다.
② 그는 <u>새암</u>이 많다.
③ 나는 배추보다 <u>무우</u>를 좋아해.
④ 그는 <u>장사치</u>이다.

| 문항 해설 |
① '배암'의 표준어는 '뱀'이다.
② '새암'의 표준어는 '샘'이다. 이것은 '남의 처지나 물건을 탐내거나, 자기보다 나은 처지에 있는 사람이나 적수를 미워하는 것', 또는 '그런 마음'을 뜻한다.
③ '무우'는 '무'의 비표준어이다.
④ '장사치'는 표준어로, '장사하는 사람을 낮잡아 이르는 말'이다. '장사아치'는 비표준어이다.

정답 ④

19 밑줄 단어 중에서 표준어인 것은?

① 너무 궁떨지 마라.
② 귀지를 파내게 귀개를 가지고 오너라.
③ 닭에게 모이를 줘.
④ 그의 낌이 이상하다.

| 문항 해설 |

문항 19의 ①, ②, ③, ④에서 밑줄 친 단어들은 "준말이 쓰이고 있더라도, 본말이 널리 쓰이고 있으면 본말을 표준어로 삼는다(「표준어 사정 원칙」 제15항)."라는 규정과 관련되는 것들이다.

① '궁떨지'의 표준어는 '궁상떨지(窮狀떨지)'이다. 이것은 '경제적으로 어려운 상태가 드러나 보이도록 행동하다'를 뜻한다.
② '귀개'의 표준어는 '귀이개이다. 이것은 '귀지를 파내는 기구'를 뜻한다.
③ '모이'는 표준어로, '닭이나 날짐승의 먹이'를 뜻한다. '모'는 비표준어이다.
④ '낌'의 표준어는 '낌새'이다. 이것은 '어떤 일을 알아차릴 수 있는 눈치', 또는 '일이 되어 가는 야릇한 분위기'를 뜻한다.

정답 ③

20 밑줄 친 단어 중에서 표준어인 것은?

① 작은 뒤웅박에 고추씨를 넣었어.
② 다리에 부럼이 났다.
③ 난초의 죽살을 잘 살펴봐.
④ 그는 냉꾼이다.

| 문항 해설 |

문항 20의 ①, ②, ③, ④에서 밑줄 친 단어들도 "준말이 쓰이고 있더라도, 본말이 널리 쓰이고 있으면 본말을 표준어로 삼는다(「표준어 사정 원칙」 제15항)."라는 규정과 관련되는 것들이다.

① '뒤웅박'은 표준어로, '박을 쪼개지 않고 구멍만 뚫어 속을 파낸 바가지'를 뜻한다. '뒝박'은 비표준어이다.
② '부럼'은 '부스럼'의 비표준어이다. 이것은 '피부에 나는 종기를 통틀어 이르는 말'이다.
③ '죽살'은 '죽살이'의 비표준어이다. 이것은 '삶과 죽음을 아울러 이르는 말'이다.
④ '냉꾼'은 '내왕꾼(來往꾼)'의 비표준어이다. 이것은 '절에서 심부름하는 일반 사람'이다.

정답 ①

21 다음 중에서 표준어끼리 짝지어 있지 않은 것은?

① 거짓부리/거짓불　　　　　　　② 노을/놀
③ 막대기/막대　　　　　　　　　④ 귀고리/귀엣고리

| 문항 해설 |

문항 21의 ① 거짓부리/거짓불, ② 노을/놀, ③ 막대기/막대 등은 "준말과 본말이 다 같이 널리 쓰이면서 준말의 효용이 뚜렷이 인정되는 것은, 두 가지를 다 표준어로 삼는다(「표준어 사정 원칙」 제16항)."라는 규정에 따라 모두 표준어로 인정한 것이다. ④ '귀고리'는 표준어이지마는 '귀엣고리'는 비표준어이다. 비슷한 발음의 형태가 쓰일 경우, 그 의미에 아무런 차이가 없고, 그 중 하나가 더 널리 쓰이면, 그 한 형태만을 표준어로 삼는다(「표준어 사정 원칙」 제17항 참조). 이 규정에 따라 '귀고리'를 표준어로 삼고, '귀엣고리'를 비표준어로 처리한 것이다.

정답 ④

22 다음 중에서 표준어끼리 짝지어 있지 않은 것은?

① 귀띔/귀틤   ② 망태기/망태
③ 시누이/시뉘   ④ 찌꺼기/찌끼

| 문항 해설 |

① '귀띔'은 표준어이지마는, '귀틤'은 비표준어이다. 「표준어 사정 원칙」 제17항에서는 "비슷한 발음의 형태가 쓰일 경우, 그 의미에 아무런 차이가 없고, 그 중 하나가 더 널리 쓰이면, 그 한 형태만을 표준어로 삼는다."라고 규정하고 있다. 이 규정에 따라 '귀띔'을 표준어로 삼고, '귀틤'을 비표준어로 처리한 것이다. '귀띔'은 '상대편이 눈치로 알아차릴 수 있도록 미리 슬그머니 일깨워 주는 것'을 뜻한다.
② 망태기/망태, ③ 시누이/시뉘 ④ 찌꺼기/찌끼 등은 「표준어 사정 원칙」 제16항 "준말과 본말이 다 같이 널리 쓰이면서 준말의 효용이 뚜렷이 인정되는 것은, 두 가지를 다 표준어로 삼는다."라는 규정에 따라 모두 표준어로 인정한 것이다.

정답 ①

23 다음 중에서 표준어끼리 짝지어 있는 것은?

① 거든그리다/거둥그리다   ② 구어박다/구워박다
③ 외우다/외다   ④ 내숭스럽다/내흉스럽다

| 문항 해설 |

문항 23의 ③ '외우다'와 '외다'는 둘 다 표준어이다. 이것은 「표준어 사정 원칙」 제16항 규정에 따라 본말 '외우다'와 준말 '외다' 둘 다 널리 쓰이기 때문에 표준어로 삼은 것이다.
① '거든그리다', ② '구어박다', ④ '내숭스럽다' 등은 표준어이다. 그런데 ① '거둥그리다', ② '구워박다', ④ '내흉스럽다' 등은 비표준어이다. 이것들은 「표준어 사정 원칙」 제17항의 규정에 따라 둘 중 더 널리 쓰이는 것을 표준어로 삼고, 그렇지 않은 것을 비표준어로 삼은 것이다.

정답 ③

24 다음 중에서 표준어끼리 짝지어 있는 것은?

① 서투르다/서툴다　　　　　② 냠냠거리다/얌냠거리다

③ 다다르다/다닫다　　　　　④ 더부룩하다/더뿌룩하다

| 문항 해설 |

문항 24의 ① '서투르다/서툴다'는 "준말과 본말이 다 같이 널리 쓰이면서 준말의 효용이 뚜렷이 인정되는 것은, 두 가지를 다 표준어로 삼는다(「표준어 사정 원칙」 제16항)."라는 규정에 따라 둘 다 표준어로 삼은 것이다.

② '냠냠거리다', ③ '다다르다' ④ '더부룩하다' 등은 표준어이다. 그런데 ② '얌냠거리다', ③ '다닫다', ④ '더뿌룩하다' 등은 비표준어이다. 이것들은 「표준어 사정 원칙」 제17항의 규정에 따라 둘 중 더 널리 쓰이는 것을 표준어로 삼고, 그렇지 않은 것을 비표준어로 삼은 것이다.

정답 ①

25 다음 중에서 표준어끼리 짝지어 있는 것은?

① 망가뜨리다/망그뜨리다　　　② 머무르다/머물다

③ 옹골차다/공골차다　　　　　④ 짓무르다/짓물다

| 문항 해설 |

문항 25의 ② '머무르다/머물다'는 「표준어 사정 원칙」 제16항 규정에 따라 둘 다 표준어로 삼은 것이다.

① '망가뜨리다', ③ '옹골차다' ④ '짓무르다' 등은 표준어이다. 그런데 ① '망그뜨리다', ③ '공골차다', ④ '짓물다' 등은 비표준어이다. 이것들은 「표준어 사정 원칙」 제17항의 규정에 따라 둘 중 더 널리 쓰이는 것을 표준어로 삼고, 그렇지 않은 것을 비표준어로 삼은 것이다.

정답 ②

01 밑줄 친 말 중에서 표준어인 것은?

① 어제 나는 금 네 돈을 샀어.
② 우리는 옛날에 거닐든 오솔길을 걸었어.
③ 운동을 하든가 말든가 네 마음대로 해.
④ 내일 그는 갈려고 해.

| 문항 해설 |

① '네 돈'은 '너 돈'의 비표준어이다(「표준어 사정 원칙」 제17항 참조).
② '거닐든'의 표준어는 '거닐던'이다. 어미 '-던'은 지난 일을 회상하거나, 과거의 동작이 완결되지 못함을 나타내는 것이다. '-든'은 '-든지'의 준말로 무엇이나 가리지 않음을 나타내는 연결어미이다.
③ '하든가'는 표준어이다. '-든가'는 무엇이나 가리지 않음을 나타내는 연결 어미이다. 이것은 '-든지'와 같은 의미를 나타낸다.
④ '갈려고'의 표준어는 '가려고'이다. '-려고'는 어떤 행동을 할 의도나 욕망을 가지고 있음을 나타내는 연결 어미이다.

정답 ③

02 밑줄 친 단어 중에서 표준어인 것은?

① 우리 집에 한번 들리시게.
② 그가 걷는 본새가 자기의 아버지를 닮았다.
③ 순이는 손톱에 봉숭화 물을 들였다.
④ 그는 강패한테 뺨따귀를 맞았다.

① '들리시게'는 '들르시게'의 비표준어이다.

② '본새'는 표준어로, '어떤 동작이나 버릇의 됨됨이'를 뜻한다. 이것의 비표준어는 '뽄새'이다.

③ '봉숭화'는 '봉숭아'와 '봉선화'의 비표준어이다.

④ '뺨따귀'의 표준어는 '뺨따귀'이다. '뺨따귀'는 '뺨'의 비속어이다.

정답 ②

03 밑줄 친 단어 중에서 표준어인 것은?

① 그는 한참 동안 오도카니 서 있었다.

② 그녀는 저금통장을 아들과 며느리 어지중간에 놓았다.

③ 그는 안해를 아주 사랑한다.

④ 그녀는 새 자봉틀을 샀다.

① '오도카니'는 표준어로, '우두커니'의 작은말이다.

② '어지중간'은 '어중간(於中間)'의 비표준어이다. 이것은 '거의 중간쯤 되는 곳', 또는 '그런 상태'를 뜻한다.

③ '안해'는 '아내'의 비표준어이다. '안해'는 북한의 문화어이다.

④ '자봉틀'은 '재봉틀(裁縫틀)'의 비표준어이다.

정답 ①

04 밑줄 친 말 중에서 표준어인 것은?

① 저는 소경이올시다.

② 불쌍도 허지.

③ 그럼, 아름답구말구.

④ 칠색이 영롱하구요.

문항 4의 ①~④는 김동인의 소설 「광화사(狂畵師)」에서 발췌한 것이다.

① '소경'는 표준어이다. '소경[소:경]'은 '시각 장애인을 낮잡아 이르는 말'이다. '-올시다'는 '하십시오' 할 자리에 쓰여, 어떠한 사실을 평범하게 서술하는 종결 어미이다.

② '허지'는 '하지'의 비표준어이다.

③ '아름답구말구'는 '아름답고말고'의 비표준어이다. 어미 '-고말고'는 '상대편의 물음에 대하여 그 사실을 긍정함을 강조하여 나타낼 때 쓰는 종결 어미'이다.

④ '영롱하구요'는 '영롱하고요(玲瓏하고요)'의 비표준어이다.

정답 ①

05 밑줄 친 단어 중에서 표준어인 것은?

① 정정한 품이 서른 살 먹은 장정 <u>여대친답니다</u>.

② 저어, 샀 <u>말씀이올습니다</u>.

③ 어쩔 <u>티여</u>?

④ 안국동 네거리까지 가야 <u>있는걸</u>.

문항 5의 ①~④ 문장은 채만식의 소설 「태평천하」에서 발췌한 것이다.

① '여대친답니다'는 '빰친답니다'의 비표준어이다.

② '말씀이올습니다'는 '말씀이올시다'의 비표준어이다. 어미 '-올습니다'는 '-올시다'의 비표준어이다. 이것은 '하십시오' 할 자리에 쓰여, 어떠한 사실을 평범하게 서술하는 종결 어미이다.

③ '티여'는 '테야'의 비표준어이다. '테야'는 '터이야'의 준말이다. 의존 명사 '터'는 관형사형 전성어미 '-을' 뒤에 쓰여, 예정이나 추측, 의지 등을 나타낸다.

④ '있는걸'은 표준어이다. '-는걸'은 '해' 할 자리나 혼잣말에 쓰여, 현재의 사실이 이미 알고 있는 바나 기대와는 다른 것임을 나타내는 종결 어미이다. 이것은 가벼운 반대나 감탄의 뜻을 나타낸다.

정답 ④

06 밑줄 친 단어 중에서 표준어인 것은?

① 다달이 돈을 일 원씩이나 또박또박 받아 <u>간다냐</u>?
② 새달<u>부텀</u>은 그만두래라.
③ 이렇게 <u>끙짜</u>를 하기를 마지않습니다.
④ 대복이는 멀리 <u>타관</u>에를 심부름 가고 있지 않다.

| 문항 해설 |

문항 6의 ①~④는 채만식의 소설 「태평천하」에서 발췌한 것이다.
① '간다냐'는 '간다니'의 비표준어이다.
② '부텀'은 조사로, '부터'의 비표준어이다.
③ '끙짜'는 '강짜'의 비표준어이다. '강짜'는 '생떼', 또는 '무리한 요구'를 뜻한다. 이 것은 '강샘'을 속되게 이르는 말이다.
④ '타관(他官)'은 표준어로서, '다른 고장'을 뜻한다.

정답 ④

07 밑줄 친 단어 중에서 표준어인 것은?

① 단발머리에다가 <u>다래</u>를 드린 거랍니다.
② 춘심이는 윤직원 영감이 <u>섬뻑</u> 그러라고 하는 게 되레 못 미더워서, 짯짯이 얼굴을 올려다봅니다.
③ 여차장은 그만 소갈머리가 나서 <u>보품떨이</u>를 합니다.
④ 몰라요! 속상해 죽겠네……! 어디<u>꺼정</u> 가세요?

| 문항 해설 |

문항 7의 ①~④는 채만식의 소설 「태평천하」에서 발췌한 것이다.
① '다래'는 '다리'의 비표준어이다. '다리'는 '예전에, 여자들의 머리숱이 많아 보이라고 덧넣었던 딴 머리'를 뜻한다.
② '섬뻑'은 표준어로서, '어떤 일이 행하여진 후 곧바로'를 뜻한다.
③ '보품떨이'는 전라도 방언으로, '앙칼스러운 짓'을 뜻한다.
④ '꺼정'은 보조사인 '까지'의 비표준어이다.

정답 ②

08 밑줄 친 단어 중에서 표준어인 것은?

① <u>빠쓰</u>를 가지구, 아 ― 주 자동차래요!
② 이놈으루 군밤이나 사먹구, <u>귀경</u>은 공으루 들여 달라구 히여.
③ 윤직원 영감한테는 <u>갖추</u> 불길한 날입니다.
④ 실상 윤직원 영감은 <u>위정</u> 그런 어거지를 쓴 것은 아닙니다.

| 문항 해설 |
문항 8의 ①∼④는 채만식의 소설 「태평천하」에서 발췌한 것이다.
① '빠쓰'는 '버스'의 비표준어이다.
② '귀경'은 '구경[구:경]'의 비표준어이다.
③ '갖추'는 표준어로, '고루 있는 대로'를 뜻하는 부사이다.
④ '위정'은 비표준어로, '일부러'를 뜻하는 부사이다.

정답 ③

09 밑줄 친 단어 중에서 표준어인 것은?

① 일이 <u>거진</u> 끝나 갑니다.
② 이 소매의 <u>지럭지</u>가 짧다.
③ 네 마음대로 남을 <u>펴락쥐락</u> 하지 마라.
④ 오랜만에 보고픈 친구에게 편지를 <u>띄웠다</u>.

| 문항 해설 |
① '거진'은 '거의'의 비표준어이다.
② '지럭지'는 '길이'의 비표준어이다.
③ '펴락쥐락'은 '쥐락펴락'의 비표준어이다.
④ '띄웠다'는 표준어이다. 이것의 기본형은 '띄우다'이다. '띄우다'는 '편지나 소포 따위를 부치거나 전하여 줄 사람을 보내다'를 뜻한다.

정답 ④

10 밑줄 친 말 중에서 표준어인 것은?

① 저 사람은 <u>떡충</u>이다.
② 내 친구 딸의 결혼에 <u>부주</u>를 많이 했어.
③ 나는 어제 자동차 <u>세 대</u>를 샀어.
④ 이 사과를 <u>통째</u>로 먹어.

──────────────────────────────

| 문항 해설 |

① '떡충이'는 '떡보'의 비표준어이다. '떡보'는 떡을 매우 좋아하여 즐겨 먹는 사람을
   놀림조로 이르는 말이다.
② '부주'는 '부조(扶助)'의 비표준어이다.
③ '세 대'는 '석 대'의 비표준어이다(「표준어 사정 원칙」 제17항 참조).
④ '통째'는 표준어이다. 이것은 '나누지 아니한 덩어리 전부'를 뜻한다. '통채'는 비표
   준어이다.

정답 ④

11 밑줄 친 단어 중에서 비표준어인 것은?

① 그는 <u>뻰찌</u>로 철사를 잘랐다.
② 가난한 그 사람을 맘껏 도와주지 못해서 매우 <u>안쓰럽다</u>.
③ 막힌 구멍을 <u>꼬챙이</u>로 쑤시니 무리 잘 <u>흐르더라</u>.
④ 기억이 <u>얼핏</u> 난다.

──────────────────────────────

| 문항 해설 |

① '뻰찌'는 '펜치'의 비표준어이다. '뻰찌'는 일본어 ペンチ를 차용한 것이다.
② '안쓰럽다'는 표준어로, '손아랫사람이나 약자의 딱한 형편이 마음이 아프고 가엽
   다', 또는 '손아랫사람이나 약자에게 도움을 받거나 폐를 끼쳤을 때 마음에 미안
   하고 딱하다'를 뜻한다.
③ '꼬챙이'는 표준어로, '가늘고 길면서 끝이 뾰족한 쇠나 나무 따위의 물건'을 뜻한
   다. '꼬창이'는 비표준어이다.
④ '얼핏'은 표준어로, '생각이나 기억 따위가 문득 떠오르는 모양'을 뜻하는 부사이
   다. '얼핏'의 유사어는 '언뜻'이다.

정답 ①

12 밑줄 친 단어 중에서 표준어인 것은?

① 그는 <u>손구루마</u>로 이삿짐을 날랐다.

② 그 사람은 <u>안즉</u> 오지 않았어.

③ 저 아이는 <u>왼손잡이</u>야.

④ 나는 밤에 저 허수아비를 보고 <u>기급했어</u>.

| 문항 해설 |

① '손구루마'는 '손수레'의 비표준어이다. '구루마'는 일본어을 차용한 외래어이다.

② '안즉'은 '아직'의 비표준어이다.

③ '왼손잡이'는 표준어로, '한 손으로 일을 할 때, 주로 왼손을 쓰는 사람'을 뜻한다.

④ '기급했어'는 '기겁했어(氣怯하다)'의 비표준어'이다.

정답 ③

13 밑줄 친 단어 중에서 표준어인 것은?

① 어제 나는 등산을 갔다가 발을 헛디뎌 <u>근두박질쳤어</u>.

② 저 사람은 <u>값높은</u> 옷만 사 입는다.

③ 철수는 영희한테 언제나 <u>계온다</u>.

④ 밤에 팔다리가 아파서 <u>겉잠</u>을 잤어.

| 문항 해설 |

① '근두박질쳤어'는 '곤두박질쳤어'의 비표준어이다.

② '값높은'은 '값비싼'의 비표준어이다.

③ '계온다'는 '진다'의 비표준어이다. '계오다'는 '내기나 시합, 싸움 따위에서 재주나 힘을 겨루어 상대에게 꺾이다'를 뜻한다.

④ '겉잠'은 표준어로, '깊이 들지 않은 잠'을 뜻한다. '겉잠'의 유사어는 '수잠[수:잠]'이다.

정답 ④

14 밑줄 친 말 중에서 표준어인 것은?

① 그는 시장에서 벼 네 섬을 팔았다.
② 이 과일들을 노누어 가져라.
③ 나는 시장에서 숫강아지 한 마리를 샀어.
④ 그는 갈고리로 떨어진 물건을 잡아 당겼다.

| 문항 해설 |

① '네 섬'의 표준어는 '넉 섬'이다. '~냥, ~되, ~섬 ~자' 등을 수식하는 수관형사
   는 '서, 너/네'가 아니라 '석, 넉'이다(「표준어 사정 원칙」 제17항 참조).
② '노누어'의 표준어는 '나누어'이다.
③ '숫강아지'의 표준어는 '수캉아지'이다(「표준어 사정 원칙」 제7항 다만 참조).
④ '갈고리'는 표준어로, '끝이 뾰족하고 꼬부라진 물건'을 뜻한다. '갈구리'는 비표준
   어이다.

정답 ④

15 밑줄 친 단어 중에서 표준어인 것은?

① 그는 늦장(늦場)을 보러 갔어.
② 내가 이 의자와 책상을 맹글었다.
③ 날씨가 매우 싸느렇다.
④ 메토끼를 잡으러 가자.

| 문항 해설 |

① '늦장(늦場)'은 표준어로, '느직하게 보러 가는 장'을 뜻한다.
② '맹글었다'의 표준어는 '만들었다'이다.
③ '싸느렇다'의 표준어는 '싸느랗다'이다.
④ '메토끼'는 '산토끼'의 비표준어이다.

정답 ①

16 밑줄 친 단어 중에서 표준어인 것은?

① 맛갖지 않은 소리를 하지 마라.
② 실수로 비싼 그릇을 부셔 버렸어.
③ 이 칼은 녹이 슬지 않는다.
④ 네가 그렇게 말하니 매우 애운하다.

| 문항 해설 |

① '맛갖지'는 '맞갖지'의 비표준어이다. '맞갖지'는 '마음이나 입맛에 꼭 맞지'를 뜻하는 형용사이다.
② '부셔'는 '부숴'의 비표준어이다. '부숴'의 기본형은 '부수다'이다.
③ '슬지'는 표준어이다. 이것의 기본형 '슬다'는 '쇠붙이에 녹이 생기다'를 뜻한다.
④ '애운하다'는 '섭섭하다'의 비표준어이다.

정답 ③

17 밑줄 친 단어 중에서 표준어인 것은?

① 나는 버드나무 가지의 껍질로 호들기를 만들었다.
② 나는 버드나무 가지의 껍질로 호드기를 만들었다.
③ 나는 버드나무 가지의 껍질로 호두기를 만들었다.
④ 나는 버드나무 가지의 껍질로 호디기를 만들었다.

| 문항 해설 |

② '호드기'가 표준어이다. 이것은 버드나무 가지의 껍질로 만든 피리이다. '① 호들기, ③ 호두기, ④ 호디기' 등은 비표준어이다. '버들피리'는 표준어이다.

정답 ②

18 밑줄 친 단어 중에서 표준어인 것은?

① 우리의 논쟁은 <u>시지부지</u> 끝났어.
② <u>딴에는</u> 네 말도 맞아.
③ 그녀는 가족을 위해 <u>정안수</u>를 떠 놓고 빌었다.
④ <u>부레끓어서</u> 어떤 일도 할 수 없어.

| 문항 해설 |

① '시지부지'는 '흐지부지'의 비표준어이다. 이것은 '확실하게 하지 못하고 흐리멍덩하게 넘어가거나 넘기는 모양'을 뜻하는 부사이다.
② '딴에는'은 '딴은'의 비표준어이다. 이것은 '남의 행위나 말을 긍정하여 그럴 듯도 하다'는 뜻을 나타내는 부사이다.
③ '정안수'는 '정화수(井華水)'의 비표준어이다. 이것은 '이른 새벽에 기른 우물물'을 뜻한다.
④ '부레끓어서'는 표준어로, '몹시 성이 나서'를 뜻한다. '부레끓어서'는 비표준어이다.

정답 ④

19 밑줄 친 단어 중에서 표준어인 것은?

① <u>성냥</u>으로 촛불을 켰다.
② 너의 <u>팔뚜시</u>가 매우 굴다.
③ 그는 <u>정강이</u>가 아파서 병원에 갔다.
④ 그녀는 <u>조외</u>에 편지를 쓴다.

| 문항 해설 |

① '성냥'은 '성냥'의 비표준어이다.
② '팔뚜시'는 '팔뚝'의 비표준어이다. '팔뚜시'는 황해북도와 평안북도의 방언이다.
③ '정강이'는 표준어이다. '정갱이'와 '정겡이'는 비표준어이다.
④ '조외'는 '종이'의 비표준어이다. '조외'는 전라도와 함경북도의 방언이다.

정답 ③

20 밑줄 친 단어 중에서 표준어인 것은?

① 나는 <u>아욱국</u>을 아주 좋아한다.

② 물건들을 <u>채곡채곡</u> 쌓아 두었어.

③ <u>멱서리</u>에 검은 점이 있다.

④ 그 음식을 먹었더니 매우 <u>메시꺼워</u>.

| 문항 해설 |

① '아욱국'은 표준어이지마는, '아옥국'은 비표준어이다.

② '채곡채곡'의 표준어는 '차곡차곡'이다.

③ '멱서리'의 표준어는 '멱살'이다.

④ '메시꺼워'의 표준어는 '메스꺼워'이다.

정답 ①

21 밑줄 친 단어 중에서 표준어가 아닌 것은?

① 저 <u>새악시</u> 볼이 빨갛다.

② 그는 많은 빚을 갚으려고 <u>안간힘</u>을 쓴다.

③ 그렇게 말하니 매우 <u>섞갈린다</u>.

④ 아이들이 <u>소꿉장난</u>을 한다.

| 문항 해설 |

① '새악시'의 표준어는 '새색시'이다. '각시', '색시' 등은 '새색시'의 유사어이다.

② '안간힘'은 표준어이다. 이것은 '어떤 일을 이루기 위해서 몹시 애쓰는 힘'을 뜻한다.

③ '섞갈린다'는 표준어이다. '섞갈리다'는 '갈피를 잡지 못하게 여러 가지가 한데 뒤섞이다'를 뜻한다.

④ '소꿉장난'은 표준어이지마는, '소꿉장난'은 비표준어이다.

정답 ①

22 밑줄 친 단어 중에서 표준어가 아닌 것은?

① 나는 그의 말에 <u>떨떠름했다</u>.
② 언제나 말과 행동을 <u>신중이</u>(愼重이)하여야 한다.
③ 그는 <u>허우대</u>가 좋아.
④ 나는 마늘 <u>장아찌</u>를 좋아해.

| 문항 해설 |

① '떨떠름했다'는 표준어이다. 이것은 '마음이 내키지 않는 데가 있었다'를 뜻한다.
② '신중이(愼重이)'의 표준어는 '신중히(愼重히)'이다. '신중히(愼重히)'는 '매우 조심스럽게'를 뜻한다.
③ '허우대'는 표준어이다. 이것은 '겉으로 드러난 몸의 골격'을 뜻한다.
④ '장아찌'는 표준어이다. 이것은 '말리거나 절이거나 한 야채를 간장, 된장 등에 담가 오래 두고 먹는 반찬'이다.

정답 ②

23 밑줄 친 단어 중에서 표준어인 것은?

① 그는 <u>아구찜</u>을 좋아한다.
② <u>곱실머리</u>가 더 좋아.
③ 우리는 <u>넉가래</u>로 눈을 치웠다.
④ 나는 <u>무웃국</u>을 좋아해.

| 문항 해설 |

① '아구찜'의 표준어는 '아귀찜'이다.
② '곱실머리'의 표준어는 '곱슬머리'이다.
③ '넉가래'는 표준어이다. 이것은 곡식이나 눈 따위를 한곳으로 밀어 모으는 데 쓰는 기구이다.
④ '무웃국'의 표준어는 '뭇국'이다. '무우'는 '무'의 비표준어이다. '무'는 긴소리 [무ː]로 발음된다.

정답 ③

24 밑줄 친 단어 중에서 표준어인 것은?

① 그는 <u>야바우군</u>이다.
② 아기가 엄마 품에 <u>앵겼다</u>.
③ 그는 <u>수북이</u> 쌓인 눈을 치웠다.
④ 이것이 멧돼지의 <u>발자욱</u>이다.

| 문항 해설 |
① '야바우군'의 표준어는 '야바위꾼'이다. 이것은 야바위 치는 사람을 낮잡아 이르는 말이다. '야바위'는 '협잡의 수단으로 그럴듯하게 꾸미는 것'을 뜻한다.
② '앵겼다'의 표준어는 '안겼다'이다.
③ '수북이'는 표준어이다. 이것은 '불룩하게 많이'를 뜻하는 부사이다. '수북히'는 비표준어이다.
④ '발자욱'의 표준어는 '발자국'이다.

정답 ③

25 밑줄 친 단어 중에서 표준어가 아닌 것은?

① 숫자가 <u>헷갈린다</u>.
② 그 과일의 <u>속껍더기</u>는 먹지 마라.
③ <u>널빤지</u>를 가져오너라.
④ 그녀는 매우 <u>새치름하다</u>.

| 문항 해설 |
① '헷갈린다'는 표준어이다. '헷갈리다'는 '정신이 혼란스럽게 되다', 또는 '여러 가지가 뒤섞여 갈피를 잡지 못하다'를 뜻한다. 이것의 유사어는 '헛갈리다'이다.
② '속껍더기'의 표준어는 '속껍데기'이다.
③ '널빤지'는 표준어인데, '널판지(널板지)'는 비표준어이다.
④ '새치름하다'는 표준어인데, '새치롬하다'는 비표준어이다. '새치름하다'는 '시치미를 떼고 태연하거나 얌전한 기색을 꾸미다'를 뜻한다.

정답 ②

01 밑줄 친 단어 중에서 양성 모음이 음성 모음으로 바뀌어 굳어진 것을 표준어로 삼은 것은?

① 저것이 <u>얼룩말</u>이다.

② 저분은 나의 <u>사둔</u>이다.

③ 넘어지지 않으려면 저 <u>손젭이</u>를 잡으세요.

④ 그가 들고 있는 <u>보퉁이</u> 속에는 돈이 많이 들어 있었다.

| 문항 해설 |

① 표준어 '얼룩말'을 '얼럭말'이라고 일컫기도 하는데, 이것들은 양성 모음이 음성 모음으로 바뀌어 굳어진 것이 아니다.

② '사둔'의 표준어는 '사돈(查頓)'이다. 이것은 '혼인한 두 집안의 부모들 사이 또는 그 집안의 같은 항렬이 되는 사람들 사이에 서로 상대편을 이르는 말'이다.

③ '손젭이'는 '손잡이'의 비표준어이다. '손잡이'는 '손으로 어떤 것을 열거나 들거나 붙잡을 수 있도록 덧붙여 놓은 부분'을 뜻한다. '손잽이'도 비표준어이다.

④ '보퉁이'는 표준어이다. 이것은 '보통이'의 '-통-'이 '-퉁-'으로 바뀐 것이다.

정답 ④

02 다음 중에서 표준어가 아닌 것은?

① 멋쟁이　　　　　② 소금쟁이

③ 겁쟁이　　　　　④ 간판쟁이

「표준어 사정 원칙」제9항 [붙임 2]에서 기술자에게는 '-장이', 그 외에는 '-쟁이'가 붙는 형태를 표준어로 삼는다고 규정하고 있다.

① '멋쟁이'는 표준어이다. 이것은 '멋있거나 멋을 잘 부리는 사람'을 뜻한다.

② '소금쟁이'는 표준어이다. 이것은 '소금쟁잇과의 곤충'을 뜻한다.

③ '겁쟁이(怯쟁이)'는 표준어이다. 이것은 '겁이 많은 사람을 낮잡아 이르는 말'을 뜻한다.

④ '간판쟁이'는 '간판장이(看板장이)'의 비표준어이다. '간판장이'는 '간판을 그리거나 만들어 파는 일을 직업으로 하는 사람'을 뜻한다.

정답 ④

03 밑줄 친 말 중에서 표준어가 아닌 것은?

① 나는 <u>쉬흔</u> 살이야.

② 그녀는 쌀 <u>서</u> 말을 팔았어.

③ 이 밭은 <u>땅심</u>이 있어.

④ 아이들이 운동장에서 <u>가댁질한다</u>.

① '쉬흔'의 표준어는 '쉰'이다. 이것은 50(五十)을 뜻한다.

② 단위 명사 '말'을 수식하는 수관형사는 '세/석'이 아니라 '서'이다. '석'이나 '넉'은 '냥, 되, '섬', 자' 따위의 단위를 나타내는 말 앞에 쓰인다(「표준어 사정 원칙」제17항 참조).

③ '땅심'은 표준어로, '농작물을 길러 낼 수 있는 땅의 힘'을 뜻한다. '땅힘'은 비표준어이다.

④ '가댁질한다'는 표준어로, '아이들이 서로 잡으려고 쫓고, 이리저리 피해 달아나며 뛰노는 장난을 한다'를 뜻한다.

정답 ①

04

준말과 본말이 다 같이 널리 쓰이면서 준말의 효용이 뚜렷이 인정되는 경우, 두 가지를 다 표준어로 삼은 것끼리 짝지어진 것은?

① 궁떨다/궁상떨다
② 막잡이/마구잡이
③ 막대/막대기
④ 경없다/경황없다

| 문항 해설 |

③의 '막대기/막대'는 「표준어 사정 원칙」 제16항 "준말과 본말이 다 같이 널리 쓰이면서 준말의 효용이 뚜렷이 인정되는 것은, 두 가지를 다 표준어로 삼는다"라는 규정에 따라 둘 다 표준어로 삼은 것이다. 그런데 ① '궁떨다/궁상떨다', ② '막잡이/마구잡이', ④ '경없다/경황없다' 등에서는 「표준어 사정 원칙」 제15항 "준말이 쓰이고 있더라도, 본말이 널리 쓰이고 있으면 본말을 표준어로 삼는다"라는 규정에 따라 본말인 '궁상떨다, 마구잡이, 경황없다' 등만 표준어로 삼은 것이다.

정답 ③

05

밑줄 친 단어 중에서 표준어가 아닌 것은?

① 함부로 이죽거리지 마라.
② 저 사람은 매우 내숭스러워.
③ 어제 나는 수영을 하다가 까땍하면 죽을 뻔했어.
④ 그녀는 햇빛에 눈이 부셔서 슴벅거린다.

| 문항 해설 |

① '이죽거리지'는 표준어이다. 이것의 기본형은 '이죽거리다'로, '자꾸 밉살스럽게 지껄이며 짓궂게 빈정거리다'를 뜻한다.
② '내숭스러워'는 표준어이다. 이것의 기본형은 '내숭스럽다'로, '겉으로는 순해 보이나 속으로는 엉큼한 데가 있다'를 뜻한다.
③ '까땍하면'은 '까딱하면'의 비표준어이다. '까딱하면'은 '조금이라도 실수하면'을 뜻한다.
④ '슴벅거린다'는 표준어로, '눈꺼풀을 움직여 자꾸 눈을 감았다 떴다 한다'를 뜻하다.

정답 ③

06 다음 중에서 복수 표준어가 아닌 것은?

① 괴다/고이다   ② 쐬다/쏘이다
③ 꾀다/꼬이다   ④ 개다/개이다

| 문항 해설 |

① '괴다/고이다'는 복수 표준어이다. 이것은 '기울지 않도록 아래를 받쳐 안정하게 하다', 또는 '음식 따위를 그릇에 쌓아 올리다', 또는 '웃어른의 음식을 정성스럽게 담다', 또는 '웃어른의 직함을 받들어 쓰다'를 뜻한다.

② '쐬다/쏘이다'는 복수 표준어이다. 이것은 '(바람, 연기, 가스 따위를) 직접 받다', 또는 '(자기의 물건을) 남에게 평가받기 위하여 보이다'를 뜻한다. 동음이의어인 '쐬다/쏘이다'는 '벌레의 침에 찔리다'를 뜻한다.

③ '꾀다/꼬이다'는 복수 표준어이다. 이것은 '하는 일 따위가 순순히 되지 않고 얽히거나 뒤틀리다', 또는 '(사람이나 벌레 따위가) 한곳에 많이 모여들다', 또는 '그럴 듯한 말이나 행동으로 남을 속이거나 부추겨서 자기 생각대로 끌다', 또는 '몸의 일부분이 이리저리 뒤틀리다'를 뜻한다.

④ '개다/개이다'는 복수 표준어가 아니다. '개다'는 표준어이지마는 '개이다'는 비표준어이다. '개다'는 '(흐리거나 궂은 날씨가) 맑게 되다'를 뜻한다.

정답 ④

07 다음 중에서 사어(死語)가 되어 쓰이지 않게 되어 표준어로 삼지 않은 것은?

① 오동나무   ② 자두   ③ 설겆다   ④ 난봉

| 문항 해설 |

'설겆다'는 '설거지하다'의 비표준어이다. '설거지하다'는 명사 '설거지'에 '-하다'가 결합하여 형성된 단어이다(「표준어 사정 원칙」 제20항 참조).

정답 ③

08 다음 단어 중에서 표준어가 아닌 것은?

① 센개   ② 사래밭
③ 꾀장이   ④ 흰죽

| 문항 해설 |

① '센개'는 표준어이다. '센개'는 털빛이 흰 개다. '센개'는 '백구(白狗)'를 뜻한다. 1936년 『조선어 표준말 모음』에서는 '흰개'를 버리고, '센개'를 '백구'의 표준어로 사정하여 놓았다.
② '사래밭'은 표준어이다. '사래전(사래田)'은 비표준어이다.
③ '꾀장이'는 비표준어이다. '꾀쟁이'는 표준어이다.
④ '흰죽'은 표준어이다. '백죽(白粥)'은 비표준어이다(「표준어 사정 원칙」 제20항 참조).

정답 ③

09 다음 단어 중에서 표준어인 것은?

① 보행삯   ② 총각미역
③ 두껍닫이   ④ 나부라기

| 문항 해설 |

① '보행삯'의 표준어는 '길품삯'이다. '길품삯'은 '남이 갈 길을 대신 가 주고 받는 삯'을 뜻한다.
② '총각미역'의 표준어는 '꼭지미역'이다. 이것은 '한 줌 안에 들어올 만큼을 모아서 잡아맨 미역'을 뜻한다.
③ '두껍닫이'는 표준어이다. 이것은 '미닫이를 열 때, 문짝이 옆벽에 들어가 보이지 아니하도록 만든 것'이다.
④ '나부라기'의 표준어는 '나부랭이'이다. 이것은 '종이나 헝겊 따위의 자질구레한 오라기', 또는 '어떤 부류의 사람이나 물건을 낮잡아 이르는 말'을 뜻한다. '너부 렁이'는 '나부랭이'의 유사어이다.

정답 ③

10 다음 단어 중에서 표준어가 아닌 것은?

① 메찰떡   ② 움파
③ 조당수   ④ 푼전(푼錢)

| 문항 해설 |

① '메찰떡'은 표준어로서, '찹쌀과 멥쌀을 섞어서 만든 시루떡'을 뜻한다. 이 단어의 동음이의어인 '메찰떡'은 '메꽃의 뿌리를 넣고 찐 찰떡'을 뜻한다.
② '움파'는 표준어로서, '겨울에 움 속에서 자란, 빛이 누런 파', 또는 '베어 낸 줄기에서 다시 줄기가 나온 파'를 뜻한다. '동파'는 비표준어이다.
③ '조당수'는 표준어로서, '좁쌀을 물에 불린 다음 갈아서 묽게 쑨 음식'을 뜻한다.
④ '푼전(푼錢)'은 '푼돈'의 비표준어이다.

정답 ④

11 밑줄 친 단어 중에서 표준어인 것은?

① 우리는 설악산의 <u>멧줄기</u>를 따라 등산을 했다.
② 나는 더워서 강에서 <u>무자맥질</u>을 하면서 놀았다.
③ 그는 <u>어질머리</u>로 고생을 많이 했어.
④ 쌓인 눈에 구두의 <u>자욱</u>이 나 있다.

| 문항 해설 |

① '멧줄기'의 표준어는 '산줄기'이다. '산줄기'는 '큰 산에서 길게 뻗어 나간 산의 줄기'를 뜻한다.
② '무자맥질'은 표준어로서, '물속에서 팔다리를 놀리며 떴다 잠겼다 하는 짓'을 뜻한다. '무자막질', '물자며질', '물자맥질' 등은 비표준어이다.
③ '어질머리'는 '어질병'의 비표준어이다. '어질병'은 '머리가 어지럽고 혼미하여지는 병'을 뜻한다.
④ '자욱'의 표준어는 '자국'이다.

정답 ②

12 다음 단어 중에서 표준어인 것은?

① 어린순　　　　　　② 귓머리

③ 아랫동강이　　　　④ 코주부

| 문항 해설 |

① '어린순'의 표준어는 '애순'이다.

② '귓머리'의 표준어는 '귀밑머리'이다. '귀밑머리'는 '이마 한가운데를 중심으로 좌우로 갈라 귀 뒤로 넘겨 땋은 머리', 또는 '뺨에서 귀의 가까이에 난 머리털'을 뜻한다.

③ '아랫동강이'의 표준어는 '종아리'이다.

④ '코주부'는 표준어로, '코가 큰 사람을 놀림조로 이르는 말'이다. '코보'는 비표준어이다.

정답 ④

13 1988년 어문 규범을 개정하면서 비표준어이던 것을 표준어로 삼은 것은?

① 막상　　　　　　② 우렁쉥이

③ 역스럽다　　　　④ 까무느다

| 문항 해설 |

① 비표준어이던 '막상'이 표준어이던 '마기'보다 더 널리 쓰이어 '막상'을 표준어로 삼았다. 이것은 '어떤 일에 실지로 이르러'를 뜻하는 부사이다. '막'은 유사어이다.

② '우렁쉥이'는 표준어이다. 비표준어이던 '멍게'도 널리 쓰이어 표준어로 삼았다(「표준어 사정 원칙」 제23항 참조).

③ '역스럽다'는 원래 표준어이었는데, 비표준어이던 '역겹다'가 더 널리 쓰이어 '역겹다'를 표준어로 삼고, '역스럽다'는 비표준어로 처리하였다.

④ '까무느다'도 원래 표준어이었는데, 비표준어이던 '까뭉개다'가 더 널리 쓰이어 '까뭉개다'를 표준어로 삼고, '까무느다'는 비표준어로 처리하였다.

정답 ①

14 밑줄 친 단어 중에서 표준어가 아닌 것은?

① 그는 어떤 단체의 <u>끄나풀</u> 노릇을 했다.
② 우리는 <u>심지뽑기</u>로 우승을 가렸다.
③ 그는 <u>강샘</u>을 잘 부린다.
④ 나는 <u>꽁보리밥</u>을 좋아해.

| 문항 해설 |

① '끄나풀'은 표준어이다. 이것은 '남의 앞잡이 노릇을 하는 사람을 낮잡아 이르는 말'을 뜻한다. '끄나불'은 비표준어이다.
② '심지뽑기'는 비표준어이다. '제비뽑기'가 표준어이다.
③ '강샘'은 표준어이다. 이것은 '부부 사이나 사랑하는 이성(異性) 사이에서 상대되는 이성이 다른 이성을 좋아할 경우에 지나치게 시기하는 것'을 뜻한다. 이것의 유사어는 '질투'이다.
④ '꽁보리밥'은 표준어이다. 이것은 '보리쌀로만 지은 밥'을 뜻한다. '깡보리밥'은 비표준어이다.

정답 ②

15 밑줄 친 단어 중에서 표준어인 것은?

① 그는 <u>강술</u>을 마셔서 몹시 취했다.
② 저 사람은 <u>건뜻하면</u> 화를 낸다.
③ 그녀가 <u>미류나무</u> 밑에서 쉬고 있다.
④ 낙제를 해서 <u>챙피</u>가 막심해.

| 문항 해설 |

① '강술'은 표준어로서, '안주 없이 마시는 술'을 뜻한다. '깡술'은 비표준어이다.
② '건뜻하면'은 '걸핏하면'의 비표준어이다. '걸핏하면'은 '조금이라도 일이 있기만 하면'을 뜻하는 부사이다. 이것의 유사어는 '제겉하면'이다.
③ '미류나무'는 '미루나무'의 비표준어이다.
④ '챙피'는 '창피(猖披)'의 비표준어이다. '창피(猖披)'는 '체면이 깎이거나 아니꼬움을 당한 부끄러움'을 뜻한다.

정답 ①

16 밑줄 친 단어 중에서 표준어인 것은?

① 저 <u>애기</u>가 방긋 웃었다.
② 그 친구 집은 우리 집 <u>웃녘</u>에 있어.
③ 지난밤에 나는 <u>이몽가몽(이夢가夢)</u> 중에 오한에 떨었다.
④ 그는 <u>남새밭</u>에서 일하고 있다.

| 문항 해설 |
① '애기'는 '아기'의 비표준어이다.
② '웃녘'은 '윗녘'의 비표준어이다. '윗녘'은 '위가 되는 쪽'을 뜻한다.
③ '이몽가몽(이夢가夢)'은 '비몽사몽(非夢似夢)'의 비표준어이다. 이것은 '완전히 잠이 들지도 잠에서 깨어나지도 않은 어렴풋한 상태'를 뜻한다. '사몽비몽(似夢非夢)'은 '비몽사몽'의 유사어이다.
④ '남새밭'은 표준어이다. 이것은 '채소를 심어 가꾸는 밭'이다. '채소밭'은 '남새밭'의 유사어이다.

정답 ④

17 밑줄 친 단어 중에서 표준어인 것은?

① 아기에게 <u>때때옷</u>을 입히니 더욱 예쁘구나.
② 아기에게 <u>턱받기</u>를 해 줘.
③ 마루에 <u>험집</u>이 있어.
④ 이것은 <u>쇠버즘</u>에 바르는 약이야.

| 문항 해설 |
① '때때옷'은 표준어이다. 이것은 '알록달록하게 곱게 만든 아이의 옷'을 뜻한다. '때때옷'의 유사어는 '고까옷'이다.
② '턱받기'는 '턱받이'의 비표준어이다.
③ '험집'은 '흠집(欠집)'의 비표준어이다. '흠집(欠집)'은 '흠이 생긴 자리나 흔적'을 뜻한다.
④ '쇠버즘'은 '쇠버짐'의 비표준어이다. '쇠버짐'은 '피부가 몹시 가렵고 쇠가죽처럼 두껍고 단단하게 번지는 버짐'을 뜻한다.

정답 ①

18 밑줄 친 단어 중에서 표준어인 것은?

① 할머니께서 집에 <u>기시니</u>?
② 그는 <u>입담</u>이 좋아.
③ 그는 이 문제를 <u>수이여긴다</u>.
④ 나는 <u>푸른콩</u>으로 지은 밥을 좋아해.

| 문항 해설 |

① '기시니'는 '계시니'의 비표준어이다.
② '입담'은 표준어서, '말하는 솜씨나 힘'을 뜻한다. '말담'은 비표준어이다.
③ '수이여긴다'는 '쉬이여긴다'의 비표준어이다. '쉬이여긴다'는 '가볍게 또는 쉽게 생각한다'를 뜻한다.
④ '푸른콩'은 '청대콩'의 비표준어이다. '청대콩'은 '껍질과 속살이 다 푸른 콩'이다. '푸르대콩'이라고 일컫기도 한다.

정답 ②

19 밑줄 친 단어 중에서 표준어인 것은?

① 방이 <u>뜨습다</u>.
② 저 아이가 방귀를 <u>꾸었어</u>.
③ 그는 대학에 <u>댕긴다</u>.
④ 그녀는 매우 <u>곰살고워</u>.

| 문항 해설 |

① '뜨습다'는 표준어로서, '알맞게 뜨뜻하다'를 의미하는 형용사이다. '뜨습다'는 '드습다'보다 센 느낌을 주는 것이다.
② '꾸었어'는 '뀌었어'의 비표준어이다.
③ '댕긴다'는 '다닌다'의 비표준어이다.
④ '곰살고워'는 '곰살가워'의 비표준어이다. '곰살가워'의 기본형인 '곰살갑다'는 '성질이 보기보다 상냥하고 부드럽다'를 뜻한다.

정답 ①

20 밑줄 친 단어 중에서 표준어인 것은?

① 도둑이 <u>쏜살로</u> 달아났다.
② 그의 성격은 너와 <u>같드라</u>.
③ 우리는 강을 <u>건는다</u>.
④ 그는 칼을 <u>꼬나</u> 잡았다.

| 문항 해설 |

① '쏜살로'는 '쏜살같이'의 비표준어이다. '쏜살같이'는 '쏜 화살과 같이 매우 빠르게'를 뜻한다.
② '같드라'는 '같더라'의 비표준어이다.
③ '건는다'는 '건넌다'의 비표준어이다.
④ '꼬나'는 표준어이다. 이것의 기본형은 '꼬느다'로, '무게가 좀 나가는 물건의 한쪽 끝을 쥐고 치켜들어서 내뻗치다'를 뜻한다.

정답 ④

21 밑줄 친 단어 중에서 표준어가 아닌 것은?

① 네가 자립하는 것이 나의 유일한 <u>바램</u>이다.
② 그 사람 재주는 <u>게꽁지</u>만 하다.
③ 그는 <u>두드러기</u>로 고생을 많이 했어.
④ 그의 말이 <u>거슬린다</u>.

| 문항 해설 |

① '바램'은 '바람'의 비표준어이다.
② '게꽁지'는 표준어이다. 이것은 '지식이나 재주 따위가 아주 짧거나 보잘것없는 것을 비유적으로 이르는 말'이다. '게꼬리'는 비표준어이다.
③ '두드러기'는 표준어이다. '두드레기'는 비표준어이다.
④ '거슬린다'는 표준어이다. '거실린다'는 비표준어이다.

정답 ①

22 다음 단어 중에서 표준어가 아닌 것은?

① 이 시계는 <u>금멕기</u>를 한 거야.
② 가로수들을 <u>송두리째</u> 뽑아 버렸다.
③ 그는 <u>생벼락</u>을 맞았다.
④ 그분은 <u>아흔</u> 살이야.

| 문항 해설 |

① '금멕기'는 '금도금(金鍍金)'의 비표준어이다. 이것은 '금속 재료의 표면에 얇은 금박을 입히는 것'을 뜻한다.
② '송두리째'는 표준어이다. 이것은 '있는 전부를 모조리'를 뜻하는 부사이다. '송두리채'는 비표준어이다.
③ '생벼락(生벼락)'은 표준어이다. 이것은 '느닷없이 치는 벼락', 또는 '뜻밖에 당하는 불행이나 재앙'을 뜻한다. '날벼락'은 '생벼락'의 유사어이다.
④ '아흔'은 표준어이다.

정답 ①

23 밑줄 친 단어 중에서 표준어인 것은?

① 어제 나는 손톱을 <u>짤랐어</u>.
② 그는 <u>어정쫑한</u> 말투로 대답하였다.
③ 과일나무를 <u>분지르지</u> 마라.
④ 그는 눈이 많이 <u>나리는</u> 날에 왔어.

| 문항 해설 |

① '짤랐어'는 '잘랐어'의 비표준어이다.
② '어정쫑한'은 '어정쩡한'의 비표준어이다. '어정쩡하다'는 '분명하지 아니하고 모호하거나 어중간하다'를 뜻한다.
③ '분지르지'는 표준어이다. 이것은 '단단한 물체를 꺾어서 부러지게 하지'를 뜻한다. '분지르다'의 유사어는 '부러뜨리다'이다.
④ '나리는'은 '내리는'의 비표준어이다.

정답 ③

24 밑줄 친 단어 중에서 표준어인 것은?

① 그는 <u>둥치</u>가 우람하다.
② 우리는 <u>해지기</u>를 감상했다.
③ 나는 채소 중에서 <u>정구지</u>를 가장 좋아해.
④ 우리는 김장 김치를 <u>삭히고</u> 있어.

| 문항 해설 |
① '둥치'는 '덩치'의 비표준어이다. '덩치'는 '몸집'을 뜻한다.
② '해지기'는 '해넘이'의 비표준어이다. 이것은 '해가 막 넘어가는 때', 또는 '그런 현상'을 뜻한다.
③ '정구지'는 '부추'의 비표준어이다.
④ '삭히다'는 표준어로서, '김치나 젓갈 따위의 음식물을 발효시켜 맛이 들게 하다' 를 뜻한다. '삭히다'는 '삭다'의 사동사이다.

정답 ④

25 복수 표준어끼리 묶이지 않은 것은?

① 꼬리별/살별
② 갱엿/검은엿
③ 주책없다/주책이다
④ 가엾다/가엽다

| 문항 해설 |
「표준어 사정 원칙」 제26항에서 ① 꼬리별/살별, ② 갱엿/검은엿, ④ 가엾다/가엽다 등을 복수 표준어로 인정하고 있다. ③ '주책없다/주책이다'는 복수 표준어가 아니 다. 「표준어 사정 원칙」 제25항에서 '주책없다'만 표준어로 간주하고 있다. '주책없 다'는 '일정한 줏대가 없이 이랬다저랬다 하여 몹시 실없다'를 뜻한다.

정답 ③

01 밑줄 친 단어 중에서 표준어인 것은?

① 댁의 주소를 <u>알켜</u> 주시면 고맙겠습니다.
② 휴가를 <u>기달리는</u> 사람이 있어요.
③ 너무 오래 사용했더니 칼끝이 <u>모지라졌다</u>.
④ 여객선이 강물에 <u>까라앉았다</u>.

| 문항 해설 |

① '알켜'는 비표준어이다. 이것의 표준어는 '알려'이다.
② '기달리는'은 '기다리는'의 비표준어이다.
③ '모지라졌다'는 표준어이다. '모지라졌다'의 기본형은 '모지라지다'이다. '모주라지다', '무주러지다' 등은 비표준어이다. '모지라지다'는 '물건의 끝이 닳아서 없어지다'를 뜻한다.
④ '까라앉았다'는 '가라앉았다'의 비표준어이다.

정답 ③

02 밑줄 친 단어 중에서 표준어인 것은?

① 노래를 잘 부르지 못한다고 <u>숭</u>을 보지 마라.
② 쓰레기를 <u>주서라</u>.
③ 저 사람은 농사엔 <u>생무지야</u>.
④ 이 물건을 저 상자 속에 집어 <u>옇어라</u>.

① '숭'의 표준어는 '흉'이다. 이것은 '남에게 비웃음을 살 만한 거리'를 뜻한다.

② '주서라'의 표준어는 '주워라'이다. '주서라'의 기본형은 '줏다'이고, '주워라'의 기본형은 '줍다'이다.

③ '생무지'는 표준어이다. '생무지(生무지)'는 어떤 일에 익숙하지 못하고 서투른 사람이다. '생꾼', '생수'는 '생무지'의 유사어이다.

④ '옇어라'의 표준어는 '넣어라'이다.

정답 ③

03 밑줄 친 단어 중에서 표준어가 아닌 것은?

① 개가 바다에 빠져 <u>허우적거린다</u>.

② 내가 고장 난 문을 <u>곤쳤어</u>.

③ 그 사람이 한 말은 <u>말짱</u> 거짓말이었어.

④ 그에게 <u>본때</u>를 보여 줘.

| 문항 해설 |

① '허우적거린다'는 표준어이다. 이것은 '손발 따위를 자꾸 이리저리 마구 내두르다'를 뜻한다. '허우적대다'는 유사어이다.

② '곤쳤어'는 비표준어이다. 이것의 기본형은 '곤치다'로, '고치다'의 비표준어이다.

③ '말짱'은 표준어이다. '말짱'은 '속속들이 모두'를 뜻하는 부사이다.

④ '본때'는 표준어이다. 이것은 '본보기가 되거나 내세울 만한 것'을 뜻한다. '본떼'는 비표준어이다.

정답 ②

04 밑줄 친 단어 중에서 표준어가 아닌 것은?

① 지금 이슬비가 아닌 <u>는개</u>가 내린다.

② 그는 <u>군기침</u>을 하였다.

③ 그녀는 <u>글피</u> 올 거야.

④ 그는 <u>곰밤</u>로 고생을 많이 했어.

| 문항 해설 |

① '는개'는 표준어이다. 이것은 '안개비보다는 조금 굵고 이슬비보다는 가는 비'를 뜻한다.

② '군기침'은 표준어이다. 이것은 '인기척을 내거나 목청을 가다듬거나 하기 위하여 일부러 기침하는 것', 또는 '그렇게 하는 기침'을 뜻한다. '헛기침'은 '군기침'의 유사어이다.

③ '글피'는 표준어이다. 이것은 '모레의 다음 날'을 뜻한다.

④ '곰밤'은 '부스럼'의 비표준어이다. '부스럼'은 피부에 나는 종기를 통틀어 이르는 말이다.

정답 ④

05 밑줄 친 단어 중에서 표준어인 것은?

① 콩의 <u>이퍼리</u>가 누렇다.

② 적의 공격을 막기 위해 <u>교두부</u>를 확보해라.

③ 그동안 <u>생손</u>으로 고생을 많이 했다.

④ 나는 김장을 담그려고 <u>배차</u> 열 포기를 샀어.

| 문항 해설 |

① '이퍼리'는 '이파리'의 비표준어이다.

② '교두부'는 '교두보(橋頭堡)'의 비표준어이다. 이것은 '적군이 점령하고 있는 바닷가나 강가의 한 구역을 차지하고 마련한 작은 진지'를 뜻한다.

③ '생손'은 표준어이다. 이것은 손가락 끝에 종기가 나서 곪는 병이다. '생손'의 유사어는 '생인손'이다.

④ '배차'는 '배추'의 비표준어이다.

정답 ③

06 밑줄 친 단어 중에서 표준어인 것은?

① 그는 시장에서 <u>겨란</u>을 많이 샀어.

② 그녀는 <u>좀체로</u> 화를 내지 않아.

③ 네가 <u>먼첨</u> 강을 건너라.

④ 나는 <u>가시랭이</u>를 치웠어.

| 문항 해설 |

① '겨란'은 '계란'의 비표준어이다.

② '좀체로'는 '좀처럼'의 비표준어이다.

③ '먼첨'은 '먼저'의 비표준어이다.

④ '가시랭이'는 표준어이다. 이것은 '풀이나 나무의 가시 부스러기'를 뜻한다.

정답 ④

07 밑줄 친 단어 중에서 표준어가 아닌 것은?

① 생존자는 <u>시늠시늠</u> 앓다가 사망하였다.

② 가슴 한 <u>귀퉁이</u>에 왠지 모를 고독이 밀려왔다.

③ <u>다달이</u> 많은 세금을 내고 있어서 생활이 어려운 편이야.

④ 너는 <u>숙맥(菽麥)</u>을 구별하지 못하니?

| 문항 해설 |

① '시늠시늠'은 '시름시름'의 비표준어이다. '시름시름'은 '병세가 더 심해지지도 않고 나아지지도 않으면서 오래 끄는 모양'을 뜻하는 부사이다.

② '귀퉁이'는 표준어이다. 이것은 '사물이나 마음의 한구석이나 부분'을 뜻한다.

③ '다달이'는 표준어이다. 이것은 '달마다'를 뜻한다. '달달이'는 비표준어이다.

④ '숙맥(菽麥)'은 표준어이다. 이것은 '콩과 보리', 또는 '사리 분별을 못 하는 어리석은 사람'을 뜻한다.

정답 ①

08 밑줄 친 단어 중에서 표준어가 아닌 것은?

① 너는 과일을 그릇에 담는 <u>굄새</u>가 대단하구나.

② 나는 채소 중에서 <u>무수</u>를 가장 좋아해.

③ <u>도련님</u>, 이리 오세요.

④ 그는 너의 <u>꼭두각시</u>가 아니다.

| 문항 해설 |

① '굄새'는 표준어이다. 이것은 '그릇에 떡이나 과실 따위를 높이 쌓아 올리는 솜씨', 또는 '그릇에 음식을 괴어 놓은 모양'을 뜻한다. '고임새'는 '굄새'의 유사어이다.

② '무수'는 '무'의 비표준어이다.

③ '도련님'은 표준어이다. 이것은 '도령'의 높임말이다.

④ '꼭두각시'는 표준어이다. 이것은 '남의 조종에 따라 주체성이 없이 움직이는 사람을 비유하는 말'이다.

정답 ②

09 밑줄 친 단어 중에서 표준어인 것은?

① 그는 <u>개구장이</u>이다.

② 그 사람은 <u>욕심장이</u>이다.

③ 저분은 옷을 잘 만드는 <u>양복장이</u>이다.

④ 저 아이는 <u>심술장이</u>이다.

| 문항 해설 |

① '개구장이'는 '개구쟁이'의 비표준어이다.

② '욕심장이'는 '욕심쟁이(欲心쟁이)'의 비표준어이다.

③ '양복장이'는 표준어이다. 이것은 '양복을 만드는 일을 직업으로 하는 사람'을 뜻하는 말이다. 기술자에게는 '-장이', 그 외에는 '-쟁이'가 붙는 형태를 표준어 삼는다(「표준어 사정 원칙」 제9항 붙임 2 참조). '양복쟁이(洋服쟁이)'는 표준어로 '양복 입은 사람을 낮잡아 이르는 말'이다.

④ '심술장이'는 '심술쟁이(心術쟁이)'의 비표준어이다.

정답 ③

10 밑줄 친 단어 중에서 표준어인 것은?

① 여기에 <u>찌끄러기</u>를 버려라.
② 그들은 오랫동안 <u>티격태격</u> 싸웠다.
③ 그곳에 도착하자마자 <u>바루</u> 전화를 해라.
④ <u>쬐끔</u>만 기려요.

| 문항 해설 |

① '찌끄러기'는 '찌꺼기'의 비표준어이다.
② '티격태격'은 표준어이다. 이것은 '뜻이 맞지 아니하여 이러니저러니 시비를 따지며 가리는 모양'을 뜻하는 부사이다.
③ '바루'는 '바로'의 비표준어이다.
④ '쬐끔'은 '조금'의 비표준어이다. '조금'이 '짧은 동안'을 뜻할 경우에는 명사이지마는, '정도나 분량이 적게', 또는 '시간적으로 짧게'를 뜻할 경우에는 부사이다.
　　예 용돈이 **조금**밖에 없습니다.('조금'이 명사로 쓰임)
　　　조금 기다려요.('조금'이 부사로 쓰임)

정답 ②

11 다음 단어 중에서 표준어가 아닌 것은?

① 마음에 <u>걸리더라도</u> 너무 신경 쓰지 마라.
② 내가 이불을 <u>꿰맸다.</u>
③ 종이를 <u>꾸기지</u> 마라.
④ 가뭄으로 식물이 <u>누렇다.</u>

| 문항 해설 |

① '걸리더라도'는 표준어이다. '걸리다'는 다의어인데, ①에서는 '눈이나 마음 따위에 만족스럽지 않고 언짢다'라는 뜻으로 쓰였다.
② '꿰맸다'는 표준어이다.
③ '꾸기지'는 '구기지'의 비표준어이다.
④ '누렇다'는 표준어이다.

정답 ③

12 다음 단어 중에서 표준어가 아닌 것은?

① 부모님의 효도를 <u>법받아야</u> 한다.

② 도로가 많이 <u>파였다</u>.

③ 그는 어머니보다 서너 걸음 <u>뒤져</u> 걸었다.

④ 우리는 설을 <u>쇠었어</u>.

| 문항 해설 |

① '법받아야'는 '본받아야'의 비표준어이다. '본받다(本받다)'는 '본보기로 하여 그대로 따라 하다'를 뜻한다.

② '파였다'는 표준어이다. 이것의 기본형은 '파이다'이다. '패이다'는 비표준어이다.

③ '뒤져'는 표준어이다. 이것의 기본형은 '뒤지다'이다. 이것은 '걸음이 남에게 뒤떨어지다'를 뜻한다.

④ '쇠었다'는 표준어이다. 이것의 기본형은 '쇠다'이다. 이것은 '명절, 생일, 기념일 등을 맞이하여 지내다'를 뜻한다. '쇠다'의 표준 발음은 [쇠ː다/쉐ː다]이다.

정답 ①

13 밑줄 친 단어 중에서 표준어가 아닌 것은?

① <u>성냥개비</u>로 장난감 자동차를 만들었어.

② 올겨울은 유독 추울 것 같아서 <u>겨울살이</u> 준비를 철저히 하려고 한다.

③ 씨름에서 이기려면 <u>샅바</u>를 잘 잡아야 해.

④ 나는 언제나 <u>얼레빗</u>으로 머리를 빗는다.

| 문항 해설 |

① '성냥개비'는 표준어이다. 이것은 '낱개의 성냥'을 뜻한다. '성냥개피'는 비표준어이다.

② '겨울살이'는 '겨우살이'의 비표준어이다. '겨우살이'는 '겨울을 남'을 뜻한다. 유사어는 '월동(越冬)'이다.

③ '샅바'는 표준어이다. 이것은 '씨름에서, 허리와 다리에 둘러 묶어서 손잡이로 쓰는 천'을 뜻한다. '삽바'는 비표준어이다.

④ '얼레빗'은 표준어이다. 이것은 '빗살이 굵고 성긴 큰 빗'을 뜻한다. 얼개빗, 얼기빗, 얼네빗, 얼계빗, 얼개 등은 비표준어이다. '얼레빗'의 유사어는 '월소(月梳)'이다.

정답 ②

14 밑줄 친 단어 중에서 표준어인 것은?

① 밥이 쉰 것 같아서 먹기가 <u>께림직하다</u>.
② 그런 일을 하는 건 매우 <u>거추장스러워</u>.
③ 조금 전에 네가 한 말이 <u>거실려</u>.
④ 그는 매우 늦어서 <u>디립다</u> 가속을 했다.

| 문항 해설 |

① '께림직하다'는 비표준어이다. 이것의 표준어는 '꺼림직하다'이다.
② '거추장스러워'는 표준어이다. 이것의 기본형은 '거추장스럽다'이다. '거추장스럽다'는 '어떤 일이 성가시고 귀찮다'를 뜻한다. 거치장스럽다, 거츠상스럽다, 거추상스럽다 등은 비표준어이다.
③ '거실려'는 '거슬려'의 비표준어이다. '거슬려'의 기본형은 '거슬리다'이다.
④ '디립다'는 '들입다'의 비표준어이다. 이것은 '세차게 마구'를 뜻하는 부사이다.

정답 ②

15 밑줄 친 단어 중에서 표준어인 것은?

① 이것을 <u>벼고</u> 잔다.
② 방이 <u>넙직하다</u>.
③ 비행기가 <u>나즉하게</u> 날아간다.
④ 아이들이 <u>소곤거린다</u>.

| 문항 해설 |

① '벼고'의 표준어는 '베고'이다. '베고'의 기본형은 '베다'이다. '베다'는 '누울 때, 베개 따위를 머리 아래에 받치다'를 뜻한다.
② '넙직하다'의 표준어는 '널찍하다'이다. '널찍하다'는 '꽤 너르다'를 뜻한다.
③ '나즉하게'의 표준어는 '나직하게'이다. '나직하다'는 '위치가 꽤 낮다'를 뜻한다.
④ '소곤거리다'는 표준어이다. 이것은 '남이 알아듣지 못하도록 작은 목소리로 자꾸 가만가만 이야기하다'를 뜻한다. '소근거리다'는 비표준어이다.

정답 ④

16 밑줄 친 단어 중에서 표준어인 것은?

① <u>웃물</u>이 맑아야 아랫물이 맑은 법이다.
② 국을 끓이게 <u>씨레기</u>를 삶아라.
③ 마을 입구에 <u>아름드리</u> 소나무가 서 있다.
④ 나보다 <u>자내</u>가 먼저 뛰어가게.

| 문항 해설 |

① '웃물'의 표준어는 '윗물'이다. '윗물'은 '상류의 물', 또는 '어떤 직급 체계에서의 상위직'을 뜻한다.
② '씨레기'의 표준어는 '시래기'이다. '시래기'는 '무청이나 배춧잎을 말린 것'을 뜻한다.
③ '아름드리'는 표준어이다. 이것은 둘레가 한 아름이 넘는 것을 나타내는 말로 명사이다. '아람드리'는 비표준어이다.
④ '자내'는 '자네'의 비표준어이다. '자네'는 '하게' 할 자리의 듣는 이를 지시하는 이인칭 대명사이다.

정답 ③

17 밑줄 친 단어 중에서 표준어가 아닌 것은?

① 경찰의 명령에 불복하면 <u>직석</u>에서 체포될 거야.
② 우리는 보리 <u>알갱이</u>를 버렸다.
③ 그는 <u>감색</u> 양복을 입었다.
④ 나는 <u>쌀농사</u>를 짓는다.

| 문항 해설 |

① '직석(直席)'은 표준어이다. 이것은 '어떤 일이 진행되는 바로 그 자리'를 뜻한다. 이것의 유사어는 '즉석(卽席)'이다.
② '알갱이'는 표준어이다. 이것은 '열매나 곡식 따위의 낱알'을 뜻한다.
③ '감색(紺色)'은 표준어이다. 이것은 '검은빛을 띤 남빛'을 뜻한다.
④ '쌀농사'는 '벼농사'의 비표준어이다.

정답 ④

18 다음 단어 중에서 표준어가 아닌 것은?

① 우뢰와 같은 박수 소리가 들렸다.
② 더위에 찬국을 먹으니 아주 시원하다.
③ 우리는 천장을 도배했어.
④ 나는 강냉이를 좋아해.

| 문항 해설 |

① '우뢰'는 '우레'의 비표준어이다.
② '찬국'은 표준어이다. '냉국(冷국)'은 '찬국'의 유사어이다.
③ '천장(天障)'은 표준어로서, '반자의 겉면'을 뜻한다. '천정(天井)'은 '천장'의 비표준어이다.
④ '강냉이'는 표준어이다. 이것은 '옥수수의 열매', 또는 '옥수수를 튀긴 것'을 뜻한다.

정답 ①

19 다음 단어 중에서 표준어가 아닌 것은?

① 그녀는 너스레를 떨었다.
② 저 아이들은 동갑네기이다.
③ 우리는 설악산 멧기슭을 걸었다.
④ 어제 그는 백화점에서 자리옷을 샀다.

| 문항 해설 |

① '너스레'는 표준어로서, '수다스럽게 떠벌려 늘어놓는 말', 또는 '그렇게 하는 일'을 뜻한다.
② '동갑네기'는 '동갑내기(同甲내기)'의 비표준어이다. '동갑내기'는 '나이가 같은 사람'을 뜻한다.
③ '멧기슭'은 표준어이다. 이것은 '산의 비탈이 끝나는 아랫부분'을 뜻한다. '멧기슭'의 유사어는 '산기슭'이다.
④ '자리옷'은 표준어로서, '잠잘 때 입는 옷'을 뜻한다. '자리옷'과 '잠옷'은 복수 표준어이다(「표준어 사정 원칙」 제26항 참조).

정답 ②

20 복수 표준어끼리 짝지어 있지 않은 것은?

① 중신/중매   ② 차차/차츰

③ 책씻이/책거리   ④ 찹쌀/이찹쌀

| 문항 해설 |

① '중신'과 '중매'는 복수 표준어이다(「표준어 사정 원칙」 제26항 참조). '중신(中媒)'은 '결혼이 이루어지도록 중간에서 소개하는 일', 또는 '그런 사람'을 뜻한다. 이것의 유사어는 '중매(仲媒)'이다.

② '차차'와 '차츰'은 복수 표준어이다(「표준어 사정 원칙」 제26항 참조).

③ '책씻이'와 '책거리'는 복수 표준어이다. '책씻이'는 '글방에서 학생이 책 한 권을 다 읽거나 베껴 쓰는 일이 끝난 때에 선생과 동료에게 한 턱 내던 일'을 뜻한다. 이것을 '책거리', '세책례(洗冊禮)', '책례(冊禮)' 등으로 일컫기도 한다.

④ '찹쌀'은 표준어이고, '이찹쌀'은 비표준어이다. 이 두 단어는 의미는 같되, '찹쌀'이 '이찹쌀'보다 압도적으로 널리 쓰이어 '찹쌀'만을 표준어로 삼았다(「표준어 사정 원칙」 제25항 참조).

정답 ④

21 복수 표준어끼리 짝지어 있지 않은 것은?

① 여쭈다/여쭙다   ② 다기지다/다기차다

③ 길루다/길르다   ④ 모내다/모심다

| 문항 해설 |

① '여쭈다'와 '여쭙다'는 복수 표준어이다(「표준어 사정 원칙」 제26항 참조). 이것들은 '웃어른에게 말씀을 올리다, 또는 웃어른에게 인사를 드리다'를 뜻한다.

② '다기지다'와 '다기차다'는 복수 표준어이다. 이것들은 '마음이 굳고 야무지다'를 뜻한다.

③ '길루다'와 '길르다'는 '기르다'의 비표준어이다.

④ '모내다'와 '모심다'는 복수 표준어이다. 이것들은 '모를 못자리에서 논으로 옮겨 심다'를 뜻한다.

정답 ③

22 복수 표준어끼리 짝지어 있지 않은 것은?

① 길잡이/길앞잡이   ② 고깃간/푸줏간

③ 관계없다/상관없다   ④ 교정보다/준보다

| 문항 해설 |

① '길잡이'는 표준어인데, '길앞잡이'는 비표준어이다. 이 두 단어는 의미는 같되, '길잡이'가 '길앞잡이'보다 압도적으로 널리 쓰이어 '길잡이'만을 표준어로 삼았다 (「표준어 사정 원칙」 제25항 참조). '길잡이'는 '길을 인도해 주는 사람이나 사물', 또는 '나아갈 방향이나 목적을 실현하도록 이끌어 주는 지침을 비유적으로 이르는 말'을 뜻한다. '길라잡이'는 표준어이다.

② '고깃간'과 '푸줏간'은 복수 표준어이다. 이것들은 '쇠고기, 돼지고기 등을 파는 가게'를 뜻한다.

③ '관계없다'와 '상관없다'는 복수 표준어이다. 이것들은 '서로 아무런 관련이 없다'를 뜻한다.

④ '교정보다(校正보다)'와 '준보다(準보다)'는 복수 표준어이다. 이것들은 '교정쇄와 원고를 대조하여 오자(誤字), 오식(誤植), 배열(排列), 색(色) 따위를 바로잡다'를 뜻한다.

정답 ①

23 밑줄 친 단어 중에서 표준어가 아닌 것은?

① 그는 나의 유일한 <u>말벗</u>이다.

② 저 아이는 <u>먹음새</u>가 아주 좋다.

③ 숨었다가 갑자기 나타나서 너무 <u>놀기지</u> 마라.

④ 이 아이는 자주 우는 <u>우지</u>가 아니다.

① '말벗'은 표준어로서, '더불어 이야기할 만한 친구'를 뜻한다. 이것의 유사어는 '말동무'이다.

② '먹음새'는 표준어이다. 이것은 '음식을 먹는 태도'를 뜻한다. 이것의 유사어는 '먹새'이다.

③ '놀기지'는 '놀래지'의 비표준어이다. '놀래다'는 '놀라다'의 사동사이다.

④ '우지'는 표준어로서, '걸핏하면 우는 아이'를 뜻한다. 이것의 유사어는 '울보'이다.

정답 ③

24 밑줄 친 단어 중에서 표준어가 아닌 것은?

① <u>모쪼록</u> 건강하길 바란다.

② 그녀는 <u>너벅지</u>에 물을 부었다.

③ 너는 나를 <u>알은척</u>을 하지 마라.

④ 나는 그 사람에게 <u>무심중</u>에 비밀을 말했어.

① '모쪼록'은 표준어이다. 이것은 '될 수 있는 대로'를 뜻하는 부사이다. '아무쪼록'은 '모쪽록'의 유사어이다.

② '너벅지'는 '자배기'의 비표준어이다. '자배기'는 '둥글넓적하고 아가리가 넓게 벌어진 질그릇'을 뜻한다.

③ '알은척'은 표준어로서, '어떤 일에 관심을 가지는 듯한 태도를 보이는 것'을 뜻한다. 이것의 유사어는 '알은체'이다.

④ '무심중(無心中)'은 표준어로서, '아무런 생각이 없어 스스로 깨닫지 못하는 사이'를 뜻한다. '무심중'의 유사어는 '무심결(無心결)'이다.

정답 ②

25 복수 표준어끼리 짝지어 있지 않은 것은?

① 꽃도미/붉돔
② 눈대중/눈어림
③ 민둥산/벌거숭이산
④ 손목시계/팔목시계

| 문항 해설 |

① '꽃도미'와 '붉돔'은 복수 표준어이다. 이것들은 '도밋과의 바닷물고기'를 뜻한다.
② '눈대중'과 '눈어림'은 복수 표준어로서, '눈으로 보아 어림잡아 헤아림'을 뜻한다.
③ '민둥산'과 '벌거숭이산'은 복수 표준어로서, '나무가 없는 산'을 뜻한다.
④ '손목시계'는 표준어인데, '팔목시계'는 비표준어이다.

정답 ④

2

「표준 발음」 평가

01 밑줄 친 단어 중에서 첫음절의 모음이 길게 발음되는 것은?

① 모든 일을 적극적(積極的)으로 하는 사람이 성공한다.
② 갈등(葛藤)을 해소하려면 우선 상대를 이해하여야 한다.
③ 인생은 짧고, 예술(藝術)은 길다.
④ 산해진미를 만끽해(滿喫해) 보세요.

| 문항 해설 |

① '적극적'의 표준 발음은 [적끅쩍]이다.
② '갈등'의 표준 발음은 [갈뜽]이다.
③ '예술'의 표준 발음은 [예:술]이다.
④ '만끽해'의 표준 발음은 [만끼캐]이다.

정답 ③

02 밑줄 친 단어 중에서 첫음절의 모음이 길게 발음되는 것은?

① 그는 눈보라가 치는 밤에 귀가했어.
② 저 아이의 눈망울에 눈물이 고였어.
③ 오늘도 밤거리를 거닐었어.
④ 바람이 많이 분다.

① '눈보라'의 표준 발음은 [눈:보라]이다. '대기 중의 수증기가 찬 기운을 만나 얼어서 땅 위로 떨어지는 얼음의 결정체'인 '눈'은 길게 발음되는데, '빛의 자극을 받아 물체를 볼 수 있는 감각기관'인 '눈'은 짧게 발음된다.

② '눈망울'의 표준 발음은 [눈망울]이다. 이것은 '척추동물의 시각 기관인 눈구멍 안에 박혀 있는 공 모양의 기관'이다.

③ '밤거리'의 표준 발음은 [밤꺼리]이다. '해가 져서 어두워진 때부터 다음 날 해가 떠서 밝아지기 전까지의 동안'을 뜻하는 '밤'은 짧게 발음되는데, '밤나무의 열매'인 '밤'은 길게 발음된다.

④ '바람'의 표준 발음은 [바람]이다. '기압의 변화 또는 사람이나 기계에 의하여 일어나는 공기의 움직임'을 뜻하는 '바람'과 '어떤 일이 이루어지기를 기다리는 간절한 마음'을 뜻하는 '바람'은 첫음절이 짧게 발음된다.

정답 ①

03 표준 발음이 아닌 것은?

① 선남선녀(善男善女)[선:남선:녀]
② 시시비비(是是非非)[시:시비비]
③ 재삼재사(再三再四)[재:삼재:사]
④ 이심전심(以心傳心)[이:심전:심]

| 문항 해설 |

① 선남선녀(善男善女)[선:남선:녀], ② 시시비비(是是非非)[시:시비비], ③ 재삼재사(再三再四)[재:삼재:사] 등은 표준 발음이다. 단어의 첫음절에서만 긴소리가 나타나는 것을 원칙으로 한다. 다만, 합성어의 경우에는 둘째 음절 이하에서도 분명한 긴소리를 인정한다(「표준 발음법」 제6항 다만 참조).

> 예 반관반민(半官半民)[반:관반:민], 반신반의[반:신반:의/반:신바:니], 전신전화(電信電話)[전:신전:화]

④ '이심전심[이:심전:심]'은 표준 발음이 아니다. '이심전심'의 표준 발음은 [이:심전심]이다.

정답 ④

04 밑줄 친 단어의 표준 발음으로 맞는 것은?

① 나는 함박눈[함:방눈]을 좋아한다.
② 참말[참말:]과 거짓말을 식별할 줄 알아야 한다.
③ 도착하면 전화(電話)[전:화]를 꼭 해.
④ 오는 길에 군밤[군:밤]을 사 와.

| 문항 해설 |

① '함박눈'의 표준 발음은 [함방눈]이다.
② '참말'의 표준 발음은 [참말]이다. '사람의 생각이나 느낌 따위를 표현하고 전달하는 데 쓰는 음성 기호'를 뜻하는 '말'은 [말:]로 발음되는데, '참말, 거짓말, 정말(正말)' 등과 같이 둘째 음절 이하에 쓰인 '말'은 [참말], [거:진말], [정:말] 등과 같이 짧게 발음한다. 동물인 '말'은 짧은소리 [말]로 발음한다.
③ '전화(電話)'의 표준 발음은 [전:화]이다. '전기(電氣), 전등(電燈), 전력(電力), 전류(電流), 전보(電報)' 등에서 첫음절로 쓰인 '電(전)' 자는 긴소리로 발음한다.
④ '군밤'의 표준 발음은 [군밤]이다.

정답 ③

05 밑줄 친 단어 중에서 첫음절의 모음이 짧게 발음되는 것은?

① 이곳의 지가(地價)가 차츰차츰 올라가고 있어.
② 채점(採點)을 정확히 하세요.
③ 문항들의 배점(配點)은 다르다.
④ 갈수록 경로(敬老) 정신이 사라지고 있어.

| 문항 해설 |

① '지가(地價)'의 표준 발음은 [지까]이다. 이것은 '토지의 가격'을 뜻한다.

② '채점(採點)'의 표준 발음은 [채:쩜]이다. 이것은 '평가 답안의 맞고 틀림을 살피어 점수를 매기는 것'을 뜻한다.

③ '배점(配點)'의 표준 발음은 [배:쩜]이다. 이것은 '점수를 각각 나누어 배정하는 것, 또는 그렇게 하여 정해진 점수'를 뜻한다.

④ '경로(敬老)'의 표준 발음은 [경:노]이다. 이것은 '노인을 공경하는 것'을 뜻한다.

정답 ①

06 밑줄 친 단어의 표준 발음이 아닌 것은?

① 어젯밤에 잠을 제대로 자지 못해서 매우 졸려[졸:려].

② 옷이 더러워서[더:러워서] 세탁을 했어.

③ 잔디를 밟으면[발:브면] 안 됩니다.

④ 감이 익지 않아서 매우 떫어[떨:버].

| 문항 해설 |

① [졸:려]는 '졸려'의 표준 발음이다. '졸려'의 기본형은 '졸리다'이다. 이것과 같이 용언의 어간이 다음절(多音節)일 경우에는 어미에 따라 짧게 발음하는 경우가 없다.

② '더러워서'도 '졸려'와 같이 어간이 다음절이어서 첫음절을 길게 발음하여야 한다.

③ '밟으면'은 [발브면]으로 발음하여야 한다. 긴소리를 가진 음절이라도, 단음절인 용언 어간에 모음으로 시작된 어미가 결합되면 짧게 발음한다(「표준 발음법」 제7항 1 참조).

　　예 감으니[가므니], 신어[시너], 알아[아라]

④ 단음절인 용언 어간에 모음으로 시작된 어미가 결합되면 길게 발음한다(「표준 발음법」 제7항 1 다만 참조).

　　예 끌어[끄:러], 떫은[떨:븐], 벌어[버:러], 썰어[써:러], 없으니[업:쓰니]

정답 ③

07 밑줄 친 단어 중에서 첫음절의 모음이 길게 발음되는 것은?

① 엄마가 아기의 머리를 <u>감겼어</u>.
② 실이 자주 <u>꼬인다</u>.
③ 버스 안에서 발이 많이 <u>밟혔어</u>.
④ 모기를 모두 <u>없앴어</u>.

| 문항 해설 |

① '감겼어'의 표준 발음은 [감겨써]이다. 긴소리를 가진 음절이라도, 용언 어간에 피동, 사동 접미사가 결합되는 경우 짧게 발음한다(「표준 발음법」 제7항 2 참조).
　　예 감다[감ː따]-[감기다], 꼬다[꼬ː다]-[꼬이다], 밟다[밥ː따]-밟히다[발피다]
② '꼬인다'의 표준 발음은 [꼬인다]이다.
③ '밟혔어'의 표준 발음은 [발펴써]이다.
④ '없앴어'의 표준 발음은 [업ː쌔써]이다. 첫음절이 긴소리인 용언 어간에 피동, 사동 접미사가 결합되더라도 길게 발음한다(「표준 발음법」 제7항 2 다만 참조).
　　예 끌다[끌ː리다], 벌리다[벌ː리다], 없애다[업ː쌔다]

정답 ④

08 다음 단어 중에서 첫음절의 모음이 길게 발음되는 것은?

① 안기다　　　　② 알리다　　　　③ 웃기다　　　　④ 쏘이다

| 문항 해설 |

① '안기다'의 표준 발음은 [안기다]이다. '안기다'는 '안다'의 피동사나 사동사로 쓰인다.
② '알리다'의 표준 발음은 [알리다]이다. '알리다'는 '알다'의 사동사이다.
③ '웃기다'의 표준 발음은 [운ː끼다]이다. 이것은 '웃다'의 사동사이다.
④ '울리다'의 표준 발음은 [울리다]이다. 이것은 '울다'의 사동사이다.

정답 ③

09 밑줄 친 단어 중에서 첫음절의 모음이 길게 발음되는 것은?

① 어머니가 아기에게 옷을 <u>입혔다</u>.

② 아기를 침대에 <u>뉘었다</u>.

③ 이 작품은 많은 사람들에게 <u>읽혔어</u>.

④ 도둑이 경찰에게 <u>잡혔어</u>.

| 문항 해설 |

① '입혔다'의 표준 발음은 [이펻따]이다. 이것은 '입다'의 사동사이다.

② '뉘었다'의 표준 발음은 [뉘ː얻따]이다. 이것의 기본형은 '뉘다'로, 사동사 '누이다'
의 준말이다.

③ '읽혔어'의 표준 발음은 [일켜써]이다. 이것의 기본형은 '읽히다'로, '읽다'의 피동사
이다.

④ '잡혔어'의 표준 발음은 [잡펴써]이다. 이것의 기본형은 '잡히다'로, '잡다'의 피동사
이다.

정답 ②

10 밑줄 친 단어 중에서 첫음절의 모음이 길게 발음되는 것은?

① 새 신발을 <u>신어</u>.

② <u>밀물</u>이 들었어.

③ 그는 돈을 매우 많이 <u>벌어</u>.

④ 서로 배려하면서 행복하게 <u>살아라</u>.

| 문항 해설 |

① '신어'의 표준 발음은 [시너]이다. 긴소리를 가진 음절이라도, 단음절인 용언 어간
에 모음으로 시작된 어미가 결합되는 경우에는 짧게 발음한다(「표준 발음법」
제7항 참조).

　　예 감다[감ː따] ─ 감으니[가므니], 밟다[밥ː따] ─ 밟아[발바]

② '밀물'의 표준 발음은 [밀물]이다.

③ '벌어'의 표준 발음은 [버ː러]이다. 긴소리를 가진 단음절인 용언 어간에 모음으로
시작된 어미가 결합되더라도 길게 발음하는 것이 있다(「표준 발음법」 제7항 1
다만 참조).

예 끌다[끌:다] ― 끌어[끄:러], 떫다[떨:다] ― 떫어[떨:버],
썰다[썰:다] ― 썰어[써:러]

④ '살아라'의 표준 발음은 [사라라]이다. 긴소리를 가진 음절이라도, 단음절인 용언 어간에 모음으로 시작된 어미가 결합되는 경우에는 짧게 발음한다(「표준 발음법」 제7항 참조).

예 살다[살:다] ― 살아[사라], 알다[알:다] ― 알아[아라]

정답 ③

11 「표준 발음법(1988)」에 따라 발음되는 대로 바르게 표기한 것은?

① 문법론(文法論)[문법논]
② 논리학(論理學)[놀리학]
③ 공권력(公權力)[공꿜녁]
④ 늑막염(肋膜炎)[능마겸]

| 문항 해설 |

① '문법론(文法論)'의 표준 발음은 [문뻠논]이다.
② '논리학(論理學)'의 표준 발음은 [놀리학]이다. 'ㄴ'은 'ㄹ'의 앞이나 뒤에서 [ㄹ]로 발음한다(「표준 발음법」 제20항 참조).

예 난로[날:로], 신라[실라], 천리[철리],

③ '공권력(公權力)'의 표준 발음은 [공꿘녁]이다. [공꿜력]은 비표준 발음이다.
④ '늑막염(肋膜炎)'의 표준 발음은 [능망념]이다. 합성어 및 파생어에서, 앞 단어나 접두사의 끝이 자음이고 뒤 단어나 접미사의 첫음절이 '이, 야, 여, 요, 유'인 경우에는, 'ㄴ' 소리를 첨가하여 [니, 냐, 녀, 뇨, 뉴]로 발음한다.

예 솜－이불[솜:니불], 내복－약[내:봉냑], 색－연필[생년필], 영업용[영엄뇽]

정답 ②

12 「표준 발음법(1988)」에 따라 발음되는 대로 바르게 표기한 것은?

① 길짐승[길찜승]　　　② 생산량[생살량]
③ 날다람쥐[날다람지]　④ 설자리[설자리]

| 문항 해설 |

① '길짐승'의 표준 발음은 [길찜승]이다. '길짐승'은 '기어 다니는 짐승을 통틀어 이르는 말'이다.
② '생산량'의 표준 발음은 [생산냥]이다.
③ '날다람쥐'의 표준 발음은 [날따람쥐]이다.
④ '설자리'의 표준 발음은 [설짜리]이다. 이것은 '국궁(國弓)에서, 활을 쏠 때에 서는 자리'를 뜻한다.

정답 ①

13 「표준 발음법(1988)」에 따라 발음되는 대로 바르게 표기하지 않은 것은?

① 들것[들껃]　　　② 공돈[공똔]
③ 돌배[돌빼]　　　④ 홈집 [홈:찝]

| 문항 해설 |

① '들것'의 표준 발음은 [들껃]이다. 이것은 '환자나 물건을 실어 나르는 기구의 하나'를 뜻한다.
② '공돈(空돈)'의 표준 발음은 [공똔]이다. 이것은 '노력의 대가로 생긴 것이 아닌, 거저 얻거나 생긴 돈'을 뜻한다.
③ '돌배'의 표준 발음은 [돌배]이다. 이것은 '돌배나무의 열매'를 뜻한다.
④ '홈집'의 표준 발음 [홈:찝]이다. 이것은 '홈이 생긴 자리나 흔적'을 뜻한다.

정답 ③

14 다음 중 표준 발음이 아닌 것은?

① 일순간(一瞬間)[일순간]　② 안부인(安婦人)[안뿌인]
③ 밀수출(密輸出)[밀쑤출]　④ 실사회(實社會)[실싸훼]

| 문항 해설 |

① '일순간(一瞬間)'의 표준 발음은 [일쑨간]이다. 한자어에서, 'ㄹ' 받침 뒤에 연결되는 'ㄷ, ㅅ, ㅈ'은 된소리로 발음한다(「표준 발음법」 제26항 참조).
② '안부인'의 표준 발음은 [안뿌인]이다. 이것은 '남의 집의 결혼한 여자를 높여 이르는 말'이다.
③ '밀수출'의 표준 발음은 [밀쑤출]이다.
④ '실사회'의 표준 발음은 [실싸회/실싸훼]이다.

정답 ①

15 다음 중 표준 발음이 아닌 것은?

① 불치병(不治病)[불치뼝]　② 눈병(눈病)[눈뼝]
③ 질병(疾病)[질뼝]　④ 난치병(難治病)[난치뼝]

| 문항 해설 |

① '불치병(不治病)'의 표준 발음은 [불치뼝]이다. 이것은 '고치지 못하는 병'을 뜻한다.
② '눈병(눈病)'의 표준 발음은 [눈뼝]이다.
③ '질병(疾病)'의 표준 발음은 [질병]이다.
④ '난치병(難治病)'의 표준 발음은 [난치뼝]이다. 이것은 '고치기 어려운 병'을 뜻한다.

정답 ③

16 밑줄 친 단어 중에서 첫음절의 모음이 짧게 발음되는 것은?

① 대통령(大統領)은 국가의 원수이다.
② 늘 부정(否定)만 하지 말고 긍정도 좀 해.
③ 아무도 그 내막(內幕)을 모른다.
④ 이 카드는 사용 기간이 만료(滿了)가 되었어.

| 문항 해설 |

① '대통령(大統領)'의 표준 발음은 [대ː통녕]이다. 대체로 '大' 자가 단어의 첫음절로 쓰일 경우에는 긴소리로 발음된다. 대뇌(大腦)[대ː뇌], 대단원(大單元)[대ː다눤], 대덕(大德)[대ː덕], 대도(大盜)[대ː도], 대량(大量)[대ː량]. 그런데 단어의 첫음절에 쓰인 '大' 자가 짧게 발음되는 경우도 있다.
   예 대구(大口)[대구], 대구(大邱)[대구]
② '부정(否定)'의 표준 발음은 [부ː정]이다. 부정(不定), 부정(不正), 부정(不淨) 등의 표준 발음은 [부정]이다.
③ '내막(內幕)'의 표준 발음은 [내ː막]이다. '內' 자가 단어의 첫음절로 쓰일 경우에는 긴소리로 발음된다.
   예 내과(內科)[내ː꽈], 내근(內勤)[내ː근], 내란(內亂)[내ː란],내무(內務)[내ː무], 내외(內外)[내ː외/내ː웨], 내제(內題)[내ː제], 내조(內助)[내ː조]
④ '만료(滿了)'의 표준 발음은 [말료]이다. 이것은 '정해진 기간이 다 차서 끝남'을 뜻한다.

정답 ④

17 밑줄 친 단어의 표준 발음이 아닌 것은?

① 불효는 천륜(天倫)[철륜]을 저버린 것이다.
② 그는 분노를 삭이려고 안간힘[안깐힘]을 썼다.
③ 자연은 조물주(造物主)[조물쭈]가 만든 것이다.
④ 이순신 장군은 불세출(不世出)[불쎄출]의 영웅이었다.

| 문항 해설 |

① '천륜(天倫)'의 표준 발음은 [철륜]이다. '천륜'은 '부모와 자식 간에 하늘의 인연으로 정하여져 있는 사회적 관계나 혈연적 관계'를 뜻한다. 또한 이것은 '부모, 형제 사이에서 마땅히 지켜야할 도리'를 뜻하기도 한다.

② '안간힘'의 표준 발음은 [안깐힘/안간힘]이다. 이것은 '고통이나 울화 따위를 참으려고 숨 쉬는 것도 참으면서 애쓰는 힘'을 뜻한다.

③ '조물주(造物主)'의 표준 발음은 [조:물쭈]이다. 이것은 '우주의 만물을 만들고 다스리는 신'을 뜻한다.

④ '불세출(不世出)'의 표준 발음은 [불쎄출]이다. 이것은 '좀처럼 세상에 나타나지 아니할 만큼 뛰어난 것'을 뜻한다.

정답 ③

18 「표준 발음법(1988)」에 따라 발음되는 대로 바르게 표기하지 않은 것은?

① 기술진(技術陣) [기술찐]   ② 등록세 [등녹쎄]

③ 시비조(是非調) [시:비쪼]   ④ 검사증(檢査證) [검사쯩]

| 문항 해설 |

① '기술진(技術陣)'의 표준 발음은 [기술찐]이다. 한자어에서 'ㄹ' 받침 뒤에 연결되는 'ㄷ, ㅅ, ㅈ'은 된소리로 발음한다. 다만 같은 한자어가 겹쳐진 단어의 경우에는 된소리로 발음하지 않는다(「표준 발음법」 제26항 참조).

　　예 허허실실(虛虛實實)[허허실실], 절절하다(切切하다)[절절하다]

② '등록세(登錄稅)'의 표준 발음은 [등녹쎄]이다.

③ '시비조(是非調)'의 표준 발음은 [시:비쪼]이다. 이것은 '트집을 잡아 시비하려 드는 듯한 투'를 뜻한다.

④ '검사증(檢査證)'의 표준 발음은 [검:사쯩]이다.

정답 ④

19 밑줄친 단어의 표준 발음이 아닌 것은?

① 그는 불법(佛法)[불뻡]에 귀의했어.

② 그는 세법(稅法)[세:뻡]을 잘 알아.

③ 나는 주택 거래법(去來法)[거:래뻡]을 잘 몰라.

④ 저 사람은 계산법(計算法)[게:산뻡]을 몰라.

| 문항 해설 |

① '불법(佛法)'의 표준 발음은 [불법]이다. 이것은 '불교를 달리 이르는 말'이다. '법에 어긋나는 것'을 뜻하는 '불법(不法)'의 표준 발음은 [불뻡/불법]이다.

② '세법(稅法)'의 표준 발음은 [세:뻡]이다. 이것은 '세금의 부과 및 징수에 관한 법'을 뜻한다.

③ '거래법(去來法)'의 표준 발음은 [거:래뻡]이다.

④ '계산법(計算法)'의 표준 발음은 [계:산뻡/게:산뻡]이다. 이것은 '계산하는 방법'을 뜻한다.

정답 ①

20 밑줄 친 단어의 표준 발음이 아닌 것은?

① 그는 닭에[달게] 모이를 주었다.

② 꽃에[꼬세] 물을 주어라.

③ 농부가 밭을[바틀] 갈고 있다.

④ 형이 부엌에서[부어케서] 요리를 하고 있어.

| 문항 해설 |

① '닭에'의 표준 발음은 [달게]이다. 겹받침이 모음으로 시작된 조사나 어미, 접미사와 결합되는 경우에는 뒤의 것만을 뒤 음절 첫소리로 옮겨 발음한다(「표준 발음법」 제14항 참조).

② '꽃에'의 표준 발음은 [꼬체]이다. 홑받침이나 쌍받침이 모음으로 시작된 조사나 어미, 접미사와 결합되는 경우에는 제 음가대로 뒤 음절 첫소리로 옮겨 발음한다 (「표준 발음법」 제13항 참조).

    예 꽃이[꼬치], 꽃을[꼬츨], 깎아[까까], 있어[이써], 숲이[수피]

③ '밭을'의 표준 발음은 [바틀]이다(「표준 발음법」 제13항 참조).

④ '부엌에서'의 표준 발음은 [부어케서]이다. [부어게서]는 표준 발음이 아니다.

정답 ②

21 표준 발음이 아닌 것은?

① 금은방(金銀房)[금은방]　　② 탄력(彈力)[탈:력]

③ 대문간(大門間)[대:문깐]　　④ 곧이듣다[고지듣따]

| 문항 해설 |

① '금은방(金銀房)'의 표준 발음은 [그믄빵]이다.

② '탄력(彈力)'의 표준 발음은 [탈:력]이다.

③ '대문간(大門間)'의 표준 발음은 [대:문깐]이다.

④ '곧이듣다'의 표준 발음은 [고지듣따]이다(「표준 발음법」 제17항 참조).

정답 ①

22 밑줄 친 단어의 표준 발음이 아닌 것은?

① 그 물건을 넝큼[닁큼] 가져오너라.

② 일생 동안 큰 희망[히망]을 가지고 살아라.

③ 저 옷의 무늬[무늬]가 매우 곱다.

④ 우리의[우리에] 소원은 평화 통일이다.

① '닁큼'의 표준 발음은 [닁큼]이다. 자음을 첫소리로 가지고 있는 음절의 'ㅢ'는 [ㅣ]로 발음한다(「표준 발음법」 제5항 다만 3 참조).

    예 닐리리[닐니리], 띄어쓰기[띠어쓰기], 씌어[씨어], 틔어[티어], 희어[히어], 유희[유히]

② '회망'의 표준 발음은 [히망]이다(「표준 발음법」 제5항 다만 3 참조).

③ '무늬'의 표준 발음은 [무니]이다(「표준 발음법」 제5항 다만 3 참조).

④ '우리의'의 표준 발음은 [우리의/우리에]이다. 단어의 첫음절 이외의 '의'는 [ㅣ], 조사 '의'는 [ㅔ]로 발음함도 허용한다(「표준 발음법」 제5항 다만 4 참조).

정답 ③

23 밑줄 친 단어 중 긴소리로 발음되지 않는 것은?

① 여기를 <u>봐</u>.

② 그 책은 책상 위에 놓아 <u>둬</u>.

③ 열심히 일을 <u>해</u>.

④ 빨리 나한테 <u>와</u>.

① 용언의 단음절 어간에 어미 '-아/-어'가 결합되어 한 음절로 축약되는 경우에 긴소리로 발음한다(「표준 발음법」 제6항 붙임 참조). 이에 따라 '보아'의 축약형인 '봐'는 [봐ː]로 발음하여야 한다.

② '둬'는 '두어'의 축약형이므로 [둬ː]로 발음하여야 한다.

③ '해'는 '하여'의 축약형이므로 [해ː]로 발음하여야 한다.

④ '오아'의 축약형인 '와'는 [와]로 발음한다(「표준 발음법」 제6항 붙임 다만 참조).

    예 지어 → 져[저], 찌어 → 쪄[쩌], 치어 → 쳐[처]

정답 ④

24 밑줄 친 단어의 표준 발음이 아닌 것은?

① 호수가 매우 <u>넓다</u>[널따]. ② 개가 땅바닥을 <u>핥고</u>[할꼬] 있다.
③ 착하게 살면 <u>늙지</u>[늘찌] 않는다. ④ 날씨가 매우 <u>맑다</u>[막따].

| 문항 해설 |

① '넓다'의 표준 발음은 [널따]이다. 겹받침 'ㄼ'은 어말 또는 자음 앞에서 [ㄹ]로 발음한다(「표준 발음법」 제10항 참조).

② '핥고'의 표준 발음은 [할꼬]이다. 겹받침 'ㄾ'은 어말 또는 자음 앞에서 [ㄹ]로 발음한다(「표준 발음법」 제10항 참조).

③ '늙지'의 표준 발음은 [늑찌]이다. 겹받침 'ㄺ'은 어말 또는 자음 앞에서 [ㄱ]으로 발음한다(「표준 발음법」 제11항 참조). [늘찌]는 표준 발음이 아니다.

④ '맑다'의 표준 발음은 [막따]이다. 겹받침 'ㄺ'은 어말 또는 자음 앞에서 [ㄱ]으로 발음한다(「표준 발음법」 제11항 참조). [말따]는 표준 발음이 아니다.

정답 ③

25 표준 발음이 아닌 것은?

① 읊다[읍따] ② 묽고[물꼬]
③ 맛없다[마덥따] ④ 옷맵시[온맵씨]

| 문항 해설 |

① '읊다'의 표준 발음은 [읍따]이다. 겹받침 'ㄿ'은 어말 또는 자음 앞에서 [ㅂ]으로 발음한다(「표준 발음법」 제11항 참조).

② '묽고'의 표준 발음은 [물꼬]이다. 용언의 어간 말음 'ㄺ'은 'ㄱ' 앞에서 [ㄹ]로 발음한다(「표준 발음법」 제11항 다만 참조).
    예 읽게[일께], 맑고[말꼬]

③ '맛없다'의 표준 발음은 [마덥따]이다. 받침 뒤에 모음 'ㅏ, ㅓ, ㅗ, ㅜ, ㅟ'들로 시작되는 실질형태소가 연결되는 경우에는, 대표음으로 바꾸어서 뒤 음절 첫소리로 옮겨 발음한다(「표준 발음법」 제15항 참조).
    예 맛없다[마덥따], 겉옷[거돋], 헛웃음[허두슴]

④ '옷맵시'의 표준 발음은 [온맵씨]이다. 옷맵시 → [옫맵씨] → [온맵씨]

정답 ④

01 표준 발음이 아닌 것은?

① 숱하다[수타다]　　　　② 값있는[갑씬는]

③ 넋 없이[너겁씨]　　　　④ 값어치[가버치]

| 문항 해설 |

① '숱하다'의 표준 발음은 [수타다]이다. 이것은 '아주 많다'를 뜻한다.

② '값있는'의 표준 발음은 [가빈는]이다(「표준 발음법」 제15항 붙임 참조).

③ '넋 없이'의 표준 발음은 [너겁씨]이다(「표준 발음법」 제15항 붙임 참조).

④ '값어치'의 표준 발음은 [가버치]이다(「표준 발음법」 제15항 붙임 참조).

정답 ②

02 표준 발음이 아닌 것은?

① 밭 아래[바태래]　　　　② 꽃 한 송이[꼬탄송이]

③ 가실 길에[가실끼레]　　④ 낮 한때[나탄때]

| 문항 해설 |

① '밭 아래'의 표준 발음은 [바다래]이다(「표준 발음법」 제15항 참조).

② '꽃 한 송이'의 표준 발음은 [꼬탄송이]이다(「표준 발음법」 제12항 붙임 2 참조).

③ '가실 길에'의 표준 발음은 [가실끼레]이다.

④ '낮 한때'의 표준 발음은 [나탄때]이다(「표준 발음법」 제12항 붙임 2 참조).

정답 ①

03 표준 발음이 아닌 것은?

① 멋있는[머딛는]
② 침략(侵掠)[침:략]
③ 담력(膽力)[담:녁]
④ 인류(人類)[일류]

| 문항 해설 |

① '멋있는'의 표준 발음은 [머딛는/머신는]이다(「표준 발음법」 제15항 참조).
② '침략(侵掠)'의 표준 발음은 [침:냑]이다. 받침 'ㅁ' 뒤에 연결되는 'ㄹ'은 [ㄴ]으로 발음한다(「표준 발음법」 제19항 참조).
③ '담력(膽力)'의 표준 발음은 [담:녁]이다(「표준 발음법」 제19항 참조).
④ '인류(人類)'의 표준 발음은 [일류]이다. 'ㄴ'은 'ㄹ'의 앞이나 뒤에서 [ㄹ]로 발음한다(「표준 발음법」 제20항 참조).

정답 ②

04 표준 발음이 아닌 것은?

① 콧등[코뜽]
② 아랫니[아랟니]
③ 뱃머리[밴머리]
④ 상견례[상견녜]

| 문항 해설 |

① '콧등'의 표준 발음은 [코뜽/콛뜽]이다. 'ㄱ, ㄷ, ㅂ, ㅅ, ㅈ'으로 시작하는 단어 앞에 사이시옷이 올 때는 이들 자음만을 된소리로 발음하는 것을 원칙으로 하되, 사이시옷을 [ㄷ]으로 발음하는 것을 허용한다(「표준 발음법」 제30항 1 참조).
② '아랫니'의 표준 발음은 [아랜니]이다. 사이시옷 뒤에 'ㄴ'이 결합되는 경우에는 [ㄴ]으로 발음한다(「표준 발음법」 제30항 2 참조).
③ '뱃머리'의 표준 발음은 [밴머리]이다. 사이시옷 뒤에 'ㅁ'이 결합되는 경우에는 [ㄴ]으로 발음한다(「표준 발음법」 제30항 2 참조).
④ '상견례'의 표준 발음은 [상견녜]이다(「표준 발음법」 제20항 다만 참조). '상견례(相見禮)'는 '공식적으로 서로 만나 보는 예', 또는 '결혼식에서 신랑과 신부가 서로에게 동등한 예를 갖추어 마주보고 하는 인사'를 뜻한다.

정답 ②

05 표준 발음이 아닌 것은?

① 금요일[그묘일] ② 깃발[기빨]
③ 베갯잇[베갠닏] ④ 깻잎[깬닙]

| 문항 해설 |

① '금요일'의 표준 발음은 [그묘일]이다.
② '깃발'의 표준 발음은 [기빨/긷빨]이다(「표준 발음법」 제30항 1 참조).
③ '베갯잇'의 표준 발음은 [베갠닏]이다(「표준 발음법」 제30항 3 참조).
④ '깻잎'의 표준 발음은 [깬닙]이다(「표준 발음법」 제30항 3 참조).

정답 ④

06 표준 발음이 아닌 것은?

① 광한루(廣寒樓)[광한누] ② 임진란(壬辰亂)[임:진난]
③ 비고란(備考欄)[비:고란] ④ 결단력(決斷力)[결딴녁]

| 문항 해설 |

① '광한루(廣寒樓)'의 표준 발음은 [광:할루]이다. '廣(광)' 자가 단어의 첫음절에 쓰이면 긴소리로 발음된다. 'ㄴ'은 'ㄹ'의 앞이나 뒤에서 [ㄹ]로 발음한다(「표준 발음법」 제20항 참조).
② '임진란(壬辰亂)'의 표준 발음은 [임:진난]이다(「표준 발음법」 제20항 다만 참조).
③ '비고란(備考欄)'의 표준 발음은 [비:고란]이다.
④ '결단력(決斷力)'의 표준 발음은 [결딴녁]이다(「표준 발음법」 제20항 다만 참조).

정답 ①

07 밑줄 친 말의 발음이 바른 것은?

① ㄱ으로[기으그로] 시작하는 단어를 써라.

② ㄷ이[디그시] 삐뚤어졌어.

③ ㅋ을[키으클] 써 봐.

④ ㅍ은[피으픈] 열세 번째 글자야.

| 문항 해설 |

① 'ㄱ으로'의 표준 발음은 [기여그로]이다.

② 'ㄷ이'의 표준 발음은 [디그시]이다(「표준 발음법」 제16항 참조). 이것은 현실 발음을 중시하여 규정한 것이다. [디그디]는 비표준 발음이다.

③ 'ㅋ을'의 표준 발음은 [키으글]이다(「표준 발음법」 제16항 참조). [키으클]이나 [키여클]은 비표준 발음이다.

④ 'ㅍ은'의 표준 발음은 [피으븐]이다(「표준 발음법」 제16항 참조). [피으픈]은 비표준 발음이다.

정답 ②

08 밑줄 친 말의 발음이 바른 것은?

① ㅈ을[지으즐] 크게 써 봐.

② ㅅ으로[시으스로] 시작하는 단어를 말해 보세요.

③ ㅌ에[티으테] 대해 설명해 봐.

④ ㅎ이[히으시] 가장 선명하게 보인다.

| 문항 해설 |

① 'ㅈ을'의 표준 발음은 [지으슬]이다(「표준 발음법」 제16항 참조). [지으즐]은 비표준 발음이다.

② 'ㅅ으로'의 표준 발음은 [시오스로]이다.

③ 'ㅌ에'의 표준 발음은 [티으세]이다(「표준 발음법」 제16항 참조).

④ 'ㅎ이'의 표준 발음은 [히으시]이다(「표준 발음법」 제16항 참조). [히으히]는 비표준 발음이다.

정답 ④

09 표준 발음이 아닌 것은?

① 서울–역[서울력]　　② 눈–요기[눈뇨기]
③ 장단(長短)[장:단]　　④ 육학년(六學年)[유캉년]

| 문항 해설 |

① '서울역'의 표준 발음은 [서울력]이다. 'ㄹ' 받침 뒤에 첨가되는 'ㄴ' 소리는 [ㄹ]로 발음한다(「표준 발음법」 제29항 붙임 1 참조).
　　例 서울역[서울녁] → [서울력], 들–일[들:닐] → [들:릴], 솔–잎[솔닙] → [솔립]
② '눈요기'의 표준 발음은 [눈뇨기]이다(「표준 발음법」 제29항 참조).
③ '장단(長短)'의 표준 발음은 [장단]이다. 이것은 '길고 짧음, 또는 장점과 단점'을 뜻한다. 한자인 '長'은 짧은소리로 발음된다.
　　例 장수(長壽)[장수], 장신(長身)[장신], 장음(長音)[장음], 장점(長點)[장쩜]
④ '육학년(六學年)'의 표준 발음은 [유캉년]이다. '학년(學年)'의 표준 발음은 [항년] 이다.

정답 ③

10 표준 발음이 아닌 것은?

① 밝다[발따]　　② 답답하다[답따파다]
③ 생각하다[생가카다]　　④ 맑습니다[막씀니다]

| 문항 해설 |

① '밝다'의 표준 발음은 [박따]이다(「표준 발음법」 제11항 참조). 밝아[발가], 밝으니 [발그니], 밝고[발꼬], 밝는[방는], 밝지[박찌]
② '답답하다'의 표준 발음은 [답따파다]이다.
③ '생각하다'의 표준 발음은 [생가카다]이다.
④ '맑습니다'의 표준 발음은 [막씀니다]이다. 맑다[막따], 맑아[말가], 맑으니[말그니], 맑고[말꼬], 맑지[말찌]

정답 ①

11 밑줄 친 말의 표준 발음이 아닌 것은?

① 사과의 <u>값이</u>[갑씨] 매우 비싸다.

② 손을 <u>깨끗이</u>[깨끄치] 씻어라.

③ <u>순이익만</u>[순니잉만] 천만원이다.

④ 저 아이는 <u>말괄량이</u>[말괄량이]이야.

| 문항 해설 |

① '값이'의 표준 발음은 [갑씨]이다. 값이 → [갑시] → [갑씨]. 받침 'ㄱ(ㄲ, ㅋ, ㄳ, ㄺ), ㄷ(ㅅ, ㅆ, ㅈ, ㅊ, ㅌ), ㅂ(ㅍ, ㄼ, ㄿ, ㅄ)' 뒤에 연결되는 'ㄱ, ㄷ, ㅂ, ㅅ, ㅈ'은 된소리로 발음한다(「표준 발음법」 제23항 참조).

② '깨끗이'의 표준 발음은 [깨끄시]이다. 홑받침이나 쌍받침이 모음으로 시작된 조사나 어미, 접미사와 결합되는 경우에는, 제 음가대로 뒤 음절 첫소리로 옮겨 발음한다(「표준 발음법」 제13항 참조).

③ '순이익만'의 표준 발음은 [순니잉만/수니잉만]이다.

④ '말괄량이'의 표준 발음은 [말괄량이]이다. '말괄량이'는 말이나 행동이 얌전하지 못하고 덜렁거리는 여자이다.

정답 ②

12 밑줄 친 말의 표준 발음이 아닌 것은?

① 저 사람의 <u>활약(活躍)</u>[화략]은 정말 놀랍다.

② 경제 성장의 <u>급물살(急물살)</u>[금물쌀]을 타서 주가가 막 오른다.

③ 저 <u>불빛을</u>[불삐슬]을 봐라.

④ 그녀는 아무 말없이 내 <u>곁을</u>[겨틀] 떠났어.

| 문항 해설 |

① '활약(活躍)'의 표준 발음은 [화략]이다(「표준 발음법」 제13항 참조). '활약(活躍)'은 '기운차게 뛰어 다니는 것', 또는 '활발히 활동하는 것'을 뜻한다.

② '급물살'의 표준 발음은 [금물쌀]이다.

③ '불빛을'의 표준 발음은 [불삐츨]이다(「표준 발음법」 제13항 참조).

④ '곁을'의 표준 발음은 [겨틀]이다(「표준 발음법」 제13항 참조).

정답 ③

13 밑줄 친 단어의 표준 발음으로 맞는 것은?

① 그들은 혈육(血肉)[혈륙]의 정을 나누었다.
② 세대 간 분열(分裂)[분녈]은 불행을 낳는다.
③ 가을이 되니 식욕(食慾)[싱뇩]이 왕성해진다.
④ 몰상식(沒常識)[몰쌍식]은 상식이 전혀 없는 것을 뜻한다.

| 문항 해설 |

① '혈육(血肉)'의 표준 발음은 [혀륙]이다.
② '분열(分裂)'의 표준 발음은 [부녈]이다.
③ '식욕(食慾)'의 표준 발음은 [시곡]이다.
④ '몰상식(沒常識)'의 표준 발음은 [몰쌍식]이다.

정답 ④

14 밑줄 친 단어의 표준 발음으로 맞는 것은?

① 문소리[문소리]가 났다.
② 영양실조(營養失調)[영냥실쬐]에 걸리지 않도록 잘 먹어라.
③ 창고(倉庫)[창괴]에 물건들을 넣어 두었어.
④ 어제 폭발(暴發)[폭팔] 사고가 났어.

| 문항 해설 |

① '문소리'의 표준 발음은 [문쏘리]이다.
② '영양실조(營養失調)'의 표준 발음은 [영양실쬐]이다.
③ '창고(倉庫)'의 표준 발음은 [창고]이다. [창꼬]는 비표준 발음이다.
④ '폭발(暴發)'의 표준 발음은 [폭빨]이다.

정답 ③

15 밑줄 친 말의 표준 발음으로 맞는 것은?

① 독감의 <u>감염(感染)</u>[가:몀]을 막기 위해 예방 접종을 하였다.

② 그 사람은 <u>참고인(參考人)</u>[참:고인] 자격으로 조사를 받았어.

③ 구청의 민원 <u>창구(窓口)</u>[창꾸]를 이용해.

④ 그는 <u>건넛방</u>[건넏빵]에서 잔다.

| 문항 해설 |

① '감염(感染)'의 표준 발음은 [가:몀]이다. [감념]은 비표준 발음이다.

② '참고인(參考人)'의 표준 발음은 [참고인]이다.

③ '창구(窓口)'의 표준 발음은 [창꾸]이다. '창구(窓口)'는 '사무실이나 영업소 따위에서, 손님과 문서·돈·물건 따위를 주고받을 수 있게 조그마하게 창을 내거나 대(臺)를 마련하여 놓은 곳', 또는 '창을 내거나 뚫어 놓은 곳'을 뜻한다. ③에서는 '창구(窓口)'가 전자의 의미로 쓰였다.

④ '건넛방(건넛房)'의 표준 발음은 [건:너빵/건:넏빵]이다. 'ㄱ, ㄷ, ㅂ, ㅅ, ㅈ'으로 시작하는 단어 앞에 사이시옷이 올 때는 이들 자음만을 된소리로 발음하는 것을 원칙으로 하되, 사이시옷을 [ㄷ]으로 발음하는 것도 허용한다(「표준 발음법」 제30항 1 참조).

정답 ①

16 밑줄 친 단어의 표준 발음으로 맞는 것은?

① 방금 밭에서 캐낸 감자가 <u>알알이</u>[알라리] 실하다.

② 어제 이 <u>골동품(骨董品)</u>[골동품]을 저 상점에서 샀어.

③ 그는 촬영에 <u>관념(觀念)</u>[관념]을 둔다.

④ 그는 <u>철야(徹夜)</u>[철냐] 근무를 한다.

| 문항 해설 |

① '알알이'의 표준 발음은 [아라리]이다. 이것은 '한 알 한 알마다'를 뜻하는 부사이다.

② '골동품(骨董品)'의 표준 발음은 [골똥품]이다.

③ '관념(觀念)'의 표준 발음은 [관념]이다. [괄념]은 비표준 발음이다.

④ '철야(徹夜)'의 표준 발음은 [처려]이다. 이것은 '잠을 자지 않고 밤을 보내는 것'을 뜻한다.

정답 ③

17 밑줄 친 말의 표준 발음으로 맞는 것은?

① 저기에서 <u>흙을</u>[흐글] 퍼 왔다.
② 이 물건의 <u>값이</u>[가비] 너무 비싸다.
③ 이 <u>밭이</u>[바시] 가장 기름지다.
④ 콩의 <u>떡잎이</u>[떵니피] 자란다.

| 문항 해설 |

① '흙을'의 표준 발음은 [흘글]이다. 겹받침이 모음으로 시작된 조사나 어미, 접미사와 결합되는 경우에는, 뒤엣것만을 뒤 음절 첫소리로 옮겨 발음한다(「표준 발음법」 제14항 참조).
② '값이'의 표준 발음은 [갑씨]이다. 겹받침 'ㄳ, ㅄ' 등의 'ㅅ'은 된소리 'ㅆ'으로 발음한다(「표준 발음법」 제14항 참조).
　　예 넋이[넉씨], 몫이[목씨]
③ '밭이'의 표준 발음은 [바치]이다. 받침 'ㄷ, ㅌ(ㄾ)'이 조사나 접미사의 모음 'ㅣ'와 결합되는 경우에는, [ㅈ, ㅊ]으로 바꾸어서 뒤 음절 첫소리로 옮겨 발음한다(「표준 발음법」 제17항 참조).
④ '떡잎이'의 표준 발음은 [떵니피]이다. [떠기피], [떵니비] 등은 비표준 발음이다.

정답 ④

18 밑줄 친 단어의 표준 발음으로 맞는 것은?

① 이곳은 늘 <u>행락객(行樂客)</u>[행낙깩]으로 붐빈다.
② 그렇게 행동하면 <u>불이익(不利益)</u>[부리익]이 있다.
③ 이 종이가 저 종이보다 <u>얇다</u>[얍:따].
④ 저 사람의 <u>눈빛을</u>[눈뻬슬]을 봐.

① '행락객(行樂客)'의 표준 발음은 [행낙깩]이다. 이것은 '놀거나 즐기러 온 사람'을 뜻한다.

② '불이익(不利益)'의 표준 발음은 [불리익]이다.

③ '얇다'의 표준 발음은 [얄:따]이다. 겹받침 'ㄼ'은 어말 또는 자음 앞에서 'ㄹ'로 발음한다(「표준 발음법」 제10항 참조).

　　예 얇고[얄:꼬], 얇지[얄:찌]. 넓다[널따], 넓고[널꼬], 넓지[널찌].

④ '눈빛을'의 표준 발음은 [눈삐츨]이다.

정답 ①

19 표준 발음이 아닌 것은?

① 광주(光州) [광주]　　　　② 상품(上品) [상:품]
③ 고지(告知) [고지]　　　　④ 정월(正月) [정월]

① '광주(光州)'의 표준 발음은 [광주]이다. '光' 자는 짧은소리로 발음된다. '廣州(광주)'의 표준 발음은 [광:주]이다. '廣'자가 단어의 첫음절로 쓰이면 긴소리로 발음된다. 예 廣告[광:고], 廣魚[광:어], 廣場[광:장]

② '상품(上品)'의 표준 발음은 [상:품]이다. '上' 자가 단어의 첫음절로 쓰이면 긴소리로 발음된다. 예 上同[상:동], 上等[상:등]
'下'도 단어의 첫음절로 쓰이면 긴소리로 발음된다. 예 下去[하:거], 下級[하:급], 下等[하:등]

③ '고지(告知)'의 표준 발음은 [고:지]이다. 高地[고지] 固持[고지].

④ '정월(正月)'의 표준 발음은 [정월]이다. 正意[정:의/정:이], 正義[정:의/정:이]

정답 ③

20 단어의 첫음절이 길게 발음되지 않는 것은?

① 찬미(讚美)　　　　② 공연(公演)
③ 응용(應用)　　　　④ 운임(運賃)

① '찬미(讚美)'의 표준 발음은 [찬:미]이다. 이것은 '아름답고 훌륭한 것이나 위대한 것 등을 기리어 칭송하는 것'을 뜻한다.

② '공연(公演)'의 표준 발음은 [공연]이다. 이것은 '음악, 무용, 연극 따위를 많은 사람 앞에서 보이는 것'을 뜻한다.

③ '응용(應用)'의 표준 발음은 [응:용]이다. 이것은 '이론이나 이미 얻은 지식을 구체적인 개개의 사례나 다른 분야의 일에 적용하여 이용하는 것'을 뜻한다.

④ '운임(運賃)'의 표준 발음은 [우:님]이다.

정답 ②

21 밑줄 친 단어의 표준 발음으로 맞는 것은?

① 도와줘서 <u>정말</u>[정말] 고마워.

② 고구마가 <u>덜</u>[덜] 익었어.

③ 문제가 있으면 <u>사전(事前)</u>[사:전]에 알려 줘.

④ 화재의 <u>재발(再發)</u>[재발]을 막자.

① '정말'의 표준 발음은 [정:말]이다. 이것은 부사 '정말로'의 준말이다.

② '덜'의 표준 발음은 [덜:]이다.

③ '사전(事前)'의 표준 발음은 [사:전]이다. '事(사)' 자가 단어의 첫음절로 쓰이면 긴소리로 발음된다.

　　예 사건(事件)[사:껀], 事故(사고)[사:고], 사기(事機)[사:기], 사기(事記)[사:기], 事典(사전)[사:전]

④ '재발(再發)'의 표준 발음은 [재:발]이다. '再(재)' 자가 단어의 첫음절에 쓰이면 긴소리로 발음된다.

　　예 재개(재개)[재:개], 재거(再擧)[재:거], 재결합(再結合)[재:결합], 再考(재고)[재:고], 재귀(再歸)[재:귀], 再生(재생)[재:생]

정답 ③

22 밑줄 친 단어의 표준 발음으로 맞는 것은?

① 이 강의 상류(上流)[상뉴] 지역은 어디입니까?

② 그 사람이 배임 혐의(嫌疑)[혀미]로 구속됐어.

③ 여건(與件)[여건]이 좋지 않으니 계약을 하지 마세요.

④ 이 동네가 매우 낯설다[난설다].

| 문항 해설 |

① '상류(上流)'의 표준 발음은 [상:뉴]이다. 이것은 '강이나 내의 발원지에 가까운 부분'을 뜻한다.

② '혐의(嫌疑)'의 표준 발음은 [혀믜/혀미]이다.

③ '여건(與件)'의 표준 발음은 [여:껀]이다. 이것은 '주어진 조건'을 뜻한다. '與(여)' 자가 단어의 첫음절로 쓰이면 긴소리로 발음된다.

　　　예 與黨(여당)[여:당], 與論(여론)[여:론], 與否(여부)[여:부], 與信(여신)[여:신]

④ '낯설다'의 표준 발음은 [낟썰다]이다. 받침 'ㄱ(ㄲ, ㅋ, ㄳ, ㄺ), ㄷ(ㅅ, ㅆ, ㅈ, ㅊ, ㅌ), ㅂ(ㅍ, ㄼ, ㄿ, ㅄ)' 뒤에 연결되는 'ㄱ, ㄷ, ㅂ, ㅅ, ㅈ'은 된소리로 발음한다(「표준 발음법」 제13항 참조).

정답 ②

23 표준 발음이 아닌 것은?

① 굳히다[구치다]　　　　　② 땀받이[땀바지]

③ 벼훑이[벼훌티]　　　　　④ 묻히다[무치다]

| 문항 해설 |

① '굳히다'의 표준 발음은 [구치다]이다. 굳히다 → [구티다] → [구치다]

② '땀받이'의 표준 발음은 [땀바지]이다. 이것은 '땀을 받아 내려고 입는 속옷', 또는 '땀을 받아 내려고 옷 속에 받친 헝겊'을 뜻한다.

③ '벼훑이'의 표준 발음은 [벼훌치]이다. 받침 'ㄷ, ㅌ(ㄾ)'이 조사나 접미사의 모음 'ㅣ'와 결합되는 경우에는, [ㅈ, ㅊ]으로 바꾸어서 뒤 음절 첫소리로 옮겨 발음한다(「표준 발음법」 제17항 참조).

④ '묻히다'의 표준 발음은 [무치다]이다. 묻히다 → [무티다] → [무치다]

정답 ③

24 밑줄 친 단어의 표준 발음으로 맞는 것은?

① 저 상점에서 <u>옷감</u>[옥깜]을 샀어.
② <u>꽃길</u>[꼰낄]을 걸으세요.
③ 저 아이는 <u>젖먹이</u>[점머기]입니다.
④ <u>틀림없이</u>[틀림업씨] 약속을 지켜야 한다.

| 문항 해설 |

① '옷감'의 표준 발음은 [옫깜]이다(「표준 발음법」 제21항 참조).
② '꽃길'의 표준 발음은 [꼳낄]이다(「표준 발음법」 제21항 참조).
③ '젖먹이'의 표준 발음은 [전머기]이다. 받침 'ㄱ(ㄲ, ㅋ, ㄳ, ㄺ), ㄷ(ㅅ, ㅆ, ㅈ, ㅊ, ㅌ, ㅎ), ㅂ(ㅍ, ㄼ, ㄿ, ㅄ)'은 'ㄴ, ㅁ' 앞에서 [ㅇ, ㄴ, ㅁ]으로 발음한다(「표준 발음법」 제18항 참조).
④ '틀림없이'의 표준 발음은 [틀리멉씨]이다(「표준 발음법」 제21항 참조).

정답 ②

25 밑줄 친 단어의 표준 발음이 아닌 것은?

① 그는 사장이 <u>되어</u>[되여] 중소기업을 대기업으로 만들었다.
② 이것은 걸작이 <u>아니오</u>[아니요].
③ 아기가 엄마 품에 <u>안겼다</u>[안겯따].
④ 떡이 <u>설익었어요</u>[설리거써요].

| 문항 해설 |

① '되어'의 표준 발음은 [되어/되여]이다(「표준 발음법」 제22항 참조).
② '아니오'의 표준 발음은 [아니오/아니요]이다(「표준 발음법」 제22항 붙임 참조).
③ '안겼다'의 표준 발음은 [안겯따]이다. 어간 받침 'ㄴ(ㄵ), ㅁ(ㄻ)' 뒤에 결합되는 어미의 첫소리 'ㄱ, ㄷ, ㅅ, ㅈ'은 된소리로 발음한다. 다만, 피동, 사동의 접미사 '-기-'는 된소리로 발음하지 않는다(「표준 발음법」 제24항 다만 참조).
　　예 안기다[안기다], 감기다[감기다], 굶기다[굼기다], 옮기다[옴기다], 껴안다[껴안따], 삼고[삼꼬], 신다[신따], 얹다[언따]
④ '설익었어요'의 표준 발음은 [설리거써요]이다(「표준 발음법」 제29항 붙임 1 참조).

정답 ③

01 밑줄 친 말의 표준 발음이 아닌 것은?

① 여러분의 지원에 힘입어[힘니버] 역경을 이겨 냈다.
② 그는 언제나 옷을 잘 입는다[잘림는다].
③ 그의 나이는 서른 여섯[서른여섣]이다.
④ 어제 우리는 이민을 가는 친구를 위한 송별연[송:벼련]을 베풀었어.

| 문항 해설 |

① '힘입어'의 표준 발음은 [힘니버]이다. 이것은 '어떤 힘의 도움을 받아'를 뜻한다.
② '잘 입는다'의 표준 발음은 [잘림는다]이다. 두 단어를 이어서 한 마디로 발음하는
  경우에 'ㄴ'음은 [ㄹ]로 발음한다(「표준 발음법」 제29항 붙임 2 참조).
  예 잘 입다 → [잘닙따] → [잘립따], 할 일 → [할닐] → [할릴]
③ '서른 여섯'의 표준 발음은 [서른녀섣]이다(「표준 발음법」 제29항 붙임 2 참조).
④ '송별연'의 표준 발음은 [송:벼련]이다(「표준 발음법」 제29항 다만 참조).
  예 6·25[유기오], 3·1절[사밀쩔], 등용문[등용문]

정답 ③

02 밑줄 친 말의 표준 발음으로 맞는 것은?

① 그는 법도[법도]를 넘기지 않았다.
② 그는 힘들이지 않고[안코] 그 문제를 잘 해결했다.
③ 그는 도리에 맞는[만는] 생활을 했어.
④ 학문의 궁극적인 목적은 훌륭한[훌늉한] 사람이 되는 데 있다.

① '법도'의 표준 발음은 [법또]이다.

② '않고'의 표준 발음은 [안쾨]이다.

③ '맞는'의 표준 발음은 [만는]이다.

④ '훌륭한'의 표준 발음은 [훌륭한]이다.

정답 ②

03 밑줄 친 말의 표준 발음으로 맞는 것은?

① 불빛이 매우 <u>현란하다</u>(絢爛하다)[혈난하다].

② 그는 분노의 원인을 알지 <u>못한다</u>[모:탄다].

③ 학문이 없는 곳에는 인생의 고귀함도 <u>없을지</u>[업쓸지] 모를 일이다.

④ 설빔이 <u>끝나면</u>[끋나면] 음식으로 접어든다.

① '현란하다'의 표준 발음은 [혈:란하다]이다. 'ㄴ'은 'ㄹ'의 앞이나 뒤에서 [ㄹ]로 발음한다(「표준 발음법」 제20항 붙임 2 참조).

　　예 난로[날:로], 칼날[칼랄], 물난리[물랄리], 줄넘기[줄럼끼], 할는지[할른지]

② '못한다'의 표준 발음은 [모:탄다]이다. 'ㄷ'으로 발음되는 'ㅅ'이 뒤 음절의 첫소리 'ㅎ'과 결합 되는 경우에 [ㅌ]으로 발음한다(「표준 발음법」 제12항 붙임 2 참조).

　　예 옷 한 벌[오탄벌]

③ '없을지'의 표준 발음은 [업:쓸찌]이다. '-(으)ㄹ'로 시작되는 어미 뒤에 연결되는 'ㄱ, ㅂ, ㅅ, ㅈ'은 된소리로 발음한다(「표준 발음법」 제27항 붙임 참조).

④ '끝나면'의 표준 발음은 [끈나면]이다. 받침 'ㄱ(ㄲ, ㅋ, ㄳ, ㄺ), ㄷ(ㅅ, ㅆ, ㅈ, ㅊ, ㅌ, ㅎ), ㅂ(ㅍ, ㄼ, ㄿ, ㅄ)'은 'ㄴ, ㅁ' 앞에서 [ㅇ, ㄴ, ㅁ]으로 발음한다(「표준 발음법」 제18항 붙임 참조).

　　예 국물[궁물], 흙만[흥만], 붙는[분는], 있는[인는], 짓는[진는]

정답 ②

04 밑줄 친 말의 표준 발음이 아닌 것은?

① 너의 역할[여칼]에 충실하여야 한다.
② 이 운동화는 잘 닳지[달치] 않아.
③ 벽을 곱게[곱게] 꾸몄어.
④ 쇠솥에선 엿물이 설설 끓었다[끄런따].

| 문항 해설 |

① '역할'의 표준 발음은 [여칼]이다. 받침 'ㄱ(ㄺ), ㄷ, ㅂ(ㄼ), ㅈ(ㄵ)'이 뒤 음절 첫소리 'ㅎ'과 결합되는 경우에 두 소리를 합쳐서 [ㅋ, ㅌ, ㅍ, ㅊ]으로 발음한다(「표준 발음법」 제12항 붙임 1 참조).
② '닳지'의 표준 발음은 [달치]이다.
③ '곱게'의 표준 발음은 [곱:께]이다.
④ '끓었다'의 표준 발음은 [끄런따]이다. 'ㅎ(ㄶ, ㅀ)' 뒤에 모음으로 시작된 어미나 접미사가 결합되는 경우에 'ㅎ'을 발음하지 않는다(「표준 발음법」 제12항 4 참조).

정답 ③

05 밑줄 친 말의 표준 발음으로 맞는 것은?

① 그는 주장이 뚜렷한[뚜려탄] 사람이다.
② 구경꾼이 매우 많다[만타].
③ 그는 자신만만하게 나서기를 서슴지[서슴치] 않는다.
④ 좁은 관찰에 근거를 두고 경솔하게 결정한[결정한] 태도를 밀고 나가선 안 된다.

| 문항 해설 |

① '뚜렷한'의 표준 발음은 [뚜려탄]이다. 'ㄷ'으로 발음되는 'ㅅ'이 뒤 음절 'ㅎ'과 결합되는 경우 두 음을 합쳐서 [ㅌ]으로 발음한다(「표준 발음법」 제12항 1. 붙임 2 참조).

② '많다'의 표준 발음은 [만:타]이다(「표준 발음법」 제6항 참조).

③ '서슴지'의 표준 발음은 [서슴찌]이다. 어간 받침 'ㄴ(ㄵ), ㅁ(ㄻ)' 뒤에 결합되는 어미의 첫소리 'ㄱ, ㄷ, ㅅ, ㅈ'은 된소리로 발음한다(「표준 발음법」 제24항 참조).

　　例 안다[안:따], 앉고[안꼬], 삼고[삼:꼬], 닮다[담:따], 젊지[점:찌]

④ '결정한'의 표준 발음은 [결쩡한]이다. 한자어에서, 'ㄹ' 받침 뒤에 연결되는 'ㄷ, ㅅ, ㅈ'은 된소리로 발음한다(「표준 발음법」 제26항 참조).

　　例 갈등(葛藤)[갈뜽], 말살(抹殺)[말쌀], 갈증(渴症)[갈쯩]

정답 ①

06 밑줄 친 말의 표준 발음으로 맞는 것은?

① 그는 개울둑에[개울두게] 앉아 있다.
② 그는 욕심이 별로 없어[업서].
③ 그 소녀는 개울 기슭에서[기스게서] 물장난을 하고 있다.
④ 그는 목덜미가 매우 희다[히다].

| 문항 해설 |

① '개울둑에'의 표준 발음은 [개울뚜게]이다.

② '없어'의 표준 발음은 [업:써]이다. 겹받침이 모음으로 시작된 조사나 어미, 접미사와 결합되는 경우에, 뒤엣것만을 뒤 음절 첫소리로 옮겨 발음하되, 'ㅅ'은 된소리로 발음한다(「표준 발음법」 제14항).

③ '기슭에서'의 표준 발음은 [기슬게서]이다. 겹받침이 모음으로 시작된 조사나 어미, 접미사와 결합되는 경우에는, 뒤엣것만을 뒤 음절 첫소리로 옮겨서 발음한다(「표준 발음법」 제14항 참조).

　　例 없어[업서], 닭이[달기], 젊어[절머]

④ '희다'의 표준 발음은 [히다]이다. 자음을 첫소리로 가지고 있는 음절의 'ㅢ'는 [ㅣ]로 발음한다(「표준 발음법」 제5항 다만 3 참조).

정답 ④

07 밑줄 친 말의 표준 발음으로 맞는 것은?

① 갈꽃이 <u>청량한</u>[청량한] 가을 햇살 아래 빛난다.

② 나는 갈밭 <u>사잇길</u>[사인낄]로 들어섰다.

③ 그는 <u>물속</u>[물속]에서 물고기를 잡는다.

④ 그녀는 하얀 <u>조약돌</u>[조약돌]을 집어냈다.

| 문항 해설 |

① '청량한'의 표준 발음은 [청냥한]이다. 받침 'ㅁ, ㅇ' 뒤에 연결되는 'ㄹ'은 [ㄴ]으로 발음한다(「표준 발음법」 제19항 참조).

　　예 담력[담:녁], 대통령[대:통녕], 항로(航路)[항:노]

② '사잇길'의 표준 발음은 [사이낄/사인낄]이다. 'ㄱ, ㄷ, ㅂ, ㅅ, ㅈ'으로 시작하는 단어 앞에 사이시옷이 올 때는 이들 자음만 된소리로 발음하는 것을 원칙으로 하되, 사이시옷을 [ㄷ]으로 발음하는 것도 허용한다(「표준 발음법」 제30항 1 참조).

③ '물속'의 표준 발음은 [물쏙]이다. 표기상으로는 사이시옷이 없더라도, 관형격 기능을 지니는 사이시옷이 있어야 할 합성어의 경우에는, 뒤 단어의 첫소리 'ㄱ, ㄷ, ㅂ, ㅅ, ㅈ'을 된소리로 발음한다(「표준 발음법」 제28항 참조).

　　예 굴속[굴:쏙], 술잔[술짠], 아침밥[아침빱], 문고리[문꼬리]

④ '조약돌'의 표준 발음은 [조약똘]이다. 받침 'ㄱ' 뒤에 연결되는 'ㄷ'은 된소리로 발음한다(「표준 발음법」 제23항 참조).

정답 ②

08 밑줄 친 말의 표준 발음으로 맞는 것은?

① 지금 나는 공부를 <u>시작한다</u>[시자칸다].

② 남을 <u>괴롭히면</u>[궤로피면] 벌을 받는다.

③ 그는 성실히 살 것을 강조하는 <u>듯했다</u>[드:핻따].

④ 그러한 이유를 <u>묻게</u>[묻게] 마련이었다.

| 문항 해설 |

① '시작한다'의 표준 발음은 [시:자칸다]이다. '시작(始作)'에 쓰인 한자 '始'가 단어의 첫음절로 쓰이면 긴소리로 발음된다.
　　예 始發(시발)[시:발], 始祖(시조)[시:조], 始終(시종)[시:종]

② '괴롭히면'의 표준 발음은 [괴로피면/궤로피면]이다. '괴롭히다'는 '괴롭다'의 사동사이다.

③ '듯했다'의 표준 발음은 [드탣따]이다(「표준 발음법」 제12항 1 붙임 2 참조).

④ '묻게'의 표준 발음은 [묻:께]이다. 받침 'ㄷ' 뒤에 연결되는 'ㄱ'은 된소리로 발음한다(「표준 발음법」 제23항 참조).

정답 ②

09 밑줄 친 말의 표준 발음으로 맞는 것은?

① 그는 늠름하게[늠늠하게] 보인다.
② 개는 냄새를 잘 맡습니다[마씁니다].
③ 경찰이 범인을 붙잡아[분자바] 갔다.
④ 그는 묵묵히[묵무키] 앉아 있었다.

| 문항 해설 |

① '늠름하게'의 표준 발음은 [늠늠하게]이다. 받침 'ㅁ, ㅇ' 뒤에 연결되는 'ㄹ'은 [ㄴ]으로 발음한다(「표준 발음법」 제19항 참조).

② '맡습니다'의 표준 발음은 [맏씀니다]이다. 받침소리로는 'ㄱ, ㄴ, ㄷ, ㄹ, ㅁ, ㅂ, ㅇ'의 7개 자음만 발음한다(「표준 발음법」 제8항 참조). 받침 'ㅅ, ㅆ, ㅈ, ㅊ, ㅌ' 등은 'ㄷ'으로 발음된다.
　　예 옷[온], 있다[읻따], 젖[젇], 꽃[꼳], 볕[볃], 솥[솓].

③ '붙잡아'의 표준 발음은 [붇짜바]이다.

④ '묵묵히'의 표준 발음은 [뭉무키]이다. 받침 'ㄱ'은 'ㅁ' 앞에서 [ㅇ]으로 발음한다(「표준 발음법」 제18항 참조).
　　예 국물[궁물], 먹물[멍물]

정답 ①

10 단어의 첫음절이 짧은소리로 발음되는 것은?

① 괴물(怪物)　　　　　　② 임금(賃金)

③ 양식(糧食)　　　　　　④ 윷놀이

| 문항 해설 |

① '괴물(怪物)'의 표준 발음은 [괴:물/궤:물]이다.

② '임금(賃金)'의 표준 발음은 [임:금]이다.

③ '양식(糧食)'의 표준 발음은 [양식]이다.

④ '윷놀이'의 표준 발음은 [윤:노리]이다. 윷놀이 → [윧:노리] → [윤:노리]

정답 ③

11 단어의 첫음절이 짧은소리로 발음되는 것은?

① 물건(物件)　　　　　　② 옛날

③ 냄새　　　　　　　　　④ 대회(大會)

| 문항 해설 |

① '물건(物件)'의 표준 발음은 [물건]이다.

② '옛날'의 표준 발음은 [옌:날]이다.

③ '냄새'의 표준 발음은 [냄:새]이다.

④ '대회(大會)'의 표준 발음은 [대:회]이다. 대체로 '大' 자가 단어의 첫음절로 쓰이면 긴소리로 발음된다.

　　예 大家[대:가], 大家族[대:가족], 大監[대:감], 大規模[대:규모]

정답 ①

12 밑줄 친 말의 표준 발음으로 맞는 것은?

① 그는 심한 통증[통:쯩]을 느꼈다.
② 코로나 바이러스가 완전히 사라졌다[사:라져따].
③ 놀고 싶은 마음이 내킨[내:킨] 김에 실컷 놀았어.
④ 우리는 그의 엄청난[엄:청난] 힘을 당할 수가 없었다.

| 문항 해설 |
① '통증'의 표준 발음은 [통:쯩]이다.
② '사라졌다'의 표준 발음은 [사라젇따]이다. 용언의 활용형에 나타나는 '져, 쪄, 쳐'
　는 [저, 쩌, 처]로 발음한다(「표준 발음법」 제5항 다만 1 참조).
　　　예 찌어 → 쪄[쩌], 치어 → 쳐[처]
③ '내킨'의 표준 발음은 [내:킨]이다. '내키다'는 '하고 싶은 마음이 생기다'를 뜻한다.
④ '엄청난'의 표준 발음은 [엄청난]이다.

정답 ③

13 밑줄 친 말의 표준 발음으로 맞는 것은?

① 주장이 설득력을 지니려면 타당한 논거가 뒷받침[뒫받침] 되어야 한다.
② 등산할 때 안전한 하산 전략(戰略)[절:략]을 잘 세워야 한다.
③ 상황 판단을 정확히[정하키] 하여야 한다.
④ 그는 심혈을 기울여 타당한 결론[결논]을 내렸다.

| 문항 해설 |
① '뒷받침'의 표준 발음은 [뒤:빠침/뒫:빠침]이다.
② '전략(戰略)'의 표준 발음은 [절:략]이다. '戰(전)' 자가 단어의 첫음절에 오면 긴소
　리로 발음된다.
　　　예 戰端[전:단], 戰圖[전:도], 戰亂[전:란], 戰術[전:술], 戰鬪[전:투]
③ '정확히'의 표준 발음은 [정:화키]이다.
④ '결론'의 표준 발음은 [결론]이다.

정답 ②

14 밑줄 친 말의 표준 발음으로 맞는 것은?

① 그는 모든 것을 <u>아낌없이</u>[아끼머:씨] 남에게 준다.

② 5월의 하늘은 어린애의 웃음같이 <u>깨끗하고</u>[깨끋하고] 명랑하다.

③ 숙제를 다하고 나니 무거운 짐을 벗어 <u>놓은</u>[노은] 듯이 홀가분하다.

④ 그는 공부는 잘하지 <u>못할지라도</u>[몯할지라도] 매우 착하다.

| 문항 해설 |

① '아낌없이'의 표준 발음은 [아끼멉씨]이다.

② '깨끗하고'의 표준 발음은 [깨끄타고]이다.

③ '놓은'의 표준 발음은 [노은]이다. 'ㅎ(ㄶ, ㅀ)' 뒤에 모음으로 시작된 어미나 접미사가 결합되는 경우에는 'ㅎ'을 발음하지 않는다(「표준 발음법」 제12항 4 참조).

예 낳은[나은], 놓아[노아], 쌓이디[싸이다], 많아[마:나], 않은[아는]

④ '못할지라도'의 표준 발음은 [모:탈찌라도]이다.

정답 ③

15 밑줄 친 단어의 표준 발음으로 맞는 것은?

① 여러 <u>동료(同僚)</u>[동:료]가 저 소나무 그루터기를 나의 자리라고 명명하여 주었다.

② 그는 속세를 떠나 고고한 가운데 처하기를 원하는 <u>선골(仙骨)</u>[선:꼴]이다.

③ 그는 <u>심란한(心亂한)</u>[심:란한] 얼굴을 하고 있다.

④ 자연이 우리에게 내리는 <u>혜택(惠澤)</u>[혜:택]에는 제한이 없다.

| 문항 해설 |

① '동료(同僚)'의 표준 발음은 [동뇨]이다. 한자어에서 받침 'ㅁ, ㅇ' 뒤에 연결되는 'ㄹ'은 [ㄴ]으로 발음한다(표준 발음법」 제19항 참조).

예 대통령[대:통녕], 침략[침냑]

② '선골(仙骨)'의 표준 발음은 [선꼴]이다. '선골'은 신선의 골격이라는 뜻으로, 비범한 골상(骨相)을 이르는 말이다.

③ '심란한'의 표준 발음은 [심난한]이다. 본래 'ㄹ'을 첫소리로 가진 한자는 'ㄴ, ㄹ' 이외의 받침 뒤에서는 언제나 'ㄹ'이 [ㄴ]으로 발음된다.

예 담력(膽力)[담:녁], 협력(協力)[혐녁]

④ '혜택(惠澤)'의 표준 발음은 [혜ː택/헤ː택]이다. '예, 례' 이외의 'ㅖ'는 [ㅔ]로도 발음한다(「표준 발음법」 제5항 다만 2. 참조).

　　예 시계(時計)[시계/시게], 개폐(開廢)[개폐/개페]

정답 ④

16 표준 발음으로 맞는 것은?

① 월세계(月世界)[월세계]　　② 작별(作別)[작별]
③ 송림(松林)[송님]　　④ 문란(紊亂)[물난]

| 문항 해설 |

① '월세계(月世界)'의 표준 발음은 [월쎄계/월쎄게]이다.
② '작별(作別)'의 표준 발음은 [작뼐]이다.
③ '송림(松林)'의 표준 발음은 [송님]이다. 받침 'ㅁ, ㅇ' 뒤에 연결되는 'ㄹ'은 [ㄴ]으로 발음한다(「표준 발음법」 제19항 참조).

　　예 침략[침냑], 당론[당논]

④ '문란(紊亂)'의 표준 발음은 [물란]이다. 'ㄴ'은 'ㄹ'의 앞이나 뒤에서 [ㄹ]로 발음한다(「표준 발음법」 제20항 참조).

　　예 신라(新羅)[실라], 천리(天理)[철리], 곤란(困難)[골ː란]

정답 ③

17 밑줄 친 단어의 표준 발음으로 맞는 것은?

① 그 친구가 <u>입원료</u>[이붠뇨]를 지불했다.
② 여러분의 의견을 <u>의견란</u>[으견난]에 적어 주세요.
③ 그는 집을 <u>짓는다</u>[진는다].
④ 그것은 실현됐느냐 <u>않았느냐</u>[아난느냐]에 달려 있다.

| 문항 해설 |

① '입원료'의 표준 발음은 [이붠뇨]이다(「표준 발음법」제20항 다만 참조).

② '의견란'의 표준 발음은 [의ː견난]이다(「표준 발음법」제20항 다만 참조).

③ '짓는다'의 표준 발음은 [진ː는다]이다.

④ '않았느냐'의 표준 발음은 [아난느냐]이다.

정답 ①

18 밑줄 친 말의 표준 발음으로 맞는 것은?

① 뜰은 달빛에[달삐세] 젖어 있었다.

② 인간이 자연을 더럽힌다[더러핀다].

③ 윗마을[윋마을] 친구가 여행을 떠났다.

④ 이웃 사람이[이욷싸라미] 찾아왔다.

| 문항 해설 |

① '달빛에'의 표준 발음은 [달삐체]이다.

② '더럽힌다'의 표준 발음은 [더ː러핀다]이다.

③ '윗마을'의 표준 발음은 [윈마을]이다. 윗마을 → [윋마을] → [윈마을]

④ '이웃 사람이'의 '이웃'과 '사람이'의 사이를 쉬지 않고 연이어 발음하면 [이욷싸라미/이우싸라미]로 발음되고, '이웃'과 '사람이'의 사이를 쉬었다 발음하면 [이욷 사ː라미]로 발음된다.

정답 ④

19 밑줄 친 단어의 표준 발음으로 맞는 것은?

① 점심 맛있게[마딛께] 먹었니?

② 커피 한 잔을 놓고[논코] 간다.

③ 그녀가 정성껏 배냇저고리[배낻저고리]를 만들었다.

④ 물 한 잔을 놓고 감사와 사랑을 표현하면 물은 가장 아름다운 결정(結晶)[결정]을 만든다.

| 문항 해설 |

① '맛있게'의 표준 발음은 [마딛께/마싣께]이다. 받침 뒤에 모음 'ㅏ, ㅓ, ㅗ, ㅜ, ㅟ' 들로 시작되는 실질 형태소가 연결되는 경우에는, 대표음으로 바꾸어서 뒤 음절 첫소리로 옮겨 발음한다(「표준 발음법」 제15항 참조).

   예 헛웃음[허두슴], 겉옷[거돋]

실질 형태소란 어휘적 의미를 나타내는 형태소이다. 즉 이것은 구체적인 대상이나 동작, 상태를 표시하는 형태소이다.

   예 밥, 옷, '웃다'에서 '웃-', '좋다'에서 '좋-'

② '놓고'의 표준 발음은 [노코]이다. 'ㅎ(ㄶ, ㅀ)' 뒤에 'ㄱ, ㄷ, ㅈ'이 결합되는 경우에 뒤 음절 첫소리와 합쳐서 [ㅋ, ㅌ, ㅊ]으로 발음한다(「표준 발음법」 제12항 1 참조).

③ '배냇저고리'의 표준 발음은 [배ː내쩌고리/배ː낻쩌고리]이다. '배냇저고리'는 깃과 섶을 달지 않은, 갓난아이의 옷이다. 이것의 유사어는 '배내옷, 깃저고리'이다.

④ '결정(結晶)'의 표준 발음은 [결쩡]이다. 한자어에서, 'ㄹ' 받침 뒤에 연결되는 'ㄷ, ㅅ, ㅈ'은 된소리로 발음한다(「표준 발음법」 제26항 참조).

   예 發動(발동)[발똥], 一時(일시)[일씨], 物質(물질)[물찔]

정답 ①

20 단어의 첫음절이 긴소리로 발음되는 것은?

① 지조(志操)   ② 보조개
③ 친절(親切)   ④ 예측(豫測)

| 문항 해설 |

① '지조(志操)'의 표준 발음은 [지조]이다.
② '관계(關係)'의 표준 발음은 [관계/관게]이다.
③ '보조개'의 표준 발음은 [보조개]이다.
④ '예측(豫測)'의 표준 발음은 [예ː측]이다. '豫(예)' 자가 단어의 첫음절로 쓰이면 긴소리로 발음된다. 예 豫斷(예단)[예ː단], 豫想(예상)[예ː상], 豫定(예정)[예ː정]

정답 ④

21 밑줄 친 단어의 표준 발음으로 맞는 것은?

① 우리 팀이 이길 확률(確率)[확뉼]이 크다.
② 코로나 백신 접종률(接種率)[접종뉼]이 높은 편이다.
③ 저 화가는 쌍룡(雙龍)[쌍뇽]을 잘 그린다.
④ 올해 대졸자의 실업률(失業率)[시럼뉼]이 낮은 편이다.

| 문항 해설 |

① '확률(確率)'의 표준 발음은 [황뉼]이다(「표준 발음법」 제18항, 제19항 참조).
② '접종률(接種率)'의 표준 발음은 [접쫑뉼]이다. 받침 'ㅁ, ㅇ' 뒤에 연결되는 'ㄹ'은 [ㄴ]으로 발음한다(「표준 발음법」 제19항 참조).
③ '쌍룡(雙龍)'의 표준 발음은 [쌍뇽]이다(「표준 발음법」 제19항 참조).
④ '실업률(失業率)'의 표준 발음은 [시럼뉼]이다(「표준 발음법」 제19항 참조).

정답 ④

22 밑줄 친 단어의 표준 발음으로 맞는 것은?

① 나는 생활 신조로 절제(節制)[절:제]를 가장 중시한다.
② 실패하였지만 아무렇지[아:무러치] 않아.
③ 심판은 중립성(中立性)[중립썽]을 지녀야 한다.
④ 그들은 말다툼[말다툼]을 하였다.

| 문항 해설 |

① '절제(節制)'의 표준 발음은 [절쩨]이다(「표준 발음법」 제26항 참조).
② '아무렇지'의 표준 발음은 [아:무러치]이다.
③ '중립성(中立性)'의 표준 발음은 [중닙썽]이다. 받침 'ㅁ, ㅇ' 뒤에 연결되는 'ㄹ'은 [ㄴ]으로 발음한다(「표준 발음법」 제19항 참조).
④ '말다툼'의 표준 발음은 [말:다툼]이다.

정답 ②

23 밑줄 친 말의 표준 발음으로 맞는 것은?

① 곰은 겨울잠[겨울잠]을 잔다.
② 그의 간악한 꾀에 얼입었어[얼리버쎄].
③ 더욱 열심히 노력할걸[노려칼껄].
④ 그는 무릎을[무르블] 꿇고 사과를 했다.

| 문항 해설 |

① '겨울잠'의 표준 발음은 [겨울쨈]이다.
② '얼입었어'의 표준 발음은 [얼리버쎄]이다. '얼입었어'의 기본형은 '얼입다(孼입다)'
이다. '얼입다'는 '남의 허물로 인하여 해를 받다'를 뜻한다.
③ '노력할걸'의 표준 발음은 [노려칼껄]이다(「표준 발음법」 제27항 붙임 참조).
④ '무릎을'의 표준 발음은 [무르플]이다. 홑받침이나 쌍받침이 모음으로 시작된 조사
나 어미, 접미사와 결합되는 경우에는, 제 음가대로 뒤 음절 첫소리로 옮겨 발음
한다(「표준 발음법」 제13항 참조).
　　예 무릎이[무르피], 무릎에[무르페]. 꽃이[꼬치], 꽃을[꼬츨], 밭에[바테],
　　밭을[바틀]

정답 ②

24 밑줄 친 단어의 표준 발음으로 맞는 것은?

① 이 팀은 경쟁력(競爭力)[경쟁력]을 갖추고 있다.
② 우리 회사는 인력난(人力難)[일령난]을 겪고 있다.
③ 우리가 나누어 가질 물량(物量)[물냥]이 풍부하다.
④ 이 부대는 훈련(訓鍊)[훌년]을 가장 많이 한다.

| 문항 해설 |

① '경쟁력(競爭力)'의 표준 발음은 [경:쟁녁]이다. 받침 'ㅁ, ㅇ' 뒤에 연결되는 'ㄹ'은
[ㄴ]으로 발음한다(「표준 발음법」 제19항 참조).
② '인력난(人力難)'의 표준 발음은 [일령난]이다. 'ㄴ'은 'ㄹ'의 앞이나 뒤에서 [ㄹ]로
발음한다(「표준 발음법」 제20항 참조).
③ '물량(物量)'의 표준 발음은 [물량]이다.
④ '훈련(訓鍊)'의 표준 발음은 [훌:련]이다. 'ㄴ'은 'ㄹ'의 앞이나 뒤에서 [ㄹ]로 발음한
다(「표준 발음법」 제20항 참조).

정답 ②

25 표준 발음으로 맞는 것은?

① 백리(百里)[백니] ② 갑론을박(甲論乙駁)[감노늘박]
③ 막론하고(莫論하고)[막논하고] ④ 혼란(混亂)[혼난]

| 문항 해설 |

① '백리(百里)'의 표준 발음은 [뱅니]이다. 받침 'ㄱ, ㅂ' 뒤에 연결되는 'ㄹ'은 [ㄴ]으로 발음한다(「표준 발음법」 제19항 붙임).
　　예 협력[협녁 → 혐녁], 십리[십니 → 심니]
② '갑론을박(甲論乙駁)'의 표준 발음은 [감노늘박]이다. 이것은 '여러 사람이 서로 자신의 주장을 내세우며 상대편의 주장을 반박하는 것'을 뜻한다.
③ '막론하고(莫論하고)'의 표준 발음은 [망논하고]이다.
④ '혼란(混亂)'의 표준 발음은 [홀ː란]이다. 'ㄴ'은 'ㄹ'의 앞이나 뒤에서 [ㄹ]로 발음한다(「표준 발음법」 제20항 참조).

정답 ②

26 밑줄 친 말의 표준 발음으로 맞는 것은?

① 조금 전에 사고가 <u>발생했다</u>[발생해따].
② 인간은 <u>보잘것없는</u>[보잘껃엄는] 존재이다.
③ 그는 <u>밀국수</u>[밀국쑤]를 매우 좋아한다.
④ 어떤 경우든 <u>폭력(暴力)</u>[폭녁]을 행사해선 안 된다.

| 문항 해설 |

① '발생했다'의 표준 발음은 [발쌩핻따]이다.
② '보잘것없는'의 표준 발음은 [보잘꺼덤는]이다.
③ '밀국수'의 표준 발음은 [밀국쑤]이다. '밀국수'의 유사어는 '소맥면(小麥麵)'이다.
④ '폭력(暴力)'의 표준 발음은 [퐁녁]이다.

정답 ③

3

「한글 맞춤법」 평가

- 맞춤법, 띄어쓰기, 문장 부호 사용법 평가-

「한글 맞춤법」 평가

01 밑줄 친 단어 중에서 「한글 맞춤법」에 맞게 표기한 것은?

① 김마리아는 <u>신녀성(新女性)</u>이었다.

② <u>선률(旋律)</u>이 매우 아름답다.

③ 저것은 <u>가정란(家庭欄)</u>에 붙이세요.

④ 동물은 <u>유류상종(類類相從)</u>을 한다.

| 문항 해설 |

① '신녀성(新女性)'은 '신여성'으로 표기하여야 한다. 접두사처럼 쓰이는 한자가 붙어서 된 단어는 뒷말을 두음 법칙에 따라 적는다(「한글 맞춤법」 제12항 붙임 2 참조).

② '선률(旋律)'은 '선율'로 표기하여야 한다. 모음이나 'ㄴ' 받침 뒤에 이어지는 한자음 '렬, 률'은 '열, 율'로 적는다(「한글 맞춤법」 제11항 붙임 1 다만 참조).
　　예 규률(規律) → 규율, 비률(比率) → 비율, 운률(韻律) → 운율,
　　　　환률(換率) → 환율

③ '가정란(家庭欄)'은 맞게 표기한 것이다. 단어의 첫머리 이외의 경우에는 한자음을 본음대로 적는다(「한글 맞춤법」 제12항 붙임 1 참조).
　　예 독자란(讀者欄), 투고란(投稿欄)
한자 '欄(란)'이 고유어와 외래어 명사 뒤에 붙어 '구분된 지면'의 뜻을 나타내는 말로 쓰일 경우에는 '난'으로 표기한다.
　　예 어린이난(어린이欄), 가십난(gossip欄)

④ '유류상종(類類相從)'은 '유유상종'으로 표기하여야 한다. 한 단어 안에서 같은 음절이나 비슷한 음절이 겹쳐 나는 부분은 같은 글자로 적는다(「한글 맞춤법」 제13항 참조).
　　예 연연불망(戀戀不忘), 누누이(屢屢이)

정답 ③

02 밑줄 친 단어 중에서 「한글 맞춤법」에 맞게 표기한 것은?

① 그는 매우 <u>괴로와했다</u>.

② 회사에 출근하고 <u>있읍니다</u>.

③ 저 사람은 <u>늙그막</u>에 호강을 하네그려.

④ 오늘따라 기분이 <u>산듯하다</u>.

| 문항 해설 |

① '괴로와했다'의 바른 표기는 '괴로워했다'이다. 「한글 맞춤법(1988)」 개정 고시 이전에는 모음 조화의 규칙성에 따라 'ㅏ, ㅗ'에 붙은 'ㅂ' 받침 뒤에 어미 '-아(았)'가 결합한 형태는 '가까와, 아름다와, 괴로왔다' 등과 같이 모두 '와(왔)'로 적었다. 그런데 「한글 맞춤법」 개정 이후에는 현실적인 발음 형태를 취하여 '곱다, 돕다'처럼 모음이 'ㅗ'인 단음절 어간 뒤에 결합하는 '-아'의 경우만 '와'로 적고, 그 밖의 경우는 모두 '워'로 적기로 하였다(「한글 맞춤법」 제18항 6 참조).

　　예 도와, 고와, 아름다워, 외로워, 평화로워

② '있읍니다'의 바른 표기는 '있습니다'이다. 종래에는 '-습니다, -읍니다' 두 가지로 적고, '-습니다'가 '-읍니다'보다 더 깍듯한 표현이라고 해 왔다. 그런데 1988년에 개정 고시한 「표준어사정 원칙」 제17항에서는 '-습니다, -읍니다' 사이에 그러한 의미 차이가 확연하지 않고 구어(口語)에서 '-습니다'가 훨씬 널리 쓰인다고 판단하여 '-습니다'만 사용하기로 규정한 것이다.

③ '늙그막'의 바른 표기는 '늘그막'이다. '늘그막'은 '늙어 가는 무렵'을 뜻한다.

④ '산듯하다'는 맞게 표기한 것이다. 이것은 '기분이나 느낌이 조금 깨끗하고 시원하다'를 뜻한다. '산뜻하다'는 '산듯하다'보다 센 느낌을 주는 말이다.

정답 ④

03 밑줄 친 단어 중에서 「한글 맞춤법」에 맞게 표기한 것은?

① 그는 절망을 <u>견뎌내여서</u> 성공했다.
② 저것은 큰 <u>산이였어</u>.
③ 어서 <u>오십시오</u>.
④ 꼭 성공하시길 <u>바람니다</u>.

| 문항 해설 |

① '견뎌내여서'의 바른 표기는 '견뎌내어서'이다.
② '산이였어'의 바른 표기는 '산이었어'이다.
③ '오십시오'는 바른 표기이다. '−십시오'는 '하십시오' 할 자리에 쓰여, 정중한 명령
　이나 권유를 나타내는 종결 어미이다. '오십시요'는 맞춤법에 어긋난 표기이다.
④ '바람니다'의 바른 표기는 '바랍니다'이다.

정답 ③

04 밑줄 친 단어 중에서 「한글 맞춤법」에 맞게 표기한 것은?

① 나는 미국으로 이민을 간 친구를 그리워하면서 그가 <u>누웠든</u> 자리에 누었다.
② 우리는 <u>열띤</u> 논쟁을 하였다.
③ 우리 민족은 아름다운 전통을 <u>면면이</u> 이어 왔다.
④ 그는 발을 <u>헛디뎌</u> 넘어졌다.

| 문항 해설 |

① '누웠든'의 바른 표기는 '누웠던'이다.
② '열띤'의 바른 표기는 '열띤'이다.
③ '면면이'의 바른 표기는 '면면히'이다. 이것은 한자어 '면면(綿綿)'에 접미사 '−히'
　가 결합되어 형성된 단어이다. '면면히'는 '끊어지지 않고 죽 잇달아'를 뜻한다.
④ '헛디뎌'는 바른 표기이다. '헛디뎌'의 기본형은 '헛디디다'이다.

정답 ④

05 밑줄 친 단어 중에서 「한글 맞춤법」에 맞게 표기한 것은?

① 그는 매우 곤난한(困難한) 일을 하지 않는다. 곤란
② 우리는 일생 동안 희로애락(喜怒哀樂)을 겪으면서 산다.
③ 이 기업은 불실기업(不實企業)이다.
④ 잠간(暫間) 여기서 기다려.

| 문항 해설 |

① '곤난한'의 바른 표기는 '곤란한'이다. 「한글 맞춤법」 제52항의 "한자어에서 속음으로 나는 것은 그 소리에 따라 적는다."라는 규정에 따라 '곤난(困難)'을 '곤란'으로, '논난(論難)'을 '논란'으로 표기하여야 한다.
② '희로애락'은 맞춤법에 맞게 표기한 것이다(「한글 맞춤법」 제52항 참조). '怒'의 본음은 '노'이다. 예 忿怒(분노)
   '大怒'는 '대로'로 표기한다. '怒'를 '로'로 적는 것은 '怒'의 속음(俗音)을 적는 것이다.
③ '불실기업(不實企業)'의 바른 표기는 '부실기업'이다. 한자 '不(불)'이 첫소리 'ㄷ, ㅈ' 앞에서 '부'로 읽히는 경우 'ㄹ'이 탈락한 대로 적는다.
   예 不當(불당) → 부당, 不得已(불득이) → 부득이, 不正(불정) → 부정,
      不貞(불정) → 부정
④ '잠간(暫間)'의 바른 표기는 '잠깐'이다.

정답 ②

06 밑줄 친 단어 중에서 「한글 맞춤법」에 맞게 표기한 것은?

① 여행을 갔다가 다음 달 사흘날에 돌아올 거야.
② 너희의 결혼 날자가 언제이니?
③ 어머니가 내 옷의 잔주름을 잡아 주셨어.
④ 삼질날에 강남 갔던 제비가 돌아왔어.

| 문항 해설 |

① '사흘날'의 바른 표기는 '사흗날'이다. 끝소리가 'ㄹ'인 말과 딴 말이 어울릴 적에 'ㄹ' 소리가 'ㄷ' 소리로 나는 것은 'ㄷ'으로 적는다(「한글 맞춤법」 제29항 참조).

② '날자'의 바른 표기는 '날짜'이다. '날짜'의 유사어는 '일자(日字/日子)'이다.

③ '잗주름'은 맞게 표기한 것이다. '잘주름'은 맞춤법에 어긋난 표기이다(「한글 맞춤법」 제29항 참조). '잗주름'은 옷 따위에 잡은 잔주름이다.

④ '삼질날'의 바른 표기는 '삼짇날'이다(「한글 맞춤법」 제29항 참조). '삼짇날'은 '음력 삼월 초사흗날(初사흗날)'을 뜻한다.

정답 ③

07 밑줄 친 단어 중에서 「한글 맞춤법」에 맞게 표기한 것은?

① 남의 눈에 <u>띄지</u> 않게 행동해라.

② 빨래를 <u>빨래줄</u>에 걸어 놓았다.

③ <u>사뿐이</u> 접어 올린 외씨 버선이여.

④ 그 화가는 여의주를 희롱하는 <u>쌍용</u>(雙龍)을 그렸다.

| 문항 해설 |

① '띄지'는 맞게 표기한 것이다. '띄지'는 '뜨이지'의 준말이다. '뜨이다'는 '뜨다'의 피동사로, '눈에 보이다'를 뜻한다.

② '빨래줄'의 바른 표기는 '빨랫줄'이다. 순우리말로 된 합성어로서 앞말이 모음으로 끝나고 뒷말의 첫소리가 된소리로 날 경우 사이시옷을 받치어 적는다(「한글 맞춤법」 제30항 1 참조).

　　예 나룻배, 나뭇가지, 냇가, 바닷가

③ '사뿐이'의 바른 표기는 '사뿐히'이다. 부사의 끝음절이 분명히 '이'로만 나는 것은 '-이'로 적고, '히'로만 나거나 '이'나 '히'로 나는 것은 '-히'로 적는다(「한글 맞춤법」 제51항 참조).

④ '쌍용(雙龍)'의 바른 표기는 '쌍룡'이다. 한자 '龍(룡)'이 단어의 첫머리에 올 적에는 두음 법칙에 따라 '용'으로 적는다. 그런데 단어의 첫머리 이외의 경우에는 본음대로 적는다(「한글 맞춤법」 제11항 붙임 1 참조).

　　예 와룡(臥龍), 잠룡(潛龍)

정답 ①

08 밑줄 친 단어 중에서 「한글 맞춤법」에 맞게 표기한 것은?

① 나는 <u>해외려행(海外旅行)</u>을 하려고 해.

② 우리는 <u>선렬(先烈)</u>들의 희생으로 잘 살게 되었다.

③ 우리 학교는 다른 학교에 비해 <u>취업률(就業率)</u>이 높은 편이다.

④ 이것을 <u>역리용(逆利用)</u>을 하지 마라.

| 문항 해설 |

① '해외려행(海外旅行)'의 바른 표기는 '해외여행'이다. 합성어에서 뒷말의 첫소리
가 'ㄴ' 또는 'ㄹ' 소리로 나더라도 두음 법칙에 따라 적는다(「한글 맞춤법」 제11
항 붙임 4 참조).

② '선렬(先烈)'의 바른 표기는 '선열'이다. 모음이나 'ㄴ' 받침 뒤에 이어지는 한자음
'렬, 률'은 '열, 율'로 적는다(「한글 맞춤법」 제11항 붙임 1 다만 참조).
　　예 나렬(羅列) → 나열, 분렬(分裂) → 분열

③ '취업률(就業率)'은 바른 표기이다. 단어의 첫머리 이외의 경우에는 본음대로 적
는다(「한글 맞춤법」 제11항 붙임 1 참조).

④ '역리용(逆利用)'의 바른 표기는 '역이용'이다. 접두사처럼 쓰이는 한자가 붙어서
된 말에서 뒷말의 첫소리가 'ㄴ' 또는 'ㄹ' 소리로 나더라도 두음 법칙에 따라
적는다(「한글 맞춤법」 제11항 붙임 4 참조).
　　예 신녀성(新女性) → 신여성, 년리율(年利率) → 연이율

정답 ③

09 밑줄 친 단어 중에서 「한글 맞춤법」에 맞게 표기한 것은?

① 아기의 손이 소의 혀에 <u>할쳤어</u>.

② <u>샅사치</u> 살펴봐.

③ 아기의 손이 모래에 <u>무쳤어</u>.

④ 구름이 <u>걷혔어</u>.

| 문항 해설 |

① '핥쳤어'의 바른 표기는 '핥였어'이다. 'ㄷ, ㅌ' 받침 뒤에 종속적 관계를 가진 '-이 (-)'나 '-히-'가 올 적에는, 그 'ㄷ, ㅌ'이 'ㅈ, ㅊ'으로 소리가 나더라도 'ㄷ, ㅌ'으로 적는다(「한글 맞춤법」 제6항 참조).

② '샅사치'의 바른 표기는 '샅샅이'이다(「한글 맞춤법」 제6항 참조).

③ '무쳤어'의 바른 표기는 '묻혔어'이다(「한글 맞춤법」 제6항 참조). '묻혔어'의 기본형은 '묻히다'이다. '묻히다'는 '묻다'의 피동사이다.

④ '걷혔어'는 바른 표기이다. '걷혔어'의 기본형은 '걷히다'이다. '걷히다'는 '걷다'의 피동사이다. '걷히다'는 '구름이나 안개 따위가 흩어져 없어지다'를 뜻한다.

정답 ④

10 밑줄 친 단어 중에서 「한글 맞춤법」에 맞게 표기한 것은?

① 캄캄한 어둠 속에 달빛이 <u>비친다</u>.

② 얇은 종이로 <u>발르면</u> 쉽게 찢어져.

③ 눈이 처마 밑까지 <u>싸였다</u>.

④ 내일이 우리 아이 <u>돐</u>이야.

| 문항 해설 |

① '비친다'는 맞게 표기한 것이다. '비치다'는 '빛이 나서 환하게 되다'를 뜻한다.

② '발르면'의 바른 표기는 '바르면'이다. '바르면'의 기본형은 '바르다'이다.

③ '싸였다'의 바른 표기는 '쌓였다'이다. '쌓이다'는 '쌓다'의 피동사로, '여러 개의 물건이 겹겹이 포개어 얹어 놓이다'를 뜻한다. 그런데 '싸이다'는 '싸다'의 피동사로, '물건이 보이지 않게 씌워져 가려지거나 둘러 말리다'를 뜻한다.

④ '돐'의 바른 표기는 '돌'이다. 1988년 「한글 맞춤법」 개정 고시 이전에는 '돐'로 표기하였다.

정답 ①

11 「한글 맞춤법」에 맞게 표기한 것은?

① 이사짐(移徙짐) ② 구두점(句讀點)
③ 머릿말 ④ 위입술

| 문항 해설 |

① '이사짐'의 바른 표기는 '이삿짐'이다. 순우리말과 한자어로 된 합성어로서 앞말이 모음으로 끝나고 뒷말의 첫소리가 된소리로 나는 경우에 앞말의 모음에 사이시옷을 받치어 적는다(「한글 맞춤법」 제30항 2 참조).

② '구두점(句讀點)'은 바른 표기이다. 이것은 [구두쩜]으로 발음되지만, 고유어와 한자어가 결합하여 형성된 단어가 아니고, 세 음절 이상의 한자로만 이루어진 단어이기 때문에 사이시옷을 받치어 적지 않는다.

③ '머릿말'의 바른 표기는 '머리말'이다. '머리말'의 표준 발음은 [머리말]이기 때문에 '머릿말'로 표기하면 안 된다.

④ '위입술'의 바른 표기는 '윗입술'이다. 순우리말로 된 합성어로서 앞말이 모음으로 끝나고 뒷말의 첫소리 모음 앞에서 'ㄴㄴ' 소리가 덧나는 경우 앞말의 모음에 사이시옷을 받치어 적는다(「한글 맞춤법」 제30항 1 참조). '윗입술'의 표준 발음은 [윈닙쑬]이다.

정답 ②

12 밑줄 친 단어 중에서 「한글 맞춤법」에 맞게 표기한 것은?

① 화재로 비참하게 죽은 책임을 애꿎은 피해자에게 떠넘겨 <u>덮어씨우지</u> 마라.
② 그는 음주 운전 차량에 <u>받치어</u> 병원에 입원했다.
③ 경찰이 그 강도를 <u>쫓고</u> 있다.
④ 그 나라는 <u>나라빛</u>이 매우 많다.

| 문항 해설 |

① '덮어씨우지'의 바른 표기는 '덮어씌우다'이다. 이것은 '덮어쓰다'의 사동사로, '억울하게 부당한 책임을 뒤집어씌우다'를 뜻한다.

② '받치어'의 바른 표기는 '받히어'이다. '받히다'는 '받다'의 피동사이다.

③ '쫓고'는 맞게 표기한 것이다. '쫓다'는 '어떤 대상을 잡거나 만나기 위하여 뒤를 급히 따르다'를 뜻한다. '좇다'는 '남의 말이나 뜻을 따르다', 또는 '목표·이상·행복 따위를 추구하다'를 뜻한다.

④ '나라빚'의 바른 표기는 '나랏빚'이다. 이것은 순우리말로 된 합성어로서 앞말이 모음으로 끝나고 뒷말의 첫소리가 된소리로 나기 때문에 사이시옷을 앞말의 끝 음절 모음에 받치어 적는 것이다. 나라 + ㅅ + 빚 → 나랏빚[나라삗/나랃삗]. '나랏빚'은 '나라가 지고 있는 빚'을 뜻한다.

정답 ③

13 「한글 맞춤법」에 맞게 표기한 것은?

① 반짇고리   ② 노래말

③ 빛갈   ④ 예부터

| 문항 해설 |

① '반짇고리'의 바른 표기는 '반짇고리'이다. 이것은 '바느질고리'의 준말이다. 끝소리가 'ㄹ'인 말과 딴 말이 어울릴 적에 'ㄹ' 소리가 'ㄷ' 소리로 나는 것은 'ㄷ'으로 적는다(「한글 맞춤법」 제29항 참조). '반짇고리'는 '바늘, 실, 골무, 헝겊 따위의 바느질 도구를 담는 그릇'을 뜻한다.

② '노래말'의 바른 표기는 '노랫말'이다(「한글 맞춤법」 제30항 1 참조).

③ '빛갈'의 바른 표기는 '빛깔'이다(「한글 맞춤법」 제54항 참조).

④ '예부터'는 맞게 표기한 것이다. 이것은 명사 '예'에 조사 '부터'를 붙여 쓴 말이다. '옛'은 관형사이기 때문에 '옛'에 조사인 '부터'를 붙여 '옛부터'로 쓰면 바른 표기가 아니다. 관형사에는 조사를 붙여 쓸 수가 없기 때문이다.

정답 ④

14 밑줄 친 단어 중에서 「한글 맞춤법」에 맞게 표기한 것은?

① 번번이 폐(弊)를 끼쳐서 죄송합니다.

② 이 막대기는 너무 짧다랗다.

③ 그녀는 얼굴에 미소를 띠고 있었다.

④ 온갖 심혈을 기우렸다.

| 문항 해설 |

① '폐(弊)'의 바른 표기는 '폐'이다.

② '짧다랗다'의 바른 표기는 '짤따랗다'이다(「한글 맞춤법」 제21항 다만 참조).

③ '띠고'는 바르게 표기한 것이다. '띠다'는 '감정이나 기운 따위를 나타내다'를 뜻한다.

④ '기우렸다'의 바른 표기는 '기울였다'이다.

정답 ③

15 밑줄 친 단어 중에서 「한글 맞춤법」에 맞게 표기한 것은?

① 어제는 잇단 교통사고가 많이 발생했다.

② 내 웃으겟소리가 그녀의 마음을 아프게 한 것 같다.

③ 그 사람은 못쓸 사람이야.

④ 우리는 할일없는 처지가 되었어.

| 문항 해설 |

① '잇단'은 맞게 표기한 것이다. 이것의 기본형은 '잇달다'이다. '잇달다'는 '어떤 사건이나 행동 따위가 이어 발생하다'를 뜻한다.

② '웃으겟소리'의 바른 표기는 '우스갯소리'이다. 이것은 '남을 웃기려고 하는 말'을 뜻한다.

③ '못쓸'의 바른 표기는 '몹쓸'이다. 이것은 '몹시 악독하고 사나운'을 뜻한다.

④ '할일없는'의 바른 표기는 '하릴없는'이다. '하릴없다'는 '달리 어떻게 할 도리가 없다'를 뜻한다.

정답 ①

16 밑줄 친 단어 중에서 「한글 맞춤법」에 맞게 표기한 것은?

① 그는 돌밭에 <u>넘어저</u> 많이 다쳤어.
② 저분들은 학계에서 <u>내노라하는</u> 분들이다.
③ 저것은 <u>자주빛(紫朱빛)</u> 댕기이다.
④ <u>손잡손</u>을 하면 가벼운 사람으로 인식한다.

| 문항 해설 |

① '넘어저'의 바른 표기는 '넘어져'이다.
② '내노라하는'의 바른 표기는 '내로라하는'이다. '내로라하다'는 '어떤 분야를 대표할 만하다'를 뜻한다.
③ '자주빛(紫朱빛)'의 바른 표기는 '자줏빛'이다(「한글 맞춤법」 제30항 2 참조).
　자주(紫朱) + 빛 → 자줏빛[자ː주삗/자ː준삗]
④ '손잡손'은 맞게 표기한 것이다. 이것은 '좀스럽고 얄망궂은 손장난'을 뜻한다.

정답 ④

17 「한글 맞춤법」에 맞게 표기한 것은?

① 재고(在庫) 떨이　　　② 둘너리
③ 떡볶기　　　　　　　④ 말소

| 문항 해설 |

① '재고(在庫) 떨이'는 맞게 표기한 것이다. 이것은 '팔다가 조금 남아서 창고 따위에 쌓여 있는 물건을 다 떨어서 싸게 파는 일', 또는 '그렇게 파는 물건'을 뜻한다.
② '둘너리'의 바른 표기는 '들러리'이다. '들러리'는 서양식 결혼식에서 신랑이나 신부를 식장으로 인도하고 거들어 주는 사람이다.
③ '떡볶기'의 바른 표기는 '떡볶이'이다.
④ '말소'의 바른 표기는 '마소'이다. 끝소리가 'ㄹ'인 말과 딴 말이 어울릴 적에 'ㄹ' 소리가 나지 아니하는 것은 아니 나는 대로 적는다(「한글 맞춤법」 제28항 참조).
　예 딸-님 → 따님, 바늘-질 → 바느질, 솔-나무 → 소나무

정답 ①

18 밑줄 친 단어 중에서 「한글 맞춤법」에 맞게 표기한 것은?

① 땅을 가질 욕심에 파홈은 쉬지도 먹지도 <u>안은</u> 채 돌아다녔다.

② 그는 일등을 했다고 매우 <u>뽑낸다</u>.

③ 나는 <u>들끌는</u> 분노를 참고 참았다.

④ 폭우로 도로가 <u>끊겼다</u>.

| 문항 해설 |

① '안은'의 바른 표기는 '않은'이다.

② '뽑낸다'의 바른 표기는 '뽐낸다'이다.

③ '들끌는'의 바른 표기는 '들끓는'이다.

④ '끊겼다'는 맞게 표기한 것이다.

정답 ④

19 밑줄 친 단어 중에서 「한글 맞춤법」에 맞게 표기한 것은?

① 소가 강물에 빠져서 <u>허위적거린다</u>.

② 그건 내 <u>꺼</u>야.

③ 내 바람이 <u>서운케</u> 무너졌다.

④ 기린은 <u>목아지</u>가 긴 짐승이다.

| 문항 해설 |

① '허위적거린다'의 바른 표기는 '허우적거린다'이다.

② '꺼'의 바른 표기는 '거'이다. '거'는 '것'을 구어적으로 이르는 말이다.

③ '서운케'는 맞게 표기한 것이다. 어간의 끝음절 '하'의 'ㅏ'가 줄고 'ㅎ'이 다음 음절의 첫소리와 어울려 거센소리로 될 적에는 거센소리로 적는다(「한글 맞춤법」 제40항 참조).

④ '목아지'의 바른 표기는 '모가지'이다. '-이' 이외의 모음으로 시작된 접미사가 붙어서 된 말은 그 명사의 원형을 밝히어 적지 아니한다(「한글 맞춤법」 제20항 붙임 참조). '모가지'는 '목'을 속되게 이르는 말이다. 어근 '목' + 접미사 '-아지 → 모가지. 접미사 '-아지'는 일부 동물을 나타내는 명사에 붙어서 '새끼', '작은 것', '낮은 것'을 뜻하는 말이다.

    예) 송아지, 망아지, 강아지

정답 ③

20 밑줄 친 단어 중에서 「한글 맞춤법」에 맞게 표기한 것은?

① 소낙비를 그리는 너는 <u>정녈</u>(情熱)의 여인이다.

② 나는 자리끼를 내 <u>머리맛</u>에 두고 자겠다.

③ 드리운 <u>치마자락</u>으로 우리의 겨울을 가리자.

④ <u>곳간</u>(庫間)마다 볏섬이 가득 쌓여 있다.

| 문항 해설 |

① '정녈(情熱)'의 바른 표기는 '정열'이다.

② '머리맛'의 바른 표기는 '머리맡'이다. '머리맡'은 '누웠을 때의 머리 부근'을 뜻한다. '자리끼'는 밤에 자다가 마시기 위하여 잠자리의 머리맡에 준비하여 두는 물이다.

③ '치마자락'의 바른 표기는 '치맛자락'이다. 순우리말로 된 합성어로서 앞말이 모음으로 끝나고, 뒷말의 첫소리가 된소리로 나는 경우에 앞말의 모음에 사이시옷을 받쳐 적는다(「한글 맞춤법」 제30항 1 참조). 치마 + 자락 → 치맛자락[치마짜락/치맏짜락]

④ '곳간(庫間)'은 바르게 표기한 것이다. '곳간'은 사이시옷을 받쳐 적는 두 음절로 된 한자어에 속한다(「한글 맞춤법」 제30항 3 참조). 사이시옷을 받쳐 적는 두 음절로 된 한자어로는 '곳간' 외에 셋방(貰房), 숫자(數字), 찻간(車間), 툇간(退間), 횟수(回數) 등이 있다.

정답 ④

21 밑줄 친 단어 중에서 「한글 맞춤법」에 맞게 표기한 것은?

① 나는 <u>귓병</u>이 나서 많이 고생했어.

② 이 마을은 <u>터세</u>가 없어.

③ 여기는 <u>자리세</u>가 없어.

④ 그가 이민을 간 지 <u>해수</u>로 10년이나 되었어.

① '귓병'은 바르게 표기한 것이다. 순우리말과 한자어로 된 합성어로서 앞말이 모음으로 끝나고 뒷말의 첫소리가 된소리로 나는 경우 사이시옷을 앞말의 모음에 받쳐 적는다(「한글 맞춤법」 제30항 2 참조).

    예) 귀 + 병(病) → 귓병[귀뼝/귇뼝], 새 + 강(江) → 샛강[새깡/샏깡]

② '터세'의 바른 표기는 '텃세'이다. 터 + 세(勢) → 텃세[터쎄/턷쎄]. '텃세'는 '먼저 자리를 잡은 사람이 뒤에 들어오는 사람에 대하여 가지는 특권 의식', 또는 '뒷사람을 업신여기는 행동'을 뜻한다.

③ '자리세'의 바른 표기는 '자릿세'이다. 자리 + 세(貰) → 자릿세[자리쎄/자릳쎄]

④ '해수'의 바른 표기는 '햇수'이다. 해 + 수(數) → 햇수[해쑤/핻쑤]

정답 ①

22 밑줄 친 단어 중에서 「한글 맞춤법」에 맞게 표기한 것은?

① 계약금을 <u>치루지</u> 않았어.
② 바다를 <u>메꿔</u> 땅을 만들었다.
③ 초파일은 흔히 4월 <u>여드레</u>를 이른다.
④ 수해를 완전히 <u>복귀하는</u> 데 한 달이 걸리겠다.

① '치루지'의 바른 표기는 '치르지'이다.
② '메꿔'의 바른 표기는 '메워'이다. '메우다'는 '구멍이나 빈 곳을 채우다'를 뜻한다.
③ '여드레'는 바르게 표기한 것이다. '여드레'는 '여덟 날'을 뜻한다.
④ '복귀하는'의 바른 표기는 '복구하는'이다. '복구하다'는 '손실 이전의 상태로 회복하다'를 뜻하는데, '복귀하다'는 '본디의 자리나 상태로 되돌아가다'를 뜻한다.

정답 ③

23 밑줄 친 단어 중에서 「한글 맞춤법」에 맞게 표기한 것은?

① 거기까지 가는 데 길이 <u>틔어</u> 한 시간도 안 걸려.
② 살림이 <u>넉넉치</u> 않아.
③ 다시 <u>생각컨대</u> 내가 잘못했어.
④ <u>아뭏든</u> 내가 잘못했어.

| 문항 해설 |

① '틔어'는 바르게 표기한 것이다. 이것은 '트이어'의 준말이다. '트여'로 표기하기도 한다.
② '넉넉치'의 바른 표기는 '넉넉지'이다. 어간의 끝음절이 '하'가 아주 줄 적에는 준 대로 적는다(「한글 맞춤법」 제40항 붙임 2 참조).
③ '생각컨대'의 바른 표기는 '생각건대'이다(「한글 맞춤법」 제40항 붙임 2 참조). '생 각건대'는 '생각하건대'의 준말이다.
④ '아뭏든'의 바른 표기는 '아무튼'이다(「한글 맞춤법」 제40항 붙임 3 참조).

정답 ①

24 밑줄 친 단어 중에서 「한글 맞춤법」에 맞게 표기한 것은?

① 떠나가는 그의 <u>뒤모습</u>이 초라해 보였다.
② 저 아이는 <u>여닐곱</u> 살일 거야.
③ 등에 무엇이 들어갔는지 무척 <u>깔끄럽다</u>.
④ 얇은 사(紗) 하이얀 <u>꼿깔</u>은 고이 접어서 나빌레라.

| 문항 해설 |

① '뒤모습'의 바른 표기는 '뒷모습'이다. 뒷말의 첫소리 'ㄴ, ㅁ' 앞에서 'ㄴ' 소리가 덧날 경우에 사이시옷을 앞말의 모음에 받치어 적는다(「한글 맞춤법」 제30항 1 참조).

　예　뒤-모습[뒨:모습] → 뒷모습, 메-나물[멘나물] → 멧나물,
　　　아래-니[아랜니] → 아랫니
② '여닐곱'의 바른 표기는 '예닐곱'이다. '예닐곱'은 '여섯이나 일곱쯤 되는 수'를 뜻 한다.

③ '깔끄럽다'는 바르게 표기한 것이다. 이것은 '빳빳한 털 따위가 살에 닿아서 따끔 거리는 느낌이 있다'를 뜻한다.

④ '꼿깔'의 바른 표기는 '꼬깔'이다.

정답 ③

25 밑줄 친 단어 중에서 「한글 맞춤법」에 맞게 표기한 것은?

① 정말 <u>그럴가요</u>?

② <u>비소리</u>가 크게 들린다.

③ <u>걔</u>는 중학생이다.

④ 부모님께 어린 동생이 공부를 열심히 <u>했슴</u>을 말씀 드렸다.

| 문항 해설 |

① '그럴가요'의 바른 표기는 '그럴까요'이다(「한글 맞춤법」 제53항 다만 참조).

② '비소리'의 바른 표기는 '빗소리'이다. 순우리말로 된 합성어로서 앞말이 모음으로 끝나고 뒷말의 첫소리가 된소리로 날 경우에 앞말의 모음에 사이시옷을 받치어 적는다(「한글 맞춤법」 제30항 1 참조). 비-소리[비쏘리/빋쏘리] → 빗소리

③ '걔'는 바르게 표기한 것이다. '걔'는 '그 아이'의 준말이다.

④ '했슴'의 바른 표기는 '했음'이다. 명사형 전성 어미에는 '-기'와 '-(으)ㅁ'이 있다. '-ㅁ'은 '사람임, 들어감, 만듦, 삶, 앎, 잡으심, 들어오심' 등과 같이 '이다'의 어간, 받침 없는 용언의 어간, 'ㄹ' 받침인 용언의 어간 또는 선어말 어미 '-(으)시-' 뒤에 붙는다. '-음'은 '((ㄹ'을 제외한 받침 있는 용언의 어간이나 선어말 어미 '-었-', '-겠-' 뒤에 붙어)) 그 말이 명사 구실을 하게 하는 어미이다.

정답 ③

01 밑줄 친 단어 중에서 「한글 맞춤법」에 맞게 표기한 것은?

① 이 송아지는 암소가 아니고 <u>숫소</u>이다.
② 단 것을 많이 <u>먹을쑤록</u> 혈당이 올라간다.
③ 성공하기 위해 더욱 열심히 <u>공부할걸</u>.
④ 부모님께서 여행을 가라고 <u>승락(承諾)</u>을 하셨어.

| 문항 해설 |

① '숫소'의 바른 표기는 '수소'이다.
② '먹을쑤록'의 바른 표기는 '먹을수록'이다. 연결어미 '-(으)ㄹ수록'은 예사소리로 적는다(「한글 맞춤법」 제53항 참조).
③ '공부할걸'은 바르게 표기한 것이다(「한글 맞춤법」 제53항 참조). '-ㄹ걸'은 혼잣말에 쓰여, 그렇게 했으면 좋았을 것이나 하지 않은 어떤 일에 대해 가벼운 뉘우침이나 아쉬움을 나타내는 종결 어미이다.
④ '승락(承諾)'의 바른 표기는 '승낙'이다. 한자어에서 본음으로도 나고 속음으로도 나는 것은 각각 그 소리에 따라 적는다(「한글 맞춤법」 제52항 참조). '諾'의 본음은 '낙'이다.

정답 ③

02 밑줄 친 단어 중에서 「한글 맞춤법」에 맞게 표기한 것은?

① 옥수수가 익을 때까지 <u>느긋이</u> 기다려라.
② 서두리지 말고 <u>꼼꼼이</u> 살펴봐.
③ 아이들이 늦도록 오지 않으니 <u>심이</u> 염려가 된다.
④ 나는 일을 하면서 <u>틈틈히</u> 공부를 했다.

① '느긋이'는 바르게 표기한 것이다. 부사의 끝음절이 분명히 '이'로 나는 것은 '-이'로 적는다(「한글 맞춤법」 제51항 참조).

② '꼼꼼이'의 바른 표기는 '꼼꼼히'이다. 부사의 끝음절이 '히'로만 나거나 '이'나 '히'로 나는 것은 '-히'로 적는다(「한글 맞춤법」 제51항 참조).

③ '심이'의 바른 표기는 '심히'이다(「한글 맞춤법」 제51항 참조). '심히(甚히)'는 '정도가 지나치게'를 뜻한다.

④ '틈틈히'의 바른 표기는 '틈틈이'이다. 부사의 끝음절이 분명히 '이'로 나는 것은 '-이'로 적는다(「한글 맞춤법」 제51항 참조).

정답 ①

03 밑줄 친 단어 중에서 「한글 맞춤법」에 맞게 표기한 것은?

① 학생들이 가방을 어깨에 <u>메고</u> 간다.
② 그는 고무줄을 <u>느렸다</u>.
③ 나는 다리미로 옷을 <u>달였다</u>.
④ 그는 문을 힘껏 <u>닫혔다</u>.

| 문항 해설 |

① '메고'는 바르게 표기한 것이다. '메다'는 '(어깨에) 걸치거나 올려놓다'를 뜻한다. '매다'는 '풀어지지 않게 동여 묶다', 또는 '꾸며 만들다', 또는 '논밭의 풀을 뽑다' 등을 뜻한다.

② '느렸다'의 바른 표기는 '늘였다'이다(「한글 맞춤법」 제57항 참조). '늘이다'는 '본디보다 더 길어지게 하다'를 뜻한다. '느리다'는 '어떤 동작을 하는 데 걸리는 시간이 길다'를 뜻하거나 '어떤 일이 이루어지는 과정이나 기간이 길다'를 뜻한다.

③ '달였다'의 바른 표기는 '다렸다'이다(「한글 맞춤법」 제57항 참조). '다리다'는 '옷이나 천 따위의 주름이나 구김을 펴고 줄을 세우기 위하여 다리미나 인두로 문지르다'를 뜻한다. '달이다'는 '액체 따위를 끓여서 진하게 만들다', 또는 '약재 따위에 물을 부어 우러나도록 끓이다'를 뜻한다.

④ '닫혔다'의 바른 표기는 '닫쳤다'이다(「한글 맞춤법」 제57항 참조). '닫치다'는 '열린 문짝, 뚜껑, 서랍 따위를 꼭꼭 또는 세게 닫다'를 뜻한다. '닫히다'는 '닫다'의 피동사로, '열린 문짝, 뚜껑, 서랍 따위가 도로 제자리로 가 막히다'를 뜻한다.

정답 ①

04 밑줄 친 단어 중에서 「한글 맞춤법」에 맞게 표기한 것은?

① 그들은 매일 <u>리전투구</u>를 한다.
② 우리는 그 아이를 <u>구슬리고</u> 타일렀다.
③ 그녀는 살림을 <u>알뜰이</u> 잘한다.
④ 위생을 위하여 언제나 손과 <u>낯</u>을 깨끗이 씻어야 한다.

| 문항 해설 |

① '리전투구'의 바른 표기는 '이전투구'이다. 한자음 '니'나 '리'가 단어의 첫머리에 올 적에는 두음 법칙에 따라 '이'로 적는다(「한글 맞춤법」 제11항 참조). '泥田鬪狗(이전투구)'의 '泥'의 본음은 '니'이다. '이전투구(泥田鬪狗)'는 진흙탕에서 싸우는 개라는 뜻으로, 자기의 이익을 위하여 비열하게 다툼을 비유적으로 이르는 말이다.
② '구슬리고'는 바르게 표기한 것이다. '구슬리다'는 '그럴듯한 말로 꾀어 마음을 움직이다'를 뜻한다.
③ '알뜰이'의 바른 표기는 '알뜰히'이다. 부사의 끝음절이 '히'로만 나거나 '이'나 '히'로 나는 것은 '-히'로 적는다(「한글 맞춤법」 제51항 참조).
④ '낯'의 바른 표기는 '낯'이다.

정답 ②

05 밑줄 친 단어 중에서 「한글 맞춤법」에 맞게 표기한 것은?

① 정오의 <u>해살</u>이 몹시 따가웠다.
② 어디 가서 커피를 <u>마실가</u>?
③ 내가 커피를 <u>살께</u>
④ 이 감은 좀 <u>떨떠름</u>하다.

| 문항 해설 |

① '해살'의 바른 표기는 '햇살'이다(「한글 맞춤법」 제30항 1 참조). 순우리말로 된 합성어로서 앞말이 모음으로 끝나고 뒷말의 첫소리가 된소리로 날 경우에 앞말의 모음에 사이시옷을 받치어 적는다(「한글 맞춤법」 제30항 1 참조).

　　예 해 + 살 → 햇살[해쌀/핻쌀], 비 + 소리 → 빗소리[비쏘리/빋쏘리]

② '마실가'의 바른 표기는 '마실까'이다(「한글 맞춤법」 제53항 다만 참조).

③ '살께'의 바른 표기는 '살게'이다(「한글 맞춤법」 제53항 참조).

④ '떨떠름하다'는 바르게 표기한 것이다. '떨떠름하다'는 '조금 떫은 맛이 있다', 또는 '마음이 내키지 않는 데가 있다'를 뜻한다.

정답 ④

06 밑줄 친 단어 중에서 「한글 맞춤법」에 맞게 표기한 것은?

① 핸드폰의 <u>수자</u>(數字) 하나하나를 눌렀다.
② 도움을 청할 만한 사람이 <u>만만치</u> 않다.
③ 그는 <u>록차</u>(綠茶)를 좋아한다.
④ 그는 내가 묻는 말에 아무 <u>댓꾸</u>도 하지 않았다.

| 문항 해설 |

① '수자(數字)'의 바른 표기는 '숫자'이다(「한글 맞춤법」 제30항 3 참조).

② '만만치'는 바르게 표기한 것이다. 어간의 끝음절 '하'의 'ㅏ'가 줄고 'ㅎ'이 다음 음절의 첫소리와 어울려 거센소리로 될 적에는 거센소리로 적는다(「한글 맞춤법」 제40항 3 참조).

　　예 만만하지 → 만만치, 간편하게 → 간편케

③ '록차(綠茶)'의 바른 표기는 '녹차'이다. 한자음 '로'가 단어의 첫머리에 올 적에는 두음 법칙에 따라 '노'로 적는다(「한글 맞춤법」 제12항 참조).

　　예 勞動(로동) → 노동, 老人(로인) → 노인

④ '댓꾸'의 바른 표기는 '대꾸'이다. 이것은 '남의 말을 듣고 그대로 받아들이지 아니하고 그 자리에서 제 의사를 나타내는 것', 또는 '그 말'을 뜻한다.

정답 ②

07 「한글 맞춤법」에 맞게 표기한 것은?

① 연필깍이   ② 이혼률

③ 쇳덩이   ④ 눈깜짜기

| 문항 해설 |

① '연필깍이'의 바른 표기는 '연필깎이'이다.

② '이혼률'의 바른 표기는 '이혼율'이다. 모음이나 'ㄴ' 받침 뒤에 이어지는 한자음 '렬, 률'은 '열, 율'로 적는다(「한글 맞춤법」 제11항 붙임 1 다만 참조).

③ '쇳덩이'는 바르게 표기한 것이다. 순우리말로 된 합성어로서 앞말이 모음으로 끝나고 뒷말의 첫소리가 된소리로 나는 경우 앞말의 모음에 사이시옷을 받치어 적는다(「한글 맞춤법」 제30항 1 참조). 쇠 + 덩이 → 쇳덩이[쇠떵이/쉗떵이]

④ '눈깜짜기'의 바른 표기는 '눈깜짝이'이다. '-하다'나 '-거리다'가 붙는 어근에 '-이' 가 붙어서 명사가 된 것은 그 원형을 밝히어 적는다(「한글 맞춤법」 제23항 참조). 눈 + 깜짝(거리다) + -이 → 눈깜짝이

정답 ③

08 「한글 맞춤법」에 맞게 표기한 것은?

① 동글아미   ② 날나리

③ 뻐꾹이   ④ 홀쭉이

| 문항 해설 |

① '동글아미'의 바른 표기는 '동그라미'이다. '-하다'나 '-거리다'가 붙을 수 없는 어근에 '-이'나 또는 다른 모음으로 시작되는 접미사가 붙어서 명사가 된 것은 그 원형을 밝히어 적지 아니한다(「한글 맞춤법」 제23항 붙임 참조).

② '날나리'의 바른 표기는 '날라리'이다(「한글 맞춤법」 제23항 붙임 참조).

③ '뻐꾹이'의 바른 표기는 '뻐꾸기'이다(「한글 맞춤법」 제23항 붙임 참조).

④ '홀쭉이'는 바르게 표기한 것이다. '-하다'나 '-거리다'가 붙는 어근에 '-이'가 붙 어서 명사가 된 것은 그 원형을 밝히어 적는다(「한글 맞춤법」 제23항 참조). 홀쭉(하다) + -이 → 홀쭉이

정답 ④

09 「한글 맞춤법」에 맞게 표기한 것은?

① 꿀꾸리   ② 삐주기
③ 부잣집   ④ 살사리

| 문항 해설 |

① '꿀꾸리'의 바른 표기는 '꿀꿀이'이다. '-하다'나 '-거리다'가 붙는 어근에 '-이'가 붙어서 명사가 된 것은 그 원형을 밝히어 적는다(「한글 맞춤법」 제23항 참조).
　　'꿀꿀(거리다)' + '-이' → 꿀꿀이
② '삐주기'의 바른 표기는 '삐죽이'이다(「한글 맞춤법」 제23항 참조).
　　'삐죽(거리다)' + '-이' → 삐죽이
③ '부잣집'은 바르게 표기한 것이다(「한글 맞춤법」 제30항 2 참조).
　　부자(富者) + 집 → 부잣집(富者집)[부:자찝/부:잗찝]
④ '살사리'의 바른 표기는 '살살이'이다. '살살(거리다)' + '-이' → 살살이

정답 ③

10 「한글 맞춤법」에 맞게 표기한 것은?

① 망설이다   ② 번드기다
③ 숙더기다   ④ 퍼더기다

| 문항 해설 |

① '망설이다'는 바르게 표기한 것이다. '-거리다'가 붙을 수 있는 시늉말 어근에 '-이다'가 붙어서 된 용언은 그 어근을 밝히어 적는다(「한글 맞춤법」 제24항 참조).
　　'망설(거리다)' + '-이다' → 망설이다.
② '번드기다'의 바른 표기는 '번득이다'이다(「한글 맞춤법」 제24항 참조).
　　'번득(거리다)' + '-이다' → 번득이다.
③ '숙더기다'의 바른 표기는 '숙덕이다'이다(「한글 맞춤법」 제24항 참조).
　　'숙덕(거리다)' + '-이다' → 숙덕이다.
④ '퍼더기다'의 바른 표기는 '퍼덕이다'이다(「한글 맞춤법」 제24항 참조).
　　'퍼덕(거리다)' + '-이다' → 퍼덕이다

정답 ①

11 「한글 맞춤법」에 맞게 표기한 것은?

① 입원률(入院率)   ② 취직율(就職率)

③ 진열(陳列)   ④ 실패률(失敗率)

| 문항 해설 |

① '입원률(入院率)'의 바른 표기는 '입원율'이다. 모음이나 'ㄴ' 받침 뒤에 이어지는 한자음 '렬, 률'은 '열, 율'로 적는다(「한글 맞춤법」 제11항 붙임 1 다만 참조).

② '취직율(就職率)'의 바른 표기는 '취직률'이다(「한글 맞춤법」 제11항 붙임 1 다만 참조).

③ '진열(陳列)'은 바르게 표기한 것이다(「한글 맞춤법」 제11항 붙임 1 다만 참조).

④ '실패률(失敗率)'의 바른 표기는 '실패율'이다(「한글 맞춤법」 제11항 붙임 1 다만 참조).

정답 ③

12 밑줄 친 단어 중에서 「한글 맞춤법」에 맞게 표기한 것은?

① 그는 공부도 잘하는데, <u>더우기</u> 운동도 잘한다.

② 이 물건은 <u>일찌기</u> 내가 못 본 것이다.

③ 바람에 <u>깃빨</u>이 날린다.

④ 아기가 <u>방긋이</u> 웃는다.

| 문항 해설 |

① '더우기'의 바른 표기는 '더욱이'이다. 부사에 '-이'가 붙어서 역시 부사가 되는 경우 그 부사의 원형을 밝히어 적는다(「한글 맞춤법」 제25항 2 참조). 더욱 + -이 → 더욱이. 1988년 「한글 맞춤법」을 개정 고시하기 전에는 '더우기'가 바른 표기이었다. 북한은 '더우기'를 바른 표기로 간주한다.

② '일찌기'의 바른 표기는 '일찍이'이다(「한글 맞춤법」 제25항 2 참조). 1988년 「한글 맞춤법」을 개정 고시하기 전에는 '일찌기'가 바른 표기이었다. 북한은 '일찌기'를 바른 표기로 간주한다.

③ '깃빨'의 바른 표기는 '깃발(旗발)'이다. 순우리말과 한자어로 된 합성어로서 앞말이 모음으로 끝나고 뒷말의 첫소리가 된소리로 나는 경우 앞말의 모음에 사이시옷을 받치어 적는다(「한글 맞춤법」 제30항 2 참조).

예 기(旗) + 발 → 깃발[기빨/긷빨], 귀 + 병(病) → 귓병[귀뼝/귇뼝],

코 + 병(病) → 콧병[코뼝/콛뼝]

④ '방긋이'는 바르게 표기한 것이다(「한글 맞춤법」 제25항 2 참조).

정답 ④

13 밑줄 친 단어 중에서 「한글 맞춤법」에 어긋나게 표기한 것은?

① 웅덩이에 물이 <u>꽤</u> 있다.

② 집을 짓는 데 <u>일군</u>이 많이 필요하다.

③ 희망이 <u>눈덩이</u>처럼 불어난다.

④ 오늘이 화재 발생 <u>닷새째</u>야.

| 문항 해설 |

① '꽤'는 바르게 표기한 것이다. '꽤'는 '괘어'의 준말이다(「한글 맞춤법」 제35항 참조).

② '일군'의 바른 표기는 '일꾼'이다(「한글 맞춤법」 제54항 참조).

예 노름꾼, 도박꾼, 심부름꾼, 익살꾼, 장꾼, 장사꾼

③ '눈덩이'는 바르게 표기한 것이다.

④ '닷새째'는 바르게 표기한 것이다. '-째'는 '동안'을 뜻하는 접미사이다.

정답 ②

14 밑줄 친 단어 중에서 「한글 맞춤법」에 어긋나게 표기한 것은?

① 우리나라는 <u>빈곤율</u>이 낮은 편이다.

② 나는 <u>눈곱</u>만큼도 잘못한 게 없어.

③ 그녀는 장미꽃을 <u>꺾어서</u> 친구에게 주었어.

④ <u>호숫가</u>에 앉아 있으면 마음이 평온해진다.

① '빈곤율'은 바르게 표기한 것이다(「한글 맞춤법」제11항 붙임 1 다만 참조).

② '눈곱'은 바르게 표기한 것이다.

③ '꺽어서'의 바른 표기는 '꺾어서'이다.

④ '호숫가'는 바르게 표기한 것이다(「한글 맞춤법」제30항 2 참조).

　호수(湖水) + 가 → 호숫가[호수까/호숟까]

정답 ③

15 밑줄 친 단어를 바르게 표기한 것은?

① 구차한 <u>핑게</u>를 대지 마라.

② 아름다운 꽃들이 <u>피여</u> 있다.

③ 그 사람의 얼굴이 매우 <u>넓죽하다</u>.

④ 다리가 가려워서 <u>글죽거렸다</u>.

① '핑게'의 바른 표기는 '핑계'이다. '핑계'는 '잘못한 일에 대하여 이리저리 돌려 말하는 구차한 변명'을 뜻한다.

② '피여'의 바른 표기는 '피어'이다.

③ '넓죽하다'는 바르게 표기한 것이다. 용언의 어간 뒤에 자음으로 시작된 접미사가 붙어서 된 말은 그 어간의 원형을 밝히어 적는다(「한글 맞춤법」제21항 2 참조). 형용사 '넓다'의 어간 '넓-'+ 접미사 '-죽하다' → 넓죽하다. '넓죽하다'는 '길쭉하고 넓다'를 뜻한다.

④ '글죽거렸다'의 바른 표기는 '긁죽거렸다'이다(「한글 맞춤법」제21항 2 참조). '긁죽거리다'는 '자꾸 함부로 긁다'를 뜻한다.

정답 ③

16 밑줄 친 단어 중에서 「한글 맞춤법」에 맞게 표기한 것은?

① 부디 잘 <u>있오</u>.
② 돌에 넘어져 <u>다쳤어</u>.
③ 나는 이민에 대해 <u>싫큼해</u>.
④ 정말 잘 <u>알겠드라</u>.

| 문항 해설 |

① '있오'의 바른 표기는 '있소'이다. '-오'는 '이다'의 어간, 모음으로 끝나는 용언의 어간, 'ㄹ' 받침인 용언의 어간 또는 선어말 어미 '-으시-' 뒤에 붙어, '하오' 할 상대에게 설명·의문·명령의 뜻을 나타내는 종결 어미이다. '-소'는 받침 있는 용언의 어간이나 선어말 어미 '-었-/-았-', '-겠-' 뒤에 붙어 '하오' 할 상대에게 설명·의문의 뜻을 나타내는 종결 어미이다.
② '다쳤어'는 바르게 표기한 것이다. '다쳤어'는 '다치었어'의 준말이다.
③ '싫큼해'의 바른 표기는 '실큼해'이다(「한글 맞춤법」 제21항 다만 참조). '실큼하다'는 '싫은 생각이 있다'를 뜻한다.
④ '알겠드라'의 바른 표기는 '알겠더라'이다. '-더라'는 '해라' 할 자리에 쓰여, 화자가 과거에 직접 경험하여 새로이 알게 된 사실을 그대로 옮겨 와서 전달한다는 뜻을 나타내는 종결 어미이다. '-더라'는 선어말 어미 '-더-'와 종결 어미 '-라'가 결합한 것이다.

정답 ②

17 밑줄 친 단어 중에서 표기가 바르지 않은 것은?

① 두 팀의 <u>우열</u>(優劣)을 가리기가 어렵다.
② 나는 그 영화를 보면서 <u>전율</u>(戰慄)을 느꼈다.
③ <u>환율</u>(換率)이 너무 올랐어.
④ 우리 대학의 <u>전학율</u>(轉學率)이 가장 높아.

| 문항 해설 |

① '우열'은 바르게 표기한 것이다. 모음이나 'ㄴ' 받침 뒤에 이어지는 한자음 '렬, 률'은 '열, 율'로 적는다(「한글 맞춤법」 제11항 붙임 1 다만 참조). '劣'의 본음은 '렬'이다.

② '전율'은 바르게 표기한 것이다. '률(慄)'이 모음이나 'ㄴ' 받침 뒤에 오면 '율'로 적는다(「한글 맞춤법」 제11항 붙임 1 다만 참조).

③ '환율(換率)'은 바르게 표기한 것이다(「한글 맞춤법」 제11항 붙임 1 다만 참조).

④ '전학율(轉學率)'의 바른 표기는 '전학률'이다(「한글 맞춤법」 제11항 붙임 1 다만 참조).

정답 ④

18 밑줄 친 단어 중에서 「한글 맞춤법」에 맞게 표기한 것은?

① 노인이 되니 눈섭이 하얘졌어.
② 잔듸밭을 밟지 마세요.
③ 너무 슬퍼 목이 메여 말을 제대로 하지 못했다.
④ 이것이 미닫이이다.

| 문항 해설 |

① '눈섭'의 바른 표기는 '눈썹'이다.

② '잔듸밭'의 바른 표기는 '잔디밭'이다.

③ '메여'의 바른 표기는 '메어'이다. '메다'는 '어떤 감정이 북받쳐 목소리가 잘 나지 않다'를 뜻한다.

④ '미닫이'는 바르게 표기한 것이다. 용언의 어간에 '-이'가 붙어서 명사가 된 것은 그 어간의 원형을 밝히어 적는다(「한글 맞춤법」 제19항 1 참조). '미닫이'는 옆으로 밀어서 열고 닫는 방식의 문이나 창을 통틀어 이르는 말이다.

정답 ④

19 밑줄 친 단어 중에서 「한글 맞춤법」에 맞게 표기한 것은?

① 나의 년간(年間) 수입은 5천만 원이야.

② 그는 연로한 부모를 극진히 바뜰어 모신다.

③ 내 살붙이는 없어.

④ 심야 택시의 활증료(割增料)가 얼마나 되니?

| 문항 해설 |

① '년간(年間)'의 바른 표기는 '연간'이다. '年(년)'이 단어의 첫머리에 올 적에는 두음 법칙에 따라 '연'으로 적어야 한다(「한글 맞춤법」 제11항 참조). '연간'은 '한 해 동안'을 뜻한다.

② '바뜰어'의 바른 표기는 '받들어'이다. '받들다'는 '공경하여 모시다, 또는 소중히 대하다'를 뜻한다.

③ '살붙이'는 바르게 표기한 것이다. 용언의 어간에 '-이'가 붙어서 명사가 된 것은 그 어간의 원형을 밝히어 적는다(「한글 맞춤법」 제19항 1 참조). 명사 '살' + 동사 '붙다'의 어간 '붙-' + 접미사 '-이' → 살붙이. '살붙이'는 '혈육으로 볼 때 가까운 사람'을 뜻한다. 이것은 보통 부모와 자식의 관계에서 쓴다.

④ '활증료(割增料)'의 바른 표기는 '할증료'이다. 이것은 '정해진 값에 덧붙이는 돈'을 뜻한다.

정답 ③

20 밑줄 친 단어 중에서 「한글 맞춤법」에 맞게 표기한 것은?

① 관중 중에는 청춘 남여(男女)가 가장 많았다.

② 내 흉내를 내지 마세요.

③ 전쟁이 나서 사람들이 피난(避亂)을 갔다.

④ 그는 횡단보도를 빨리 건느려고 뛰었어.

① '남여(男女)'의 바른 표기는 '남녀'이다. '女(녀)'는 단어의 첫머리 이외의 경우에는 본음대로 적는다(「한글 맞춤법」 제11항 붙임 1 참조). '女(녀)'가 단어의 첫머리에 올 적에는 '여'로 표기한다.

예 女人(녀인) → 여인, 女子(녀자) → 여자, 女學生(녀학생) → 여학생

북한에서는 '女'가 단어의 첫머리에 올 경우 본음대로 적는다.

예 女人 → 녀인, 女子 → 녀자

② '흉내'는 바르게 표기한 것이다. '숭내'는 비표준어이다.

③ '피난(避亂)'의 바른 표기는 '피란'이다. '피란(避亂)'은 '난리를 피하여 옮겨 가는 것'을 뜻하는데, '피난(避難)'은 '재난을 피하여 멀리 옮겨 가는 것'을 뜻한다.

④ '건느려고'의 바른 표기는 '건너려고'이다.

정답 ②

21 밑줄 친 단어 중에서 바르게 표기하지 않은 것은?

① 방이 깨끗치 않다.
② 그는 영어에 못지않게 수학도 잘해.
③ 나는 새로 산 자동차의 운전에 익숙지 않아.
④ 처음 만난 사람이지마는 거북지 않아.

① '깨끗치'의 바른 표기는 '깨끗지'이다. '깨끗지'는 '깨끗하지'의 준말이다. 어간의 끝음절 '하'가 아주 줄 적에는 준 대로 표기한다(「한글 맞춤법」 제40항 붙임 2 참조).

② '못지않게'는 바른 표기이다(「한글 맞춤법」 제40항 붙임 2 참조). 이것은 '못하지 않게'의 준말이다.

③ '익숙지'는 바른 표기이다(「한글 맞춤법」 제40항 붙임 2 참조). 이것은 '익숙하지'의 준말이다.

④ '거북지'는 바른 표기이다(「한글 맞춤법」 제40항 붙임 2 참조). 이것은 '거북하지'의 준말이다.

정답 ①

22 밑줄 친 단어 중에서 「한글 맞춤법」에 어긋나게 표기한 것은?

① 정녕코(丁寧코) 이민을 가시겠습니까?
② 요컨데(要컨데) 정직하게 사는 것이 가치있는 삶이야.
③ 하마터면 큰 사고가 날 뻔했어.
④ 하여튼(何如튼) 이번 경기는 반드시 이겨야 해.

| 문항 해설 |

① '정녕코'는 바른 표기이다(「한글 맞춤법」 제40항 붙임 3 참조).
② '요컨데'의 바른 표기는 '요컨대'이다(「한글 맞춤법」 제40항 붙임 3 참조). 이것은 '중요한 점을 말하자면'을 뜻하는 부사이다.
③ '하마터면'은 바른 표기이다(「한글 맞춤법」 제40항 붙임 3 참조). 이것은 '조금만 잘못하였더라면'을 뜻한다.
④ '하여튼'은 바른 표기이다(「한글 맞춤법」 제40항 붙임 3 참조). 이것은 '의견이나 일의 성질, 형편, 상태 따위가 어떻게 되어 있든'을 뜻한다. '하여튼'의 유사어는 '아무튼'이다.

정답 ②

23 밑줄 친 단어 중에서 「한글 맞춤법」에 어긋나게 표기한 것은?

① 리포트를 간편케 작성하도록 해.
② 그런 물건은 매우 혼타.
③ 고교 시절을 회상건대 정말 행복했어.
④ 교실이 정말 정결타.

| 문항 해설 |

① '간편케'는 바른 표기이다(「한글 맞춤법」 제40항 참조). 이것은 '간편하게'의 준말이다.
② '혼타'는 바른 표기이다(「한글 맞춤법」 제40항 참조). 이것은 '흔하다'의 준말이다.

③ '회상건대'의 바른 표기는 '회상컨대'이다(「한글 맞춤법」 제40항 참조). 이것은 '회상하건대'의 준말이다.

④ '정결타'는 바르게 표기한 것이다(「한글 맞춤법」 제40항 참조). '정결타'는 '정결하다'의 준말이다.

정답 ③

24 밑줄 친 단어 중에서 표기가 바르지 않은 것은?

① 가스 폭발로 유리 창문이 <u>산산이</u>(散散이) 부서졌다.
② 그는 그녀와의 이별을 <u>섭섭이</u> 여겼다.
③ 그는 상대의 허점을 <u>날카로이</u> 지적했다.
④ 너무 <u>번거로이</u> 생각하지 마라.

| 문항 해설 |

① '산산이'는 바른 표기이다(「한글 맞춤법」 제51항 1 참조). 이것은 '여지없이 깨어지거나 흩어지는 모양'을 뜻한다.

② '섭섭이'의 바른 표기는 '섭섭히'이다. 부사의 끝음절이 '이, 히'로 발음되는 것은 '히'로 적는다(「한글 맞춤법」 제51항 3 참조).

③ '날카로이'는 바른 표기이다(「한글 맞춤법」 제51항 1 참조). 형용사 '날카롭다'의 어간 '날카롭-' + 접미사 '-이' → 날카로이. '날카로이'는 '생각하는 힘이 빠르고 정확하게'를 뜻하는 부사이다.

④ '번거로이'는 바른 표기이다(「한글 맞춤법」 제51항 1 참조). '번거롭다'의 어간 '번거롭-' + 접미사 '-이' → 번거로이. '번거로이'는 '일의 갈피가 어수선하고 복잡하게'를 뜻하는 부사이다.

정답 ②

25 밑줄 친 단어 중에서 「한글 맞춤법」에 어긋나게 표기한 것은?

① 우리는 결혼식을 <u>간소히</u>(簡素히) 하기로 하였어.

② 우리 팀이 승리하자 함성이 <u>일제이</u>(一齊이) 터졌다.

③ <u>공평히</u>(公平히) 심사를 하여 주세요.

④ 이 돌이 너무 무거워서 <u>도저히</u>(到底히) 들 수가 없어.

| 문항 해설 |

① '간소히'는 바르게 표기한 것이다. 부사의 끝음절이 '이, 히'로 나는 것은 '히'로 적는다(「한글 맞춤법」제51항 3 참조). '간소히'는 '간략하고 소박하게'를 뜻한다.

② '일제이'의 바른 표기는 '일제히'이다(「한글 맞춤법」제51항 3 참조). '일제히'는 '여럿이 한꺼번에'를 뜻한다.

③ '공평히'는 바르게 표기한 것이다(「한글 맞춤법」제51항 3 참조). '공평히'는 '어느 쪽으로도 치우치지 않고 고르게'를 뜻한다.

④ '도저히'는 바르게 표기한 것이다(「한글 맞춤법」제51항 3 참조). '도저히'는 '아무리 하여도'를 뜻한다.

정답 ②

제3회 「한글 맞춤법」 평가

01 밑줄 친 단어 중에서 「한글 맞춤법」에 맞게 표기한 것은?

① 어서 <u>오시요</u>.

② 이것은 <u>먹이요</u>, 그것은 붓이요, 저것은 분필이다.

③ 참으로 <u>좋지오</u>.

④ 잘 <u>가십시요</u>.

| 문항 해설 |

① '오시요'의 바른 표기는 '오시오'이다. '하오' 할 자리에 쓰여, 설명·의문·명령의 뜻을 나타내는 종결 어미 '-오'는 '요'로 소리가 나는 경우가 있더라도 그 원형을 밝히어 '오'로 적는다(「한글 맞춤법」 제15항 붙임 2 참조).

② '이요'는 바른 표기이다. 연결형에서 사용되는 '이요'는 '이요'로 적는다(「한글 맞춤법」 제15항 붙임 3 참조). 옛말의 '이고'의 'ㄱ'이 묵음화하여 '이오'로 된 것을 '이요'로 발음하는 사람이 많으므로 '이요'로 적기로 한 것이다. '먹이요'에 쓰인 '-요'는 연결 어미 '-고'의 변이 형태이다.

③ '좋지오'의 바른 표기는 '좋지요'이다. 어미 뒤에 덧붙는 조사 '요'는 '요'로 적는다(「한글 맞춤법」 제17항 참조).

④ '가십시요'의 바른 표기는 '가십시오'이다. '-십시오'는 '하십시오' 할 자리에 쓰여, 정중한 명령이나 권유를 나타내는 종결 어미이다.

정답 ②

02 밑줄 친 단어 중에서 바르게 표기한 것은?

① 두 줄을 <u>이서라</u>.
② 그 사람이 무슨 말을 <u>하던지</u> 대꾸하지 마라.
③ 빛깔이 너무 <u>허여</u>.
④ 꽃이 <u>새빨갛다</u>.

| 문항 해설 |

① '이서라'의 바른 표기는 '이어라'이다. 용언의 어간이 줄어질 경우 준 대로 적는다 (「한글 맞춤법」 제18항 2 참조).
② '하던지'의 바른 표기는 '하든지'이다. '-던지'는 지난 일을 회상하여 막연하게 의심을 나타낼 때 쓰는 연결 어미이다. '-든지'는 무엇이나 가리지 않음을 나타내는 연결 어미이다.
③ '허여'의 바른 표기는 '허예'이다. '허옇어'의 준말은 '허예'이다(「한글 맞춤법」 제18항 3 참조).
④ '새빨갛다'는 바르게 표기한 것이다. 접두사가 붙어서 이루어진 말은 그 원형을 밝히어 적는다(「한글 맞춤법」 제27항 참조). '새-'는 접두사이다.

정답 ④

03 밑줄 친 단어 중에서 「한글 맞춤법」에 맞게 표기한 것은?

① 새가 <u>날라간다</u>.
② 여기서 아름다운 경치가 잘 <u>뵌다</u>.
③ 빨래를 <u>행구어라</u>.
④ 김치를 많이 <u>담그어</u> 두어라.

| 문항 해설 |

① '날라간다'의 바른 표기는 '날아간다'이다. '날다'는 '공중에 떠서 어떤 위치에서 다른 위치로 움직이다'를 뜻한다. '나르다'는 '물건을 한 곳에서 다른 곳으로 옮기다'를 뜻한다. '날다'는 규칙 용언으로, 어간 '날-'에 연결 어미 '-아'가 붙으면

'날아'가 된다. 그런데 '나르다'는 불규칙 용언으로 어간 '나르-'에 어미 '-아'가 결합하면 '날라'로 활용한다.

② '뵌다'는 바르게 표기한 것이다. 이것은 '보인다'의 준말이다.

③ '행구어라'의 바른 표기는 '헹구어라'이다. '헹구다'는 '물에 넣어 흔들어 씻다'를 뜻한다.

④ '담그어'의 바른 표기는 '담가'이다(「한글 맞춤법」 제18항 4 참조).

정답 ②

04 밑줄 친 단어 중에서 「한글 맞춤법」에 맞게 표기한 것은?

① 하루밤이 지나자 폭우가 내렸어.

② 샘에서 물을 푸어라.

③ 머리가 까마니 더 젊어 보인다.

④ 감기가 나스니 기분이 좋다.

| 문항 해설 |

① '하루밤'의 바른 표기는 '하룻밤'이다. 순우리말로 된 합성어로서 앞말이 모음으로 끝나고 뒷말의 첫소리가 된소리로 나는 것은 앞말의 모음에 사이시옷을 받치어 적는다(「한글 맞춤법」 제30항 1 참조).

② '푸어라'의 바른 표기는 '퍼라'이다. '푸어라'의 기본형은 '푸다'이다. 이것은 'ㅜ' 불규칙 동사이다(「한글 맞춤법」 제18항 4 참조).

③ '까마니'는 바르게 표기한 것이다. '까마니'의 기본형은 '까맣다'이다. 이것은 'ㅎ' 불규칙 형용사이다(「한글 맞춤법」 제18항 3 참조).

④ '나스니'의 바른 표기는 '나으니'이다. '나으니'의 기본형은 '낫다'이다. 이것은 'ㅅ' 불규칙 동사이다(「한글 맞춤법」 제18항 2 참조).

정답 ③

05 밑줄 친 단어의 표기가 바르지 않은 것은?

① 친구가 역으로 <u>맞웅</u>을 나왔다.
② 옛날에는 <u>비렁뱅이</u>가 많았다.
③ 아이가 그림을 <u>뜨더귀</u>로 만들어 놓았다.
④ 머리를 <u>바투</u> 깎았다.

| 문항 해설 |

① '맞웅'의 바른 표기는 '마중'이다. 어간에 '-이'나 '-음' 이외의 모음으로 시작된 접미사가 붙어서 다른 품사로 바뀐 것은 그 어간의 원형을 밝히어 적지 아니한다 (「한글 맞춤법」 제19항 붙임 참조). '맞다'의 어간 '맞-' + 접미사 '-웅' → 마중.

② '비렁뱅이'는 바르게 표기한 것이다(「한글 맞춤법」 제19항 붙임 참조). 동사 '빌다' 의 어간 '빌-' + 접미사 '-엉뱅이' → 비렁뱅이

③ '뜨더귀'는 바르게 표기한 것이다(「한글 맞춤법」 제19항 붙임 참조). 이것은 '조각 조각으로 뜯어내거나 가리가리 찢어 내는 짓', 또는 '그 조각'을 뜻하는 명사이다. 동사 '뜯다'의 어간 '뜯-' + 접미사 '-어귀' → 뜨더귀

④ '바투'는 바르게 표기한 것이다(「한글 맞춤법」 제19항 붙임 참조). '바투'는 '두 대 상이나 물체의 사이가 썩 가깝게', 또는 '시간이나 길이가 아주 짧게'를 뜻하는 부사이다. ④에서는 '바투'가 '아주 짧게'의 의미로 쓰였다. 형용사 '밭(다)-' + '-우' → 바투

정답 ①

06 밑줄 친 단어 중에서 「한글 맞춤법」에 맞게 표기한 것은?

① 저 아이가 책을 <u>뜯엄뜯엄</u> 읽는다.
② 그렇게 의자를 <u>만듬</u>은 이상해.
③ 시장에 가다가 비가 와서 <u>도로</u> 왔어.
④ 숯을 꺼내게 <u>불삽</u>을 가져와.

| 문항 해설 |

① '뜯엄뜯엄'의 바른 표기는 '뜨덤뜨덤'이다(「한글 맞춤법」 제19항 붙임 참조).

② '만듬'의 바른 표기는 '만듦'이다. 어간에 '-음/-ㅁ'이 붙어서 명사로 된 것은 그 어간의 원형을 밝히어 적는다(「한글 맞춤법」 제19항 2 참조).

　　예 '만들(다)-' + '-음' → 만듦, '알(다)-' + '-음' → 앎, '살(다)-' + '-음' → 삶, '묶(다)-' + '-음' → 묶음, '울(다)-' + '-음' → 울음

③ '도로'는 바르게 표기한 것이다. 어간에 '-이'나 '-음' 이외의 모음으로 시작된 접미사가 붙어서 다른 품사로 바뀐 것은 그 어간의 원형을 밝히어 적지 아니한다(「한글 맞춤법」 제19항 붙임 참조). '돌(다)-' + '-오' → 도로. '도로'는 부사이다.

④ '불삽'의 바른 표기는 '부삽'이다. 끝소리 'ㄹ'인 말과 딴 말이 어울릴 적에 'ㄹ' 소리가 나지 아니하는 것은 아니 나는 대로 적는다(「한글 맞춤법」 제28항 참조).

　　예 딸-님 → 따님, 아들-님 → 아드님

정답 ③

07 밑줄 친 단어 중에서 「한글 맞춤법」에 맞게 표기한 것은?

① 화가 <u>잔뜩</u> 났어.
② <u>벼란간</u>에 화재가 발생하였다.
③ 줄을 가위로 <u>싹뚝</u> 잘랐어.
④ <u>갑짜기</u> 소나기가 쏟아졌어.

| 문항 해설 |

① '잔뜩'은 바르게 표기한 것이다. 한 단어 안에서 뚜렷한 까닭 없이 나는 된소리는 다음 음절의 첫소리를 된소리로 적는다(「한글 맞춤법」 제5항 2 참조).

② '벼란간'의 바른 표기는 '별안간'이다. '별안간(瞥眼間)'은 '갑작스럽고 아주 짧은 동안'을 뜻하는 명사이다.

③ '싹뚝'의 바른 표기는 '싹둑'이다(「한글 맞춤법」 제5항 다만 참조).

④ '갑짜기'의 바른 표기는 '갑자기'이다(「한글 맞춤법」 제5항 다만 참조).

정답 ①

08 밑줄 친 단어 중에서 「한글 맞춤법」에 맞게 표기한 것은?

① 휴계실(休憩室)에서 만나자.
② 다음에 전화 드릴께요.
③ 조금 쉴려는데 손님들이 왔다.
④ 바람결을 따라 살아왔다.

| 문항 해설 |

① '휴계실'의 바른 표기는 '휴게실'이다(「한글 맞춤법」 제8항 다만 참조).
② '드릴께요'의 바른 표기는 '드릴게요'이다(「한글 맞춤법」 제53항 참조). '-(으)ㄹ게'는 '해' 할 자리에 쓰여, 어떤 행동에 대한 약속이나 의지를 나타내는 종결 어미이다.
③ '쉴려는데'의 바른 표기는 '쉬려는데'이다. '-려는데'는 '-려고 하는데'가 줄어든 말이다.
④ '바람결'은 바르게 표기한 것이다. 이것은 '일정한 방향으로 부는 바람의 움직임'을 뜻한다. '바람결'의 표준 발음은 [바람껼]이다.

정답 ④

09 밑줄 친 단어 중에서 「한글 맞춤법」에 맞게 표기한 것은?

① 경치가 매우 아름답드구료.
② 연습을 많이 할쑤록 실력이 향상된다.
③ 내가 과일을 먹는 것을 동생이 눈치챌세라 조용히 먹었다.
④ 죽을찌언정 항복은 절대로 하지 않겠다.

| 문항 해설 |

① '아름답드구료'의 바른 표기는 '아름답더구려'이다. '-더구려'는 '하오' 할 자리에 쓰여, 과거 어느 때에 직접 경험하여 새로이 알게 된 사실을 현재의 말하는 장면에 그대로 옮겨 와서 전달하며, 그 알게 된 사실에 주목함을 나타내는 종결 어미이다.

② '할쑤록'의 바른 표기는 '할수록'이다(「한글 맞춤법」 제53항 참조). '-ㄹ수록'은 모음으로 끝나는 어간에 붙어, 어떠한 일이 더하여 감을 나태는 연결 어미이다.

③ '눈치챌세라'는 바르게 표기한 것이다(「한글 맞춤법」 제53항 참조). '-ㄹ세라'는 모음으로 끝나는 어간에 붙어, 어떠한 일이 일어날까 걱정함을 나타내는 연결 어미이다

④ '죽을찌언정'의 바른 표기는 '죽을지언정'이다. '-을지언정'은 자음으로 끝나는 어간이나 선어말 어미 '-었-' 아래에 붙어, 뒤 절을 강하게 시인하기 위하여 뒤 절의 일과는 대립적인 앞 절의 일을 시인함을 나타내는 연결 어미이다.

정답 ③

10 밑줄 친 단어 중에서 바르게 표기한 것은?

① 더듬거리지 말고 <u>똑똑이</u> 말하여라.
② 오랫동안 청소를 하지 않았더니 먼지가 <u>겹겹히</u> 쌓여 있다.
③ 그는 무거운 가방을 <u>가붓히</u> 들었다.
④ 매우 귀한 물건이니 <u>각별히</u> 잘 보관해라.

| 문항 해설 |

① '똑똑이'의 바른 표기는 '똑똑히'이다. 부사의 끝음절이 '이, 히'로 발음되는 것은 '히'로 적는다(「한글 맞춤법」 제51항 3 참조).

② '겹겹히'의 바른 표기는 '겹겹이'이다(「한글 맞춤법」 제51항 1 참조). '겹겹이'는 '여러 겹으로'를 뜻하는 부사이다.

③ '가붓히'의 바른 표기는 '가붓이'이다(「한글 맞춤법」 제51항 1 참조). '가붓이'는 '조금 가벼운 듯하게'를 뜻하는 부사이다.

④ '각별히(各別히)'는 바르게 표기한 것이다. 부사의 끝음절이 '이, 히'로 발음되는 것은 '히'로 적는다(「한글 맞춤법」 제51항 3 참조). '각별히'는 '어떤 일에 대하여 유달리 특별한 마음가짐이나 자세로'를 뜻하는 부사이다.

정답 ④

11 밑줄 친 단어 중에서 바르게 표기한 것은?

① 잘 <u>있사오니</u> 심려하지 마십시오.

② 이것은 날짐승<u>이지오.</u>

③ 그들은 <u>업치락뒷치락</u> 하면서 싸웠다.

④ 눈물이 <u>나올려고</u> 한다.

| 문항 해설 |

① '있사오니'는 바르게 표기한 것이다. '-사오-'는 (예스러운 표현으로) 자신의 진술을 겸양하여 나타내는 선어말 어미이다.

② '이지오'의 바른 표기는 '이지요'이다. 종결 어미 '-지' 뒤에는 종결 어미 '-오'가 붙지 못하고 보조사 '요'가 붙을 수 있다.

③ '업치락뒷치락'의 바른 표기는 '엎치락뒤치락'이다. '엎치락뒤치락'은 '연방 엎치었다가 뒤치었다가 하는 모양'을 뜻하는 부사이다.

④ '나올려고'의 바른 표기는 '나오려고'이다. 연결 어미 '-ㄹ려고'는 '-려고'의 비표준어이다.

정답 ①

12 표기가 바른 것은?

① 무심찮다   ② 의롭잖다

③ 심심찮다   ④ 변변챦다

| 문항 해설 |

① '무심챦다'의 바른 표기는 '무심찮다'이다. '-하지' 뒤에 '않-'이 어울려 '찮-'이 될 적에는 준 대로 적는다(「한글 맞춤법」 제39항 참조). 무심하지 않다 → 무심찮다

② '의롭잖다'의 바른 표기는 '의롭잖다'이다. 어미 '-지' 뒤에 '않-'이 어울려 '-잖'이 될 적에는 준 대로 적는다(「한글 맞춤법」 제39항 참조). 의롭지 않다 → 의롭잖다

③ '심심찮다'는 바르게 표기한 것이다. '-하지' 뒤에 '않-'이 어울려 '찮-'이 될 적에는 준 대로 적는다(「한글 맞춤법」 제39항 참조). 심심하지 않다 → 심심찮다

④ '변변챦다'의 바른 표기는 '변변찮다'이다. '-하지' 뒤에 '않-'이 어울려 '찮-'이 될 적에는 준 대로 적는다(「한글 맞춤법」 제39항 참조). 변변하지 않다 → 변변 찮다

정답 ③

13 밑줄 친 단어 중에서 표기가 바르지 않은 것은?

① 그는 <u>회삿돈</u>을 횡령해서 구속되었다.
② 퇴근 시간에 교통 체증은 <u>예삿일</u>이 아니야.
③ 모기가 많으니 <u>모깃불</u>을 놓아야겠다.
④ 논쟁의 <u>촛점</u>을 흐리지 마세요.

| 문항 해설 |

① '회삿돈'은 바르게 표기한 것이다. 순우리말과 한자어로 된 합성어로서 앞말이 모음으로 끝나고, 뒷말의 첫소리가 된소리로 나는 경우에는 사이시옷을 앞말의 모음에 받치어 적는다(「한글 맞춤법」 제30항 2 참조). '회사(會社)' + '돈' → 회삿돈[회:사똔/훼:산똔]

② '예삿일'은 바르게 표기한 것이다. 순우리말과 한자어로 된 합성어로서 앞말이 모음으로 끝나고 뒷말의 첫소리 모음 앞에서 'ㄴㄴ' 소리가 덧나는 경우 사이시옷을 앞말의 모음에 받치어 적는다(「한글 맞춤법」 제30항 2 참조). '예사(例事)' + '일' → 예삿일[예:산닐]. '예삿일'은 '보통 흔히 있는 일'을 뜻한다.

③ '모깃불'은 바르게 표기한 것이다(「한글 맞춤법」 제30항 1 참조). '모기' + '불' → 모깃불[모:기뿔/모:긴뿔]. '모깃불'은 모기를 쫓기 위하여 풀 따위를 태워 연기를 내는 불이다.

④ '촛점'의 바른 표기는 '초점'이다(「한글 맞춤법」 제30항 3 참조). '초첨(焦點)'은 [초쩜]으로 발음되지만 「한글 맞춤법」 제30항 3에 규정되어 있는 6개 한자어인 곳간(庫間), 셋방(貰房), 숫자(數字), 찻간(車間), 툇간(退間), 횟수(回數) 등에 속하지 않기 때문에 사이시옷을 받치어 적어서는 안 된다.

정답 ④

14 밑줄 친 단어 중에서 바르게 표기한 것은?

① <u>나뭇꾼</u>이 나무를 팔러 시장에 갔다.

② 그는 <u>이튿날</u>에 왔어.

③ 외국 여행은 못 <u>가드라도</u> 국내 여행을 가려고 해.

④ <u>설부른</u> 언동을 하지 마라.

| 문항 해설 |

① '나뭇꾼'의 바른 표기는 '나무꾼'이다(「한글 맞춤법」 제54항 참조).
명사 '나무' + 접미사 '-꾼' → 나무꾼

② '이튿날'은 바르게 표기한 것이다. 끝소리가 'ㄹ'인 말과 딴 말이 어울릴 적에 'ㄹ'
소리가 'ㄷ' 소리로 나는 것은 'ㄷ'으로 적는다(「한글 맞춤법」 제29항 참조).
이틀 + 날 → 이튿날[이튿날 → 이튼날].

③ '가드라도'의 바른 표기는 '가더라도'이다. '-더라도'는 가정이나 양보의 뜻을 나타
내는 연결 어미이다.

④ '설부른'의 바른 표기는 '섣부른'이다(「한글 맞춤법」 제29항 참조). 형용사 '설다'
의 어간 '설-' + 형용사 '부르다' → 섣부르다. '섣부르다'는 '솜씨가 설고 어설프
다'를 뜻한다.

정답 ②

15 밑줄 친 단어 중에서 「한글 맞춤법」에 맞게 표기한 것은?

① 우리는 <u>뚝빼기</u>에 김치찌개를 끓였다.

② 그는 <u>익살꾼</u>이야.

③ 넘어져서 <u>뒷굼치</u>를 다쳤어.

④ 그는 <u>성갈</u>이 있어.

① '뚝빼기'의 바른 표기는 '뚝배기'이다(「한글 맞춤법」 제5항 다만 참조). 한 형태소의 'ㄱ, ㅂ' 받침 뒤에서 [빼기]로 발음되는 경우는 '배기'로 적는다.

② '익살꾼'은 바르게 표기한 것이다(「한글 맞춤법」 제54항 참조). 명사 '익살' + 접미사 '-꾼' → 익살꾼

③ '뒷굼치'의 바른 표기는 '뒤꿈치'이다(「한글 맞춤법」 제54항 참조). 명사 '뒤' + 명사 '꿈치' → 뒤꿈치. '꿈치'는 발꿈치와 팔꿈치 따위를 통틀어 이르는 말이다.

④ '성갈'의 바른 표기는 '성깔'이다(「한글 맞춤법」 제54항 참조). 명사 '성(性)' + 접미사 '-깔' → 성깔

정답 ②

16 밑줄 친 단어 중에서 「한글 맞춤법」에 맞게 표기한 것은?

① 그는 <u>알음알이</u>가 많다.
② 저것은 <u>불나비</u>이다.
③ 짧게 연습하고 우승한 것이 놀랍지 <u>않는가</u>?
④ 그분의 연세는 <u>이른</u>이야.

| 문항 해설 |

① '알음알이'는 바르게 표기한 것이다. 이것은 '서로 가까이 아는 사람'을 뜻한다.

② '불나비'의 바른 표기는 '부나비'이다(「한글 맞춤법」 제28항 참조).

③ '않는가'의 바른 표기는 '않은가'이다. '않은가'는 보조 형용사이기 때문에 어간 '않-'에 '-는가'가 붙지 못한다. 그런데 형용사인 '있다', '없다'의 어간에는 '-는가'가 결합될 수 있다.

④ '이른'의 바른 표기는 '일흔'이다.

정답 ①

17 밑줄 친 단어 중에서 「한글 맞춤법」에 맞게 표기한 것은?

① <u>섯불리</u> 행동하지 마라. 섣불리

② 그는 <u>나이값</u>을 하지 못하는 사람이다.

③ 어머니에게 <u>볼멘소리</u>로 말하지 마라.

④ 그는 고개만 <u>꺼떡했다</u>.

| 문항 해설 |

① '섯불리'의 바른 표기는 '섣불리'이다. 형용사 '섣부르다'의 어간 '섣부르-' + 부사
화 접미사 '-이' → 섣불리. '섣불리'는 '솜씨가 설고 어설프게'를 뜻한다.

② '나이값'의 바른 표기는 '나잇값'이다(「한글 맞춤법」 제30항 1 참조). '나이' + '값'
→ 나잇값[나이깝/나인깝]. '나잇값'은 나이에 어울리는 말과 행동을 낮잡아 이르
는 말이다.

③ '볼멘소리'는 바르게 표기한 것이다. 이것은 '서운하거나 성이 나서 퉁명스럽게
하는 말투'를 뜻한다.

④ '꺼떡했다'의 바른 표기는 '끄떡했다'이다.

정답 ③

18 밑줄 친 말 중에서 바르게 표기한 것은?

① 그의 말이 매우 <u>웃으꽝스러웠다</u>.

② <u>해꼬지</u>를 하지 마라.

③ 그녀가 나를 <u>사랑함으로</u> 나도 그녀를 사랑한다.

④ 그는 열심히 <u>노력함으로써</u> 성공했다.

| 문항 해설 |

① '웃으꽝스러웠다'의 바른 표기는 '우스꽝스러웠다'이다.

② '해꼬지'의 바른 표기는 '해코지'이다. '해코지'는 '남을 해치고자 하는 짓'을 뜻한다.

③ '사랑함으로'의 바른 표기는 '사랑하므로'이다. '-므로'는 '까닭이나 근거를 나타내
는 연결 어미'이다.

④ '노력함으로써'는 바르게 표기한 것이다. 조사인 '으로써'는 수단, 방법을 나타내
는 조사이다.

정답 ④

19 밑줄 친 단어를 「한글 맞춤법」에 맞게 표기한 것은?

① <u>있다가</u> 너의 집에 갈게.
② <u>숫닭</u> 세 마리를 샀다.
③ 그 아이는 <u>싫증</u>이 나서 짜증을 부렸어.
④ 그는 고생을 너무 많이 해서 <u>것늙었어</u>.

| 문항 해설 |

① '있다가'의 바른 표기는 '이따가'이다(「한글 맞춤법」 제57항 참조). '이따가'는 '조금 지난 뒤에'를 뜻하는 부사이다.
② '숫닭'의 바른 표기는 '수탉'이다(「한글 맞춤법」 제31항 2 참조).
③ '싫증'은 바르게 표기한 것이다. 둘 이상의 단어가 어울리어 이루어진 말은 각각 그 원형을 밝히어 적는다(「한글 맞춤법」 제27항 참조). 형용사 '싫다'의 어간 '싫–' + 명사 '증(症)' → '싫증(싫症)'. '싫증'에 쓰인 '증(症)'은 명사로, '싫은 생각이나 느낌', 또는 '그런 반응'을 뜻한다. 접미사 '–증(症)'은 어근에 '증상' 또는 '병'의 뜻을 더하거나, '마음'이나 '느낌'의 뜻을 더하는 구실을 한다.
　　예 가려움증, 갑갑증, 건조증, 궁금증, 답답증, 조급증
④ '것늙었어'의 바른 표기는 '겉늙었어'이다(「한글 맞춤법」 제27항 참조). '겉늙다'는 '나이보다 더 늙은 티가 나다'를 뜻한다.

정답 ③

20 밑줄 친 단어를 「한글 맞춤법」에 맞게 표기한 것은?

① 그 사람을 <u>없신여기지</u> 마라.
② 내일이 <u>몇일이지</u>?
③ 불이 나자 나는 <u>부리나케</u> 대피했어.
④ 그는 어렸을 때 너무 고생을 많이 해서 <u>골병</u>이 들었어.

| 문항 해설 |

① '없신여기지'의 바른 표기는 '업신여기지'이다. 어원이 분명하지 아니한 것은 원형을 밝히어 적지 아니한다(「한글 맞춤법」 제27항 붙임 2 참조).

② '몇일'의 바른 표기는 '며칠'이다(「한글 맞춤법」 제27항 붙임 2 참조).

③ '부리나케'는 바르게 표기한 것이다(「한글 맞춤법」 제27항 붙임 2 참조).

④ '곯병'의 바른 표기는 '골병'이다(「한글 맞춤법」 제27항 붙임 2 참조). '골병(골病)'은 '겉으로 드러나지 아니하고 속으로 깊이 든 병'을 뜻한다.

정답 ③

21 밑줄 친 단어를 「한글 맞춤법」에 맞게 표기한 것은?

① 남부 지방에 <u>장마비</u>가 쏟아져 피해를 많이 입었다.

② 여백은 있어도 공백이 없는 한 달이 <u>되였슴</u> 좋겠어.

③ 그녀는 시장에서 <u>보릿쌀</u> 한 말을 샀다.

④ 빨리 <u>부젓가락</u>을 가져오너라.

| 문항 해설 |

① '장마비'의 바른 표기는 '장맛비'이다(「한글 맞춤법」 제30항 1 참조).

　　장마 + 비 → 장맛비[장마삐/장맏삐]

② '되였슴'의 바른 표기는 '되었음'이다. '-음'은 받침 있는 용언의 어간 뒤에 붙어서 명사와 같은 기능을 수행하게 하는 어미이다.

③ '보릿쌀'의 바른 표기는 '보리쌀'이다. 이것은 '보리'에 '쌀'이 결합하여 이루어진 합성어이다. '보리쌀'은 '보리'의 뒷말인 '쌀'의 첫소리가 된소리이기 때문에 '보리'의 '리'에 사이시옷을 붙이지 않는다.

④ '부젓가락'은 바르게 표기한 것이다. '부' + '젓가락' → 부젓가락[부저까락/부젇까락]. '부젓가락'은 '화로에 꽂아 두고 불덩이를 집거나 불을 헤치는 데 쓰는 쇠로 만든 젓가락'을 뜻한다.

정답 ④

22 밑줄 친 단어를 「한글 맞춤법」에 맞게 표기한 것은?

① 상점에서 <u>손톱깎기</u>를 두 개 샀다.
② 폭우로 담장이 <u>쓸어졌다</u>.
③ 무죄를 <u>당당히</u> 밝혀야 한다.
④ 진통제를 복용하니 두통이 <u>살아졌다</u>.

| 문항 해설 |

① '손톱깎기'의 바른 표기는 '손톱깎이'이다.
② '쓸어졌다'의 바른 표기는 '쓰러졌다'이다.
③ '당당히'는 바르게 표기한 것이다(「한글 맞춤법」 제51항 3 참조).
④ '살아졌다'의 바른 표기는 '사라졌다'이다. '사라지다'는 '현상이나 물체의 자취 따위가 없어지다'를 뜻한다.

정답 ③

23 밑줄 친 단어 중에서 바르게 표기한 것은?

① 내가 서운한 말을 하니 그녀는 <u>실죽했다</u>.
② 쌀값의 <u>인상률</u>이 많이 떨어졌다.
③ 그동안 <u>힘듬</u>이 많았다.
④ 비가 온 뒤에 <u>비로서</u> 싹이 나기 시작하였다.

| 문항 해설 |

① '실죽했다'의 바른 표기는 '실쭉했다'이다. 겹받침의 끝소리가 드러나지 아니하는 단어는 소리 대로 적는다(「한글 맞춤법」 제21항 다만 참조). '실쭉하다'는 '마음에 차지 아니하여서 약간 고까워하는 태도를 드러내다'를 뜻한다.
② '인상률'은 바르게 표기한 것이다(「한글 맞춤법」 제11항 참조).
③ '힘듬'의 바른 표기는 '힘듦'이다.
④ '비로서'의 바른 표기는 '비로소'이다.

정답 ②

24 밑줄 친 단어를 바르게 표기하지 않은 것은?

① 나는 전세집(專貰집)에서 산다.

② 이 과잣값(菓子값)이 너무 비싸다.

③ 저분은 연로하신(年老하신) 편이야.

④ 내내월(來來月)에 만나자.

| 문항 해설 |

① '전세집(專貰집)'의 바른 표기는 '전셋집'이다. 순우리말과 한자어로 된 합성어로서 앞말이 모음으로 끝나고 뒷말의 첫소리가 된소리로 나는 경우 앞말의 모음에 사이시옷을 받치어 적는다(「한글 맞춤법」 제30항 2 참조).

'전세(專貰)' + '집' → 전셋집[전세찝/전섿찝].

② '과잣값'은 바르게 표기한 것이다(「한글 맞춤법」 제30항 2 참조).

'과자(菓子)' + '값' → 과잣값[과자깝/과잗깝]

③ '연로하신'은 바르게 표기한 것이다(「한글 맞춤법」 제12항 붙임 1 참조).

'연로하다(年老하다)'는 '나이가 많다'를 뜻한다.

④ '내내월'은 바르게 표기한 것이다. 접두사처럼 쓰이는 한자가 붙어서 된 단어는 뒷말을 두음 법칙에 따라 적는다(「한글 맞춤법」 제12항 붙임 2 참조).

'래래월(來來月)' → 내내월. '내내월(來來月)'은 '내달의 다음 달'이다.

정답 ①

25 밑줄 친 단어 중에서 「한글 맞춤법」에 어긋나게 표기한 것은?

① 저 사람이 벌에 쐬었어.

② 아기를 담요에 뉘여.

③ 낙서가 담벼락에 쓰여 있다.

④ 안개가 걷히니 시야가 확 트였어.

① '쐬었어'는 바르게 표기한 것이다. '쐬었어'는 '쏘이었어'의 준말이다(「한글 맞춤법」 제38항 참조).

② '뉘여'의 바른 표기는 '뉘어'이다. '뉘어'는 '누이어'의 준말이다(「한글 맞춤법」 제38항 참조). '누이어'의 기본형은 '누이다'이다. '누이다'는 '눕다'의 사동사이다.

③ '쓰여'는 바르게 표기하 것이다. 이것은 '쓰이어'의 준말이다(「한글 맞춤법」 제38항 참조). '씌어'도 '쓰이어'의 준말이다.

④ '트였어'는 바르게 표기한 것이다. 이것은 '트이었어'의 준말이다. '틔었어'도 '트이었어'의 준말이다(「한글 맞춤법」 제38항 참조).

정답 ②

제4회 「한글 맞춤법」 평가

01 밑줄 친 단어 중에서 「한글 맞춤법」에 맞게 표기한 것은?

① 바람에 벤자민 잎아리가 흔들렸다.
② 방아를 찧었는데 쌀아기가 많이 나왔어.
③ 박아지로 물을 퍼라. 바가지
④ 마당에 널려 있는 지푸라기를 치워라.

| 문항 해설 |

① '잎아리'의 바른 표기는 '이파리'이다. '-이' 이외의 모음으로 시작된 접미사가 붙어서 된 말은 그 명사의 원형을 밝히어 적지 아니한다(「한글 맞춤법」 제20항 붙임 참조). 명사 '잎' + 접미사 '-아리' → 이파리
② '쌀아기'의 바른 표기는 '싸라기'이다(「한글 맞춤법」 제20항 붙임 참조). 명사 '쌀' + 접미사 '-아기 → 싸라기. '싸라기'는 '부스러진 쌀알'을 뜻한다.
③ '박아지'의 바른 표기는 '바가지'이다(「한글 맞춤법」 제20항 붙임 참조). 명사 '박' + 접미사 '-아지' → 바가지
④ '지푸라기'는 바르게 표기한 것이다. 명사 '짚' + 접미사 '-우라기' → 지푸라기. '지푸라기'는 '낱낱의 짚', 또는 '부서진 짚의 부스러기'를 뜻한다.

정답 ④

02 밑줄 친 단어 중에서 바르게 표기한 것은?

① 그녀는 넉뚜리를 늘어놓았다.
② 빚장이들이 몰려왔다.
③ 하루 종일 나는 뜯께질을 했다.
④ 나뭇잎 사이로 별뉘가 비친다.

| 문항 해설 |

① '넉뚜리'의 바른 표기는 '넋두리'이다. 명사 뒤에 자음으로 시작된 접미사가 붙어서 된 단어는 명사의 원형을 밝히어 적는다(「한글 맞춤법」 제21항 참조). 명사 '넋' + 접미사 '-두리' → 넋두리

② '빛장이'의 바른 표기는 '빛쟁이'이다. 기술자에게는 '-장이', 그 외에는 '-쟁이'가 붙는다(「표준어 사정 원칙」 제9항 붙임 2 참조).

③ '뜯께질'의 바른 표기는 '뜯게질'이다. '뜯게질'은 '해지고 낡아서 입지 못하게 된 옷이나 빨래할 옷의 솔기를 뜯어내는 일'을 뜻한다.

④ '볕뉘'는 바르게 표기한 것이다(「한글 맞춤법」 제21항 참조). 명사 '볕' + 접미사 '-뉘' → 볕뉘. '볕뉘'는 '작은 틈을 통하여 잠시 비치는 햇볕'을 뜻한다. 접미사 '-뉘'는 '별로 대단하지 않은 것, 작은 것, 천한 것' 따위의 뜻을 더하는 접미사이다.

정답 ④

03 밑줄 친 단어 중에서 「한글 맞춤법」에 맞게 표기한 것은?

① 좀더 <u>납짝한</u> 것을 사라.

② 그 나무는 너무 <u>짤막하다</u>.

③ 가지가 <u>굴직한</u> 것을 가지고 와.

④ 그 물건은 너무 <u>넙쩍해</u>.

| 문항 해설 |

① '납짝한'의 바른 표기는 '납작한'이다. 어원이 분명하지 아니하거나 본뜻에서 멀어진 단어는 소리대로 적는다(「한글 맞춤법」 제21항 다만 참조). '납작하다'는 '판판하고 얇으면서 좀 넓다'를 뜻한다.

② '짤막하다'는 바르게 표기한 것이다. 겹받침의 끝소리가 드러나지 않는 단어는 소리대로 적는다(「한글 맞춤법」 제21항 다만 참조).

형용사 어간 '짧다'의 어간 '짧-' + 접미사 '-막하다' → 짤막하다[짤마카다]

③ '굴직한'의 바른 표기는 '굵직한'이다. 어간 뒤에 자음으로 시작된 접미사가 붙어서 된 단어는 어간의 원형을 밝히어 적는다(「한글 맞춤법」 제21항 2 참조).

형용사 '굵다'의 어간 '굵-' + 접미사 '-직하다' → 굵직하다[국찌카다].

④ '넙쩍해'의 바른 표기는 '넓적해'이다(「한글 맞춤법」 제21항 2 참조).

형용사 '넓다'의 어간 '넓-' + 접미사 '-적하다' → 넓적하다[넙쩌카다]

정답 ②

04 「한글 맞춤법」에 맞게 표기한 것은?

① 늙수그레하다   ② 얄다랗다   ③ 말숙하다   ④ 싫컷

| 문항 해설 |

① '늙수그레하다'는 바르게 표기한 것이다. 어간 뒤에 자음으로 시작된 접미사가 붙어서 된 단어는 그 어간의 원형을 밝히어 적는다(「한글 맞춤법」 제21항 2 참조). 동사 '늙다'의 어간 '늙-'+ 접미사 '-수그레하다' → 늙수그레하다

② '얄다랗다'의 바른 표기는 '얄따랗다'이다. 겹받침의 끝소리가 드러나지 않는 것은 소리가 나는 대로 적는다(「한글 맞춤법」 제21항 다만 참조). 형용사 '얇다'의 어간 '얇-' + 접미사 '-다랗다'→ 얄따랗다

③ '말숙하다'의 바른 표기는 '말쑥하다'이다. 겹받침의 끝소리가 드러나지 아니하는 것은 발음되는 대로 적는다(「한글 맞춤법」 제21항 다만 참조).

④ '싫컷'의 바른 표기는 '실컷'이다. 겹받침의 끝소리가 드러나지 아니하는 것은 발음되는 대로 적는다(「한글 맞춤법」 제21항 다만 참조).

정답 ①

05 밑줄 친 단어 중에서 바르게 표기한 것은?

① 우리는 매우 어려운 문제에 <u>부딪뜨렸다</u>.
② 비가 와서 경기를 <u>밀우었어</u>.
③ 친구에게 책을 <u>붙였어</u>.
④ 우리는 모교 발전을 위해 기부금을 <u>걷우었어</u>.

| 문항 해설 |

① '부딪뜨렸다'는 바르게 표기한 것이다. 용언의 어간에 접미사 '-치-', '-뜨리-', '-트리-'가 붙어서 이루어진 말은 그 어간을 밝히어 적는다(「한글 맞춤법」 제22항 2 참조).

　　예 '부딪다'의 어간 '부딪-' + 접미사 '-뜨리다' → 부딪뜨리다,
　　　　'찢다'의 어간 '찢-' + 접미사 '-트리다' → 찢트리다
'부딪뜨리다'는 '어떤 일이나 문제에 바로 눈앞에 당하다'를 뜻한다.

② '밀우었어'의 바른 표기는 '미루었어'이다. 접미사 '-우-'가 붙어서 된 말이라도 본뜻에서 멀어진 것은 소리대로 적는다(「한글 맞춤법」 제22항 1 다만 참조). 동사 '밀(다)-' + 접미사 '-우-' + '-다' → 미루다.

③ '붙였어'의 바른 표기는 '부쳤어'이다(「한글 맞춤법」 제22항 1 다만 참조). '부쳤어'의 기본형은 '부치다'이다. 이것은 '편지 또는 물건을 보내다'를 뜻한다. '붙였어'의 기본형은 '붙이다'이다. 이것은 '붙게 하다, 또는 서로 맞닿게 하다, 또는 두 편의 관계를 맺게 하다' 등을 뜻한다(한글 맞춤법 제57항 참조).

④ '걷우었어'의 바른 표기는 '거두었어'이다(「한글 맞춤법」 제22항 1 다만 참조). '거두었어'의 기본형은 '거두다'이다.

정답 ①

06 밑줄 친 단어 중에서 「한글 맞춤법」에 맞게 표기한 것은?

① 그는 눈을 연방 깜짜겼다.
② 그는 꾸벅이면서 인사를 했다.
③ 그는 아무 말도 하지 않고 끄더겼다.
④ 아기는 몸을 뒤처겼다.

| 문항 해설 |

① '깜짜겼다'의 바른 표기는 '깜짝였다'이다. '-거리다'가 붙을 수 있는 시늉말 어근에 '-이다'가 붙어서 된 용언은 그 어근을 밝히어 적는다(「한글 맞춤법」 제24항 참조). '깜짝였다'의 기본형은 '깜짝이다'이다.

② '꾸벅이면서'는 바르게 표기한 것이다(「한글 맞춤법」 제24항 참조). '꾸벅이면서'의 기본형은 '꾸벅이다'이다.

③ '끄더겼다'의 바른 표기는 '끄덕였다'이다(「한글 맞춤법」 제24항 참조). '끄덕였다'의 기본형은 '끄덕이다'이다.

④ '뒤처겼다'의 바른 표기는 '뒤척였다'이다(「한글 맞춤법」 제24항 참조). '뒤척였다'의 기본형은 '뒤척이다'이다.

정답 ②

07 띄어쓰기 규정에 맞게 띄어 쓴 것은?

① 백범 김구선생은 위대한 지도자이다.
② 온갖 시름이 저 강물에 떠내려가 버렸다.
③ 그가 화를 낼 만도하다.
④ 그는 회장겸 사장이다.

| 문항 해설 |

① '김구'와 '선생은'을 띄어 써야 한다. 성과 이름, 성과 호 등은 붙여 쓰고, 이에 덧붙는 호칭어, 관직명 등은 띄어 쓴다(「한글 맞춤법」제48항 참조).
② "온갖 시름이 저 강물에 떠내려가 버렸다."는 바르게 띄어 쓴 것이다. 본용언인 '떠내려가'는 합성 동사이고, '버렸다'는 보조 동사이다. 앞말이 합성 동사인 경우 그 뒤에 오는 보조 용언은 띄어 쓴다(「한글 맞춤법」제47항 다만 참조).
③ '만도'와 '하다'를 띄어 써야 한다. '만하다'는 보조 용언인데 그 중간에 조사 '도'가 들어갔기 때문에 '만도'와 하다'를 띄어 써야 한다(「한글 맞춤법」제47항 다만 참조).

　　　예 가고도 싶다. 비가 올 듯도 하다.
④ '회장'과 '겸'을 띄어 써야 한다(「한글 맞춤법」제45항 참조). '겸(兼)'은 ((둘 이상의 명사 사이에, 또는 관형사형 어미 '-을' 뒤에 쓰여)) 한 가지 외에 또 다른 것이 어울림을 나타내는 의존 명사이다.

정답 ②

08 띄어쓰기 규정에 맞게 띄어 쓴 것은?

① 존경을 받지 못할 지라도 욕은 먹지 말아야 한다.
② 부산, 대구, 대전, 광주등지에서 사람들이 서울로 많이 이사를 왔다.
③ 열심히 연습할 수밖에 없어.
④ 이 집보다 훨씬 더큰 새집을 샀다.

① '못할'과 '지라도'를 붙여 써야 한다. '-ㄹ지라도'는 앞 절의 사실을 인정하면서 그에 구애받지 않는 사실을 이어 말할 때에 쓰는 연결 어미이다.

② '광주'와 '등지'를 띄어 써야 한다(「한글 맞춤법」 제45항 참조). '등지(等地)'는 의존 명사이기 때문에 앞말과 띄어 써야 한다.

③ "열심히 연습할 수밖에 없어."는 바르게 띄어 쓴 문장이다. '수밖에'에 쓰인 '밖에'는 조사이기 때문에 앞말에 붙여 써야 한다(「한글 맞춤법」 제41항 참조).

④ '더큰'에서 '더'와 '큰'을 띄어 써야 한다. '더'는 부사이고, '큰'은 형용사이다. 단음절어인 관형사와 명사, 단음절어인 부사와 부사가 연이어 쓰일 경우에 붙여 쓸 수 있다(「한글 맞춤법」 제46항 참조).

　　예 그 날 → 그날, 좀 더 → 좀더

정답 ③

09 띄어쓰기 규정에 맞게 띄어 쓴 것은?

① 그는 미국인에 못지 않게 영어로 유창하게 말한다.
② 그 사람은 다른 사람에 비해 못생기지 않았어.
③ 그녀는 오랫동안 목놓아 울었다.
④ 물 샐 틈 없이 방역을 잘해.

| 문항 해설 |

① '못지 않게'는 '못지않게'로 붙여 써야 한다. '못지않게'는 '못하지 아니하게'의 준말이다.

② '못생기지'의 기본형은 '못생기다'이다. '못생기다'는 부사 '못'과 동사 '생기다'가 결합하여 이루어진 합성어이다. 따라서 '못'과 '생기다'는 붙여 써야 한다.

③ '목놓아'는 합성어가 아니므로 '목'과 '놓아'를 띄어 써야 한다.

④ '물 샐 틈 없이'는 합성어이므로 '물샐틈없이'로 적어야 한다.

정답 ②

10 밑줄 친 말 중에서 바르게 표기한 것은?

① 그는 내가 제일 <u>예쁘대요</u>.
② 성숙은 단순한 나이 <u>듬</u>이 아니다.
③ 우리는 간신히 <u>보리고개</u>를 넘겼다.
④ <u>가만이</u> 앉아 있어.

| 문항 해설 |

① '예쁘대요'는 바르게 표기한 것이다. '예쁘대요'에 쓰인 '-대'는 '다고 해'가 줄어든 말이다.

'-대'는 직접 경험한 사실이 아니라 남이 말한 내용을 간접적으로 전달할 때 쓰이고, '-데'는 화자가 직접 경험한 사실을 나중에 보고하듯이 말할 때 쓰이는 말로 '-더라'와 같은 의미를 전달하는 데 쓰인다.

　　예 그는 아주 용감하대. 그는 아주 부지런하데.

② '듬'의 바른 표기는 '듦'이다(「한글 맞춤법」 제19항 2 참조). 동사 '들다'의 어간 '들-' + 명사형 전성 어미 '-ㅁ' → 듦. '들다'는 '나이가 많아지다'를 뜻한다.
③ '보리고개'의 바른 표기는 '보릿고개'이다(「한글 맞춤법」 제30항 1 참조).
④ '가만이'의 바른 표기는 '가만히'이다(「한글 맞춤법」 제51항 3 참조).

정답 ①

11 「띄어쓰기 규정」에 맞게 띄어 쓴 것은?

① 회장및 이사들이 회의를 하고 있다.
② 이것이야 말로 진짜 황금이야.
③ 손해를 볼 망정 아부를 하지 않겠다.
④ 저 백화점에서 양복 두 벌을 샀다.

| 문항 해설 |

① '회장및'에서 '회장'과 '및'을 띄어 써야 한다(「한글 맞춤법」 제45항 참조). '및'은 '그리고, 그밖에, 또'를 뜻하며, 문장에서 같은 종류의 성분을 연결할 때 쓰는 접속 부사이다.
② '이것이야 말로'를 '이것이야말로'로 적어야 한다. '이야말로'는 조사이기 때문에

앞말에 붙여 써야 한다. '이야말로'는 강조하여 확인하는 뜻을 나타내는 보조사이다.

③ '볼 망정'을 '볼망정'으로 적어야 한다. '-ㄹ망정'은 앞 절의 사실을 인정하고 뒤 절에 그와 대립되는 다른 사실을 이어 말할 때 쓰는 연결 어미이다.

④ '개, 마리, 근, 벌' 등과 같이 단위를 나타내는 명사는 띄어 쓴다(「한글 맞춤법」 제43항 참조).

정답 ④

12 밑줄 친 단어 중에서 「한글 맞춤법」에 맞게 표기한 것은?

① <u>위사람</u>과 <u>아래사람</u>은 서로 사랑하여야 한다.
② 내 입장이 전혀 <u>거북지</u> 않아.
③ <u>생각하건데</u> 내가 잘못한 것 같아.
④ 전혀 <u>섭섭치</u> 않아.

| 문항 해설 |

① '위사람'과 '아래사람'의 바른 표기는 '윗사람'과 '아랫사람'이다.
② '거북지'는 '거북하지'의 준말로 바르게 표기한 것이다(「한글 맞춤법」 제40항 붙임 2 참조).
③ '생가하건데'의 바른 표기는 '생각하건대'이다(「한글 맞춤법」 제40항 붙임 2 참조).
④ '섭섭치'의 바른 표기는 '섭섭지'이다(「한글 맞춤법」 제40항 붙임 2 참조).

정답 ②

13 「띄어쓰기 규정」에 어긋나게 표기한 것은?

① 배당 준비 적립금　　② 급성 복막염
③ 탄소 동화 작용　　　④ 대중 교통

① '배당 준비 적립금'은 전문 용어이기 때문에 띄어 쓰거나 붙여 쓸 수 있다(「한글 맞춤법」 제50항 참조).

② '급성 복막염'은 전문 용어이기 때문에 띄어 쓰거나 붙여 쓸 수 있다.

③ '탄소 동화 작용'은 전문 용어이기 때문에 띄어 쓰거나 붙여 쓸 수 있다.

④ '대중 교통'은 합성어이기 때문에 '대중'과 '교통'을 붙여 써야 한다.

정답 ④

14 밑줄 친 단어 중에서 바르게 표기한 것은?

① <u>대싸리</u>로 마당을 쓰는 비를 만들었다.

② <u>암탉</u>이 알을 낳았다.

③ 시장에서 <u>숫돼지</u> 두 마리를 사 왔어.

④ <u>햇쌀</u>로 밥을 지었다.

① '대싸리'의 바른 표기는 '댑싸리'이다. 두 말이 어울릴 적에 'ㅂ' 소리가 덧나는 것은 소리대로 적는다(「한글 맞춤법」 제31항 1 참조). 대 + ㅂ + 싸리 → 댑싸리. '댑싸리'는 명아줏과의 한해살이풀로서, 줄기는 비를 만드는 재료로 쓰인다.

② '암탉'은 바르게 표기한 것이다. 두 말이 어울릴 적에 'ㅎ' 소리가 덧나는 것은 소리대로 적는다(「한글 맞춤법」 제31항 2 참조). 암 + ㅎ + 닭 → 암탉. '암'의 고어는 '암ㅎ'으로 'ㅎ 종성 체언'이었다.

③ '숫돼지'의 바른 표기는 '수퇘지'이다. 두 말이 어울릴 적에 'ㅎ' 소리가 덧나는 것은 소리대로 적는다(「한글 맞춤법」 제31항 2 참조). 수 + ㅎ + 돼지 → 수퇘지

④ '햇쌀'의 바른 표기는 '햅쌀'이다. 두 말이 어울릴 적에 'ㅂ' 소리가 덧나는 것은 소리대로 적는다(「한글 맞춤법」 제31항 1 참조). 해 + ㅂ + 쌀 → 햅쌀.

정답 ②

15 「띄어쓰기 규정」에 맞게 표기한 것은?

① 이것은 지팡이를 만드는데 쓰인다.
② 돈 떼일 위험을 알면서도 대안없이 계약했다.
③ 어둠이 내리자 텅 빈 거리가 많았다.
④ 여기까지 사흘걸려 걸어왔다.

| 문항 해설 |

① '만드는데'는 '만드는 데'로 표기하여야 한다. '데'는 의존 명사이다. 의존 명사는 앞말과 띄어 쓴다(「한글 맞춤법」 제42항 참조).
② '대안없이'는 '대안 없이'로 적어야 한다. '대안없이'는 합성어가 아니고 구(句)이다.
③ "어둠이 내리자 텅 빈 거리가 많았다."는 바르게 띄어 쓴 문장이다.
④ '사흘걸려'는 '사흘 걸려'로 표기하여야 한다. '사흘걸려'는 합성어가 아니고 구(句)이다.

정답 ③

16 문장 부호가 잘못 쓰인 것은?

① 서울 ~ 수원 정도는 출퇴근이 가능하다.
② 전시 기간 7월 13일 – 7월 20일
③ 손발[手足]
④ (윤석중 전집(1988), 70쪽 참조)

| 문항 해설 |

① 기간이나 거리 또는 범위를 나타낼 때 물결표(~)를 쓴다.
　　예 11월 2일 ~ 11월 5일
② 기간이나 거리 또는 범위를 나타낼 때 물결표(~) 대신 붙임표(–)를 쓸 수 있다.
　　예 11월 2일 – 11월 5일
③ 고유어에 대응하는 한자어를 함께 보일 때 대괄호([ ])를 쓴다. 예 낱말[單語]
④ 괄호 안에 또 괄호를 쓸 필요가 있을 때 바깥쪽의 괄호로 대괄호([ ])를 쓴다.
　　예 [윤석중 전집(1988), 70쪽 참조]

정답 ④

17 문장 부호를 잘못 사용한 것은?

① 우리나라 최초의 민간 신문은 1896년에 창간된 "독립신문"이다.
② ≪한성순보≫는 우리나라 최초의 근대 신문이다.
③ 이 시는 윤동주가 지은 『서시』이다.
④ 이 박사 논문의 제목은 '김소월 연구 ― 전통성을 중심으로 ―'이다.

| 문항 해설 |

① 신문 이름에는 겹낫표(『 』), 겹화살괄호(≪ ≫), 큰따옴표(" ") 등을 쓸 수 있다.
② 신문 이름에는 겹낫표(『 』), 겹화살괄호(≪ ≫), 큰따옴표(" ") 등을 쓸 수 있다.
③ 작품의 제목에는 홑낫표(「 」), 홑화살괄호(〈 〉), 작은따옴표(' ') 등을 쓸 수 있다.
    예 「서시」, 〈서시〉, '서시'
④ 제목 다음에 표시하는 부제의 앞뒤에 줄표(―)를 쓴다.

정답 ③

18 밑줄 친 말 중에서 「한글 맞춤법」에 맞게 표기한 것은?

① 선배<u>로써</u> 그런 언동을 해서는 안 된다.
② 오늘 날씨가 매우 <u>후덕지근해</u>.
③ 나쁜 습관을 빨리 고쳐야 <u>되요</u>.
④ 나쁜 습관을 고치기가 쉽지 <u>않네요</u>.

| 문항 해설 |

① '로써'의 바른 표기는 '로서'이다. '로써'는 '어떤 물건의 재료나 원료를 나타내거나, 어떤 일의 수단이나 도구를 나타내는 격 조사'이다. '로서'는 '지위나 신분 또는 자격을 나타내는 격 조사'이다.
② '후덕지근해'의 바른 표기는 '후덥지근해' 또는 '후텁지근해'이다.
③ '되요'의 바른 표기는 '돼요'이다. '돼요'는 '되어요'의 준말이다.
④ '않네요'는 바르게 표기한 것이다. '-네'는 '예사낮춤(例事낮춤)'을 나타내는 종결 어미이다. '요'는 청자에게 존대의 뜻을 나타내는 보조사이다.

정답 ④

19 「띄어쓰기 규정」에 맞게 표기한 것은?

① 성공하려면 인간 관계를 잘 맺어야 한다.
② 답답하리 만큼 천천히 문제를 푼다.
③ 쓸모없는 짓을 하지 마라.
④ 앞으로는 열심히 살아야 겠다.

| 문항 해설 |

① '인간 관계'는 합성어이므로 '인간'과 '관계'를 붙여 써야 한다.
② '답답하리 만큼'을 '답답하리만큼'으로 표기하여야 한다. '-리만큼'은 '-ㄹ 정도
  로'의 뜻을 나타내는 연결 어미이다.
③ "쓸모없는 짓을 하지 마라."는 바르게 띄어 쓴 문장이다. '쓸모없는'은 합성어이므
  로 '쓸모'와 '없는'을 붙여 써야 한다.
④ '살아야'와 '겠다'는 '살아야겠다'로 적어야 한다. '살아야겠다'는 '살아야 하겠다'의
  준말이다. '-겠-'은 의지를 나타내는 선어말 어미이다.

정답 ③

20 밑줄 친 단어 중에서 「한글 맞춤법」에 맞게 표기한 것은?

① 줄이 많이 <u>꾀여</u>.
② 이젠 습관이 되어서 <u>괜찮아</u>.
③ 밤에 혼자 다니는 것이 <u>두렵잖아</u>.
④ 그 아이가 <u>새삼스래</u> 아주 귀여워 보였다.

| 문항 해설 |

① '꾀여'의 바른 표기는 '꾀어' 또는 '꼬여'이다. 'ㅗ' 뒤에 '-이어'가 어울려 줄어질
  적에는 준 대로 적는다(「한글 맞춤법」 제38항 참조). 꼬이어 → 꾀어/꼬여
② '괜찮아'의 바른 표기는 '괜찮아'이다. 어미 '-지' 뒤에 '않-'이 어울려 '찮-'이 될
  적에는 준 대로 적는다(「한글 맞춤법」 제39항 참조). 괜하지 않아 → 괜찮아
③ '두렵잖아'는 바르게 표기한 것이다. 어미 '-지' 뒤에 '않-'이 어울려 '잖-'이 될
  적에는 준 대로 적는다(「한글 맞춤법」 제39항 참조). 두렵지 않아 → 두렵잖아
④ '새삼스래'의 바른 표기는 '새삼스레'이다. 접미사 '-스럽-'에 '-이'가 결합한 '-스

러이'가 '-스레'로 줄어질 경우 준 대로 적는다. '새삼스레'는 '새삼스러이'의 준말
이다.

정답 ③

21 밑줄 친 단어 중에서 「한글 맞춤법」에 맞게 표기한 것은?

① 우리 팀이 이기면 <u>작히</u> 좋겠습니까?
② 남의 밭에 <u>무단이</u> 들어가선 안 된다.
③ 그 광경에 <u>적히</u> 놀랐어.
④ 돈을 <u>헛되히</u> 써선 안 된다.

| 문항 해설 |

① '작히'는 바르게 표기한 것이다. 부사의 끝음절이 분명히 '히'로만 나는 것은 '-히'
　로 적는다(「한글 맞춤법」 제51항 2 참조). '작히'는 ((주로 의문문에 쓰여)) '어찌
　조금만큼만', '얼마나'의 뜻으로 희망이나 추측을 나타내는 말이다. 주로 혼자 느
　끼거나 묻는 말에 쓰인다.

② '무단이'의 바른 표기는 '무단히(無斷히/無端히)'이다. 부사의 끝음절이 '이'나 '히'
　로 나는 것은 '-히'로 적는다(「한글 맞춤법」 제51항 3 참조). '무단히'는 '사전에
　허락이 없이' 또는 '아무 사유가 없이'를 뜻한다.

③ '적히'의 바른 표기는 '적이'이다. 부사의 끝음절이 분명히 '이'로만 나는 것은 '-이'
　로 적는다(「한글 맞춤법」 제51항 1 참조). '적이'는 '꽤 어지간한 정도로'를 뜻한다.

④ '헛되히'의 바른 표기는 '헛되이'이다(「한글 맞춤법」 제51항 1 참조).

정답 ①

22 밑줄 친 말 중에서 바르게 표기한 것은?

① 다른 사람들의 대화에 <u>끼여들</u> 수 있다.
② 그는 용감해. <u>그렇잖은</u> 것 같아.
③ 내 딴에는 <u>하느라고</u> 한 것이 이 모양이야.
④ 그는 모임 장소를 <u>찬찬이</u> 살펴보았다.

| 문항 해설 |

① '끼여들'의 바른 표기는 '끼어들'이다.
② '그렇잖은'은 바르게 표기한 것이다. '그렇잖은'은 '그렇지 않은'의 준말이다. 어미 '-지' 뒤에 '않-'이 어울려 '-잖-'이 될 적과 '-하지' 뒤에 '않-'이 어울려 '챦-' 이 될 적에는 준 대로 적는다(「한글 맞춤법」 제39항 참조).
  예 적지 않은 → 적잖은, 만만하지 않다 → 만만챦다
③ '하느라고'의 바른 표기는 '하노라고'이다. '-노라고'는 화자가 자신의 행동에 대한 의도나 목적을 나타내는 연결 어미이다. 그런데 '-느라고'는 '하는 일로 말미암 아'를 뜻하는 연결 어미이다.
④ '찬찬이'의 바른 표기는 '찬찬히'이다(「한글 맞춤법」 제51항 3 참조).

정답 ②

23 밑줄 친 단어 중에서 바르게 표기하지 않은 것은?

① 그녀는 그 사람이 몹시 화를 내도 <u>아랑곤하지</u> 않았다.
② 아주 멋진 사람이 눈에 <u>띈다</u>.
③ 저 사람은 매우 <u>유능타</u>.
④ 상대방에게 <u>이야깃거리</u>를 흥미롭게 전달하려고 힘써라.

| 문항 해설 |

① '아랑곤하지'의 바른 표기는 '아랑곳하지'이다. '아랑곳하다'는 '일에 나서서 참견 하거나 관심을 두다'를 뜻하는 동사이다.
② '띈다'는 바르게 표기한 것이다. '띈다'는 '뜨인다'의 준말이다.

③ '유능타'는 바르게 표기한 것이다. 어간의 끝음절 '하'의 'ㅏ'가 줄고 'ㅎ'이 다음
음절의 첫소리와 어울려 거센소리로 될 적에는 거센소리로 적는다(「한글 맞춤법」
제40항 참조).
　　예 다정하다 → 다정타, 가(可)하다 부(否)하다 → 가타 부타(→ 가타부타),
　　　달성하게 → 달성케, 허송하지 → 허송치
④ '이야깃거리'는 바르게 표기한 것이다(「한글 맞춤법」 제30항 1 참조). '이야기' +
'거리' → 이야깃거리[이야기꺼리/이야긷꺼리]. '이야깃거리'는 '이야기할 만한 재
료나 소재'를 뜻한다.

정답 ①

24 밑줄 친 단어 중에서 「한글 맞춤법」에 어긋나게 표기한 것은?

① 김장할 때 소금을 한 <u>움쿰</u>씩 쥐고 뿌렸다.
② 인상이 험악한 사람과 <u>맞닥뜨렸다</u>.
③ 나는 가벼운 대화<u>라던가</u> 그런 종류의 일상적인 대화를 좋아하지 않는다.
④ 모든 사람을 같은 방식으로 대하는 것은 <u>적절치</u> 않다.

| 문항 해설 |
① '움쿰'은 바르게 표기한 것이다. '움쿰'은 손으로 한 줌 움켜쥘 만한 분량을 세는
단위를 나타내는 명사이다.
② '맞닥뜨렸다'는 바르게 표기한 것이다. 이것의 기본형은 '맞닥뜨리다'로, '갑자기
마주 대하거나 만나다'를 뜻한다.
③ '라던가'의 바른 표기는 '라든가'이다. '라든가'는 '어느 것이 선택되어도 상관없는
사물들을 열거할 때 쓰는 조사'이다.
④ '적절치'는 바르게 표기한 것이다(「한글 맞춤법」 제40항 참조). '적절치'는 '적절하
지'의 준말이다.

정답 ③

25 「한글 맞춤법」에 맞게 표기한 것은?

① 넉넉잖다　　　　② 답답찮다
③ 아무러튼지　　　　④ 부지런타

| 문항 해설 |

① '넉넉잖다'의 바른 표기는 '넉넉잖다'이다. 어간의 끝음절 '하'가 아주 줄 적에는 준 대로 적는다(「한글 맞춤법」 제40항 붙임 2 참조).
　　넉넉하지 않다 → 넉넉지 않다 → 넉넉잖다
② '답답찮다'의 바른 표기는 '답답잖다'이다(「한글 맞춤법」 제40항 붙임 2 참조).
　　답답하지 않다 → 답답지 않다 → 답답잖다
③ '아무러튼지'의 바른 표기는 '아무렇든지'이다. 'ㅎ'이 어간의 끝소리로 굳어진 것은 받침으로 적는다(「한글 맞춤법」 제40항 붙임 1 참조).
④ '부지런타'는 바르게 표기한 것이다. 이것은 '부지런하다'의 준말이다. 어간의 끝음절 '하'의 'ㅏ'가 줄고 'ㅎ'이 다음 음절의 첫소리와 어울려 거센소리로 될 적에는 거센소리로 적는다(「한글 맞춤법」 제40항 참조).

정답 ④

01 밑줄 친 말 중에서 「한글 맞춤법」에 맞게 표기한 것은?

① 그는 <u>하루걸이</u>에 걸려서 결석을 했다.
② 이미 때는 <u>느꼈어</u>.
③ 우리는 <u>원할한</u> 대화가 여의치 않았다.
④ 나는 저 사람과의 <u>실랑이</u>로 매우 힘들어.

| 문항 해설 |

① '하루걸이'의 바른 표기는 '하루거리'이다. '하루거리'는 하루씩 걸러서 앓는 학질이다. 학질은 말라리아 병원충을 가진 학질모기에게 물려서 감염되는 법정 감염병이다.
② '느꼈어'의 바른 표기는 '늦었어'이다.
③ '원할한'의 바른 표기는 '원활한'이다. '원활한(圓滑한)'은 '모난 데가 없고 원만한'을 뜻한다.
④ '실랑이'는 바르게 표기한 것이다. 이것은 '서로 자기주장을 고집하며 옥신각신하는 일'을 뜻한다. '승강이'는 '실랑이'의 유사어이다. '실강이', '실갱이', '실겡이' 등은 비표준어이다.

정답 ④

02 밑줄 친 단어 중에서 바르게 표기한 것은?

① 그 사람과 <u>엊그제</u> 만났어.
② 나는 그를 <u>저자꺼리</u>에서 만났어.
③ 답답하면 크게 <u>소리쳐</u> 보세요.
④ 아이가 장난감들을 <u>헝크러뜨려</u> 놓았어.

① '엊그제'의 바른 표기는 '엊그제'이다.
② '저자꺼리'의 바른 표기는 '저잣거리'이다. 저자 + 거리 → 저잣거리[저자꺼리/저
   잗꺼리]. '저잣거리'는 '가게가 죽 늘어서 있는 거리'를 뜻한다. '저자'는 '시장에서
   물건을 파는 가게', 또는 '시장을 예스럽게 이르는 말'을 뜻한다.
③ '소리쳐'는 바르게 표기한 것이다. '소리쳐'는 '소리치어'의 준말이다.
④ '헝크러뜨려'의 바른 표기는 '헝클어뜨려'이다.

정답 ③

03 「문장 부호 사용법」에 대해서 잘못 설명한 것은?

① 쌍점(:)은 시(時)와 분(分), 장(章)과 절(節) 등을 구별할 때 쓴다.
② 가운뎃점(·)은 짝을 이루는 어구들 사이에 쓴다.
③ 빗금(/)은 대비되는 두 개 이상의 어구를 묶어 나타낼 때 그 사이에 쓴다.
④ 대괄호([ ])는 우리말 표기와 원어 표기를 아울러 보일 때 쓴다.

① 오전 9:30(오전 9시 30분), 국어 문법론의 이해 1:3(국어 문법론의 이해 제1장
   제3절)
② 한(韓)·미(美) 양국 간의 무역량이 늘었다.
③ 금메달/은메달/동메달
④ 우리말 표기와 원어 표기를 아울러 보일 때 **소괄호(( ))**를 쓴다.
   [보기] 군자(君子), 보너스(bonus)

정답 ④

04 밑줄 친 단어 중에서 바르게 표기한 것은?

① 오래 <u>누으면</u> 건강에 해롭다.
② 요사이 아파트 <u>전세값</u>이 많이 올랐다.
③ 밤을 <u>잗널어</u> 먹어라.
④ 나는 메조보다 <u>찰조</u>를 더 좋아해.

| 문항 해설 |

① '누으면'의 바른 표기는 '누우면'이다(「한글 맞춤법」 제18항 6 참조). '누우면'의 기본형은 '눕다'이다. '눕다'는 'ㅂ' 불규칙 동사이다.
② '전세값'의 바른 표기는 '전셋값'이다. 순우리말과 한자어로 된 합성어로서 앞말이 모음으로 끝나고 뒷말의 첫소리가 된소리로 나는 경우 앞말에 사이시옷을 받쳐 적는다(「한글 맞춤법」 제30항 2 참조). '전세(傳貰)' + '값' → 전셋값[전세깝/전섿깝]
③ '잗널다'는 바르게 표기한 것이다. 끝소리가 'ㄹ'인 말과 딴 말이 어울릴 적에 'ㄹ'소리가 'ㄷ' 소리로 나는 것은 'ㄷ'으로 적는다(「한글 맞춤법」 제29항 참조). 잘널다 → 잗널다. '잗널다'는 '(음식을) 이로 깨물어 잘게 만들다'를 뜻한다.
④ '찰조'의 바른 표기는 '차조'이다. 끝소리가 'ㄹ'인 말과 딴 말이 어울릴 적에 'ㄹ'소리가 나지 아니하는 것은 아니 나는 대로 적는다(「한글 맞춤법」 제28항 참조). '차조'는 다른 조보다 찰기가 있는 조이다.

정답 ③

05 밑줄 친 단어 중에서 바르게 표기하지 않은 것은?

① 그는 1시간 <u>남짓한</u> 인터뷰 동안 유머를 많이 구사했다.
② 그녀에게서 <u>여태껏</u> 답장이 없다.
③ 그의 얼굴이 <u>불거졌다</u>.
④ 독일 서부 지역에 폭우가 <u>덮쳤다</u>.

① '남짓한'은 바르게 표기한 것이다. '남짓한'의 기본형은 '남짓하다'이다. 이것은 '크기, 수효, 부피 따위가 어떤 한도에서 차고 조금 더 됨이 있다'를 뜻하는 형용사이다.

② '여태껏'은 바르게 표기한 것이다. '여태껏'은 '여태'를 강조하여 이르는 부사이다. '여태'는 '지금까지', 또는 '아직까지'를 뜻한다. '여태'의 유사어는 '입때'이다. '여태껏'의 유사어는 '입때껏'이다.

③ '불거졌다'의 바른 표기는 '붉어졌다'이다. '불거지다'는 '물체의 거죽으로 둥글게 툭 비어져 나오다', 또는 '어떤 사물이나 현상이 두드러지게 커지거나 갑자기 생겨나다'를 뜻한다. 그런데 '붉어지다'는 '붉게 되다'를 뜻한다.

④ '덮쳤다'는 바르게 표기한 것이다. 이것의 기본형은 '덮치다'이다.

정답 ③

06 밑줄 친 단어 중에서 바르게 표기한 것은?

① 라인강 지류가 <u>범남하면서</u> 피해가 컸다.

② 우리는 <u>끔직한</u> 홍수를 겪었다.

③ 폭우로 집이 <u>부셔졌다</u>.

④ 나무와 자동차가 <u>뒤엉켜</u> 있다.

① '범남하면서'의 바른 표기는 '범람하면서'이다. '범람하다(汎濫하다/氾濫하다)'는 '큰물이 흘러 넘치다'를 뜻한다.

② '끔직한'의 바른 표기는 '끔찍한'이다.

③ '부셔졌다'의 바른 표기는 '부서졌다'이다. 이것의 기본형은 '부서지다'이다.

④ '뒤엉켜'는 바르게 표기한 것이다. 이것의 기본형은 '뒤엉키다'이다.

정답 ④

07 밑줄 친 단어 중에서 바르게 표기한 것은?

① 그녀는 매우 <u>숯접다</u>.
② 재치 있는 사람은 메시지를 <u>훑어</u> 넘기며 듣는다.
③ 참외의 <u>가지수</u>가 매우 많네요.
④ 너무 <u>안타까와하지</u> 마라.

| 문항 해설 |

① '숯접다'의 바른 표기는 '숫접다'이다. 'ㄷ' 소리로 나는 받침 중에서 'ㄷ'으로 적을 근거가 없는 것은 'ㅅ'으로 적는다(「한글 맞춤법」 제7항 참조). '숫접다'는 '순박하고 진실하다'를 뜻한다.
② '훑어'는 바르게 표기한 것이다. '훑어'의 기본형은 '훑다'이다.
③ '가지수'의 바른 표기는 '가짓수'이다(「한글 맞춤법」 제30항 2 참조). '가지' + '수(數)' → 가짓수[가지쑤/가진쑤]. '가짓수'는 '종류의 수효'를 뜻한다.
④ '안타까와하지'의 바른 표기는 '안타까워하지'이다(「한글 맞춤법」 제18항 6 참조).

정답 ②

08 밑줄 친 말 중에서 「한글 맞춤법」에 맞게 표기한 것은?

① 그 음식이 매우 <u>먹음직스러</u> 보인다.
② 그는 아주 정직한 <u>편이예요</u>.
③ 이곳에 오면 우리 집에 <u>들러</u>.
④ 수입이 좀 <u>늘은</u> 것 같아요.

| 문항 해설 |

① '먹음직스러'의 바른 표기는 '먹음직스러워'이다.
② '이예요'의 바른 표기는 '이에요/이어요'이다(표준어 사정 원칙 제26항 참조).
③ '들러'는 바르게 표기한 것이다. '들러'의 기본형은 '들르다'이다.
④ '늘은'의 바른 표기는 '는'이다. 동사 '는'의 기본형은 '늘다'이다. 이것은 '늘고, 느니, 늘어, 는' 등으로 활용한다.

정답 ③

09 밑줄 친 단어 중에서 바르게 표기한 것은?

① 유리창을 잘 <u>딲아라.</u>
② 1순위 <u>계약률</u>이 100%이다.
③ 폭우가 쏟아지는데 철수가 기어이 가겠다는 <u>거에요.</u>
④ 그가 감옥에 <u>갖힌</u> 지 1년이 되었다.

| 문항 해설 |
① '딲아라'의 바른 표기는 '닦아라'이다. '닦아라'의 기본형은 '닦다'이다.
② '계약률'은 바르게 표기한 것이다. 한자음 '률'이 'ㄴ' 이외의 자음 뒤에 올 경우에는 '률'로 적는다(「한글 맞춤법」 제11항 붙임 1 다만 참조).
③ '거에요'의 바른 표기는 '거예요'이다(「표준어 사정 원칙」 제26항 참조).
④ '갖힌'의 바른 표기는 '갇힌'이다. 이것의 기본형은 '갇히다'이다.

정답 ②

10 밑줄 친 단어 중에서 바르게 표기한 것은?

① 저기에 사람이 <u>없오?</u>
② 샘물을 <u>길러서</u> 먹는다.
③ 방금 번역을 <u>할려는</u> 참이었어.
④ 가구점에서 침대를 <u>장만했대요.</u>

| 문항 해설 |
① '없오'의 바른 표기는 '없소'이다. '-소'는 ((받침 있는 용언의 어간이나 어미 '-었-', '-겠-' 뒤에 붙어)) '하오' 할 자리에 쓰여, 설명·의문의 뜻을 나타내는 종결 어미이다. '-오'는 (('이다', '아니다'의 어간, 받침 없는 용언의 어간, 'ㄹ' 받침인 용언의 어간 또는 어미 '-으시-' 뒤에 붙어)) '하오' 할 자리에 쓰여, 설명·의문·명령의 뜻을 나타내는 종결 어미이다.
② '길러서'의 바른 표기는 '길어서'이다. 이것의 기본형은 '긷다'이다. '긷다'는 'ㄷ' 불규칙 동사로 '긷고, 길으니, 길어서' 등으로 활용한다. '긷다'는 '우물이나 샘 따위에서 두레박이나 바가지 따위로 물을 떠내다'를 뜻한다.

③ '할려는'의 바른 표기는 '하려는'이다. '-려는'은 '-려고 하는'의 준말이다.

④ '장만했대요'는 바르게 표기한 것이다. '-대'는 '-다고 해'의 준말이다.

정답 ④

11 밑줄 친 말 중에서 「한글 맞춤법」에 맞게 표기한 것은?

① 그는 여든이 <u>넘는</u> 나이지마는 기억력이 대단히 좋다.

② 그는 열심히 <u>노력하므로서</u> 성공했다.

③ 그는 벤처 기업의 <u>잇점</u>을 살려 경영하였다.

④ 그는 새로운 도약을 위한 <u>용트림</u>을 했다.

│ 문항 해설 │

① '넘는'의 바른 표기는 '넘은'이다. 어미 '-는'은 어떤 행위가 현재 일어남을 나타내는 어미이다. 어미 '-은' 어떤 행위가 과거에 이루어졌음을 나타내는 어미이다.

② '노력하므로서'의 바른 표기는 '노력함으로써'이다. '으로써'는 어떤 일의 수단이나 도구를 나타내는 격 조사이다.

③ '잇점'의 바른 표기는 '이점'이다(「한글 맞춤법」 제30항 3 참조). '이점'의 한자는 '利點'이다.

④ '용트림'은 바르게 표기한 것이다. '용트림(龍트림)'은 '거드름을 피우며 일부러 크게 힘을 들여 하는 트림'을 뜻한다.

정답 ④

12 밑줄 친 말 중에서 「한글 맞춤법」에 맞게 표기한 것은?

① 이 회사는 반도체 제조 회사<u>로써</u> 역량 있는 사원을 모집한다.

② 그는 의약 분업 실시 법안을 <u>밀어부쳤어</u>.

③ 담배 연기는 <u>폐렴(肺炎)</u>의 주범이다.

④ 그는 일생 동안 순수함을 <u>잃치</u> 않고 살았다.

| 문항 해설 |

① '로써'의 바른 표기는 '로서'이다. '로서'는 지위나 신분 또는 자격을 나타내는 격 조사이다.

② '밀어부쳤어'의 바른 표기는 '밀어붙였어'이다. '밀어붙였어'의 기본형은 '밀어붙이 다'이다.

③ '폐렴(肺炎)'은 바르게 표기한 것이다. '폐염'은 '肺炎'의 본음이지만, 맞춤법에 어 긋난 표기이다. 한자어에서 본음으로도 나고 속음으로도 나는 것은 각각 그 소리 에 따라 적는다(「한글 맞춤법」 제52항 참조)

　　 예 승낙(承諾), 수락(受諾); 안녕(安寧), 의령(宜寧)

④ '잃치'의 바른 표기는 '잃지'이다.

정답 ③

13 밑줄 친 단어 중에서 「한글 맞춤법」에 맞게 표기한 것은?

① 저 사람은 야채를 <u>끔찍히</u> 싫어한다.

② 그 쇼핑몰은 연 <u>수익율</u>이 19.2%이다.

③ 나는 <u>머리숫</u>이 적어 고민이야.

④ 나는 추워서 <u>난롯불</u>을 켰다.

| 문항 해설 |

① '끔찍히'의 바른 표기는 '끔찍이'이다. 부사의 끝음절이 분명히 '이'로만 발음되는 것은 '-이'로 적는다(「한글 맞춤법」 제51항 1 참조).

② '수익율'의 바른 표기는 '수익률'이다. 한자음 '률'이 'ㄴ' 이외의 자음 뒤에 올 경우 에는 '률'로 적는다(「한글 맞춤법」 제11항 붙임 1 다만 참조).

③ '머리숫'의 바른 표기는 '머리숱'이다.

④ '난롯불'은 바르게 표기한 것이다(「한글 맞춤법」 제30항 2 참조).

　　'난로(煖爐)' + '불' → 난롯불[날:로뿔/날:론뿔]

정답 ④

14 밑줄 친 말 중에서 「한글 맞춤법」에 맞게 표기한 것은?

① 나는 매우 <u>자유로워</u>.
② 별도 기구들을 이용하는 방법이 <u>아님으로</u> 가발이 들뜨지 않는다.
③ 공연 이야기를 꺼내자 <u>금새</u> 회색이 돈다.
④ 기존의 <u>컬럼란</u>(column欄)과는 다르다.

| 문항 해설 |

① '자유로워'는 바르게 표기한 것이다(「한글 맞춤법」 제18항 6 참조). 「한글 맞춤법」 개정 고시(1988년) 이전에는 '자유로와'가 바른 표기이었다.
② '아님으로'의 바른 표기는 '아니므로'이다. '-므로'는 까닭이나 근거를 나타내는 연결 어미이다.
③ '금새'의 바른 표기는 '금세'이다. '금세'는 '지금 바로'를 뜻한다. 이것은 '금시에'가 줄어든 말로 구어체에서 많이 사용된다.
④ '컬럼란'의 바른 표기는 '컬럼난'이다. '란(欄)'은 고유어와 외래어 명사 뒤에서는 '난'으로 적는다(「한글 맞춤법」 제11항 붙임 4 참조).
　　예 어린이-난(欄), 어머니-난(欄), 고십(gossip)-난(欄)
한자어 뒤에서는 '란'으로 적는다. 예 가정란(家庭欄), 학습란(學習欄).

정답 ①

15 밑줄 친 단어 중에서 「한글 맞춤법」에 맞게 표기한 것은?

① 내 논문을 그 학술지에 <u>계제(揭載)</u>를 할 예정이야.
② 그는 연하장으로 새해 인사를 <u>가름하였다</u>.
③ 나는 그대를 <u>염염불망합니다</u>(念念不忘합니다).
④ 독자 여러분의 성원에 <u>보답고자</u> 한다.

| 문항 해설 |

① '계제(揭載)'의 바른 표기는 '게재'이다(「한글 맞춤법」 제8항 다만 참조).
② '가름하였다'의 바른 표기는 '갈음하였다'이다. '갈음하다'는 '다른 것으로 바꾸어 대신하다'를 뜻한다. '가름하다'는 '쪼개거나 나누어 따로따로 되게 하다, 또는 승부나 등수 따위를 정하다'를 뜻한다.

③ '염염불망합니다(念念不忘합니다)'의 바른 표기는 '염념불망합니다(念念不忘합니다)'이다(「한글 맞춤법」 제13항 참조). '염념불망하다'는 '자꾸 생각이 나서 잊지 못하다'를 뜻한다.

④ '보답고자'는 바르게 표기한 것이다. 안울림소리(무성음) 받침 'ㄱ, ㅂ, ㅅ' 뒤에서 어간의 끝음절 '하'가 아주 줄 적에는 준 대로 적는다(「한글 맞춤법」 제40항 붙임 2 참조).

예 보답하고자 → 보답고자, 거북하지 → 거북지

정답 ④

16 밑줄 친 말 중에서 「한글 맞춤법」에 맞게 표기한 것은?

① <u>갖난아기</u>가 방긋 웃는다.
② 골퍼들이 알아서 치기 쉬운 곳에 공을 놓아 <u>주므로써</u> 그들의 자존심을 세워 준다.
③ 여성이 더 장수하는 이유는 <u>명확지</u> 않다.
④ 그는 떡을 잘 <u>먹떤걸</u>.

| 문항 해설 |

① '갖난아기'의 바른 표기는 '갓난아기'이다. '갓난아기'는 '갓난아이'를 귀엽게 이르는 말이다.

② '주므로써'의 바른 표기는 '줌으로써'이다.

③ '명확지'는 바르게 표기한 것이다. 안울림소리 받침 뒤에서는 어간의 끝음절 '하'가 아주 줄기 때문에 '명확지'로 적어야 한다(「한글 맞춤법」 제40항 붙임 2 참조).

④ '먹떤걸'의 바른 표기는 '먹던걸'이다. '-던걸'은 '해' 할 자리나 혼잣말처럼 쓰여, 화자가 과거에 경험하여 알게 된 사실이 상대편이 이미 알고 있는 바나 기대와는 다른 것임을 나타내는 종결 어미이다.

정답 ③

17 밑줄 친 단어 중에서 바르게 표기한 것은?

① 위태롭게 걸어 내려가야 하는 급경사 <u>바위면</u>도 나타난다.
② 우리는 대변혁의 <u>시점</u>(時點)에 서 있다.
③ 학교 강당은 수재민들로 <u>빼곡이</u> 차 있다.
④ 나는 뜬눈으로 밤을 <u>지샜다</u>.

| 문항 해설 |

① '바위면'의 바른 표기는 '바윗면'이다. 순우리말과 한자어로 된 합성어로서 앞말이
  모음으로 끝나고 뒷말의 첫소리 'ㅁ' 앞에서 'ㄴ' 소리가 덧나는 경우 사이시옷을
  받치어 적는다(「한글 맞춤법」 제30항 2 참조). '바위' + '면(面)' → 바윗면[바윈면]
② '시점(時點)'은 바르게 표기한 것이다. '시점(時點)'은 [시쩜]으로 발음되지만, 「한
  글 맞춤법」 제30항 3의 두 음절로 된 한자어 '곳간(庫間), 셋방(貰房), 숫자(數
  字), 찻간(車間), 툇간(退間), 횟수(回數)'에 속하지 않기 때문에 '싯점'으로 적어
  서는 안 된다. '시점(時點)'은 '시간의 흐름 가운데 어느 한 순간'을 뜻한다.
③ '빼곡이'의 바른 표기는 '빼곡히'이다. 부사의 끝음절이 '히'로만 발음되는 것은 '히'
  로 적는다(「한글 맞춤법」 제51항 2 참조).
④ '지샜다'의 바른 표기는 '지새웠다'이다. '지새다'는 목적어를 취하지 않는 자동사
  이므로 '밤을 지새다'는 문법에 어긋난 말이다. 타동사인 '지새우다'로 바꾸어 써
  야 한다.

정답 ②

18 밑줄 친 단어 중에서 「한글 맞춤법」에 맞게 표기한 것은?

① 토론에서 <u>터문이없는</u> 주장을 하면 안 된다.
② 그 사람이 <u>귀거리</u>를 사 왔다.
③ 집을 사기 위해서는 열심히 <u>종자돈</u>을 마련해야 한다.
④ 그는 매우 <u>덜렁인다</u>.

| 문항 해설 |

① '터문이없는'의 바른 표기는 '터무니없는'이다. '터무니없다'는 '허황하여 전혀 근거가 없다'를 뜻한다.

② '귀거리'의 바른 표기는 '귀걸이'이다.

③ '종자돈'의 바른 표기는 '종잣돈'이다. '종자(種子)' + '돈' → 종잣돈[종자똔/종잗똔]. '종잣돈'은 '어떤 돈의 일부를 떼어 일정 기간 동안 모아 묵혀 둔 것으로, 더 나은 투자나 구매를 위해 밑천이 되는 돈'을 뜻한다.

④ '덜렁인다'는 바르게 표기한 것이다. '-거리다'가 붙을 수 있는 시늉말 어근에 '-이다'가 붙어서 된 용언은 그 어근을 밝히어 적는다(「한글 맞춤법」 제24항 참조).

　　예 뒤척이다, 들먹이다, 망설이다, 번득이다, 번쩍이다

'덜렁인다'는 '침착하지 못하고 가볍게 행동한다'를 뜻한다.

정답 ④

19 밑줄 친 단어 중에서 「한글 맞춤법」에 맞게 표기한 것은?

① 이 김치국을 먹어 봐.
② 성공의 지름길은 첫째도 노력, 둘째도 노력, 세째도 노력이다.
③ 이것은 쉽게 알아맞힐 수 있는 문제이다.
④ 매우 쑥스럽고 멋적어.

| 문항 해설 |

① '김치국'의 바른 표기는 '김칫국'이다. '김치' + '국' → 김칫국[김치꾹/김칟꾹]

② '세째'의 바른 표기는 '셋째'이다(「표준어 사정 원칙」 제6항 참조).

③ '알아맞힐'은 바르게 표기한 것이다. '알아맞히다'는 '요구되거나 기대되는 답을 알아서 맞게 하다'를 뜻하는 동사이다.

④ '멋적어'의 바른 표기는 '멋쩍어'이다. '적다'의 뜻이 없이, [쩍다]로 발음되는 경우는 '쩍다'로 적는다(「한글 맞춤법」 제54항 참조).

정답 ③

20 「한글 맞춤법」에 맞게 표기한 것은?

① 열퉁적다   ② 맛쩍다
③ 행망적다   ④ 맥적다

| 문항 해설 |

① '열퉁적다'는 바르게 표기한 것이다. '적다'의 뜻이 없이, [적따]로 발음되는 경우는 '적다'로 적는다(「한글 맞춤법」 제54항 참조). '열퉁적다[열:퉁적따]'는 '말이나 행동이 조심성이 없고 거칠며 미련스럽다'를 뜻한다.

② '맛쩍다'의 바른 표기는 '맛적다'이다. '적다'의 뜻이 유지되고 있는 합성어의 경우는 '적다'로 적는다(「한글 맞춤법」 제54항 참조). '맛적다'는 '맛이 적어 싱겁다'를 뜻한다.

③ '행망적다'의 바른 표기는 '행망쩍다'이다. '적다'의 뜻이 없이, [쩍따]로 발음되는 경우는 '쩍다'로 적는다(「한글 맞춤법」 제54항 참조). '행망쩍다[행:망쩍따]'는 형용사로, '주의력이 없고 아둔하다'를 뜻한다.

④ '맥적다'의 바른 표기는 '맥쩍다'이다. '적다'의 뜻이 없이, [쩍따]로 발음되는 경우는 '쩍다'로 적는다(「한글 맞춤법」 제54항 참조). '맥쩍다'는 형용사로 '심심하고 재미가 없다', 또는 '열없고 쑥스럽다'를 뜻한다.

정답 ①

21 「한글 맞춤법」에 맞게 표기한 것은?

① 객적다   ② 딴기적다
③ 겸연적다   ④ 괘달머리쩍다

| 문항 해설 |

① '객적다'의 바른 표기는 '객쩍다'이다. '적다'의 뜻이 없이, [쩍따]로 발음되는 경우는 '쩍다'로 적는다(「한글 맞춤법」 제54항 참조). '객쩍다(客쩍다)'는 '언동이 쓸데없고 싱겁다'를 뜻한다.

② '딴기적다'는 바르게 표기한 것이다. [적따]로 발음되는 경우는 '적다'로 적는다(「한글 맞춤법」 제54항 참조). '딴기적다(딴氣적다)'는 '기력이 약하여 힘차게 앞질러 나서는 기운이 없다'를 뜻한다.

③ '겸연적다'의 바른 표기는 '겸연쩍다'이다. '적다'의 뜻이 없이, [쩍따]로 발음되는
경우는 '쩍다'로 적는다(「한글 맞춤법」 제54항 참조). '겸연쩍다(慊然쩍다)'는 '쑥
스럽거나 미안하여 어색하다'를 뜻한다.

④ '괘달머리쩍다'의 바른 표기는 '괘달머리적다'이다. [적다]로 발음되는 경우는 '적
다'로 적는다(「한글 맞춤법」 제54항 참조). '괘달머리적다'는 '괘다리적다'를 속되
게 이르는 것이다. 이것은 '사람됨이 멋없고 거칠다', 또는 '성미가 무뚝뚝하고
퉁명스럽다'를 뜻하는 말이다.

정답 ②

22 밑줄 친 단어 중에서 「한글 맞춤법」에 맞게 표기한 것은?

① 약수는 <u>수도물</u>보다 광물질이 많아요.
② 이 <u>횟집</u>의 음식이 맛있다.
③ 불난 집의 <u>재더미</u>에서 반지를 찾았다.
④ 그들은 함참 동안 <u>귀속말</u>을 했다.

| 문항 해설 |

① '수도물'의 바른 표기는 '수돗물'이다. 한자어와 순우리말로 된 합성어로서 앞말이
모음으로 끝나고 뒷말의 첫소리 'ㅁ' 앞에서 'ㄴ' 소리가 덧나는 경우 앞말의 모음
에 사이시옷을 받치어 적는다(「한글 맞춤법」 제30항 2 참조). '수도(水道)' + '물'
→ 수돗물[수돈물]

② '횟집'은 바르게 표기한 것이다. 한자어와 순우리말로 된 합성어로서 앞말이 모음
으로 끝나고 뒷말의 첫소리가 된소리로 나는 경우 앞말의 모음에 사이시옷을 받
치어 적는다(「한글 맞춤법」 제30항 2 참조). '회(膾)' + '집' → 횟집[회ː찝/휃ː찝]

③ '재더미'의 바른 표기는 '잿더미'이다. 순우리말로 된 합성어로서 앞말이 모음으로
끝나고 뒷말의 첫소리가 된소리로 나는 경우 앞말의 모음에 사이시옷을 받치어
적는다(「한글 맞춤법」 제30항 1 참조). '재' + '더미' → 잿더미[재떠미/잳떠미]

④ '귀속말'의 바른 표기는 '귓속말'이다. 순우리말로 된 합성어로서 앞말이 모음으로
끝나고 뒷말의 첫소리가 된소리로 나는 것은 앞말의 모음에 사이시옷을 받치어
적는다(「한글 맞춤법」 제30항 1 참조). '귀' + '속' + '말' → 귓속말[귀쏭말/귇쏭말]

정답 ②

23 밑줄 친 단어 중에서 「한글 맞춤법」에 맞게 표기한 것은?

① 그는 <u>낫시</u>를 매우 좋아해.

② 밤을 <u>깍다가</u> 손을 다쳤어.

③ 당신의 말씀이 많은 위로가 <u>됬어요</u>.

④ 어린아이가 길을 잃고서 <u>울먹이고</u> 있다.

| 문항 해설 |

① '낫시'의 바른 표기는 '낚시'이다.

② '깍다가'의 바른 표기는 '깎다가'이다.

③ '됬어요'의 바른 표기는 '됐어요'이다. '됐어요'는 '되었어요'의 준말이다.

④ '울먹이고'는 바르게 표기한 것이다. '울먹이다'는 '울상이 되어 자꾸 울음이 터져 나오려고 하다'를 뜻한다.

정답 ④

24 밑줄 친 말 중 「띄어쓰기 규정」에 맞게 띄어 쓴 것은?

① 그는 선물을 <u>주기는 커녕</u> 받기만 하였다.

② 그것은 어리석은 <u>행동일 지언정</u> 현명한 행동은 아니다.

③ 말을 잘하는 사람은 <u>흠잡고 책망할 데</u>가 없다.

④ 국화꽃은 <u>아름다울 뿐더러</u> 향기도 좋다.

| 문항 해설 |

① '주기는 커녕'은 '주기는커녕'으로 표기하여야 한다. '는커녕'은 앞말을 지정하여 어떤 사실을 부정하는 뜻을 강조하는 보조사이다. 이것은 보조사 '는'에 보조사 '커녕'이 결합한 말이다.

② '행동일 지언정'은 '행동일지언정'으로 표기하여야 한다. '-ㄹ지언정'은 '뒤 절을 강하게 시인하기 위하여 뒤 절의 일과는 대립적인 앞 절의 일을 시인함을 나타내는 연결 어미'이다.

③ '흠잡고 책망할 데'는 바르게 띄어 쓴 것이다. '흠잡다'는 '흠(欠)'과 '잡다'가 결합하여 이루어진 합성어이기 때문에 '흠'과 '잡다'를 붙여 써야 한다. '데'는 의존 명사이기 때문에 앞말 '책망할'과 띄어 써야 한다.

④ '아름다울 뿐더러'는 '아름다울뿐더러'로 표기하여야 한다. '-ㄹ뿐더러'는 '어떤 일이 그것만으로 그치지 않고 나아가 다른 것이 더 있음을 나타내는 연결 어미'이다.

정답 ③

25 문장 부호를 잘못 사용한 것은?

① 지금의 충청남도·충청북도·전라남도·전라북도·경상남도·경상북도 지역을 예부터 삼남이라고 일컬어 왔다.
② 문방서우: 종이, 붓, 먹, 벼루
③ 나는 유치환의 〈바위〉를 좋아한다.
④ 사람들이 보건소[에, 로, 까지] 갔어요.

| 문항 해설 |
① 가운뎃점(·)은 열거할 어구들을 일정한 기준으로 묶어서 나타낼 때 사용한다.
② 쌍점(:)은 표제 다음에 해당 항목을 들거나 설명을 붙일 때 사용한다.
③ 홑화살괄호(〈 〉)는 소제목, 그림이나 노래와 같은 예술 작품의 제목, 상호, 법률, 규정 등을 나타낼 때 사용한다. 이러한 경우 홑화살괄호 대신에 홑낫표(「 」)나 작은따옴표(' ')를 쓸 수 있다.
④ 열거된 항목 중 어느 하나가 자유롭게 선택될 수 있음을 보일 때 중괄호({ })를 사용한다.

정답 ④

제6회 「한글 맞춤법」 평가

01 밑줄 친 단어 중에서 「한글 맞춤법」에 맞게 표기한 것은?

① 함께 달려 <u>볼꺼나</u>?
② 우리 팀이 <u>이길지</u> 모르겠어.
③ 설사 <u>실패할찌라도</u> 최선을 다해야 한다.
④ <u>어떠튼지</u> 일은 끝내고 봐야지.

| 문항 해설 |

① '볼꺼나'의 바른 표기는 '볼거나'이다(「한글 맞춤법」 제53항 참조). '-ㄹ거나'는 '해' 할 자리에 쓰여, 자신의 어떤 의사에 대하여 자문(自問)하거나 상대편의 의견을 물어볼 때 쓰는 종결 어미이다. 이것은 감탄의 뜻을 나타낼 때가 있다.
② '이길지'는 바르게 표기한 것이다(「한글 맞춤법」 제53항 참조). '-ㄹ지'는 추측에 대한 막연한 의문이 있는 채로 그것을 뒤 절의 사실이나 판단과 관련시키는 데 쓰는 연결 어미이다.
③ '실패할찌라도'의 바른 표기는 '실패할지라도'이다(「한글 맞춤법」 제53항 참조).
④ '어떠튼지'의 바른 표기는 '어떻든지'이다. 어간의 끝음절 '하'의 'ㅏ'가 줄고 'ㅎ'이 어간의 끝소리로 굳어진 것은 받침으로 적는다(「한글 맞춤법」 제40항 붙임 1 참조).

정답 ②

02 「띄어쓰기 규정」에 맞게 표기한 것은?

① 나는 가정에서 만이라도 사랑을 받으면서 생활하길 바란다.
② 보름달이 정말 둥글고 크네 그려.
③ 그날따라 비가 많이 왔어.
④ 그는 너 보다 키가 크다.

① '가정에서 만이라도'는 '가정에서만이라도'로 적어야 한다. 조사는 그 앞말에 붙여 쓴다. 조사가 둘 이상 겹쳐지거나, 조사가 어미 뒤에 붙는 경우에도 붙여 쓴다(「한글 맞춤법」 제41항 참조).

② '크네 그려'는 '크네그려'로 적어야 한다. '그려'는 종결 어미 뒤에 붙어 청자에게 문장의 내용을 강조함을 나타내는 보조사이므로 앞말인 '크네'에 붙여 써야 한다.

③ "그날따라 비가 많이 왔어."는 바르게 띄어 쓴 문장이다. '그날따라'는 바르게 적은 것이다. '따라'는 '여느 때와 달리 그 날에만 공교롭게'를 뜻하는 보조사이므로 앞말인 '그날'에 붙여 써야 한다.

④ '너 보다'는 '너보다'로 적어야 한다. '보다'는 서로 차이가 있는 것을 비교하는 경우, 비교의 대상이 되는 말에 붙어 '~에 비해서'의 뜻을 나타내는 격 조사이므로 앞말인 '너'에 붙여 써야 한다.

정답 ③

03 밑줄 친 단어 중에서 「한글 맞춤법」에 맞게 표기한 것은?

① 학술 대회의 <u>참석율</u>이 저조하다.
② 낯선 사람이 <u>서서히</u> 다가왔다.
③ 실들이 <u>얼키고섥혀</u> 있어.
④ 나는 <u>온갖</u> 잡념에 빠져 있었다.

| 문항 해설 |

① '참석율'의 바른 표기는 '참석률'이다(「한글 맞춤법」 제11항 붙임 1 참조).

② '서서히'는 바르게 표기한 것이다(「한글 맞춤법」 제51항 3 참조).

③ '얼키고섥혀'의 바른 표기는 '얽히고설켜'이다. '얽히고설키다'는 '가는 것이 이리 저리 뒤섞이다'를 뜻한다.

④ '온갖'의 바른 표기는 '온갖'이다. '온갖'은 '여러 가지의', 또는 '모든 종류의'를 뜻하는 관형사이다.

정답 ②

04 밑줄 친 말을 「띄어쓰기 규정」에 맞게 표기한 것은?

① 하루종일 굶어서 <u>배고플텐데</u> 많이 먹어라.
② 저 상점에서 <u>바느질 실 한 님</u>을 샀다.
③ 우주에서 <u>내려다 볼</u> 때 인간은 얼마나 작은 미물에 불과한가?
④ 도둑들을 <u>토끼몰이하듯</u> 잡아냈다. 토끼몰이 하듯

| 문항 해설 |

① '하루종일 굶어서 배고플텐데'는 '하루 종일 굶어서 배고플 텐데'로 적어야 한다.
'텐데'는 '터인데'의 준말이다. '터'는 '예정'이나 '추측', '의지'의 뜻을 나타내는 의
존 명사이다.
② '바느질 실 한 님'은 바르게 띄어 쓴 것이다. '님'은 '바느질에 쓰는 토막 친 실을
세는 단위'를 뜻하는 것이다.
③ '내려다 보다'는 합성어이므로 '내려다보다'로 적어야 한다. 이것은 '위에서 아래를
향하다'를 뜻한다.
④ '토끼몰이하듯'은 '토끼몰이 하듯'으로 띄어 써야 한다. '토끼몰이하듯'은 합성어가
아니므로 '토끼몰이'와 '하듯'을 붙여 써서는 안 된다. '토끼몰이'는 '토끼'에 '몰이'
가 결합하여 형성된 단어이기 때문에 붙여 써야 한다.

정답 ②

05 밑줄 친 말을 「띄어쓰기 규정」에 맞게 표기한 것은?

① 진정한 친구는 눈이 오나 비가 오나 <u>언제어느때나</u> 만날 수 있는 사람이다.
② 친구와 오랜만에 만나서 <u>술한잔을</u> 했다.
③ 여행을 <u>함께할 수 있는</u> 건강한 친구 몇이 있으면 얼마나 좋을까?
④ 행복을 <u>탐욕 스럽게</u> 추구하지 마라.

① '언제어느때나'는 합성어가 아니고 구이므로, '언제 어느 때나'로 적어야 한다.

② '술한잔을'은 '술 한 잔을'로 적어야 한다.

③ '함께할 수 있는'은 바르게 표기한 것이다. '함께하다'는 '함께'와 '하다'가 결합하여 형성된 합성어이다.

④ '탐욕 스럽게'는 '탐욕스럽게'로 적어야 한다. '-스럽게'는 파생 접미사이기 때문에 어근인 '탐욕'에 붙여 써야 한다.

정답 ③

06 밑줄 친 단어 중에서 「한글 맞춤법」에 맞게 표기한 것은?

① 오늘은 <u>웬지</u> 좋은 일이 생길 것 같다.

② 그런 사람은 <u>요샛말</u>로 하면 이상적인 남자이다.

③ 옆집에서 잔치를 하는지 <u>시끌벅쩍합니다.</u>

④ 이 비료는 나뭇잎을 <u>썩여</u> 만든 거야.

① '웬지'의 바른 표기는 '왠지'이다. '왠지'는 '왜인지'의 준말이다. 이것은 '왜 그런지 모르게' 또는 '뚜렷한 이유도 없이'를 뜻하는 부사이다. '웬'은 관형사로 '어찌 된' 또는 '어떠한'을 뜻한다.

　　예 웬 걱정이 그리 많아?

② '요샛말'은 바르게 표기한 것이다(「한글 맞춤법」 제30항 1 참조). '요새' + '말' → 요샛말[요샌말]. '요샛말'은 '요사이 두루 많이 쓰이는 말'을 뜻한다.

③ '시끌벅쩍합니다'의 바른 표기는 '시끌벅적합니다'이다. '시끌벅적하다'는 '많은 사람이 어수선하게 움직이며 떠들어 시끄럽다'를 뜻한다.

④ '썩여'의 바른 표기는 '썩혀'이다. '썩히다'는 '썩다'의 사동사로, '유기물이 부패 세균에 의하여 분해됨으로써 원래의 성질을 잃어 나쁜 냄새가 나고 형체가 뭉개지는 상태가 되게 하다'를 뜻한다.

정답 ②

07 밑줄 친 단어 중에서 바르게 표기한 것은?

① <u>인삿말</u>을 잘하세요.

② 내일 그 사람이 <u>올런지</u> 모르겠어.

③ 신분에 <u>걸맞는</u> 언동을 하세요.

④ 아직도 <u>남존여비</u> 사상이 남아 있다.

| 문항 해설 |

① '인삿말'의 바른 표기는 '인사말'이다. '인사말(人事말)'은 [인사말]로 발음되므로 사이시옷을 받치어 적으면 안 된다(「한글 맞춤법」 제30항 2 참조).

② '올런지'는 '올는지'로 적어야 한다. '-ㄹ는지'는 뒤 절이 나타내는 일과 상관이 있는 어떤 일의 실현 가능성에 대한 의문을 나타내는 연결 어미이다.

③ '걸맞는'의 바른 표기는 '걸맞은'이다. '걸맞다'는 형용사이기 때문에 어간 '걸맞-'에 관형사형 전성 어미 '-은'이 결합된다. 동사 '먹다'는 동사이기 때문에 어간 '먹-'에 관형사형 전성 어미 '-는'이 결합된다.

④ '남존여비'는 바르게 표기한 것이다. 접두사처럼 쓰이는 한자가 붙어서 된 말이나 합성어에서 뒷말의 첫소리가 'ㄴ' 또는 'ㄹ' 소리로 나더라도 두음 법칙에 따라 적는다(「한글 맞춤법」 제11항 붙임 4 참조).

　　예 역리용(逆利用) → 역이용, 남존녀비(男尊女卑) → 남존여비,
　　　　해외려행(海外旅行) → 해외여행

정답 ④

08 밑줄 친 단어 중에서 「한글 맞춤법」에 맞게 표기한 것은?

① 우리는 공연이 끝나고 <u>뒷풀이</u>를 했어.

② 방금 <u>전기불</u>이 나갔다.

③ 어제 나는 <u>외가집</u>에 다녀왔어,

④ 이것은 <u>우윳빛</u>이야.

| 문항 해설 |

① '뒷풀이'는 '뒤풀이'로 적어야 한다(「한글 맞춤법」 제30항 1 참조).

② '전기불'의 바른 표기는 '전깃불'이다. 순우리말과 한자어로 된 합성어로서 앞말이 모음으로 끝나고 뒷말의 첫소리가 된소리로 나는 경우 앞말에 사이시옷을 받치어 적는다(「한글 맞춤법」 제30항 2 참조).

'전기(電氣)' + '불' → 전깃불[전ː기뿔/전ː긷뿔]

③ '외가집'의 바른 표기는 '외갓집'이다(「한글 맞춤법」 제30항 2 참조).

'외가(外家)' + '집' → 외갓집[외ː가찝/웨ː갇찝]

④ '우윳빛'은 바르게 표기한 것이다(「한글 맞춤법」 제30항 2 참조).

'우유(牛乳)' + '빛' → 우윳빛[우유삗/우윧삗]

정답 ④

09 밑줄 친 말 중에서 바르게 표기한 것은?

① 아무리 사정이 어렵더라도 내가 <u>뒷갈망</u>을 할 수 있어.

② 그녀가 우산을 <u>받혀</u> 들고 서 있다.

③ 내가 모자를 <u>사던 말던</u> 무슨 상관이냐?

④ 돈이 <u>많을찐대</u> 걱정할 필요가 있니?

| 문항 해설 |

① '뒷갈망'은 바르게 표기한 것이다. '뒤' + '갈망' → 뒷갈망[뒤ː깔망/뒫ː깔망]. '뒷갈망'은 일의 뒤끝을 맡아서 처리하는 것이다. 이것의 유사어는 '뒷감당'이다.

② '받혀'의 바른 표기는 '받쳐'이다. '받쳐'의 기본형은 '받치다'이다. 이것은 '비나 햇빛과 같은 것이 통하지 못하도록 우산이나 양산을 펴 들다'를 뜻한다.

③ '사던 말던'의 바른 표기는 '사든 말든/사든지 말든지'이다. '-든/-든지'는 '나열된 동작이나 상태, 대상들 중에서 어느 것이든 선택될 수 있음을 나타내는 연결 어미'이다. '-든가'는 '-든지'의 유사어이다. '든지'는 보조사로 쓰이기도 한다.

　　예 나는 복숭아**든지** 사과**든지** 다 좋아한다.

④ '많을찐대'의 바른 표기는 '많을진대'이다. '-을진대/-ㄹ진대'는 앞 절의 일을 인정하면서, 그것을 뒤 절 일의 조건이나 이유, 근거로 삼음을 나타내는 연결 어미이다.

정답 ①

10 밑줄 친 단어 중에서 「한글 맞춤법」에 맞게 표기한 것은?

① 그는 <u>사글세</u> 단칸방에서 산다.

② 그는 주의를 하지 않고 걷다가 자전거에 <u>부딛혔어.</u>

③ 큰 빌딩에 <u>내걸은</u> 현수막이 바람에 날아갔다.

④ <u>알맞는</u> 단어를 고르세요.

| 문항 해설 |

① '사글세'는 바르게 표기한 것이다. '사글세'의 어원은 '삭월세(朔月貰)'이다. '사글세'는 어원인 '삭월세'에서 멀어진 형태로 굳어져서 널리 쓰이기 때문에 표준어로 삼았다(「표준어 사정 원칙」 제5항 참조). '사글세'는 '남의 집이나 방을 빌려 쓰는 값으로 다달이 내는 돈', 또는 '그렇게 빌려 주고 받는 돈'을 뜻한다.

② '부딛혔어'의 바른 표기는 '부딪혔어'이다. '부딪혔어'의 기본형은 '부딪히다'이다. 이것은 '부딪다'의 피동사이다.

③ '내걸은'의 바른 표기는 '내건'이다.

④ '알맞는'은 '알맞은'으로 적어야 한다. '알맞다'는 형용사이다.

정답 ①

11 「띄어쓰기 규정」에 맞게 표기한 것은?

① 사람을 잘만나고 관계를 잘맺는것도 복이다.

② 즐거운하루 되세요.

③ 꽃 처럼 웃는 사람되세요.

④ 너조차 가버리면 어떻게 하니?

| 문항 해설 |

① '잘만나고'를 '잘 만나고'로, '잘맺는것도'를 '잘 맺는 것도'로 바꾸어 써야 한다. 문장의 각 단어는 띄어 씀을 원칙으로 한다(「한글 맞춤법」 제1장 총칙 제2항 참조).

② '즐거운하루'를 '즐거운 하루'로 적어야 한다.

③ '꽃 처럼'을 '꽃처럼'으로, '사람되세요'는 '사람 되세요'로 적어야 한다. 각 단어는

띄어 쓰되, 조사는 그 앞말에 붙여 쓴다(「한글 맞춤법」 제5장 띄어쓰기 제41항 참조). '처럼'은 조사이다. '사람 되세요'는 구(句)이다.

④ "너조차 가버리면 어떻게 하니?"는 「띄어쓰기 규정」에 맞게 표기한 것이다. '조차'는 조사이므로 앞말인 '너'에 붙여 써야 한다. '가버리면'에서 '가'는 본동사이고 '버리면'은 보조 동사이다. 보조 용언은 띄어 씀을 원칙으로 하되, 경우에 따라 붙여 씀도 허용한다(「한글 맞춤법」 제47항 참조). 이 규정에 따라 본동사 '가'와 보조 동사인 '버리면'을 붙여 쓸 수 있다.

정답 ④

12 밑줄 친 단어 중에서 「한글 맞춤법」에 맞게 표기한 것은?

① 나는 그를 <u>해질녁</u>에 만났어.
② 댐에 작은 구멍이 <u>뚫려</u> 있어 보수를 하였다.
③ 도로가 하얀 눈으로 <u>뒤덮혔다</u>.
④ 우리 팀이 이길 가능성이 <u>다분이</u> 있다.

| 문항 해설 |

① '해질녁'의 바른 표기는 '해질녘'이다. '해질녘'은 [해질력]으로 발음되고, '해가 질 무렵'을 뜻한다.
② '뚫려'는 바르게 표기한 것이다. '뚫려'의 기본형은 '뚫리다'이다. 이것은 '뚫다'의 피동사이다.
③ '뒤덮혔다'의 바른 표기는 '뒤덮였다'이다. '뒤덮였다'의 기본형은 '뒤덮이다'이다. '뒤덮이다'는 '뒤덮다'의 피동사이다.
④ '다분이'의 바른 표기는 '다분히'이다(「한글 맞춤법」 제51항 3 참조). '다분히(多分히)'는 '그 비율이 어느 정도 많게'를 뜻하는 부사이다.

정답 ②

13 밑줄 친 단어 중에서 「한글 맞춤법」에 맞게 표기한 것은?

① 그 물건을 단단한 끈으로 잘 <u>묶어야</u> 한다.
② 너의 말을 들으니 근심 걱정이 <u>말끔히</u> 사라졌어.
③ 그는 매우 <u>미듬직스러운</u> 사람이야.
④ 이것은 <u>알멩이</u>가 단단해.

| 문항 해설 |

① '묶어야'의 바른 표기는 '묶어야'이다.
② '말끔히'는 바르게 표기한 것이다(「한글 맞춤법」 제51항 3 참조). '말끔히'는 '티 없이 맑고 환할 정도로 깨끗하게'를 뜻하는 부사이다.
③ '미듬직스러운'의 바른 표기는 '믿음직스러운'이다.
④ '알멩이'의 바른 표기는 '알맹이'이다. '알맹이'는 '물건의 껍데기나 껍질을 벗기고 남은 속 부분'을 뜻한다.

정답 ②

14 밑줄 친 단어 중에서 「한글 맞춤법」에 맞게 표기한 것은?

① 어제 나는 결혼 양복을 <u>마추었어</u>.
② 이 비단의 <u>땟갈</u>이 매우 곱다.
③ 나는 하루 종일 아이들 <u>뒤치다꺼리</u>를 하느라 매우 바빴어.
④ 그는 넘어져서 <u>무릅</u>을 다쳤어.

| 문항 해설 |

① '마추었어'의 바른 표기는 '맞추었어'이다. '맞추었어'의 기본형은 '맞추다'이다. '맞추다'는 '일정한 규격의 물건을 만들도록 미리 주문을 하다'를 뜻한다.
② '땟갈'의 바른 표기는 '때깔'이다. '때깔'은 눈에 선뜻 드러나 비치는 맵시와 빛깔이다.
③ '뒤치다꺼리'는 바르게 표기한 것이다. 이것은 '뒤에서 일을 보살펴서 도와주는 일'을 뜻한다. '뒤치닥꺼리'는 바르지 않은 표기이다.
④ '무릅'의 바른 표기는 '무릎'이다.

정답 ③

15 밑줄 친 단어 중에서 「한글 맞춤법」에 맞게 표기한 것은?

① 네가 하는 일은 언제나 <u>마땅챦아</u>.
② 이 의자의 <u>만듬새</u>가 아주 좋아.
③ 저 상인이 양파를 <u>밭떼기</u>로 샀어.
④ <u>쓰래기</u>를 버리고 오마.

| 문항 해설 |

① '마땅챦아'의 바른 표기는 '마땅찮아'이다(「한글 맞춤법」 제39항 참조). '마땅찮아'의 기본형은 '마땅찮다'이다. '마땅찮다'는 '흡족하게 마음에 들지 아니하다'를 뜻한다.
② '만듬새'의 바른 표기는 '만듦새'이다.
③ '밭떼기'는 바르게 표기한 것이다. '밭떼기'는 '밭에서 나는 작물을 밭에 나 있는 채로 몽땅 사는 일'을 뜻한다.
④ '쓰래기'의 바른 표기는 '쓰레기'이다.

정답 ③

16 밑줄 친 단어 중에서 바르게 표기한 것은?

① 이 음식은 매우 <u>맛갈스럽게</u> 보인다.
② <u>산골짝이</u>에 산양이 산다.
③ 어제 그는 <u>무르팍</u>을 다쳤어.
④ <u>어느듯</u> 가을이 되었다.

| 문항 해설 |

① '맛갈스럽게'의 바른 표기는 '맛깔스럽게'이다. 이것의 기본형은 '맛깔스럽다'로, '입에 당길 만큼 음식의 맛이 있다'를 뜻한다.
② '산골짝이'의 바른 표기는 '산골짜기'이다.
③ '무르팍'은 바르게 표기한 것이다. 명사 '무릎' + 접미사 '-악' → 무르팍
④ '어느듯'의 바른 표기는 '어느덧'이다.

정답 ③

17 밑줄 친 말 중에서 바르게 표기한 것은?

① 그는 학교로 가는 길을 <u>자세히</u> 가르쳐 주었다.
② 정말 <u>알송달송</u>하네요.
③ 책들을 <u>책꼬지</u>에 꽂아 두었어.
④ 그는 다람쥐 <u>챗바퀴</u> 돌 듯 허송세월을 하고 있다. 쳇바퀴

| 문항 해설 |

① '자세히'는 바르게 표기한 것이다. 부사의 끝음절이 '이'나 '히'로 발음되는 것은 '-히'로 적는다(「한글 맞춤법」 제51항 3 참조).
② '알송달송하네요'의 바른 표기는 '알쏭달쏭하네요'이다.
③ '책꼬지'의 바른 표기는 '책꽂이'이다.
④ '챗바퀴'의 바른 표기는 '쳇바퀴'이다. '체' + '바퀴' → 쳇바퀴[체빠퀴/첻빠퀴]

정답 ①

18 밑줄 친 단어 중에서 「한글 맞춤법」에 맞게 표기한 것은?

① 요사이 <u>휘발윳값</u>이 많이 올랐어.
② 그는 감기에 걸려 <u>코물</u>을 흘린다
③ 저 아이는 <u>골치거리</u>야.
④ 우리나라는 다른 나라에 비해 코로나 바이러스 <u>치명율</u>이 낮은 편이다.

| 문항 해설 |

① '휘발윳값'은 바르게 표기한 것이다. 순우리말과 한자어로 된 합성어로서 앞말이 모음으로 끝나고, 뒷말의 첫소리가 된소리로 나는 경우 사이시옷을 받치어 적는다(「한글 맞춤법」 제30항 2 참조). 휘발유(揮發油) + 값 → 휘발윳값[휘발류깝/휘발륟깝]
② '코물'은 '콧물'로 표기하여야 한다. 순우리말로 된 합성어로서 앞말이 모음으로 끝나고, 뒷말의 첫소리 'ㅁ' 앞에서 'ㄴ' 소리가 덧나는 경우 앞말의 모음에 사이시옷을 받치어 적는다(「한글 맞춤법」 제30항 1 참조).

예 '코' + '물' → 콧물[콘물], '뒤' + '머리' → 뒷머리[뒨머리], '바다' + '물' → 바닷물[바단물]

③ '골치거리'는 '골칫거리'로 표기하여야 한다. '골치' + '거리' → 골칫거리[골치꺼리/골친꺼리]. '골칫거리'는 '일을 잘못하거나 말썽만 피워 언제나 애를 태우게 하는 사람이나 사물'을 뜻한다.

④ '치명율'은 '치명률'로 표기하여야 한다. '률(率)'이 모음이나 자음 'ㄴ' 받침 이외의 자음 뒤에 올 경우에는 본음대로 적는다(「한글 맞춤법」 제11항 참조). '치명률(致命率)[치ː명뉼]'은 '어떤 병에 걸린 환자에 대한 그 병으로 죽는 환자의 비율'을 뜻한다.

정답 ①

19 밑줄 친 단어 중에서 바르게 표기한 것은?

① 그 사람이 내 손목을 <u>텁썩</u> 잡았어.
② <u>우렁이속</u>을 보아라.
③ 그 사람의 얼굴에는 <u>핏기</u>가 없었다.
④ 그이의 <u>헤염치는</u> 모습이 멋지다.

| 문항 해설 |

① '텁썩'의 바른 표기는 '텁석'이다.
② '우렁이속'의 바른 표기는 '우렁잇속'이다. 순우리말로 된 합성어로서 앞말이 모음으로 끝나고, 뒷말의 첫소리가 된소리로 날 경우 앞말의 끝모음에 사이시옷을 받치어 적는다(「한글 맞춤법」 제30항 1 참조). '우렁이' + '속' → 우렁잇속[우렁이쏙/우렁인쏙]. '우렁잇속'은 '내용이 복잡하여 헤아리기 어려운 일', 또는 '품은 생각을 모두 털어놓지 아니하는 의뭉스러운 속마음을 비유적으로 이르는 말'을 뜻한다.
③ '핏기'는 바르게 표기한 것이다. '피' + '기(氣)' → 핏기[피끼/핃끼]. '핏기'는 '사람의 피부에 드러난 불그스레한 빛깔'를 뜻한다.
④ '헤염치는'의 바른 표기는 '헤엄치는'이다. '헤엄치는'은 '물속에서 나아가기 위하여 팔다리를 젓는'을 뜻한다.

정답 ③

20 밑줄 친 단어 중에서 「한글 맞춤법」에 맞게 표기한 것은?

① 출산률(出産率) ② 치사률(致死率)
③ 합격률(合格率) ④ 이직율(移職率)

| 문항 해설 |

① '출산률(出産率)'의 바른 표기는 '출산율'이다. 모음이나 'ㄴ' 받침 뒤에 이어지는
한자음 '렬, 률'은 '열, 율'로 적는다(「한글 맞춤법」 제11항 붙임 1 다만 참조).
② '치사률(致死率)'의 바른 표기는 '치사율'이다.
③ '합격률(合格率)'은 바르게 표기한 것이다. '합격률'의 표준 발음은 [합꼉뉼]이다.
④ '이직율(移職率)'의 바른 표기는 '이직률'이다. '이직률'의 표준 발음은 [이징뉼]이다.

정답 ③

21 밑줄 친 단어 중에서 「한글 맞춤법」에 맞게 표기한 것은?

① 그의 피아노 연주는 모든 청중을 감탄ㅎ게 했다.
② 양국 정상의 회담의 투명성이 훼손되었다.
③ 그 사람의 말에 현혹되 손해를 많이 봤어.
④ 오랫동안 떼약볕 아래서 일하면 일사병에 걸린다.

| 문항 해설 |

① '감탄ㅎ게'의 바른 표기는 '감탄케'이다. 어간의 끝음절 '하'의 'ㅏ'가 줄고 'ㅎ'이
다음 음절의 첫소리와 어울려 거센소리로 될 적에는 거센소리로 적는다(「한글
맞춤법」 40항 참조).

　　예 간편하게 → 간편케, 무심하지 → 무심치, 분발하도록 → 분발토록
② '훼손되었다'는 바르게 표기한 것이다. '훼손되다(毁損되다)'는 '체면이나 명예가
손상되다'를 뜻한다.
③ '현혹되'의 바른 표기는 '현혹돼'이다. '현혹돼'는 '현혹되어'의 준말이다.
④ '떼약볕'의 바른 표기는 '뙤약볕'이다. '뙤약볕'은 '강하게 내리쬐는 몹시 뜨거운
햇볕'을 뜻한다.

정답 ②

22 「띄어쓰기 규정」에 맞게 표기한 것은?

① 그 동안 안녕하셨어요?

② 이 상점에서는 포도, 사과, 배, 밤 등을 판다.

③ 너 마저 떠나면 어떻게 하니?

④ 이 집을 삼억 칠천 오백 사십 오만원에 샀어.

| 문항 해설 |

① '그 동안'은 '그동안'으로 표기하여야 한다. '그동안'은 합성어이다.

② "이 상점에서는 포도, 사과, 배, 밤 등을 판다."는 「띄어쓰기 규정」에 맞게 표기한 것이다. '등'은 의존 명사이기 때문에 앞말과 띄어 써야 한다.

③ '너 마저'는 '너마저'로 적어야 한다. '마저'는 조사이므로 앞말인 '너'에 붙여 써야 한다.

④ '삼억 칠천 오백 사십 오만원'을 '삼억 칠천오백사십오만원'으로 적어야 한다. 수를 적을 적에는 '만(萬)' 단위로 띄어 쓴다(「한글 맞춤법」 제44항 참조).

정답 ②

23 밑줄 친 말 중에서 바르게 표기한 것은?

① 내 마음 <u>혜아려</u> 봐.

② 나는 그 일을 <u>능이</u> 해 낼 수 있어.

③ 송충이가 솔잎을 <u>갉아먹는다</u>.

④ <u>숫가락</u>으로 밥을 먹었다.

| 문항 해설 |

① '혜아려'의 바른 표기는 '헤아려'이다.

② '능이'의 바른 표기는 '능히'이다. '능히(能히)'는 '능력이 있어서 쉽게'를 뜻하는 부사이다.

③ '갉아먹는다'는 바르게 표기한 것이다.

④ '숫가락'의 바른 표기는 '숟가락'이다.

정답 ③

24 밑줄 친 말을 「띄어쓰기 규정」에 맞게 표기한 것은?

① 이를 테면 우리나라는 문화 수준이 매우 높은 나라이다.

② 고운 말을 쓰는 사람은 마음씨가 곱다. 왜냐 하면 고운 말은 고운 마음씨에서 싹트기 때문이다.

③ 명사의 예를 들면 사람, 나무, 바위 등이다.

④ 비가 올 듯도하다.

| 문항 해설 |

① '이를 테면'의 바른 표기는 '이를테면'이다. '이를테면'은 '이를테이면'의 준말로 합성어이다. 이것은 '가령 말하자면'을 뜻한다.

② '왜냐 하면'의 바른 표기는 '왜냐하면'이다. '왜냐하면'은 '왜 그러냐 하면'의 준말이다.

③ '예를 들면'은 합성어가 아니므로 '예를'과 '들면'을 띄어 써야 한다.

④ '올 듯도하다'는 '올 듯도 하다'로 적어야 한다. 앞말에 조사가 붙거나 앞말이 합성 동사인 경우, 그리고 중간에 조사가 들어갈 적에는 그 뒤에 오는 보조 용언은 띄어 쓴다(「한글 맞춤법」 제47항 다만 참조).

정답 ③

25 밑줄 친 단어 중에서 「한글 맞춤법」에 맞게 표기한 것은?

① 며칠 굶은 사람이 밥을 보더니 눈이 휘둥그레졌다.

② 그녀는 삼촌 집에 숙식을 붙인다.

③ 그는 고개를 살레살레 저었어.

④ 어제 그는 새로 산 가방을 잊어버렸어.

① '휘둥그레졌다'는 바르게 표기한 것이다. '휘둥그레지다'는 '놀라거나 두려워서 눈이 크고 둥그렇게 되다'를 뜻한다.

② '붙인다'의 바른 표기는 '부친다'이다. '부친다'의 기본형은 '부치다'로, '몸이나 식사 따위를 의탁하다'를 뜻한다.

③ '살레살레'의 바른 표기는 '살래살래'이다.

④ '잊어버렸어'의 바른 표기는 '잃어버렸어'이다. '잃어버리다'는 '가졌던 물건이 자신도 모르게 없어져 그것을 아주 갖지 아니하게 되다'를 뜻한다. '잊어버리다'는 '한번 알았던 것을 모두 기억하지 못하거나 전혀 기억하여 내지 못하다'를 뜻한다.

정답 ①

01 밑줄 친 단어 중에서 「한글 맞춤법」에 맞게 표기한 것은?

① 그 지방에서는 산불이 <u>닷새째</u> 났다.
② 그는 진실을 말하지 않고 <u>모로쇠</u>로 일관했다.
③ <u>끔직한</u> 사건이 발생했다.
④ 이 자리를 <u>빌어</u> 고맙다고 말하고 싶다.

| 문항 해설 |

① '닷새째'는 바르게 표기한 것이다. '닷새째'는 '다섯 날 동안'을 뜻한다. '닷새째'는 명사 '닷새'에 접미사 '-째'가 결합하여 형성된 단어이다.
② '모로쇠'의 바른 표기는 '모르쇠'이다. '모르쇠'는 '아는 것이나 모르는 것이나 다 모른다고 잡아 떼는 것'을 뜻한다. '모르쇠'의 표준 발음은 [모ː르쇠/모ː르쉐]이다.
③ '끔직한'의 바른 표기는 '끔찍한'이다.
④ '빌어'의 바른 표기는 '빌려'이다. '빌려'의 기본형은 '빌리다'이다. '빌리다'는 '어떤 일을 하기 위해 기회를 이용하다'를 뜻한다. '빌다'는 '바라는 바를 이루게 하여 달라고 신이나 사람, 사물 따위에 간청하다', 또는 '생각한 대로 이루어지길 바라다'를 뜻한다.

정답 ①

02 밑줄 친 단어 중에서 「한글 맞춤법」에 맞게 표기한 것은?

① 밤낮없이 소음이 <u>윗층</u>에서 들린다.
② 입사에 필요한 서류를 모두 <u>갖추었다</u>.
③ 술을 담그려고 누룩을 <u>띠웠어</u>.
④ 그 사람에게 <u>넌즈시</u> 물어봤어.

| 문항 해설 |
① '윗층'의 바른 표기는 '위층'이다.
② '갖추었다'는 바르게 표기한 것이다(「한글 맞춤법」 제22항 1 참조).
③ '띠웠어'의 바른 표기는 '띄웠어'이다. '띄우다'는 '뜨다'의 사동사로, '누룩이나 메주 따위를 발효시키다'를 뜻한다.
④ '넌즈시'의 바른 표기는 '넌지시'이다.

정답 ②

03 밑줄 친 단어 중에서 바르게 표기한 것은?

① 그는 화끈한 팀 타선의 지원에 힘입어 점수를 <u>벌여</u> 갔다.
② 그 투수는 2실점으로 <u>트러막았다</u>.
③ 나는 북받쳐 올라오는 눈물을 친구들에게 보이지 않으려고 <u>무던이</u> 애를 썼다.
④ 농부들은 <u>겨우내</u> 부업을 하여 소득을 올렸다.

| 문항 해설 |
① '벌여'의 바른 표기는 '벌려'이다.
② '트러막았다'의 바른 표기는 '틀어막았다'이다.
③ '무던이'의 바른 표기는 '무던히'이다. 부사의 끝음절이 분명히 '히'로만 발음되는 것은 '-히'로 적는다(「한글 맞춤법」 제51항 2 참조).
④ '겨우내'는 바르게 표기한 것이다. '겨우내'는 '한겨울 동안 계속해서'를 뜻하는 부사이다. '겨울내'는 바르지 않은 표기이다.

정답 ④

04 밑줄 친 단어 중에서 바르게 표기한 것은?

① 방 안에서 <u>케케묵은</u> 콤팡이 냄새가 난다.
② 바다에 빠진 어부들이 <u>무사이</u> 구조됐다.
③ 그녀는 <u>오도카니</u> 수평선을 바라보고 있었다.
④ 사람들이 그 사람을 <u>애숭이</u>라고 한다.

① '케케묵은'의 바른 표기는 '케케묵은'이다.

② '무사이'의 바른 표기는 '무사히(無事히)'이다.

③ '오도카니'는 바르게 표기한 것이다. 이것은 넋이 나간 듯이 가만히 한자리에 서 있거나 앉아 있는 모양을 뜻하는 부사이다. '우두커니'는 '오도카니'의 큰말이다.

④ '애숭이'의 바른 표기는 '애송이'이다. '애송이'는 '애티가 나는 사람'을 뜻한다.

정답 ③

05 「띄어쓰기 규정」에 맞게 표기한 것은?

① 건강하려면 바른 생활습관을 가꾸어나가는것이 바람직하다.

② 질병으로 부터 해방되기위해 매일 한시간 이상 걷는다.

③ 우리나라 65세 이상의 사람들 4명 중 1명이 근감소증에 시달리고 있다.

④ 걸을때 턱을 위로 하고, 시선은 전방을 향하며, 어깨를 똑 바로 유지도한다.

① "건강하려면 바른 생활 습관을 가꾸어 나가는 것이 바람직하다."로 바꾸어 써야 한다. '생활습관'은 합성어가 아니므로 '생활 습관'으로 써야 하고, '가꾸어나가는 것이'는 구(句)이기 때문에 '가꾸어 나가는 것이'로 적어야 한다.

② "질병으로부터 해방되기 위해 매일 한 시간 이상 걷는다."로 바꾸어 써야 한다. '으로 부터'는 조사이므로 '으로부터'로 적어야 하고, '해방되기위해'는 구이므로 '해방되기 위해'로 써야 한다. 그리고 '한시간'도 구이므로 '한 시간'으로 적어야 한다.

③에 제시된 문장은 바르게 띄어 쓴 것이다. '우리나라'는 '우리'와 '나라'가 결합하여 형성된 합성어이기 때문에 '우리'와 '나라'를 붙여 써야 한다. 전문 용어는 단어별로 띄어 씀을 원칙으로 하되, 붙여 쓸 수 있다(「한글 맞춤법」 제50항 참조). '근감소증(筋減少症)'은 전문 용어이기 때문에 근육을 뜻하는 '근(筋)'과 '감소증(減少症)'을 붙여 쓸 수 있다.

④ "걸을 때 턱을 위로 하고, 시선은 전방을 향하며, 어깨를 똑바로 유지도 한다."로 바꾸어 써야 한다. '걸을때'는 구(句)이므로 '걸을 때'로, '똑 바로'는 합성어이므로 '똑바로'로, '유지도한다'는 구(句)이므로 '유지도 한다'로 표기하여야 한다.

정답 ③

06 밑줄 친 단어 중에서 바르게 표기한 것은?

① 그는 떡을 하러 방아간으로 갔다.
② 과거에 네가 한 언동을 도리켜 보도록 해.
③ 저 친구는 푸서기이다.
④ 김장을 하기 위해 배추를 절였어.

| 문항 해설 |

① '방아간'의 바른 표기는 '방앗간'이다. 방아 + 간(間) → 방앗간[방아깐/방앋깐]
② '도리켜'의 바른 표기는 '돌이켜'이다. '돌이켜'의 기본형은 '돌이키다'이다.
③ '푸서기'의 바른 표기는 '푸석이'이다(「한글 맞춤법」제23항 참조). '푸석이'는 옹 골차지 못하고 아주 무르게 생긴 사람을 놀림조로 이르는 말이다.
④ '절였어'는 바르게 표기한 것이다. '절이다'는 '절다'의 사동사로, '푸성귀나 생선 따위를 소금기나 식초, 설탕 따위에 담가 간이 배어들게 하다'를 뜻한다.

정답 ④

07 밑줄 친 단어 중에서 바르게 표기한 것은?

① 내 말에 코방구를 뀌지 마라.
② 비스듬히 눕지 말고 반듯이 누워라.
③ 고구마가 매우 굴찍하다.
④ 그는 도둑이 일어나지 못하도록 업눌렀다.

| 문항 해설 |

① '코방구'의 바른 표기는 '콧방귀'이다. '코' + '방귀' → 콧방귀[코빵귀/콛빵귀]
② '반듯이'는 바르게 표기한 것이다. 이것은 '비뚤어지거나 기울거나 굽지 아니하고 바르게'를 뜻한다. '반드시'는 '틀림없이 꼭'을 뜻한다.
   예 이번 경기에서 **반드시** 이길 거야.
③ '굴찍하다'의 바른 표기는 '굵직하다'이다. 어간 뒤에 자음으로 시작된 접미사가 붙어서 된 말은 어간의 원형을 밝히어 적는다(「한글 맞춤법」제21항 2 참조).

④ '업눌렀다'의 바른 표기는 '엎눌렀다'이다. 둘 이상의 단어가 어울리거나 접두사 붙어서 이루어진 말은 각각 그 원형을 밝히어 적는다(「한글 맞춤법」 제27항 참조). '엎다'의 어간 '엎–' + '누르다' → 엎누르다. '엎누르다'는 '위에서 억지로 내리눌러 일어나지 못하게 하다'를 뜻하는 동사이다.

정답 ②

08 「띄어쓰기 규정」에 맞게 표기한 것은?

① 그는 분노를 참다 못해 소리를 질렀다.
② 여기서는 낙숫물로 행궈내는게 전부이다.
③ 뇌물조사를 못한채 수사가 끝났다.
④ 네가 칭찬을 하니 몸 둘 바를 모르겠어.

| 문항 해설 |

① '참다 못해'를 '참다못해'로 표기하여야 한다. '참다못해'는 합성어이다. '참다못하다'는 '참을 만큼 참다가 더 이상 참을 수 없다'를 뜻한다.
② '행궈내는게'를 '행궈 내는 게/행궈내는 게'로 적어야 한다. '게'는 '것이'의 준말이다. 보조 용언은 띄어 씀을 원칙으로 하되, 경우에 따라 붙여 씀도 허용한다(「한글 맞춤법」 제47항 참조). 이 규정에 따라 '행궈'는 본용언이고 '내는'은 보조 용언이므로 이 둘을 띄어 쓰거나 붙여 쓸 수 있다.
③ '뇌물조사'는 '뇌물 조사'로, '못한채'는 '못 한 채'로 적어야 한다.
④에 제시된 문장은 바르게 띄어 쓴 것이다. '둘 바'에서 '바'는 의존 명사이기 때문에 앞말과 띄어 써야 한다.

정답 ④

09 '띄어쓰기 규정'에 맞게 표기한 것은?

① 어떤 나라에서는 코로나백신 양극화 논란속 조기접종을 실시할 예정이다.
② 씨앗을 뿌린대로 거두기 마련이다.
③ 우리 그때 그곳에서 만나자.
④ 그는 늘 군자인척 행세한다.

① '코로나백신'은 '코로나 백신'으로, '논란속'은 '논란 속'으로 '조기접종'은 '조기 접
    종'으로 적어야 한다.

② '뿌린대로'는 '뿌린 대로'로 적어야 한다. '대로'는 의존 명사이다.

③에 제시된 문장은 바르게 띄어 쓴 것이다. 단음절로 된 단어가 연이어 나타날 적에
    는 붙여 쓸 수 있다(「한글 맞춤법」 제46항 참조). '그때'와 '그곳'은 이 규정에 따
    라 바르게 표기한 것이다.

④ '군자인척'은 '군자인 척'으로 적어야 한다. '척'은 '그럴듯하게 꾸미는 거짓 태도나
    모양'을 뜻하는 의존 명사이다. '체'는 '척'의 유사어이다.

정답 ③

10 「띄어쓰기 규정」에 맞게 표기한 것은?

① 그 사람과 헤어진 뒤 몇개월이 지났다.
② 선생님이 방학을 잘 보내라고했다.
③ 내가 위험에 처했을 제 그분이 날 구해 주셨어.
④ 어느때 어떤 사건이 발생할지 모르겠다.

① '몇개월'은 '몇 개월'로 적어야 한다. '몇'은 관형사이고, '개월(個月)'은 달을 세는
    단위 명사이다. 문장의 각 단어는 띄어 씀을 원칙으로 한다(「한글 맞춤법」 제2항
    참조). 조사는 단어이지마는 그 앞말에 붙여 쓴다(「한글 맞춤법」 제41항 참조).

② '보내라고했다'는 '보내라고 했다'로 적어야 한다.

③에 제시된 문장은 바르게 띄어 쓴 것이다. '처했을 제'에 쓰인 '제'는 '적에'의 준말
    이다. '적'은 의존 명사이다. '그분'은 '그'와 '분'이 결합하여 형성된 합성어이기
    때문에 '그'와 '분'을 붙여 써야 한다.

④ '어느때'는 '어느 때'로 표기해야 한다. '어느'는 관형사이고 '때'는 명사이다.

정답 ③

11 「띄어쓰기 규정」에 맞게 표기한 것은?

① 맑디 맑은 가을하늘을 보라.
② 내가 사랑하는 사람은 당신 뿐이오.
③ 그는 고향을 떠난지 3년만에 돌아왔다.
④ 이 사업이 좋든지 싫든지 간에 한번 해 봐.

| 문항 해설 |

① '맑디 맑디'는 '맑디맑은'으로 적어야 한다. '맑디맑은'은 합성어이다.
② '당신 뿐이오'는 '당신뿐이오'로 적어야 한다. '뿐'은 '그것만이고 더는 없음'을 뜻하는 보조사이다.
③ '떠난지'는 '떠난 지'로, '3년만에'는 '3년 만에'로 적어야 한다. '지'는 어떤 일이 있었던 때로부터 지금까지의 동안을 나타내는 의존 명사이다. '만'은 동안이 얼마간 계속되었음을 나타내는 의존 명사이다.
④에 제시된 문장은 바르게 띄어 쓴 것이다. '싫든지 간'에 쓰인 '간(間)'은 앞에 나열된 말 가운데 어느 쪽인지를 가리지 않는다는 뜻을 나타내는 의존 명사이다. '한번'은 합성어로서, 어떤 일을 시험삼아 시도함을 나타내는 부사이다.

정답 ④

12 밑줄 친 단어 중에서 바르게 표기한 것은?

① 숫불에 고기를 구워라.
② 그는 빚이 너무 많아 어렵게 산다.
③ 그는 간절히 바랬던 꿈을 이루었다.
④ 요사이 자질구래한 일이 많아서 피곤해.

| 문항 해설 |

① '숫불'은 '숯불'로 표기하여야 한다.
② '빚'은 바르게 표기한 것이다. '빚'은 '남에게 갚아야 할 돈'을 뜻한다.
③ '바랬던'은 '바랐던'으로 적어야 한다.
④ '자질구래한'은 '자질구레한'으로 적어야 한다. '자질구레하다'는 '모두가 잘고 시시하여 대수롭지 아니하다'를 뜻하는 형용사이다.

정답 ②

13 '띄어쓰기 규정'에 맞게 표기한 것은?

① 그는 노는데 정신팔려서 자동차가 오는 것을 보지 못했다.
② 한국 팀은 기적을 써나가는 팀이다.
③ 조금전에 기차가 출발했어.
④ 고려 시대에 유학이 뿌리내리기 시작했다.

| 문항 해설 |

① '노는데 정신팔려서'는 '노는 데 정신 팔려서'로 적어야 한다. '노는데'에서 '데'는 의존 명사이므로 앞말인 '노는'과 띄어 써야 한다. '정신팔려서'는 합성어가 아니기 때문에 '정신'과 '팔려서'를 띄어 써야 한다.
② '써나가는'을 '써 나가는'으로 적어야 한다. '써나가는'은 합성어가 아니다.
③ '조금전'은 '조금 전'으로 적어야 한다. 문장의 각 단어는 띄어 씀을 원칙으로 한다 (「한글 맞춤법」 제2항 참조). '조금'과 '전'은 모두 명사이다.
④에 제시된 문장은 바르게 띄어 쓴 것이다. '뿌리내리기'는 합성어이기 때문에 '뿌리'와 '내리기'를 붙여 써야 한다. '뿌리내리다'는 '사물이나 현상의 근원이나 바탕이 이루어지다'를 뜻한다.

정답 ④

14 밑줄 친 단어 중에서 「한글 맞춤법」에 맞게 표기한 것은?

① 그 강좌의 <u>수강율</u>이 높은 편입니다.
② 유달리 저 사람은 <u>걱정꺼리</u>가 많아.
③ 불확실성을 <u>없애도록</u> 하세요.
④ 구태여 위험을 <u>무릎쓸</u> 필요가 없다.

| 문항 해설 |

① '수강율'은 '수강률'로 적어야 한다. '률'은 모음이나 'ㄴ' 받침 이외의 자음 뒤에 올 경우에 '률'로 적는다(「한글 맞춤법」 제11항 붙임 1 참조).
② '걱정꺼리'의 바른 표기는 '걱정거리'이다.
③ '없애도록'은 바르게 표기한 것이다. '없애도록'의 기본형은 '없애다'이다. 이것은 '없다'의 사동사로, '없어지게 하다'를 뜻한다.

④ '무릎쓸'의 바른 표기는 '무릅쓸'이다. '무릅쓸'의 기본형은 '무릅쓰다'이다. 이것은 '힘들고 어려운 일을 참고 견디다'를 뜻한다.

정답 ③

15 「띄어쓰기 규정」에 어긋나게 표기한 것은?

① 네가 가질만큼 가지고 가거라.
② 나도 너만큼 노래를 부를 수 있어.
③ 올해는 날씨가 좋으니만큼 농사가 잘될 것이다.
④ 그 아이가 그동안 이만큼 자랐어.

| 문항 해설 |

①에 쓰인 문장은 「띄어쓰기 규정」에 어긋나게 표기한 것이다. '가질만큼'에 쓰인 '만큼'은 의존 명사이므로 앞말인 '가질'과 띄어 써야 한다. '만큼'은 앞의 내용에 상당한 수량이나 정도임을 나타내는 의존 명사이다.

②에 쓰인 문장은 「띄어쓰기 규정」에 맞게 표기한 것이다. '너만큼'에 쓰인 '만큼'은 앞말과 비슷한 정도나 한도임을 나타내는 격 조사이므로 앞말에 붙여 써야 한다.

③에 쓰인 문장은 「띄어쓰기 규정」에 맞게 표기한 것이다. '좋으니만큼'에 쓰인 '-으니만큼'은 '앞말이 뒷말의 원인이나 근거가 됨을 나타내는 연결 어미'이므로 어간 '좋-'에 붙여 써야 한다.

④에 쓰인 문장은 「띄어쓰기 규정」에 맞게 표기한 것이다. '이만큼'은 합성어로, '이만한 정도로'를 나타내는 부사이다. "그 사람이 **이만큼**을 가져갔어."에 쓰인 '이만큼'은 명사로 '이만한 정도'를 뜻한다.

정답 ①

16 밑줄 친 단어 중에서 「한글 맞춤법」에 맞게 표기한 것은?

① 나는 품위 없는 말을 <u>일체</u> 하지 않겠다.
② 그는 같은 말을 <u>뇌고</u> 있다.
③ 과속 차량이 달려오는데 그녀가 차도에 발을 <u>내딛었다</u>.
④ 지난밤은 유달리 <u>덥드라</u>.

① '일체'는 '일절'로 적어야 한다. '일체(一切)'는 '모든 것'을 뜻하는 명사로 그 뒤에 오는 용언을 수식하지 못한다. '일절(一切)'은 '아주, 전혀, 절대로'를 뜻하고, 흔히 행위를 그치게 하거나 어떤 일을 하지 않을 때 쓰는 부사이다. '일절'은 그 뒤에 오는 용언을 수식한다.

② '뇌고'는 바르게 표기한 것이다. '뇌다'는 '한 번 한 말을 여러 번 거듭 말하다'를 뜻한다.

③ '내딛였다'의 바른 표기는 '내디뎠다'이다. '내디뎠다'의 기본형은 '내디디다'이다.

④ '덥드라'는 '덥더라'로 적어야 한다. '-더라'는 '해라' 할 자리에 쓰여, 화자가 과거에 직접 경험하여 새로이 알게 된 사실을 그대로 옮겨 와 전달한다는 뜻을 나타내는 종결 어미이다. 이것은 선어말 어미 '-더-'와 종결 어미 '-라'가 결합한 말이다.

정답 ②

17 「한글 맞춤법」에 맞게 표기한 것은?

① 킷값 　　　　② 치마자락
③ 콧배기 　　　④ 퇴마루

| 문항 해설 |

① '킷값'은 바르게 표기한 것이다. '키' + '값' → 킷값[키깝/킫깝]. '킷값'은 키에 알맞게 하는 행동을 낮잡아 이르는 말이다.

② '치마자락'의 바른 표기는 '치맛자락'이다. 순우리말로 된 합성어로서 앞말이 모음으로 끝나고 뒷말의 첫소리가 된소리로 나는 경우에 사이시옷을 받치어 적는다. '치마' + '자락' → 치맛자락[치마짜락/치맏짜락]

③ '콧배기'의 바른 표기는 '코빼기'이다. '코빼기'는 코를 속되게 이르는 말이다. 명사 '코' + 접미사 '-빼기' → 코빼기. 접미사 '-빼기'는 일부 명사 뒤에 붙어 그 명사를 속되게 이르는 뜻을 나타낸다.

　　　예 이마빼기, 외줄빼기, 얽둑빼기

④ '퇴마루'의 바른 표기는 '툇마루(退마루)'이다. 순우리말과 한자어로 된 합성어로서 앞말이 모음으로 끝나고 뒷말의 첫소리 'ㄴ, ㅁ' 앞에서 'ㄴ'이 덧나는 경우 사이시옷을 받치어 적는다(「한글 맞춤법」 제30항 2 참조). 퇴(退) + 마루 → 툇마루[퇸마루]

정답 ①

18 밑줄 친 단어 중에서 「한글 맞춤법」에 맞게 표기한 것은?

① 너는 턱걸이를 몇 번 할 수 있니?

② 그는 실망해서 땅바닥에 털석 주저앉았다.

③ 그는 친구에게 닥아갔다.

④ 그는 태연이 거짓말을 한다.

| 문항 해설 |

① '턱걸이'는 바르게 표기한 것이다.

② '털석'의 바른 표기는 '털썩'이다. '털썩'은 '갑자기 힘없이 주저앉거나 쓰러지는 모양이나 소리'를 뜻한다.

③ '닥아갔다'의 바른 표기는 '다가갔다'이다. '다가갔다'의 기본형은 '다가가다'이다. '다가가다'는 '어떤 대상 쪽으로 가까이 가다'를 뜻한다.

④ '태연이'의 바른 표기는 '태연히(泰然히)'이다.

정답 ①

19 「띄어쓰기 규정」에 맞게 표기한 것은?

① 이나이가 되면 지난 날들을 자주 되돌아 보게 된다.

② 디지털 공간의 혐오 표출과 부당한 인신공격을 더 이상 묵과해서는 안 된다.

③ 이치적사고는 두개중에서 한 개를 택하고 다른 것을 버리는 사고 방식이다.

④ 그는 집 열채를 가지고 있는 큰부자이다.

| 문항 해설 |

① '이나이'는 '이 나이'로, '지난 날들을'은 '지난날들을'로, '되돌아 보게'는 '되돌아보게'로 적어야 한다.

② 에 제시된 문장은 바르게 띄어 쓴 것이다. '인신공격(人身攻擊)'은 '남의 신상에 관한 일을 들어 비난함'을 뜻하는 합성어이다.

③ '이치적사고'는 구(句)이기 때문에 '이치적 사고'로 적어야 한다. '두개중에서'도 구이므로 '두 개 중에서'로 적고, '사고 방식'은 합성어이기 때문에 '사고방식'으로 적어야 한다.

④ '채'는 단위 명사이므로 앞말과 띄어 써야 한다. '큰부자'는 합성어가 아니고 구이므로 '큰 부자'로 적어야 한다.

정답 ②

20 「띄어쓰기 규정」에 맞게 표기한 것은?

① 국수 다섯사리를 더 주문해.
② 나는 지금부터 열심히 공부하기로 마음먹었다.
③ 그 사람이 고향으로 돌아 왔어요.
④ 부모님은 두분 다 적잖은 나이십니다.

| 문항 해설 |

① '다섯사리'는 '다섯 사리'로 적어야 한다. 단위를 나타내는 명사는 띄어 쓴다(「한글 맞춤법」 제43항). '사리'는 국수, 새끼, 실 따위를 동그랗게 포개어 감은 뭉치를 세는 단위를 나타내는 명사이다.
②에 제시된 문장은 바르게 띄어 쓴 것이다. '마음먹었다'는 합성어이므로 '마음'과 '먹었다'를 붙여 써야 한다.
③ '돌아 왔어요'를 '돌아왔어요'로 적어야 한다. '돌아왔어요'는 합성어이다.
④ '두분'을 '두 분'으로 적어야 한다. '분'은 '높이는 사람을 세는 단위'를 나타내는 의존 명사이므로 앞말과 띄어 써야 한다.

정답 ②

21 「띄어쓰기 규정」에 맞게 표기한 것은?

① 그녀는 내가 아기를 돌보는 것을 못마땅해 했다.
② 강국이 될 때 까지 국력을 신장하자.
③ 신경을 못쓴 내잘못이 크다.
④ 충무공 이순신장군은 위대한 분이다.

| 문항 해설 |

①에 쓰인 문장은 바르게 띄어 쓴 것이다. '못마땅해'는 합성어이므로 '못'과 '마땅해'를 붙여 써야 한다.
② '때 까지'는 '때까지'로 적어야 한다. '까지'는 보조사이므로 앞말에 붙여 써야 한다.
③ '못쓴'은 '못 쓴'으로, '내잘못이'는 '내 잘못이'로 적어야 한다. 이 문장에 쓰인 '쓴'의 기본형은 '쓰다'로 '어떤 일에 마음이나 관심을 기울이다'를 뜻한다.

④ '이순신장군'은 '이순신 장군'으로 적어야 한다. 성과 이름, 성과 호 등은 붙여 쓰고, 이에 덧붙은 호칭어, 관직명 등은 띄어 쓴다(「한글 맞춤법」제48항 참조).
예 김양수(金良洙) 서화담(徐花潭), 채영신 여사, 박동식 박사

정답 ①

22 「한글 맞춤법」에 맞게 표기한 것은?

① 철딱서니
② 새벽녁
③ 뒤바라지
④ 코잔등

| 문항 해설 |

① '철딱서니'는 바르게 표기한 것이다. 이것은 '철'을 속되게 이르는 말이다.
② '새벽녁'의 바른 표기는 '새벽녘'이다.
③ '뒤바라지'는 '뒷바라지'로 표기하여야 한다. '뒤' + '바라지' → 뒷바라지[뒤:빠라지/뒫:빠라지]
④ '코잔등'의 바른 표기는 '콧잔등'이다. '코' + '잔등' → 콧잔등[코짠등/콛짠등]. '콧잔등'은 코허리를 낮잡아 이르는 말이다.

정답 ①

23 「띄어쓰기 규정」에 맞게 표기한 것은?

① 그는 진짜 가난해서 말 그대로 먹고살 게 없었다.
② 매일 너는 열심히 일을 하는 구나!
③ 가을 상추는 문걸어 잠그고 먹는다.
④ 그는 훌륭한 군자인양 행세한다.

① 에 제시된 문장은 바르게 띄어 쓴 것이다. '먹고살'은 합성어이므로 '먹고'와 '살'을 붙여 쓴다. '게'는 '것이'의 준말이다.

② '하는 구나'는 '하는구나'로 적어야 한다. '-는구나'는 종결 어미이므로 어간 '하-'에 붙여 써야 한다. '-는구나'는 ((동사 어간이나 어미 '-으시-' 뒤에 붙어)) '해라' 할 자리나 혼잣말에 쓰여, 화자가 새롭게 알게 된 사실에 주목함을 나타내는 종결 어미이다. 흔히 감탄의 뜻이 수반된다.

③ '문걸어'는 구(句)이므로 '문 걸어'로 적어야 한다.

④ '군자인양' '군자인 양'으로 적어야 한다. '양'은 '말이나 행동 따위를 거짓으로 꾸미는 것을 뜻하는 의존 명사이다.

정답 ①

24 밑줄 친 단어 중에서 「한글 맞춤법」에 맞게 표기한 것은?

① 이 약을 <u>꾸준히</u> 복용하면 건강해져요.
② <u>마땅찮은</u> 일은 없어.
③ 사과가 <u>고라서</u> 먹을 수가 없다.
④ 그는 죄를 지었기 때문에 <u>죄값</u>을 받아야 한다.

| 문항 해설 |

① '꾸준히'는 바르게 표기한 것이다.

② '마땅찮은'을 '마땅찮은'으로 적어야 한다. '마땅찮다'는 '마땅하지 아니하다'의 준말이다.

③ '고라서'의 바른 표기는 '곯아서'이다. '곯다'는 '속이 물크러져 상하다'를 뜻한다.

④ '죄값'은 '죗값'으로 적어야 한다. 순우리말과 한자어로 된 합성어로서 앞말이 모음으로 끝나고 뒷말의 첫소리가 된소리로 나는 경우 사이시옷을 받치어 적는다(「한글 맞춤법」 제30항 2 참조). '죄(罪)' + '값' → 죗값[죄:깝/줴:깝/죌:깝/쉘:깝]

정답 ①

25 「띄어쓰기 규정」에 맞게 표기한 것은?

① 우리집 강아지가 온 데 간 데 없어.

② 그는 매일 쉴틈없이 일을 한다.

③ 국방력을 강화해 나가는 데 더욱 박차를 가할 것이다.

④ 잘못한 데도 칭찬해 줘서 고마워.

| 문항 해설 |

① '우리집'은 복합어가 아니고 구(句)이므로 '우리 집'으로 적고, '온 데 간 데 없어'
는 합성어이므로 '온데간데없어'로 표기하여야 한다. '온데간데없다'는 '감쪽같이
자취를 감추어 찾을 수가 없다'를 뜻한다.

② '쉴틈없이'는 합성어가 아니기 때문에 '쉴 틈 없이'로 적어야 한다.

③에 제시된 문장은 바르게 띄어 쓴 것이다. '나가는 데'에 쓰인 '데'는 의존 명사이기
때문에 앞말과 띄어 쓴다. 의존 명사 '데'는 '일'이나 '것'의 뜻을 나타내는 말이다.

④ '잘못한 데도'는 '잘못한데도'로 적어야 한다. '-ㄴ데'는 다음에 할 말을 끌어내기
위하여, 그것과 상관될 만한 어떤 일을 미리 말할 때 쓰는 연결 어미이다. '잘못
하-'는 어간이고, '-ㄴ데'는 연결 어미이며, '도'는 보조사이다.

정답 ③

4

「외래어의 표기」 평가

제1회 「외래어의 표기」 평가

01 「외래어 표기법」에 맞게 표기한 것은?

① 케잌(cake)　　　　　② 훼션(fashion)
③ 재즈(jazz)　　　　　④ 챠트(chart)

| 문항 해설 |

① '케잌'의 바른 표기는 '케이크'이다. 짧은 모음 이외의 어말과 자음 앞의 [p], [t], [k]는 '으'를 붙여 적는다(「외래어 표기법」 제3장 제1절 제1항 3 참조).
② '훼션'의 바른 표기는 '패션'이다. [f]는 모음 앞에서는 'ㅍ', 자음 앞 또는 어말에서는 '프'로 적는다(「외래어 표기법」 표 1 '국제 음성 기호와 한글 대조표' 참조).
③ '재즈'는 바르게 표기한 것이다.
④ '챠트'의 바른 표기는 '차트'이다.

정답 ③

02 외래어를 바르게 표기한 것은?

① 프랑카드(placard)　　② 심포지엄(symposium)
③ 휴즈(fuse)　　　　　④ 샤시(sash)

| 문항 해설 |

① '프랑카드'의 바른 표기는 '플래카드'이다.
② '심포지엄'은 바르게 표기한 것이다.
③ '휴즈'의 바른 표기는 '퓨즈'이다.
④ '샤시'의 바른 표기는 '새시'이다. '새시'는 철, 스테인리스강, 알루미늄 따위를 재료로 하여 만든 창의 틀이다.

정답 ②

03 밑줄 친 외래어를 바르게 표기한 것은?

① 새 <u>테이프</u>를 샀어.
② <u>까스</u>가 새어 나왔어.
③ 우리 상점의 <u>샤타</u>를 내렸어.
④ 나는 <u>알바이트</u>를 해서 등록금을 마련했어.

| 문항 해설 |

① '테이프'는 바르게 표기한 것이다. '테이프'는 영어 tape를 차용한 것이다. '테잎', '테입' 등은 「외래어 표기법」에 어긋난 표기이다. 짧은 모음 이외의 어말과 자음 앞의 [p], [t], [k]는 '으'를 붙여 적는다(「외래어 표기법」 제3장 제1절 제1항 3 참조).
② '까스'의 바른 표기는 '가스'이다. '가스'는 영어 gas를 차용한 것이다. '까스', '깨쓰' 등은 「외래어 표기법」에 어긋난 표기이다. 파열음 표기에는 된소리인 'ㄲ, ㄸ, ㅃ'을 쓰지 않는 것을 원칙으로 한다(「외래어 표기법」 제4항 참조).
③ '샤타'의 바른 표기는 '셔터'이다. '셔터'는 영어 shutter를 차용한 것이다. 이것은 폭이 좁은 철판을 발[簾] 모양으로 연결하여 감아올리거나 내릴 수 있도록 한 문이다.
④ '알바이트'의 바른 표기는 '아르바이트'이다. '아르바이트'는 독일어 Arbeit를 차용한 것이다. 이것은 '본래의 직업이 아닌, 임시로 하는 일'을 뜻한다.

정답 ①

04 밑줄 친 외래어를 바르게 표기한 것은?

① 21세기는 <u>디지틀</u> 시대이다.
② 지금은 <u>아나로그</u> 시대가 아니다.
③ 그 선수는 <u>디렘마</u>에 빠졌어.
④ <u>껌</u>을 도로에 뱉지 마라.

| 문항 해설 |

① '디지틀'의 바른 표기는 '디지털'이다. '디지털'은 영어 digital을 차용한 것이다. 이것은 '여러 자료를 유한한 자릿수의 숫자로 나타내는 방식'을 뜻한다.
② '아나로그'의 바른 표기는 '아날로그'이다. '아날로그'는 영어 analogue를 차용한 것이다.

③ '디렘마'의 바른 표기는 '딜레마'이다. '딜레마'는 영어 dilemma를 차용한 것이다. 이것은 '선택하여야 하는 길은 2개뿐이지마는 그 어느 쪽도 바람직하지 못한 결과를 초래하는 상황'을 뜻한다.

④ '껌'은 바르게 표기한 것이다. '껌'은 영어 gum을 차용한 것이다. 이미 굳어진 외래어는 관용을 존중한다(「외래어 표기법」 제5항 참조).

정답 ④

05 외래어를 바르게 표기한 것은?

① 홀몬(hormone)
② 씸포니(symphony)
③ 스태프(staff)
④ 보나스(bonus)

| 문항 해설 |

① '홀몬'의 바른 표기는 '호르몬'이다.

② '씸포니'의 바른 표기는 '심포니'이다.

③ '스태프'는 바르게 표기한 것이다. '스탭, 스탶' 등은 「외래어 표기법」에 어긋난 표기이다. '스태프'는 제작진으로서, 연기자를 제외한 연극, 영화, 방송의 제작에 관계하는 모든 사람이다.

④ '보나스'의 바른 표기는 '보너스'이다.

정답 ③

06 밑줄 친 외래어를 바르게 표기한 것은?

① 지금은 입학 씨즌이야.
② 다이아몬드 반지는 금반지(金半指)보다 비싸다.
③ 그 피의자가 법원 앞에 나타나자 기자들의 카메라 홀래시가 터졌어.
④ 이 쇼파가 푹신해서 편안하다.

① '씨즌'의 바른 표기는 '시즌'이다. '시즌'은 영어 season을 차용한 것이다. 이것은 '어떤 활동이 활발히 이루어지는 시기, 또는 어떤 활동을 하기에 적절한 시기'를 뜻한다.

② '다이아몬드'는 바르게 표기한 것이다. 이것은 영어 diamond를 차용한 것이다.

③ '홀래시'의 바른 표기는 '플래시'이다. '플래시'는 영어 flash를 차용한 것이다.

④ '쇼파'의 바른 표기는 '소파'이다. '소파'는 영어 sofa를 차용한 것이다.

정답 ②

07 밑줄 친 외래어를 바르게 표기한 것은?

① 이 팀은 <u>팀워크</u>가 매우 좋아.

② 저 사람은 <u>에티켙</u>을 잘 지켜.

③ 저 사람들은 사랑스러운 <u>커풀</u>이다.

④ 어제 나는 <u>비데오테입</u>을 빌려 보았어.

① '팀워크'는 바르게 표기한 것이다. '팀워크'는 영어 teamwork를 차용한 것이다. 이것은 '팀이 협동하여 행하는 동작, 또는 그들 상호 간의 연대'를 뜻한다.

② '에티켙'의 바른 표기는 '에티켓'이다. 외래어 받침에는 'ㄱ, ㄴ, ㄹ, ㅁ, ㅂ, ㅅ, ㅇ'만을 쓴다(「외래어 표기법」 제3항 참조). '에티켓'은 프랑스어 étiquette을 차용한 것으로서, '사교상의 마음가짐이나 몸가짐'을 뜻한다.

③ '커풀'의 바른 표기는 '커플'이다. 이것은 영어 couple을 차용한 것이다.

④ '비데오테입'의 바른 표기는 '비디오테이프'이다. '비디오테이프'는 영어 video tape를 차용한 것이다. 이것은 영상 신호를 기록하는 데 쓰이는 자기 테이프이다.

정답 ①

08 밑줄 친 외래어를 바르게 표기한 것은?

① 이 <u>카셋</u>은 얼마입니까?

② <u>콩크리트</u>로 집을 지었다.

③ 어제 추워서 <u>머플러</u>를 샀어.

④ 너는 몇 <u>메타</u>까지 뛸 수 있니?

| 문항 해설 |

① '카셋'의 바른 표기는 '카세트'이다. '카세트'는 영어 cassette를 차용한 것이다.

② '콩크리트'의 바른 표기는 '콘크리트'이다. '콘크리트'는 영어 concrete를 차용한 것이다.

③ '머플러'는 바르게 표기한 것이다. 이것의 유사어는 '마후라'이다. '머플러'는 영어 muffler를 차용한 것이지마는, '마후라'는 일본어 マフラ를 차용한 것이다.

④ '메타'의 바른 표기는 '미터'이다. '미터'는 영어 meter를 차용한 것이다.

정답 ③

09 밑줄 친 외래어를 바르게 표기한 것은?

① 이 <u>레코더</u>는 아주 비싼 악기야.

② 홍수로 <u>땜</u>이 무너져서 농사에 큰 피해를 입었다.

③ 이 <u>찬스</u>를 잘 살려야 승리한다.

④ 2021년에 마얀마에서 <u>구데타</u>가 일어났다.

| 문항 해설 |

① '레코더'의 바른 표기는 '리코더'이다. '리코더'는 영어 recorder를 차용한 것이다.

② '땜'의 바른 표기는 '댐'이다. '댐'은 영어 dam을 차용한 것이다.

③ '찬스'는 바르게 표기한 것이다. '찬스'는 영어 chance를 차용한 것이다. '찬스'는 '어떠한 일을 하는 데 적절한 시기나 경우'를 뜻한다.

④ '구데타'의 바른 표기는 '쿠데타'이다. '쿠데타'는 프랑스어 coupd'État를 차용한 것이다. 이것은 '군사적 힘을 동원하여 정권을 빼앗으려고 갑자기 벌이는 행동'을 뜻한다.

정답 ③

10 밑줄 친 외래어를 바르게 표기한 것은?

① 나는 친구에게 선물을 하려고 선물 <u>쎄트</u>를 샀어.

② 저 배구 선수가 <u>써브</u>를 가장 잘해.

③ 어깨에 걸친 <u>망또</u>가 멋지다.

④ 이것은 <u>플라스틱</u>으로 만든 거야.

| 문항 해설 |

① '쎄트'의 바른 표기는 '세트'이다. '세트'는 영어 set를 차용한 것이다. '세트'는 '도구나 가구 따위의 한 벌'을 뜻한다.

② '써브'의 바른 표기는 '서브'이다. '서브'는 영어 serve를 차용한 것으로서, '탁구·배구·테니스 따위에서, 공격하는 쪽이 상대편 코트에 공을 쳐 넣는 것'을 뜻한다.

③ '망또'의 바른 표기는 '망토'이다. '망토'는 프랑스어 manteau를 차용한 것이다. 파열음 표기에는 된소리 'ㄲ, ㄸ, ㅃ'을 쓰지 않는 것을 원칙으로 한다(「외래어 표기법」제1장 제4항 참조).

④ '플라스틱'은 바르게 표기한 것이다. '플라스틱'은 영어 plastic을 차용한 것이다. 어중의 [l]이 모음 앞에 올 때에는 'ㄹㄹ'로 적는다(「외래어 표기법」제3장 제1절 제6항 참조). '프락스틱, 푸라스틱' 등은 「외래어 표기법」에 어긋난 표기이다.

정답 ④

11 밑줄 친 외래어를 바르게 표기한 것은?

① 전기 자동차 <u>빠떼리</u>는 매우 비싸.

② 자동차 타이어에 <u>빵꾸</u>가 났어.

③ 그는 자기 회사 <u>배지</u>를 달고 있다.

④ 이것은 영화 <u>필림</u>이야.

| 문항 해설 |

① '빠떼리'의 바른 표기는 '배터리'이다. '배터리'는 영어 battery를 차용한 것이다. '밧데리, 바테리' 등은 「외래어 표기법」에 어긋난 표기이다.

② '빵구'의 바른 표기는 '펑크'이다. '펑크'는 영어 puncture에서 유래한 것이다.

③ '배지'는 바르게 표기한 것이다. '배지'는 영어 badge를 차용한 것이다. '빠찌', '배찌' 등은 바르지 않은 표기이다.

④ '필림'의 바른 표기는 '필름'이다. '필름'은 영어 film을 차용한 것이다.

정답 ③

12 밑줄 친 외래어를 바르게 표기한 것은?

① 이번 주에 백화점에서 쎄일을 한다.

② 이것은 테니스 라켓이다.

③ 야채를 싸는 랲을 사 오도록 해.

④ 이 회사는 산업용 로벗을 제작하는 곳이야.

| 문항 해설 |

① '쎄일'의 바른 표기는 '세일'이다. '세일'은 영어 sale을 차용한 것이다.

② '라켓'은 바르게 표기한 것이다. '라켓'은 영어 racket을 차용한 것이다.

③ '랲'의 바른 표기는 '랩'이다. '랩'은 영어 wrap을 차용한 외래어이다. 외래어의 받침에는 'ㄱ, ㄴ, ㄹ, ㅁ, ㅂ, ㅅ, ㅇ'만을 쓴다(「외래어 표기법」 제3항 참조). '랩'은 식품 포장에 쓰는 폴리에틸렌제의 얇은 막이다.

④ '로벗'의 바른 표기는 '로봇'이다. '로봇'은 영어 robot을 차용한 것이다.

정답 ②

13 밑줄 친 외래어를 바르게 표기한 것은?

① 남은 과자를 비니루로 싸라.

② 우리는 비싼 부페에서 식사를 했어.

③ 그들이 가을에 컨써트를 열 예정이다.

④ 그녀는 라이터로 촛불을 켰다.

① '비니루'의 바른 표기는 '비닐'이다. '비닐'은 영어 vinyl을 차용한 것이다.

② '부페'의 바른 표기는 '뷔페'이다. '뷔페'는 프랑스어 buffet를 차용한 것이다. '뷔페'는 여러 가지 음식을 차려 놓고 손님이 스스로 골라 먹도록 한 식당이다.

③ '컨써트'의 바른 표기는 '콘서트'이다. 이것은 영어 concert를 차용한 것이다.

④ '라이터'는 바르게 표기한 것이다. 이것은 영어 lighter를 차용한 것이다.

정답 ④

14 밑줄 친 외래어를 바르게 표기한 것은?

① 어제 나는 새로 생산된 <u>찌푸</u>를 샀어.

② 우리는 <u>싸이버</u> 강의실에서 강의를 한다.

③ 우리는 저녁에 <u>바비큐</u>를 먹었어.

④ 그는 <u>씽글</u>로 산다.

| 문항 해설 |

① '찌푸'의 바른 표기는 '지프'이다. 이것은 영어 jeep를 차용한 것이다.

② '싸이버'의 바른 표기는 '사이버'이다. '사이버'는 영어 cyber를 차용한 것이다.

③ '바비큐'는 바르게 표기한 것이다. 이것은 영어 barbecue를 차용한 것이다. '바베큐'는 바르지 않은 표기이다.

④ '씽글'의 바른 표기는 '싱글'이다. 이것은 영어 single을 차용한 것이다. 이 문장에서 '싱글'은 '배우자가 없이 혼자 살거나 결혼하지 않은 사람'을 뜻한다.

정답 ③

15 밑줄 친 외래어를 바르게 표기한 것은?

① 저 <u>수퍼마킷</u>에서 사과를 샀어.

② 이 <u>악세사리</u>는 매우 아름다워.

③ 저기에 있는 <u>로타리</u>로 돌아가세요.

④ <u>타월</u>을 잘 세탁하세요.

① '수퍼마킷'의 바른 표기는 '슈퍼마켓'이다. 이것은 영어 supermarket을 차용한 것이다.

② '악세사리'의 바른 표기는 '액세서리'이다. 이것은 영어 accessory를 차용한 것이다.

③ '로타리'의 바른 표기는 '로터리'이다. 이것은 영어 rotary를 차용한 것이다. '로터리'는 교통이 복잡한 네거리 같은 곳에 교통정리를 위하여 원형으로 만들어 놓은 교차로이다.

④ '타월'은 바르게 표기한 것이다. '타월'은 영어 towel을 차용한 것이다. '타올'은 바른 표기가 아니다.

정답 ④

16 밑줄 친 외래어를 바르게 표기한 것은?

① 따뜻할 때 <u>도넛</u>을 먹어라.
② 저기에 있는 <u>싸롱</u>에서 미술 전람회를 한다.
③ 이곳은 옷 <u>크리닝</u>을 아주 잘해.
④ 그는 제1 <u>스투디오</u>에서 방송을 하고 있어.

| 문항 해설 |

① '도넛'은 바르게 표기한 것이다. 이것은 영어 doughnut을 차용한 것이다. '도너츠, 도나쓰' 등은 바른 표기가 아니다.

② '싸롱'의 바른 표기는 '살롱'이다. '살롱'은 프랑스어 salon을 차용한 것이다.

③ '크리닝'의 바른 표기는 '클리닝'이다. 이것은 영어 cleaning을 차용한 것이다. 어중의 [l]이 모음 앞에 올 때에는 'ㄹㄹ'로 적는다(「외래어 표기법」 제3장 제1절 제6항 참조). '클리닝'은 '서양식 세탁'을 뜻한다.

④ '스투디오'의 바른 표기는 '스튜디오'이다. 이것은 영어 studio를 차용한 것이다.

정답 ①

17 밑줄 친 외래어를 바르게 표기한 것은?

① 오래된 <u>커텐</u>을 새것으로 갈아라.
② 이것들은 현대 미술 <u>콜렉션</u>이다.
③ 이 곡은 유명한 <u>판타지</u>이다.
④ 머리에 꽂을 <u>삔</u>을 샀어.

| 문항 해설 |
① '커텐'의 바른 표기는 '커튼'이다. '커튼은 영어 curtain을 차용한 것이다.
② '콜렉션'의 바른 표기는 '컬렉션'이다. '컬렉션'은 영어 collection을 차용한 것이다. '컬렉션'은 관련된 물건들이나 상품들의 집합이다.
③ '판타지'는 바르게 표기한 것이다. 이것은 영어 fantasy를 차용한 것이다. '환타지' 는 바른 표기가 아니다. [f]가 모음 앞에 올 때는 'ㅍ'으로, 자음 앞이나 어말에 올 때는 'ㅍ'으로 적는다.
④ '삔'의 바른 표기는 '핀'이다. 이것은 영어 pin을 차용한 것이다. 파열음 표기에는 된소리를 쓰지 않는 것을 원칙으로 한다(「외래어 표기법」제1장 제4항 참조). 파 열음 중에서 된소리에 속하는 것은 'ㄲ, ㄸ, ㅃ' 등이다. 북한에서는 '핀'을 '삔'으 로 표기한다.

정답 ③

18 밑줄 친 외래어를 바르게 표기한 것은?

① 이 항공사는 <u>써비스</u>가 아주 좋아.
② 나는 이 <u>쏘나타</u>를 즐겨 감상한다.
③ 이곳은 피부 <u>크리닉</u>이야.
④ 9번 타자가 9회에 <u>히트</u>를 쳤어.

| 문항 해설 |
① '써비스'의 바른 표기는 '서비스'이다. '서비스'는 영어 service를 차용한 것이다.
② '쏘나타'의 바른 표기는 '소나타'이다. '소나타'는 이탈리아어 sonata를 차용한 것 이다.

③ '크리닉'의 바른 표기는 '클리닉'이다. '클리닉'은 영어 clinic을 차용한 것이다.

④ '히트'는 바르게 표기한 것이다. 이것은 영어 hit를 차용한 것이다. 짧은 모음 다음의 [t]는 받침으로 적는다(「외래어 표기법」 제3장 제1절 제1항)라고 규정하고 있는데, 이미 굳어진 외래어는 관용을 존중한다는 「외래어 표기법」 제1장 제5항의 규정에 따라 관용대로 표기하는 것이다.

정답 ④

19 밑줄 친 외래어를 바르게 표기한 것은?

① 저분은 유명한 <u>타렌트</u>이다.
② 현대 사회는 <u>글로벌</u> 사회야.
③ 저 사람은 <u>미스타</u> 김이야.
④ 이 회사는 <u>캐피탈</u> 회사이다.

| 문항 해설 |

① '타렌트'의 바른 표기는 '탤런트'이다. '탤런트'는 영어 talent를 차용한 것이다.
② '글로벌'은 바르게 표기한 것이다. '글로벌'은 영어 global을 차용한 것이다. '글로벌 사회'는 경제 활동이나 문화의 교류 따위가 전 세계를 대상으로 이루어지는 사회이다.
③ '미스타'의 바른 표기는 '미스터'이다. '미스터'는 영어 mister를 차용한 것이다.
④ '캐피탈'의 바른 표기는 '캐피털'이다. '캐피털'은 영어 capital을 차용한 것이다.

정답 ②

20 외래어를 바르게 표기한 것은?

① 싸이코패쓰(psychopath)　　② 크리스탈(crystal)
③ 토털(total)　　④ 앵콜(encore)

① '싸이코패쓰'의 바른 표기는 '사이코패스'이다. '사이코패스'는 주로 반사회적 인격 장애증을 앓고 있는 사람이다. 이것은 영어 psychopath를 차용한 것이다.

② '크리스탈'의 바른 표기는 '크리스털'이다. 이것은 영어 crystal을 차용한 것이다.

③ '토털'은 바르게 표기한 것이다. 이것은 영어 total을 차용한 것이다.

④ '앵콜'의 바른 표기는 '앙코르'이다. '앙코르'는 프랑스어 encore를 차용한 것이다.

정답 ③

21 외래어를 바르게 표기한 것은?

① 앙상블   ② 메리아스

③ 께임   ④ 바리깡

| 문항 해설 |

① '앙상블'은 바르게 표기한 것이다. 이것은 프랑스어 ensemble을 차용한 것이다.

② '메리아스'의 바른 표기는 '메리야스'이다. '메리야스'는 에스파냐어 medias를 차용한 것이다.

③ '께임'의 바른 표기는 '게임'이다. '게임'은 영어 game을 차용한 것이다.

④ '바리깡'의 바른 표기는 '바리캉'이다. '바리캉'은 프랑스어 bariquand을 차용한 것으로, 머리를 깎는 기구이다.

정답 ①

22 밑줄 친 외래어를 바르게 표기한 것은?

① 그는 <u>아뜨리</u>에서 작업을 하고 있어.

② 나는 얼굴 <u>맛사지</u>를 했어.

③ 거실에 <u>카펫</u>을 깔았어.

④ 그는 대중음악보다 <u>클라식</u>을 좋아해.

① '아뜨리에'의 바른 표기는 '아틀리에'이다. '아틀리에'는 프랑스어 atelier를 차용한 것으로서, '화가나 조각가의 작업실', 또는 '사진관의 촬영실'을 뜻한다.

② '맛사지'의 바른 표기는 '마사지'이다. '마사지'는 영어 massage를 차용한 것이다.

③ '카펫'은 바르게 표기한 것이다. 이것은 영어 carpet을 차용한 것이다. '카페트'는 바르지 않은 표기이다.

④ '클라식'의 바른 표기는 '클래식'이다. '클래식'은 영어 classic을 차용한 것이다.

정답 ③

23 밑줄 친 외래어를 바르게 표기한 것은?

① 어제 나는 최신 스피카를 샀다.
② 인디언은 콜럼버스가 발견한 신대륙의 원주민이다.
③ 그는 인테리아 디자이너이다.
④ 그는 꽃밭에서 네 잎 크로바를 찾았다.

| 문항 해설 |

① '스피카'의 바른 표기는 '스피커'이다. 이것은 영어 speaker를 차용한 것이다.

② '인디언'은 바르게 표기한 것이다. 이것은 영어 Indian을 차용한 것이다. '인디안'은 바른 표기가 아니다.

③ '인테리아'의 바른 표기는 '인테리어'이다. '인테리어'는 영어 interior를 차용한 것이다.

④ '크로바'의 바른 표기는 '클로버'이다. '클로버'는 영어 clover를 차용한 것이다.

정답 ②

24 밑줄 친 외래어를 바르게 표기한 것은?

① 나는 영화 메니아이다.

② 저분은 유명한 카운셀러이다.

③ 매스컴은 신문, 영화, 잡지, 텔레비전 따위의 대중 매체를 통하여 대중에게 많은 정보를 전달하는 일, 또는 그 기관이다.

④ 나는 비스켓을 많이 먹었어.

| 문항 해설 |

① '메니아'의 바른 표기는 '마니아'이다. '마니아'는 영어 mania를 차용한 것으로, '어떤 한 가지 일에 몹시 열중하는 사람', 또는 '그런 일'을 뜻한다.

② '카운셀러'의 바른 표기는 '카운슬러'이다. '카운슬러'는 영어 counselor를 차용한 것으로, '상담원(相談員)'을 뜻한다.

③ '매스컴'은 바르게 표기한 것이다. 이것은 영어 mass com(←mass communication)을 차용한 것이다. '메스컴', '매스콤' 등은 바른 표기가 아니다.

④ '비스켓'의 바른 표기는 '비스킷'이다. 이것은 영어 biscuit을 차용한 것이다.

정답 ③

25 밑줄 친 외래어를 바르게 표기한 것은?

① 레이져는 전자파의 유도 방출에 의한 빛의 증폭 장치이다.

② 여기는 레져 시설이 좋다.

③ 이것은 최근에 판매하는 멀티비젼이다.

④ 저것이 컨테이너 트럭이란다.

| 문항 해설 |

① '레이져'의 바른 표기는 '레이저'이다. '레이저'는 영어 laser를 차용한 것이다.

② '레져'의 바른 표기는 '레저'이다. '레저'는 영어 leisure를 차용한 것이다.

③ '멀티비젼'의 바른 표기는 '멀티비전'이다. '멀티비전'은 영어 multivision을 차용한 것이다.

④ '컨테이너'는 바르게 표기한 것이다. 이것은 영어 container을 차용한 것이다. '콘테이너'는 바르지 않은 표기이다.

정답 ④

제2회 「외래어의 표기」 평가

01 외래어를 바르게 표기한 것은?

① 부루스(blues)
② 뷔엔나(Vienna)
③ 볼륨(volume)
④ 렌트카(rent-a-ca)

| 문항 해설 |

① '부루스'의 바른 표기는 '블루스'이다. 어중의 [l]이 모음 앞에 올 때에는 'ㄹㄹ'로 적는다(「외래어 표기법」 제3장 제1절 제6항 참조).
② '뷔엔나'의 바른 표기는 '비엔나'이다.
③ '볼륨'은 바르게 표기한 것이다.
④ '렌트카'의 바른 표기는 '렌터카'이다.

정답 ③

02 밑줄 친 외래어를 바르게 표기한 것은?

① 환경 보호를 애국심의 바로메터로 삼는다.
② 저 배우의 모노로그는 일품이다.
③ 이 여자가 저 남자의 휘앙세이다.
④ 이 패밀리보다 저 패밀리가 더 행복해.

| 문항 해설 |

① '바로메터'의 바른 표기는 '바로미터'이다. '바로미터'는 영어 barometer를 차용한 것이다.
② '모노로그'의 바른 표기는 '모놀로그'이다. '모놀로그'는 영어 monologue를 차용한 것이다.

③ '휘앙세'의 바른 표기는 '피앙세'이다. '피앙세'는 프랑스어 fiancée를 차용한 것으로서, 약혼녀를 뜻한다. fiancé는 약혼남을 뜻한다.

④ '패밀리'는 바르게 표기한 것이다. 이것은 영어 family를 차용한 것이다.

정답 ④

03 밑줄 친 외래어를 바르게 표기한 것은?

① <u>네비게이숀</u>은 지도를 보이거나 지름길을 찾아 주어 자동차 운전을 도와주는 장치나 프로그램이다.

② 각종 범죄 근절을 위해 지역 사회 <u>네트워크</u> 구축이 필요하다.

③ <u>아루미니움</u>은 은백색의 가볍고 부드러운 금속 원소이다.

④ 나는 악곡 중에서 <u>환터지아</u>를 가장 좋아한다.

| 문항 해설 |

① '네비게이숀'의 바른 표기는 '내비게이션'이다. '내비게이션'은 영어 navigation을 차용한 것이다.

② '네트워크'는 바르게 표기한 것이다. 이것은 영어 network를 차용한 것이다. ② 문장에서 '네트워크'는 어떠한 일이나 문제점을 처리하는 데 각 기관 따위가 긴밀하게 연결되어 조직적이고 효율적으로 움직일 수 있도록 만든 체계를 뜻한다.

③ '아루미니움'의 바른 표기는 '알루미늄'이다. '알루미늄'은 영어 aluminium을 차용한 것이다. 어중의 [l]이 모음 앞에 올 때에는 'ㄹㄹ'로 적는다(「외래어 표기법」 제3장 제1절 제6항 참조).

④ '환터지아'의 바른 표기는 '판타지아'이다. '판타지아'는 이탈리아어 fantasia를 차용한 것으로, '환상곡(幻想曲)'을 뜻한다.

정답 ②

04 외래어를 바르게 표기한 것은?

① 바우쳐(voucher)   ② 로고쑹(logo song)
③ 아베크(avec)   ④ 브라인드(blind)

| 문항 해설 |

① '바우쳐'의 바른 표기는 '바우처'이다. '바우처'는 '일정한 조건을 갖춘 사람이 교육, 주택, 의료 따위의 복지 서비스를 이용할 때 정부가 비용을 대신 지급하거나 보조하기 위하여 내놓은 지불 보증서'를 뜻한다.
② '로고쑹'의 바른 표기는 '로고송'이다. '로고송'은 특정 상품, 회사, 개인을 널리 알리는 데 쓰는 노래이다.
③ '아베크'는 바르게 표기한 것이다. 이것은 프랑스어를 차용한 것으로서, '젊은 남녀의 동행'을 뜻한다.
④ '브라인드'의 바른 표기는 '블라인드'이다. '블라인드'는 영어 blind를 차용한 것이다. 어중의 [l]이 모음 앞에 올 때에는 'ㄹㄹ'로 적는다(「외래어 표기법」 제3장 제1절 제6항 참조).

정답 ③

05 외래어를 바르게 표기한 것은?

① 브로그(blog)   ② 짚씨(Gypsy)
③ 스킨쉽(skinship) ④ 스냅(snap)

| 문항 해설 |

① '브로그'의 바른 표기는 '블로그'이다. '블로그'는 영어 blog를 차용한 것이다. 어중의 [l]이 모음 앞에 올 때에는 'ㄹㄹ'로 적는다(「외래어 표기법」 제3장 제1절 제6항 참조).
② '짚씨'의 바른 표기는 '집시'이다.
③ '스킨쉽'의 바른 표기는 '스킨십'이다.
④ '스냅'은 바르게 표기한 것이다.

정답 ④

06 밑줄 친 외래어를 바르게 표기한 것은?

① 나는 어제 <u>부스타숏</u>을 맞았어.
② 그는 공포 영화를 보고 <u>쇼크</u>를 받았어.
③ 저 야구 선수는 여러 구단으로부터 <u>스카웃</u> 제의를 받았다.
④ 저 권투 선수는 <u>바디</u> 공격을 많이 받았다.

| 문항 해설 |

① '부스타숏'의 바른 표기는 '부스터샷'이다. '부스터샷'은 영어 booster shot을 차용한 것으로, 백신의 면역 효과를 강화하거나 효력을 연장하기 위해 일정 시간이 지난 뒤 추가 접종을 하는 것을 뜻한다
② '쇼크'는 바르게 표기한 것이다. 이것은 영어 shock를 차용한 것이다(「외래어 표기법」 제3장 제1절 제1항 참조).
③ '스카웃'의 바른 표기는 '스카우트'이다. 이것은 영어 scout를 차용한 것이다.
④ '바디'의 바른 표기는 '보디'이다. 이것은 영어 body를 차용한 것이다.

정답 ②

07 밑줄 친 외래어를 바르게 표기한 것은?

① 이곳은 은퇴한 <u>씰버</u>들이 생활하는 곳이다.
② 저 사람은 <u>옴부즈맨</u>이다.
③ 지금은 대통령이 경제에 <u>오린</u>을 하여야 할 때이다.
④ 오랜만에 <u>드라이부</u>를 했더니 기분이 좋다.

| 문항 해설 |

① '씰버'의 바른 표기는 '실버'이다. '실버'는 영어 silver를 차용한 것으로서, 은퇴를 앞둔 노인이나 노년을 뜻한다.
② '옴부즈맨'은 바르게 표기한 것이다. 이것은 영어 ombudsman을 차용한 것으로서, '정부, 공공 기관 등에 대해 일반 국민이 갖는 불평이나 불만을 처리하는 사람, 즉 민원 도우미'를 뜻한다.

③ '오린'의 바른 표기는 '올인'이다. '올인'은 영어 'all-in'을 차용한 것으로서, 한 가지 일에 모든 힘을 쏟아붓는 것을 뜻한다.

④ '드라이부'의 바른 표기는 '드라이브'이다. '드라이브'는 영어 drive를 차용한 것이다.

정답 ②

08 외래어를 바르게 표기한 것은?

① 보우트(boat)   ② 미터버스(metaverse)

③ 원톱(one top)   ④ 땡크(tank)

| 문항 해설 |

① '보우트'의 바른 표기는 '보트'이다. 중모음은 각 단모음의 음가를 살려서 적되, [ou]는 '오'로, [auə]는 '아워'로 적는다(「외래어 표기법」 제3장 제1절 제8항).

     예 boat[bout] → 보트, tower[tauə] → 타워

② '미터버스'의 바른 표기는 '메타버스'이다. '메타버스'는 확장 가상 세계이다. 이것은 가상, 초월을 뜻하는 '메타(meta)'와 우주, 세계를 의미하는 '유니버스(universe)'를 합성한 신조어이다.

③ '원톱'은 바르게 표기한 것이다.

④ '땡크'의 바른 표기는 '탱크'이다.

정답 ③

09 외래어를 바르게 표기한 것은?

① 덤푸트럭(dump-truck)   ② 타이루(tile)

③ 웰비잉(well-being)   ④ 블록체인(block chain)

① '덤푸트럭'의 바른 표기는 '덤프트럭'이다.

② '타이루'의 바른 표기는 '타일'이다.

③ '웰비잉'의 바른 표기는 '웰빙'이다.

④ '블록체인'은 바르게 표기한 것이다. 이것은 '블록(Block)을 잇달아 연결(Chain) 한 모음'을 뜻한다. 이것은 가상화폐 거래 내역을 기록하는 장부이다. 신용이 필 요한 온라인 거래에서 해킹을 막기 위한 기술로 사용된다.

정답 ④

10 밑줄 친 외래어를 바르게 표기한 것은?

① 그는 볼 <u>컨추럴</u>을 잘하는 선수이다.

② 내일 나는 그녀의 <u>리사이틀</u>에 가려고 한다.

③ 오늘은 <u>콘디숀</u>이 아주 좋아요.

④ 저 사람은 <u>오도바이</u>를 안전하게 탄다.

① '컨추럴'의 바른 표기는 '컨트롤'이다. 이것은 영어 control을 차용한 것이다.

② '리사이틀'은 바르게 표기한 것이다. 이것은 영어 recital을 차용한 것이다.

③ '콘디숀'의 바른 표기는 '컨디션'이다. 이것은 영어 condition을 차용한 것이다.

④ '오도바이'의 바른 표기는 '오토바이'이다. '오토바이'는 영어 auto bicycle에서 유 래한 말이다.

정답 ②

11 밑줄 친 외래어를 바르게 표기한 것은?

① 우리는 <u>셔틀버스</u>를 타고 역까지 갔다.

② 저 사람은 유명한 권투 <u>참피온</u>이다.

③ 경찰이 시위대를 막기 위해 <u>바리케이트</u>를 설치했다.

④ 여기에 석유 <u>빠이푸</u>를 묻었다.

① '셔틀버스'는 바르게 표기한 것이다. 이것은 영어 shuttle bus를 차용한 것이다.

② '참피온'의 바른 표기는 '챔피언'이다. 이것은 영어 champion을 차용한 것이다.

③ '바리케이트'의 바른 표기는 '바리케이드'이다. 이것은 영어 barricade를 차용한 것이다.

④ '빠이푸'의 바른 표기는 '파이프'이다. 이것은 영어 pipe를 차용한 것이다.

정답 ①

12 외래어를 바르게 표기한 것은?

① 씨그널(signal) ② 쌔러리맨(← salaried man)
③ 앰뷸런스(ambulance) ④ 스럼프(slump)

| 문항 해설 |

① '씨그널'의 바른 표기는 '시그널'이다.

② '쌔러리맨'의 바른 표기는 '샐러리맨'이다.

③ '앰뷸런스'는 바르게 표기한 것이다. 이것은 위급한 환자나 부상자를 신속하게 병원으로 실어 나르는 자동차, 즉 구급차이다.

④ '스럼프'의 바른 표기는 '슬럼프'이다. '슬럼프'는 운동 경기 따위에서, 자기 실력을 제대로 발휘하지 못하고 저조한 상태가 길게 계속되는 것을 뜻한다.

정답 ③

13 외래어를 바르게 표기한 것은?

① 컴프렉쓰(complex) ② 에라(error)
③ 캐릭터(character) ④ 테라쓰(terrace)

① '컴프렉쓰'의 바른 표기는 '콤플렉스'이다. '콤플렉스'는 현실적인 행동이나 지각에 영향을 미치는 무의식의 감정적 관념, 또는 열등감을 뜻한다.

② '에라'의 바른 표기는 '에러'이다.

③ '캐릭터'는 바르게 표기한 것이다.

④ '테라쓰'의 바른 표기는 '테라스'이다.

정답 ③

14 밑줄 친 외래어를 바르게 표기한 것은?

① 운전을 하면서 가급적 <u>클랙슨</u>을 울리지 마라.

② 어제 나는 새로운 <u>키타</u>를 샀어.

③ 순이가 신부에게서 <u>뷰케</u>를 받았어.

④ 요사이 <u>딸라</u>가 매우 비싸졌어.

| 문항 해설 |

① '클랙슨'은 바르게 표기한 것이다. 이것은 영어 klaxon을 차용한 것이다.

② '키타'의 바른 표기는 '기타'이다. '기타'는 영어 guitar를 차용한 것이다.

③ '뷰케'의 바른 표기는 '부케'이다. '부케'는 프랑스어 bouquet를 차용한 것으로서, 결혼식 때 신부가 손에 드는 작은 꽃다발을 뜻한다.

④ '딸라'의 바른 표기는 '달러'이다. '달러'는 영어 dollar를 차용한 것이다.

정답 ①

15 밑줄 친 외래어를 바르게 표기한 것은?

① 이 드라마는 <u>아울쏘씽</u>을 한 것이다.

② 우리 학회에서 <u>워크숍</u>을 개최한다.

③ 가을에 우리 동호회에서는 <u>쎄미나</u>를 개최하려고 한다.

④ 우리는 그동안의 사진들을 모아 <u>타임캡쓸</u>에 담아 땅에 묻었다.

① '아울쏘씽'의 바른 표기는 '아웃소싱'이다. '아웃소싱'은 영어 outsourcing을 차용한 것이다. '아웃소싱'은 기업 업무의 일부 부문이나 과정을 경영 효과와 효율의 극대화를 위한 방안으로 제삼자에게 위탁해서 처리하는 것이다.

② '워크숍'은 바르게 표기한 것이다. 이것은 영어 workshop을 차용한 것이다. '워크샵'은 바르지 않은 표기이다.

③ '쎄미나'의 바른 표기는 '세미나'이다. '세미나'는 영어 seminar를 차용한 것이다.

④ '타임캡숄'의 바른 표기는 '타임캡슐'이다. '타임캡슐'은 영어 time capsule을 차용한 것이다. 이것은 그 시대를 대표하는 기록이나 물건을 담아서 후세에 온전히 전할 목적으로 고안한 용기이다.

정답 ②

16 밑줄 친 외래어를 바르게 표기한 것은?

① 마루에 <u>매트리스</u>를 깔았다.
② 저 사람은 친목회 <u>멤바</u>이다.
③ 이것은 의자 <u>카버</u>이다.
④ 이 방석의 <u>쿠숀</u>이 좋다.

| 문항 해설 |

① '매트리스'는 바르게 표기한 것이다. 이것은 영어 mattres를 차용한 것이다.
② '멤바'의 바른 표기는 '멤버'이다. '멤버'는 영어 member를 차용한 것이다.
③ '카버'의 바른 표기는 '커버'이다. '커버'는 영어 cover를 차용한 것이다.
④ '쿠숀'의 바른 표기는 '쿠션'이다. '쿠션'은 영어 cushion을 차용한 것이다.

정답 ①

17 외래어를 바르게 표기한 것은?

① 자켓(jacket)   ② 핸드후리(handsfree)
③ 선팅(sunting)   ④ 쎈치메터(centimeter)

① '자켓'의 바른 표기는 '재킷'이다.

② '핸드후리'의 바른 표기는 '핸즈프리'이다. '핸즈프리'는 운전하면서 휴대 전화기를 사용할 때 손을 사용하지 않고 통화할 수 있도록 한 장치이다.

③ '선팅'은 바르게 표기한 것이다. '썬팅'은 바르지 않은 표기이다.

④ '쎈치메터'의 바른 표기는 '센티미터'이다.

정답 ③

18 밑줄 친 외래어를 바르게 표기한 것은?

① 맑은 날 야외에서 일할 때 <u>썬그라스</u>를 반드시 껴야 한다.

② 이 물건은 5 <u>그람</u>이다.

③ 우리는 요리하기 위해 <u>로브스터</u> 다섯 마리를 샀다.

④ <u>스푸링쿨러</u>로 정원의 나무들에 물을 주었다.

| 문항 해설 |

① '썬그라스'의 바른 표기는 '선글라스'이다. '선글라스'는 영어 sunglasses를 차용한 것이다.

② '그람'의 바른 표기는 '그램'이다. '그램'은 영어 gram을 차용한 것이다.

③ '로브스터'는 바르게 표기한 것이다. 이것은 영어 lobster를 차용한 것이다. '랍스타, 롭스터' 등은 바르지 않은 표기이다.

④ '스푸링쿨러'의 바른 표기는 '스프링클러'이다. '스프링클러'는 영어 sprinkler를 차용한 것이다.

정답 ③

19 밑줄 친 외래어를 바르게 표기한 것은?

① 더워서 <u>에어콘</u>을 커니 쉬원하다.

② <u>리모콘</u>으로 그 기계를 작동시켜 봐.

③ <u>선크림</u>을 얼굴에 바르고 야외에 나가라.

④ 그는 <u>리베잇</u>을 받은 혐의로 구속되었다.

① '에어콘'의 바른 표기는 '에어컨'이다. '에어컨'은 영어 air conditioner에서 유래한 것이다.

② '리모콘'의 바른 표기는 '리모컨'이다. '리모컨'은 영어 remote control에서 유래한 것이다.

③ '선크림'은 바르게 표기한 것이다. 이것은 영어 sun cream을 차용한 것이다. '썬크림'은 바르지 않은 표기이다.

④ '리베잇'의 바른 표기는 '리베이트'이다. '리베이트'는 영어 rebate를 차용한 것이다.

정답 ③

20 밑줄 친 외래어를 바르게 표기한 것은?

① 청소기 휠터를 갈아 주세요.
② 우리는 릴레이 경기에서 우승을 했어요.
③ 우리는 공연하기 전에 리허썰을 여러 번 했어요.
④ 그는 췩킨을 매우 좋아해요.

| 문항 해설 |

① '휠터'의 바른 표기는 '필터'이다. '필터'는 영어 filter를 차용한 것이다.

② '릴레이'는 바르게 표기한 것이다. 이것은 영어 relay를 차용한 것이다. 어중의 [l]이 모음 앞에 올 때에는 'ㄹㄹ'로 적는다(「외래어 표기법」 제3장 제1절 제6항 참조).

③ '리허썰'의 바른 표기는 '리허설'이다. '리허설'은 영어 rehearsal을 차용한 것이다.

④ '췩킨'의 바른 표기는 '치킨'이다. '치킨은 영어 chicken을 차용한 것이다.

정답 ②

21 밑줄 친 외래어를 바르게 표기한 것은?

① 이 옷은 <u>후리 싸이즈</u>이다.
② 미국의 백악관과 러시아의 크렘린 사이에 <u>핫라인</u>이 개설되었다.
③ 저 아이는 <u>오무라이쓰</u>를 좋아해.
④ 전원 <u>스윗취</u>를 켜라.

| 문항 해설 |

① '후리 싸이즈'의 바른 표기는 '프리 사이즈'이다. 이것은 일본식 영어 free size로, '자유로운 치수'를 뜻한다.
② '핫라인'은 바르게 표기한 것이다. 이것은 영어 hotline을 차용한 것이다.
③ '오무라이쓰'의 바른 표기는 '오므라이스'이다. '오므라이스'는 영어 omelet rice에서 유래한 것이다.
④ '스윗취'의 바른 표기는 '스위치'이다. '스위치'는 영어 switch를 차용한 것이다.

정답 ②

22 외래어를 바르게 표기한 것은?

① 스라이드(slide) 　　② 루우트(route)
③ 타우어(tower) 　　④ 트위스트(twist)

| 문항 해설 |

① '스라이드'의 바른 표기는 '슬라이드'이다. 어중의 [l]이 모음 앞에 올 때에는 'ㄹㄹ'로 적는다(「외래어 표기법」 제3장 제1절 제6항 참조).
② '루우트'의 바른 표기는 '루트'이다. 장모음의 장음은 따로 표기하지 않는다(「외래어 표기법」 제3장 제1절 제7항 참조). route[ruːt] → 루트, team[tiːm] → 팀
③ '타우어'의 바른 표기는 '타워'이다. 이중모음 [ou]는 '오'로, [auə]는 '아워'로 적는다(「외래어 표기법」 제3장 제1절 제8항 참조.)
④ '트위스트'는 바르게 표기한 것이다.

정답 ④

23 외래어를 바르게 표기한 것은?

① 애드리브(ad lib) ② 스푸운(spoon)
③ 우울(wool) ④ 부레인(brain)

| 문항 해설 |
① '애드리브'는 바르게 표기한 것이다. '애드립'은 바르지 않은 표기이다.
② '스푸운'의 바른 표기는 '스푼'이다.
③ '우울'의 바른 표기는 '울'이다.
④ '부레인'의 바른 표기는 '브레인'이다.

정답 ①

24 외래어를 바르게 표기한 것은?

① 스트라익(strike) ② 점프(jump)
③ 리더쉽(leadership) ④ 립씽크(lib sync)

| 문항 해설 |
① '스트라익'의 바른 표기는 '스트라이크'이다.
② '점프'는 바르게 표기한 것이다.
③ '리더쉽'의 바른 표기는 '리더십'이다.
④ '립씽크'의 바른 표기는 '립싱크'이다.

정답 ②

25 외래어를 바르게 표기한 것은?

① 야아드(yard) ② 로션(lotion)
③ 슬로트머쉰(slot machine) ④ 디스프레이(display)

| 문항 해설 |

① '야아드'의 바른 표기는 '야드'이다. 장모음의 장음은 따로 표기하지 않는다(「외래어 표기법」 제3장 제1절 제7항 참조). yard[jɑːd] 야드.
② '로션'은 바르게 표기한 것이다. 이것은 영어를 차용한 것이다.
③ '슬로트머쉰'의 바른 표기는 '슬롯머신'이다. '슬롯머신'은 영어를 차용한 것으로서, '성인 오락기'를 뜻한다.
④ '디스프레이'의 바른 표기는 '디스플레이'이다. 어중의 [l]이 모음 앞에 오면 'ㄹㄹ'로 적는다(「외래어 표기법」 제3장 제1절 제6항 참조).

정답 ②

제3회 「외래어의 표기」 평가

01 밑줄 친 외래어를 바르게 표기한 것은?

① 연설할 때 내용에 적절한 <u>제스쳐</u>를 구사하여야 한다.
② 학생의 응답에 교사가 적절히 <u>휘드백</u>을 하여야 한다.
③ 이 건물이 이 도시의 <u>랜드마크</u>이다.
④ 우리 친목 <u>크럽</u>에 참가해.

| 문항 해설 |

① '제스쳐'의 바른 표기는 '제스처'이다. '제스처'는 영어 gesture를 차용한 것이다.
② '휘드백'의 바른 표기는 '피드백'이다. '피드백'은 영어 feedback을 차용한 것이다.
③ '랜드마크'는 바르게 표기한 것이다. 이것은 영어 landmark를 차용한 것으로서, '어떤 지역을 대표하거나 구별하게 하는 표지'를 뜻한다.
④ '크럽'의 바른 표기는 '클럽'이다. '클럽'은 영어 club을 차용한 것이다.

정답 ③

02 밑줄 친 외래어를 바르게 표기한 것은?

① 이 <u>칼라</u>가 가장 아름답다.
② 저 <u>커피샵</u>에서 커피를 마시자.
③ 어제 우주선들이 <u>랑데부</u>를 했다.
④ <u>도꾜</u>는 일본의 수도이다.

① '칼라'의 바른 표기는 '컬러'이다. '컬러'는 영어 color를 차용한 것이다.

② '커피샵'의 바른 표기는 '커피숍'이다. '커피숍'은 영어 coffee shop을 차용한 것이다.

③ '랑데부'는 바르게 표기한 것이다. '랑데부'는 프랑스어 rendez-vous를 차용한 것이다.

④ '도꾜'의 바른 표기는 '도쿄'이다(「외래어 표기법」 제4장 제2절 제4항 참조).

정답 ③

03 외래어를 바르게 표기한 것은?

① 삐에로(pierrot) ② 모스끄바(Moskva)
③ 멘탈(mental) ④ 에니메이숀(animation)

| 문항 해설 |

① '삐에로'의 바른 표기는 '피에로'이다. 파열음 표기에는 된소리(ㄲ, ㄸ, ㅃ)를 쓰지 않는 것을 원칙으로 한다(「외래어 표기법」 제1장 제4항 참조).

② '모스끄바'의 바른 표기는 '모스크바'이다.

③ '멘탈'은 바르게 표기한 것이다.

④ '에니메이숀'의 바른 표기는 '애니메이션'이다.

정답 ③

04 밑줄 친 외래어를 바르게 표기한 것은?

① 우리는 캠핑을 가서 캠프화이어를 했어.
② 이 작가는 소설, 시, 희곡, 수필 등 쟝르를 불문하고 많은 작품을 창작하고 있다.
③ 벽에 영화 포스타를 함부로 붙이지 마라.
④ 사무실에서 쓰는 물품들을 캐비닛에 넣어 두었어.

① '캠프화이어'의 바른 표기는 '캠프파이어'이다. '캠프파이어'는 영어 campfire를 차용한 것이다. [f]는 모음 앞에서는 'ㅍ'으로, 자음 앞이나 어말에서는 '프'로 적는다(「외래어 표기법」제2장 표1 참조).

② '쟝르'의 바른 표기는 '장르'이다. '장르'는 프랑스어 genre를 차용한 것이다.

③ '포스타'의 바른 표기는 '포스터'이다. '포스터'는 영어 poster를 차용한 것이다.

④ '캐비닛'은 바르게 표기한 것이다. 이것은 영어 cabinet을 차용한 것이다. '캐비넷, 카비넷, 캬비넷' 등은 바르지 않은 표기이다.

정답 ④

05 밑줄 친 외래어를 바르게 표기한 것은?

① 여행 <u>스케쥴</u>을 짜 보자.

② 그것은 <u>쎄멘트</u>에 모래와 자갈, 골재 따위를 적당히 섞고 물에 반죽하여 만든다.

③ 비행기 출발 시간이 <u>딜레이</u>가 되었어.

④ 우리는 기차를 타러 <u>플래트홈</u>으로 갔다.

| 문항 해설 |

① '스케쥴'의 바른 표기는 '스케줄'이다. '스케줄'은 영어 schedule을 차용한 것이다.

② '쎄멘트'의 바른 표기는 '시멘트'이다. '시멘트'는 영어 cement를 차용한 것이다.

③ '딜레이'는 바르게 표기한 것이다. 이것은 영어 delay를 차용한 것이다. '디레이'는 바르지 않은 표기이다.

④ '플래트홈'의 바른 표기는 '플랫폼'이다. '플랫폼'은 platform을 차용한 것이다.

정답 ③

06 밑줄 친 외래어를 바르게 표기한 것은?

① 그는 <u>인훌루엔자</u>로 고생을 많이 했어.

② 그는 그 회의에 <u>옵써버</u>로 참가했다.

③ <u>포퓰리즘</u>은 인기를 좇아 대중을 동원하여 권력을 유지하려는 정치적 태도나 경향
   이다.

④ 그녀는 <u>비쥬얼</u>이 좋다.

| 문항 해설 |

① '인훌루엔자'의 바른 표기는 '인플루엔자'이다. '인플루엔자'는 영어 influenza를
   차용한 것이다. 이것은 유행성 감기이다.

② '옵써버'의 바른 표기는 '옵서버'이다. '옵서버'는 영어 observer를 차용한 것이다.
   '옵서버'는 회의에 특별히 출석이 허용된 사람으로, 발언권은 있는데 의결권이나
   발의권이 없는 사람이다.

③ '포퓰리즘'은 바르게 표기한 것이다. 이것은 영어 Populism을 차용한 것이다.

④ '비쥬얼'의 바른 표기는 '비주얼'이다. '비주얼'은 영어 visual을 차용한 것이다.

정답 ③

07 밑줄 친 외래어를 바르게 표기한 것은?

① 어제 나는 <u>데스크탑</u>을 샀다.

② 이 <u>쌤플</u>을 보고서 사세요.

③ 미국과 중국은 <u>데탕트</u> 정책을 채택하였다.

④ <u>데까당쓰</u>의 대표적인 작가는 프랑스의 보들레르·베를렌·랭보, 영국의 와일드
   이다.

| 문항 해설 |

① '데스크탑'의 바른 표기는 '데스크톱'이다. '데스크톱'은 영어 desktop을 차용한
   것이다.

② '쌤플'의 바른 표기는 '샘플'이다. '샘플'은 영어 sample을 차용한 것이다.

③ '데탕트'는 바르게 표기한 것이다. 이것은 프랑스어 détente를 차용한 것이다.

④ '데까당쓰'의 바른 표기는 '데카당스'이다. '데카당스'는 프랑스어 décadence를 차
   용한 것이다.

정답 ③

08 외래어를 바르게 표기한 것은?

① 타겟(target) ② 파우어(power)
③ 쌘드윗치(sandwich) ④ 퍼포먼스(performance)

| 문항 해설 |

① '타겟'의 바른 표기는 '타깃'이다.
② '파우어'의 바른 표기는 '파워'이다. 이것은 영어 power[páuə]를 차용한 것이다. 중모음은 각 단모음의 음가를 살려서 적되, [ou]는 '오'로, [auə]는 '아워'로 적는다 (「외래어 표기법」 제3장 제1절 제8항 참조).
③ '쌘드윗치'의 바른 표기는 '샌드위치'이다.
④ '퍼포먼스'는 바르게 표기한 것이다.

정답 ④

09 외래어를 바르게 표기한 것은?

① 캡처(capture) ② 케스팅(casting)
③ 패러림픽(Paralympics) ④ 오우디숀(audition)

| 문항 해설 |

① '캡처'는 바르게 표기한 것이다. 이것은 움직이는 영상에서 원하는 장면을 편집해 내는 것을 뜻한다.
② '케스팅'의 바른 표기는 '캐스팅'이다. '캐스팅'은 연극이나 영화에서 배역을 정하는 일을 뜻한다.
③ '패러림픽'의 바른 표기는 '패럴림픽'이다. 어중의 [l]이 모음 앞에 올 때에는 'ㄹㄹ'로 적는다. '패럴림픽'은 '국제 신체 장애인 체육 대회'를 뜻한다.
④ '오우디숀'의 바른 표기는 '오디션'이다. '오디션'은 가수, 탤런트, 배우 등의 연예인을 뽑기 위한 실기 평가를 뜻한다.

정답 ①

10 외래어를 바르게 표기한 것은?

① 이쓔(issue) ② 콘텐츠(contents)

③ 켄쎕(concept) ④ 크라스(class)

| 문항 해설 | ─────────────────────────────────

① '이쓔'의 바른 표기는 '이슈'이다.

② '콘텐츠'는 바르게 표기한 것이다.

③ '켄쎕'의 바른 표기는 '콘셉트'이다.

④ '크라스'의 바른 표기는 '클래스'이다. 어중의 [l]이 모음 앞에 올 때에는 'ㄹㄹ'로 적는다.

정답 ②

11 외래어를 바르게 표기한 것은?

① 오우디오(audio) ② 어그리망(agrément)

③ 깁스(Gips) ④ 써포트(support)

| 문항 해설 | ─────────────────────────────────

① '오우디오'의 바른 표기는 '오디오'이다.

② '어그리망'의 바른 표기는 '아그레망'이다. 이것은 프랑스어 agrément을 차용한 것으로, '특정한 사람을 외교 사절로 임명하는 것에 대하여, 파견될 상대국에서 사전에 동의하는 것'을 뜻한다.

③ '깁스'는 바르게 표기한 것이다. 이것은 독일어 'Gips'를 차용한 것이다. '기브스'는 바른 표기가 아니다.

④ '써포트'의 바른 표기는 '서포트'이다.

정답 ③

12 외래어를 바르게 표기한 것은?

① 다이어트(diet)　　　② 웨잇 추레이닝(weight training)
③ 퀵써비쓰(quick service)　　④ 마이나스(minus)

| 문항 해설 |

① '다이어트'는 바르게 표기한 것이다.
② '웨잇 추레이닝'의 바른 표기는 '웨이트 트레이닝'이다.
③ '퀵써비쓰'의 바른 표기는 '퀵서비스'이다. '퀵서비스'는 '빠른 배달'을 뜻한다.
④ '마이나스'의 바른 표기는 '마이너스'이다.

정답 ①

13 외래어를 바르게 표기한 것은?

① 아까시아(acacia)　　② 악셀레이타(accelerator)
③ 악센트(accent)　　④ 아코디온(accordion)

| 문항 해설 |

① '아까시아'의 바른 표기는 '아카시아'이다.
② '악셀레이타'의 바른 표기는 '액셀러레이터'이다.
③ '악센트'는 바르게 표기한 것이다. '악쎈트', '액쎈트' 등은 바르지 않은 표기이다.
④ '아코디온'의 바른 표기는 '아코디언'이다.

정답 ③

14 외래어를 바르게 표기한 것은?

① 프로그래머(programmer) ② 에이쓰(ace)
③ 액쑌(action) ④ 아뎁터(adapter)

| 문항 해설 |

① '프로그래머'는 바르게 표기한 것이다.
② '에이쓰'의 바른 표기는 '에이스'이다.
③ '액쑌'의 바른 표기는 '액션'이다.
④ '아뎁터'의 바른 표기는 '어댑터'이다.

정답 ①

15 외래어를 바르게 표기한 것은?

① 에드밸룬(ad balloon) ② 에어로졸(aerosol)
③ 포켓(pocket) ④ 유튜부(You Tube)

| 문항 해설 |

① '에드밸룬'의 바른 표기는 '애드벌룬'이다.
② '에어로졸'의 바른 표기는 '에어로졸'이다.
③ '포켓'은 바르게 표기한 것이다.
④ '유튜부'의 바른 표기는 '유튜브'이다. '유튜브'는 구글이 서비스하는 동영상 공유 플랫폼이다. '유튜버'는 유튜브에 직접 제작한 다양한 장르의 영상을 게시·공유 하는 사람이다.

정답 ③

16 외래어를 바르게 표기한 것은?

① 알콜(alcohol) ② 부리핑(briefing)
③ 카스텔라(castela) ④ 캐타르시쓰(catharsis)

| 문항 해설 |

① '알콜'의 바른 표기는 '알코올'이다. '알코올'은 영어를 차용한 것이다.

② '부리핑'의 바른 표기는 '브리핑'이다. '브리핑'은 영어를 차용한 것이다.

③ '카스텔라'는 바르게 표기한 것이다. 이것은 포르투갈어를 차용한 것이다.

④ '캐타르시쓰'의 바른 표기는 '카타르시스'이다. '카타르시스'는 그리스어를 차용한 것이다.

정답 ③

17 외래어를 바르게 표기한 것은?

① 범퍼(bumper)　　② 크릭(click)

③ 듀쓰(duce)　　④ 컷오후(cutoff)

| 문항 해설 |

① '범퍼'는 바르게 표기한 것이다.

② '크릭'의 바른 표기는 '클릭'이다. 외래어의 받침에는 'ㄱ, ㄴ, ㄹ, ㅁ, ㅂ, ㅅ, ㅇ'만을 쓴다(「외래어 표기법」 제1장 제3항 참조). 어중의 [l]이 모음 앞에 올 때에는 'ㄹㄹ'로 적는다(「외래어 표기법」 제3장 제6항 2 참조).

③ '듀쓰'의 바른 표기는 '듀스'이다.

④ '컷오후'의 바른 표기는 '컷오프'이다.

정답 ①

18 외래어를 바르게 표기한 것은?

① 크레임(claim)　　② 다이나믹(dynamic)

③ 에코우(echo)　　④ 해킹(hacking)

① '크레임'의 바른 표기는 '클레임'이다.

② '다이나믹'의 바른 표기는 '다이내믹'이다.

③ '에코우'의 바른 표기는 '에코'이다.

④ '해킹'은 바르게 표기한 것이다.

정답 ④

19 외래어를 바르게 표기한 것은?

① 바란스(balance) ② 헤들라이트(headlight)

③ 임펙트(impact) ④ 징크스(jinx)

① '바란스'의 바른 표기는 '밸런스'이다. 어중의 [l]이 모음 앞에 올 때에는 'ㄹㄹ'로 적는다.

② '헤들라이트'의 바른 표기는 '헤드라이트'이다. 따로 설 수 있는 말의 합성으로 이루어진 복합어는 그것을 구성하고 있는 말이 단독으로 쓰일 때의 표기대로 적는다(「외래어 표기법」 제3장 제1절 제10항 1 참조).

③ '임펙트'의 바른 표기는 '임팩트'이다.

④ '징크스'는 바르게 표기한 것이다. 이것은 '재수 없는 일', 또는 '불길한 징조의 사람이나 물건', 또는 '으레 그렇게 될 수밖에 없는 악운으로 여겨지는 것'을 뜻한다.

정답 ④

20 외래어를 바르게 표기한 것은?

① 죠깅 (jogging) ② 져널(journal)

③ 녹다운(knockdown) ④ 레이아웉(layout)

| 문항 해설 |

① '죠깅'의 바른 표기는 '조깅'이다.

② '져널'의 바른 표기는 '저널'이다. '저널'은 '정기적으로 간행되는 신문이나 잡지'를 뜻한다.

③ '녹다운'은 바르게 표기한 것이다.

④ '레이아웉'의 바른 표기는 '레이아웃'이다. 받침에는 'ㄱ, ㄴ, ㄹ, ㅁ, ㅂ, ㅅ, ㅇ'만을 쓴다. '레이아웃'은 '책이나 신문, 잡지 따위에서 글이나 그림 따위를 효과적으로 정리하고 배치하는 것'을 뜻한다.

정답 ③

21 밑줄 친 외래어를 바르게 표기한 것은?

① 이 소년의 키는 5 휘트이다.

② 라이락의 향기가 그윽하다.

③ 나는 체육관의 락커에 옷을 넣어 둔다.

④ 저 호텔 라운지에서 만나자.

| 문항 해설 |

① '휘트'의 바른 표기는 '피트'이다. '피트'는 영어 feet를 차용한 것으로, 1인치의 열두 배로 약 30.48cm에 해당한다.

② '라이락'의 바른 표기는 '라일락'이다. '라일락'은 영어 lilac을 차용한 것이다.

③ '락커'의 바른 표기는 '로커'이다. '로커'는 영어 locker를 차용한 것으로, 자물쇠가 달린 서랍이나 반닫이 따위를 이르는 말이다.

④ '라운지'는 바르게 표기한 것이다. 이것은 영어 'lounge'를 차용한 것으로, '호텔, 극장, 공항 따위의 휴게실'을 뜻한다.

정답 ④

22 외래어를 바르게 표기한 것은?

① 메크로(macro) ② 매거진(magazine)
③ 메직(magic) ④ 메익커(maker)

| 문항 해설 |

① '메크로'의 바른 표기는 '매크로'이다.
② '매거진'은 바르게 표기한 것이다.
③ '메직'의 바른 표기는 '매직'이다.
④ '메익커'의 바른 표기는 '메이커'이다.

정답 ②

23 외래어를 바르게 표기한 것은?

① 맘모스(mammoth) ② 메니져(manager)
③ 맨홀(manhole) ④ 어드벤티쥐(advantage)

| 문항 해설 |

① '맘모스'의 바른 표기는 '매머드'이다.
② '메니져'의 바른 표기는 '매니저'이다.
③ '맨홀'은 바르게 표기한 것이다.
④ '어드벤티쥐'의 바른 표기는 '어드밴티지'이다.

정답 ③

24 밑줄 친 외래어를 바르게 표기한 것은?

① 직원들이 <u>메너리즘</u>에 빠져 있는 직장은 발전하지 못한다.
② 내 친구의 집은 저 <u>맨션</u>이다.
③ 우리 아파트에 <u>워얼 패드</u>를 설치했어.
④ 요즘엔 <u>메신져</u>가 전자 우편의 인기를 크게 넘어서고 있다.

| 문항 해설 |

① '메너리즘'의 바른 표기는 '매너리즘'이다. '매너리즘'은 영어 mannerism을 차용한 것이다. 이것은 '항상 틀에 박힌 일정한 방식이나 태도를 취함으로써 신선미와 독창성을 잃는 것'을 뜻한다.
② '맨션'은 바르게 표기한 것이다. 이것은 영어 mansion을 차용한 것이다.
③ '워얼 패드'의 바른 표기는 '월 패드'이다. '월 패드'는 영어 wall-pad를 차용한 것이다. 이것은 벽면에 부착된 형태로 존재하는, 비디오 도어폰 기능뿐 아니라 조명·가전제품 등 가정 내 각종 기기를 제어할 수 있는 단말기이다.
④ '메신져'의 바른 표기는 '메신저'이다. '메신저'는 영어 messenger를 차용한 것이다.

정답 ②

25 외래어를 바르게 표기한 것은?

① 마켓팅(marketing)　　② 마스콧(mascot)
③ 미디엄(medium)　　④ 매스터(master)

| 문항 해설 |

① '마켓팅'의 바른 표기는 '마케팅'이다.
② '마스콧'의 바른 표기는 '마스코트'이다.
③ '미디엄'은 바르게 표기한 것이다.
④ '매스터'의 바른 표기는 '마스터'이다.

정답 ③

제4회 「외래어의 표기」 평가

01 밑줄 친 외래어를 바르게 표기한 것은?

① 저 가수는 <u>메드리</u>를 잘 불러.
② 이것이 의사소통 과정의 <u>메커니즘</u>이다.
③ 이 <u>메로디</u>가 매우 감미롭다.
④ 그는 <u>다크써클</u> 때문에 괴로워한다.

| 문항 해설 |

① '메드리'의 바른 표기는 '메들리'이다. 이것은 영어 medley를 차용한 것이다.
② '메커니즘'은 바르게 표기한 것이다. 이것은 영어 mechanism을 차용한 것이다.
③ '메로디'의 바른 표기는 '멜로디'이다. '멜로디'는 영어 melody를 차용한 것이다.
④ '다크써클'의 바른 표기는 '다크서클'이다. '다크서클'은 영어 dark circle을 차용한 것으로, '눈의 아랫부분이 그늘진 것처럼 보이는 상태', 또는 '눈 아랫부분이 거무스름해진 증세'를 뜻한다.

정답 ②

02 밑줄 친 외래어를 바르게 표기한 것은?

① 그 아파트에 <u>프레미엄</u>을 붙여 팔았어.
② 너의 <u>미숀</u>을 성실히 수행하여라.
③ 그 대회는 우리나라가 발전하는 데 하나의 <u>모먼트</u>가 되었다.
④ 어제 새로운 컴퓨터 <u>모니터</u>를 샀어.

① '프레미엄'의 바른 표기는 '프리미엄'이다. '프리미엄'은 영어 premium을 차용한 것이다.

② '미숀'의 바른 표기는 '미션'이다. '미션'은 영어 mission을 차용한 것이다.

③ '모먼트'의 바른 표기는 '모멘트'이다. '모멘트'는 영어 moment를 차용한 것이다.

④ '모니터'는 바르게 표기한 것이다. '모니터'는 monitor를 차용한 것이다.

정답 ④

03 밑줄 친 외래어를 바르게 표기한 것은?

① 어제 우리는 <u>모노드래머</u>를 관람했어.

② 네가 먼저 <u>모숀</u>을 취하면 내가 따라 할게.

③ 그는 청렴을 평생 <u>모또</u>로 삼았다.

④ 그녀는 아침에 커피와 <u>머핀</u>을 먹는다.

① '모노드래머'의 바른 표기는 '모노드라마'이다. '모노드라마'는 영어 monodrama를 차용한 것이다.

② '모숀'의 바른 표기는 '모션'이다. '모션'은 영어 motion을 차용한 것이다.

③ '모또'의 바른 표기는 '모토'이다. '모토'는 영어 motto를 차용한 것으로, '살아 나가거나 일을 하는 데 있어서 표어나 신조 따위로 삼는 말'을 뜻한다.

④ '머핀'은 바르게 표기한 것이다. '머핀'은 영어 muffin을 차용한 것으로, '밀가루에 설탕, 유지, 우유, 달걀, 베이킹파우더 등을 넣고 틀을 사용하여 오븐에 구워 낸 빵'을 뜻한다.

정답 ④

04 외래어를 바르게 표기한 것은?

① 트로트(trot) ② 레이씽(racing)

③ 레이다(radar) ④ 라디에이타(radiator)

① '트로트'는 바르게 표기한 것이다. '트롯'은 잘못 표기한 것이다. '트로트'는 영어를
차용한 것이다.

② '레이씽'의 바른 표기는 '레이싱'이다. '레이싱'은 영어를 차용한 것이다.

③ '레이다'의 바른 표기는 '레이더'이다. '레이더'는 영어를 차용한 것이다.

④ '라디에이타'의 바른 표기는 '라디에이터'이다. '라디에이터'는 영어를 차용한 것이
다. 이것은 증기나 온수의 열을 발산하여 공기를 따뜻하게 하는 난방 장치이다.

정답 ①

05 외래어를 바르게 표기한 것은?

① 디스켙(diskette)　　　② 스트렛칭(stretching)
③ 사이트(site)　　　　　④ 레알리티(reality)

① '디스켙'의 바른 표기는 '디스켓'이다. 외래어의 받침에는 'ㄱ, ㄴ, ㄹ, ㅁ, ㅂ, ㅅ,
ㅇ'만을 쓴다.

② '스트렛칭'의 바른 표기는 '스트레칭'이다.

③ '사이트'는 바르게 표기한 것이다.

④ '레알리티'의 바른 표기는 '리얼리티'이다.

정답 ③

06 외래어를 바르게 표기한 것은?

① 화이터(fighter)　　　② 써바이발(survival)
③ 땐쓰(dance)　　　　　④ 케이블(cable)

① '화이터'의 바른 표기는 '파이터'이다.

② '써바이발'의 바른 표기는 '서바이벌'이다.

③ '땐쓰'의 바른 표기는 '댄스'이다.

④ '케이블'은 바르게 표기한 것이다.

정답 ④

07 밑줄 친 외래어를 바르게 표기한 것은?

① 축구 중계 방송에 <u>체널</u>을 맞추어라.

② 폭력 추방 <u>캠페인</u>을 벌이자.

③ 우리는 <u>다이렉트</u> 마케팅을 한다.

④ 어제 치과에서 <u>임푸란트</u> 치료를 받았다.

| 문항 해설 |

① '체널'의 바른 표기는 '채널'이다. '채널'은 영어 channel을 차용한 것이다.

② '캠페인'은 바르게 표기한 것이다. 이것은 영어 campaign을 차용한 것이다.

③ '다이렉트'의 바른 표기는 '디렉트'이다. '디렉트'는 영어 direct를 차용한 것이다.

④ '임푸란트'의 바른 표기는 '임플란트'이다. '임플란트'는 영어 implant를 차용한 것으로,'영구치를 뽑아낸 자리에 인공적으로 만들어 넣은 이'를 뜻한다.

정답 ②

08 외래어를 바르게 표기한 것은?

① 도큐멘타리(documentary) ② 닷(dot)

③ 드래프트(draft) ④ 드레씽(dressing)

① '도큐멘타리'의 바른 표기는 '다큐멘터리'이다.

② '닷'의 바른 표기는 '도트'이다. 'dot'는 [dɑt]나 [dɔt]로 발음되는데, [dɔt]를 표준어로 채택하여 '도트'로 표기한다.

③ '드래프트'는 바르게 표기한 것이다. 이것은 '신인 선수를 선발하는 것', 또는 '옷의 윤곽을 그린 초벌 그림'을 뜻한다.

④ '드레쎙'의 바른 표기는 '드레싱'이다. '드레싱'은 '식품에 치는 소스 따위의 양념', 또는 '상처를 치료하는 일이나 약품'을 뜻한다.

정답 ③

09 밑줄 친 외래어를 바르게 표기한 것은?

① 저 선수가 <u>드리볼</u> 반칙을 했어.

② 나사못을 박게 <u>드라이버</u>를 좀 가져와.

③ <u>훼미니즘</u>은 성별로 말미암아 발생하는 정치·경제·사회 문화적 차별을 없애야 한다는 견해이다.

④ 여러 건설사가 <u>콘쏘시엄</u>을 이루어 입찰에 참여하였다.

① '드리볼'의 바른 표기는 '드리블'이다. '드리블'은 영어 dribble을 차용한 것이다.

② '드라이버'는 바르게 표기한 것이다. 이것은 영어 driver를 차용한 것으로, '나사못을 박거나 빼는 기구'이다. '도라이버, 도라이바' 등은 비표준어이다.

③ '훼미니즘'의 바른 표기는 '페미니즘'이다. '페미니즘'은 영어 feminism을 차용한 것으로, '성별로 인해 발생하는 정치·경제·사회·문화적 차별을 없애야 한다는 견해'를 뜻한다.

④ '콘쏘시엄'의 바른 표기는 '컨소시엄'이다. '컨소시엄'은 영어 consortium을 차용한 것이다. 이것은 건설 공사 따위의 수주에서 여러 기업체가 공동으로 참여하는 방식이나 그런 모임을 뜻한다. 또는 여러 나라가 협력하여 경제적 도움이 필요한 나라를 지원하는 방식이나 그런 모임을 뜻한다.

정답 ②

10 밑줄 친 외래어를 바르게 표기한 것은?

① 나는 샘에서 <u>뽐뿌</u>로 물을 퍼 올렸다.
② 공사장에서는 <u>헬맷</u>을 반드시 써야 한다.
③ 그녀는 얼굴에 <u>파우더</u>를 발랐다.
④ 오늘 네가 보낸 <u>팩케이지</u>를 받았어.

| 문항 해설 |

① '뽐뿌'의 바른 표기는 '펌프'이다. '펌프'는 영어 pump를 차용한 것이다. 북한에서는 '뽐프'로 표기한다.
② '헬맷'의 바른 표기는 '헬멧'이다. '헬멧'은 영어 helmet을 차용한 것이다.
③ '파우더'는 바르게 표기한 것이다. 이것은 영어 powder를 차용한 것이다.
④ '팩케이지'의 바른 표기는 '패키지'이다. '패키지'는 영어 package를 차용한 것으로, '소포 우편물'을 뜻한다.

정답 ③

11 밑줄 친 외래어를 바르게 표기한 것은?

① 나는 <u>쌔러드</u>를 잘 먹어.
② 그녀의 <u>커리어</u>는 매우 좋아.
③ 그들은 터널을 만들기 위해 <u>다이나마이트</u>를 터뜨렸다.
④ 그는 명화를 볼 때마다 <u>액쓰터씨</u>를 느낀다고 한다.

| 문항 해설 |

① '쌔러드'의 바른 표기는 '샐러드'이다. '샐러드'는 영어 salad를 차용한 것이다. '사라다'는 일본어 サラダ를 차용한 것으로 표준어가 아니다.
② '커리어'는 바르게 표기한 것이다. 이것은 영어 career를 차용한 것이다.
③ '다이나마이트'의 바른 표기는 '다이너마이트'이다. '다이너마이트'는 영어 dynamite를 차용한 것이다.
④ '액쓰터씨'의 바른 표기는 '엑스터시'이다. '엑스터시'는 영어 ecstasy를 차용한 것으로, '감정이 고조되어 자기 자신을 잊고 도취 상태가 되는 현상'을 뜻한다.

정답 ②

12 밑줄 친 외래어를 바르게 표기한 것은?

① 나는 집에 갈 때 <u>엘레베이타</u>를 이용하지 않는다.
② 요사이 <u>피싱</u> 사기가 국내에서 자주 발생하고 있다.
③ 함부로 <u>에네르기</u>를 소모하고 싶지 않다.
④ 경찰은 사고 현장에서 <u>불랙박쓰</u>를 수거해서 사고 원인을 조사 중이다.

| 문항 해설 |

① '엘레베이타'의 바른 표기는 '엘리베이터'이다. '엘리베이터'는 영어 elevator를 차용한 것이다.
② '피싱'는 바르게 표기한 것이다. '피싱'은 영어 phishing을 차용한 것으로, '개인의 금융 정보를 수집하여 이것을 불법적으로 이용하는 것'을 뜻한다.
③ '에네르기'의 바른 표기는 '에너지'이다. '에너지'는 영어 energy를 차용한 것이다.
④ '불랙박쓰'의 바른 표기는 '블랙박스'이다. '블랙박스'는 영어 black box를 차용한 것으로, '비행기나 차량 따위에 비치하는 비행 또는 주행 자료 자동 기록 장치'를 뜻한다.

정답 ②

13 밑줄 친 외래어를 바르게 표기한 것은?

① 어린이들이 <u>불럭</u> 놀이를 하고 있다.
② 밤에 <u>랜턴</u>을 켜서 잃어버린 돈을 찾았다.
③ 이 작품은 어린 시절 고향에서 <u>모티후</u>를 얻어서 쓴 것이다.
④ 경호원이 <u>에스콧</u>을 해 주었다.

| 문항 해설 |

① '불럭'의 바른 표기는 '블록'이다. '블록'은 영어 block을 차용한 것이다.
② '랜턴'은 바르게 표기한 것이다. '랜턴'은 영어 lantern을 차용한 것이다.
③ '모티후'의 바른 표기는 '모티프'이다. '모티프'는 프랑스어 motif를 차용한 것이다.
④ '에스콧'의 바른 표기는 '에스코트'이다. '에스코트'는 영어 escort를 차용한 것이다.

정답 ②

14 밑줄 친 외래어를 바르게 표기한 것은?

① 이 책의 <u>인덱스</u>를 작성해요.
② 나는 한 편의 <u>에쎄이</u>를 썼어.
③ 이것이 무색투명한 휘발성 액체인 <u>에타놀</u>이다.
④ 이것이 사진 전송을 하는 <u>휙시미리</u>이다.

| 문항 해설 |

① '인덱스'는 바르게 표기한 것이다. '인덱스'는 영어 index를 차용한 것으로, '책 속의 내용 중에서 중요한 단어나 항목, 인명 따위를 쉽게 찾아볼 수 있도록 일정한 순서에 따라 별도로 배열하여 놓은 목록'을 뜻한다. '인덱스'를 '색인(索引)'이라고 일컫기도 한다.
② '에쎄이'의 바른 표기는 '에세이'이다. '에세이'는 영어 essay를 차용한 것이다.
③ '에타놀'의 바른 표기는 '에탄올'이다. '에탄올'은 영어 ethanol을 차용한 것이다.
④ '휙시미리'의 바른 표기는 '팩시밀리'이다. '팩시밀리'는 영어 facsimile를 차용한 것이다.

정답 ①

15 밑줄 친 외래어를 바르게 표기한 것은?

① 어제 나는 치과에서 <u>스케이링</u>을 했어.
② <u>휀어프레이</u> 정신으로 경기를 하자.
③ 그는 <u>휀씽</u> 선수이다.
④ 그는 <u>스캔들</u>이 전혀 없는 사람이다.

| 문항 해설 |

① '스케이링'의 바른 표기는 '스케일링'이다. '스케일링'은 영어 scaling을 차용한 것이다. 어중의 [l]이 모음 앞에 올 경우 'ㄹㄹ'로 적는다(「외래어 표기법」 제3장 제1절 제6항 참조).
② '휀어프레이'의 바른 표기는 '페어플레이'이다. '페어플레이'는 영어 fair play를 차용한 것으로, '정정당당한 승부'를 뜻한다.
③ '휀씽'의 바른 표기는 '펜싱'이다. '펜싱'은 영어 fencing을 차용한 것이다.
④ '스캔들'은 바르게 표기한 것이다. 이것은 영어 scandal을 차용한 것이다.

정답 ④

16 밑줄 친 외래어를 바르게 표기한 것은?

① <u>스키마</u>는 외부의 환경에 적응하도록 환경을 조작하는 감각적·행동적·인지적 지식과 기술을 통틀어 이르는 말이다.

② 현재 우리 팀의 <u>스코아</u>는 얼마니?

③ <u>스코우프</u>는 교과 과정에서 학생의 학습 활동을 일정한 영역에 집중시키기 위해서 정한 범위이다.

④ 무도장의 <u>홀로어</u>가 매우 넓다.

| 문항 해설 |

① '스키마'는 바르게 표기한 것이다. 이것은 영어 schema를 차용한 것이다.

② '스코아'의 바른 표기는 '스코어'이다. '스코어'는 영어 score를 차용한 것이다.

③ '스코우프'의 바른 표기는 '스코프'이다. '스코프'는 영어 scope를 차용한 것이다.

④ '홀로어'의 바른 표기는 '플로어'이다. '플로어'는 영어 floor를 차용한 것으로, '클럽이나 무도장 따위에서 쇼를 하거나 손님이 춤을 출 수 있도록 만들어 놓은 마루'를 뜻한다.

정답 ①

17 외래어를 바르게 표기한 것은?

① 스클랩(scrap) ② 솔루션(solution)

③ 나레이숀(narration) ④ 넥타이(necktie)

| 문항 해설 |

① '스클랩'의 바른 표기는 '스크랩'이다.

② '솔루션'은 바르게 표기한 것이다. 어중의 [l]이 모음 앞에 올 경우 'ㄹㄹ'로 적는다(「외래어 표기법」 제3장 제1절 제6항 참조).

③ '나레이숀'의 바른 표기는 '내레이션'이다.

④ '넥타이'의 바른 표기는 '넥타이'이다. 받침에는 'ㄱ, ㄴ, ㄹ, ㅁ, ㅂ, ㅅ, ㅇ' 등 7개만 쓴다(「외래어 표기법」 제1장 제3항). 외래어 표기에서 'ㅋ'은 받침으로 사용하지 않는다.

정답 ②

18 외래어를 바르게 표기한 것은?

① 알카리(alkali)　　② 피지컬(physical)
③ 네온싸인(neon sign)　　④ 닉켈(nickel)

| 문항 해설 |

① '알카리'의 바른 표기는 '알칼리'이다. 어중의 [l]이 모음 앞에 올 경우 'ㄹㄹ'로
　적는다(「외래어 표기법」제3장 제1절 제6항 참조).
② '피지컬'은 바르게 표기한 것이다.
③ '네온싸인'의 바른 표기는 '네온사인'이다.
④ '닉켈'의 바른 표기는 '니켈'이다.

정답 ②

19 외래어를 바르게 표기한 것은?

① 니코친(nicotine)　　② 넌휙션(nonfiction)
③ 난센스(nonsense)　　④ 스클립트(script)

| 문항 해설 |

① '니코친'의 바른 표기는 '니코틴'이다.
② '넌휙션'의 바른 표기는 '논픽션'이다.
③ '난센스'는 바르게 표기한 것이다.
④ '스클립트'의 바른 표기는 '스크립트'이다. '스크립트'는 영화나 방송의 대본과 각
　본 따위의 방송 원고이다.

정답 ③

20 외래어를 바르게 표기한 것은?

① 노우트북(notebook) ② 뉘앙스(nuance)
③ 남바(number) ④ 넛(nut)

| 문항 해설 |

① '노우트북'의 바른 표기는 '노트북'이다.
② '뉘앙스'는 바르게 표기한 것이다. 이것은 프랑스어를 차용한 것이다,
③ '남바'의 바른 표기는 '넘버'이다.
④ '넛'의 바른 표기는 '너트'이다.

정답 ②

21 외래어를 바르게 표기한 것은?

① 나이롱(nylon) ② 게리라(guerrilla)
③ 게란티(guarantee) ④ 오퍼(offer)

| 문항 해설 |

① '나이롱'의 바른 표기는 '나일론'이다. 어중의 [l]이 모음 앞에 올 경우 'ㄹㄹ'로 적는다(「외래어 표기법」 제3장 제1절 제6항 참조).
② '게리라'의 바른 표기는 '게릴라'이다. 이것은 에스파냐어를 차용한 것이다.
③ '게란티'의 바른 표기는 '개런티'이다.
④ '오퍼'는 바르게 표기한 것이다. 이것은 '수출업자가 상대국의 수입업자에게 판매를 신청하는 것'을 뜻한다.

정답 ④

22 외래어를 바르게 표기한 것은?

① 커트라인(cutline) ② 올라인(on-line)
③ 옵싸이드(offside) ④ 그러부(glove)

| 문항 해설 |
① '커트라인'은 바르게 표기한 것이다.
② '올라인'의 바른 표기는 '온라인'이다.
③ '옵싸이드'의 바른 표기는 '오프사이드'이다.
④ '그러부'의 바른 표기는 '글러브'이다.

정답 ①

23 밑줄 친 외래어를 바르게 표기한 것은?

① 그는 <u>난스탑</u>으로 달렸다.
② 나는 <u>옴니버스</u> 연극을 감상했어.
③ 병마개를 따게 <u>오푸너</u>를 가져와.
④ 그는 기자의 질문에 <u>노커멘트</u>로 일관했다.

| 문항 해설 |
① '난스탑'의 바른 표기는 '논스톱'이다. '논스톱'은 영어 nonstop을 차용한 것이다.
② '옴니버스'는 바르게 표기한 것이다. 이것은 영어 omnibus를 차용한 것이다. '옴
   니버스'는 하나의 주제를 중심으로 몇 개의 독립된 짧은 이야기를 늘어놓아 만든
   한 편의 영화나 연극의 한 형식이다.
③ '오푸너'의 바른 표기는 '오프너'이다. '오프너'는 영어 opener를 차용한 것이다.
④ '노커멘트'의 바른 표기는 '노코멘트'이다. '노코멘트'는 영어 no comment를 차용
   한 것이다.

정답 ②

24 외래어를 바르게 표기한 것은?

① 닉네임(nickname)　　② 오리엔털리즘(orientalism)
③ 오리엔테이숀(orientation)　　④ 오리지날(original)

| 문항 해설 |

① '닉네임'은 바르게 표기한 것이다.
② '오리엔털리즘'의 바른 표기는 '오리엔탈리즘'이다.
③ '오리엔테이숀'의 바른 표기는 '오리엔테이션'이다.
④ '오리지날'의 바른 표기는 '오리지널'이다.

정답 ①

25 밑줄 친 외래어를 바르게 표기한 것은?

① 우리는 음식값을 <u>더취페이</u>로 계산했다.
② 야구 선수인 1번 타자가 2루에서 <u>세이프</u>가 되었다.
③ 글을 쓸 때 <u>아우틀라인</u>을 작성해야 한다.
④ 추울 때 <u>오바코트</u>를 입어라.

| 문항 해설 |

① '더취페이'의 바른 표기는 '더치페이'이다. '더치페이'는 영어 Dutch pay를 차용한 것으로, '비용을 각자 부담하는 것'을 뜻한다.
② '세이프'는 바르게 표기한 것이다. 이것은 영어 safe를 차용한 것이다.
③ '아우틀라인'의 바른 표기는 '아우트라인'이다. '아우트라인'은 영어 outline을 차용한 것이다.
④ '오바코트'의 바른 표기는 '오버코트'이다. '오버코트'는 영어 overcoat를 차용한 것이다.

정답 ②

01 밑줄 친 외래어를 바르게 표기한 것은?

① 저 마라톤 선수는 이 대회의 <u>다크호쓰</u>이다.
② 저 사람이 이 호텔의 <u>도아맨</u>이다.
③ 저 아이는 <u>도로프스</u>를 아주 좋아한다.
④ 오늘 이 식당에서 <u>디너쇼</u>를 한다.

| 문항 해설 |

① '다크호쓰'의 바른 표기는 '다크호스'이다. '다크호스'는 영어 dark horse를 차용한 것이다.
② '도아맨'의 바른 표기는 '도어맨'이다. '도어맨'은 영어 doorman을 차용한 것이다.
③ '드로프스'의 바른 표기는 '드롭스'이다. '드롭스'는 영어 drops를 차용한 것이다.
④ '디너쇼'는 바르게 표기한 것이다. 이것은 영어 dinner show를 차용한 것이다.

정답 ④

02 외래어를 바르게 표기한 것은?

① 라이프(life)
② 러시아우어(rush hour)
③ 런닝샤츠(← running shirt)
④ 레미컨(remicon)

① '라이프'는 바르게 표기한 것이다.

② '러시아우어'의 바른 표기는 '러시아워'이다. 중모음은 각 단모음의 음가를 살려서 적되, [ou]는 '오'로, [auə]는 '아워'로 적는다(「외래어 표기법」 제3장 제1절 제8항 참조).

③ '런닝샤츠'의 바른 표기는 '러닝셔츠'이다.

④ '레미컨'의 바른 표기는 '레미콘'이다.

정답 ①

03 밑줄 친 외래어를 바르게 표기한 것은?

① 임기 말에 <u>레임덕</u> 현상이 나타난다.

② <u>프레이오프</u>는 스포츠에서 정규 리그가 끝난 뒤 최종 우승팀을 가리기 위해 치르는 경기이다.

③ 우리는 저 <u>레스또랑</u>에서 식사를 했어.

④ 내가 전자 <u>레인쥐</u>에 음식을 넣고 데웠어.

① '레임덕'은 바르게 표기한 것이다. 이것은 영어 lame duck을 차용한 것이다. '레임덕'은 절름발이 오리라는 뜻으로, 임기 종료를 앞둔 대통령 등의 지도자 또는 그 시기에 있는 지도력의 공백 상태를 이르는 말이다.

② '프레이오프'의 바른 표기는 '플레이오프'이다. '플레이오프'는 영어 play-off을 차용한 것이다.

③ '레스또랑'의 바른 표기는 '레스토랑'이다. '레스토랑'은 프랑스어 restaurant을 차용한 것이다.

④ '레인쥐'의 바른 표기는 '레인지'이다. '레인지'는 영어 range를 차용한 것으로, '전기, 가스 따위를 연료로 하는 취사 기구'이다.

정답 ①

04 밑줄 친 외래어를 바르게 표기한 것은?

① 나는 우리 팀 경기의 <u>하이라이트</u>를 다시 봤다.
② 예순 살이 넘은 우리는 <u>씨니어</u>이다.
③ 내 <u>팔로우어</u>는 백만 명이다.
④ 나는 그 사람에 대한 <u>루우머</u>를 들었어.

| 문항 해설 |

① '하이라이트'는 바르게 표기한 것이다. 이것은 영어 highlight를 차용한 것이다.
② '씨니어'의 바른 표기는 '시니어'이다. '시니어'는 영어 senior를 차용한 것이다.
③ '팔로우어'의 바른 표기는 '팔로어'이다. '팔로어'는 영어 follower를 차용한 것으로, '소셜 네트워크 이용자 가운데 특정인의 업로드 된 게시물을 수신하겠다고 신청한 사람'을 뜻한다.
④ '루우머'의 바른 표기는 '루머'이다. '루머'는 영어 rumor를 차용한 것이다.

정답 ①

05 밑줄 친 외래어를 바르게 표기한 것은?

① 나는 <u>르뽀</u>를 좋아해.
② 나는 달걀 <u>프라이</u>를 먹었어.
③ 내일 <u>로드 쇼우</u>를 보러 가자.
④ 이 컴퓨터는 <u>로우딩</u> 속도가 무척 느리다.

| 문항 해설 |

① '르뽀'의 바른 표기는 '르포'이다. 파열음 표기에는 된소리 'ㄲ, ㄸ, ㅃ'을 쓰지 않는 것을 원칙으로 한다(「외래어 표기법」 제1장 제4항 참조). '르포'는 프랑스어 reportage의 준말이다.
② '프라이'는 바르게 표기한 것이다. 이것은 영어 fry를 차용한 것이다.
③ '로드 쇼우'의 바른 표기는 '로드 쇼'이다. '로드 쇼'는 영어 road show를 차용한 것이다.
④ '로우딩'의 바른 표기는 '로딩'이다. '로딩'은 영어 loading을 차용한 것으로, '필요한 프로그램이나 데이터를 보조 기억 장치나 입력 장치로부터 주기억 장치로 옮기는 것'을 뜻한다.

정답 ②

06 외래어를 바르게 표기한 것은?

① 로멘쓰(romance)　　② 셀후(self)
③ 로우테이숀(rotation)　④ 로밍(roaming)

| 문항 해설 |

① '로멘쓰'의 바른 표기는 '로맨스'이다.
② '셀후'의 바른 표기는 '셀프'이다.
③ '로우테이숀'의 바른 표기는 '로테이션'이다.
④ '로밍'은 바르게 표기한 것이다. 이것은 통신 회사끼리 제휴를 맺어 서로의 통신 망에 접속할 수 있도록 하는 것이다.

정답 ④

07 외래어를 바르게 표기한 것은?

① 리씨버(receiver)　　② 마요네즈(mayonnaise)
③ 류마티슴(rheumatism)　④ 뤽쌕(rucksack)

| 문항 해설 |

① '리씨버'의 바른 표기는 '리시버'이다.
② '마요네즈'는 바르게 표기한 것이다. 이것은 프랑스어를 차용한 것이다.
③ '류마티슴'의 바른 표기는 '류머티즘'이다. 이것은 뼈, 관절, 근육 따위가 단단하게 굳거나 아프며 운동하기가 곤란한 증상을 보이는 병을 통틀어 이르는 말이다.
④ '뤽쌕'의 바른 표기는 '륙색'이다.

정답 ②

08 밑줄 친 외래어를 바르게 표기한 것은?

① 어머니께 <u>쁘로치</u>를 사 드렸다.
② 상점에서 <u>부러쉬</u>를 한 개 샀다.
③ 나는 과일 중에서 <u>멜론</u>을 가장 좋아해.
④ 나는 동호회 <u>멤버쉽</u>을 획득했어.

| 문항 해설 |

① '쁘로치'의 바른 표기는 '브로치'이다. 이것은 영어 brooch를 차용한 것이다.
② '부러쉬'의 바른 표기는 '브러시'이다. 이것은 영어 brush를 차용한 것이다.
③ '멜론'은 바르게 표기한 것이다. 이것은 영어 melon을 차용한 것이다.
④ '멤버쉽'의 바른 표기는 '멤버십'이다. '멤버십'은 영어 membership을 차용한 것이다. 이것은 '단체의 구성원인 사실', 또는 '구성원으로서의 자격이나 지위'를 뜻한다.

정답 ③

09 밑줄 친 외래어를 바르게 표기한 것은?

① 자동차의 엔진을 점검했으면 <u>보닛</u>을 닫아라.
② 이 소설은 새로운 <u>모랄</u>을 제시하고 있어.
③ 저 사람이 유명한 <u>박씽</u> 선수이다.
④ 그 상점에서 <u>부레자</u>가 너무 비싸서 못 샀어.

| 문항 해설 |

① '보닛'은 바르게 표기한 것이다. 이것은 영어 bonnet을 차용한 것으로, '자동차의 엔진이 있는 앞부분의 덮개'를 뜻한다. '본넷'은 바른 표기가 아니다.
② '모랄'의 바른 표기는 '모럴'이다. '모럴'은 영어 moral을 차용한 것이다.
③ '박씽'의 바른 표기는 '복싱'이다. '복싱'은 영어 boxing을 차용한 것이다.
④ '부레자'의 바른 표기는 '브래지어'이다. '브래지어'는 영어 brassiere를 차용한 것이다.

정답 ①

10 밑줄 친 외래어를 바르게 표기한 것은?

① 저 배우가 이 영화의 <u>까메오</u>로 출연하였다.
② 최근 <u>부루투스</u>를 사용하는 휴대 전화가 늘었다.
③ 경찰이 범인의 <u>몽타주</u>를 공개하였다.
④ 나는 이 작품을 저 <u>개러리</u>에서 샀어.

| 문항 해설 |

① '까메오'의 바른 표기는 '카메오'이다. '카메오'는 라틴어 cameo를 차용한 것이다. 파열음 표기에는 된소리인 'ㄲ, ㄸ, ㅃ'을 쓰지 않는 것을 원칙으로 한다(「외래어 표기법」 제1장 제4항 참조).
② '부루투스'의 바른 표기는 '블루투스'이다. '블루투스'는 영어 blue tooth를 차용한 것으로, '정보 기기들 간 선 없이도 빠른 속도로 정보를 주고받을 수 있게 하는 근거리 무선 데이터 전송 기술'을 뜻한다.
③ '몽타주'는 바르게 표기한 것이다. 이것은 프랑스어 montage를 차용한 것이다.
④ '개러리'의 바른 표기는 '갤러리'이다. '갤러리'는 영어 gallery를 차용한 것이다.

정답 ③

11 밑줄 친 외래어를 바르게 표기한 것은?

① 그녀가 베니스의 영화제에서 영예의 <u>그랑푸리</u>를 차지했다.
② 이 영화는 <u>써스펜쓰</u>가 넘치는 작품이다.
③ 그녀가 바이올린 <u>콩쿠르</u>에서 1등을 했어.
④ 그는 <u>꽁트</u> 작가이다.

| 문항 해설 |

① '그랑푸리'의 바른 표기는 '그랑프리'이다. '그랑프리'는 프랑스어 grand prix를 차용한 것이다.
② '써스펜쓰'의 바른 표기는 '서스펜스'이다. 서스펜스는 영어 suspense를 차용한 것이다.
③ '콩쿠르'는 바르게 표기한 것이다. 이것은 프랑스어 concours를 차용한 것이다. '콩쿨'은 바르지 않은 표기이다.
④ '꽁트'의 바른 표기는 '콩트'이다. '콩트'는 프랑스어 conte를 차용한 것이다.

정답 ③

12 밑줄 친 외래어를 바르게 표기한 것은?

① 저 사람은 <u>배터랑</u> 소방관이다.

② <u>크레용</u>으로 그림을 그려라.

③ 나는 아름다운 풍경을 <u>데쌩</u>을 했다.

④ 휴가를 가서 <u>펜숀</u>에서 숙박을 하였다.

| 문항 해설 |

① '배터랑'의 바른 표기는 '베테랑'이다. '베테랑'은 프랑스어 vétéran을 차용한 것이다.

② '크레용'은 바르게 표기한 것이다. 이것은 프랑스어 crayon을 차용한 것이다.

③ '데쌩'의 바른 표기는 '데생'이다. '데생'은 프랑스어 dessin을 차용한 것이다.

④ '펜숀'의 바른 표기는 '펜션'이다. '펜션'은 영어 pension을 차용한 것이다.

정답 ②

13 밑줄 친 외래어를 바르게 표기한 것은?

① 내 체중은 65 <u>키로그람</u>이다.

② 옷에서 <u>나프탈렌</u> 냄새가 난다.

③ 저분은 유명한 <u>무지컬</u> 배우입니다.

④ 나는 저 상점에서 <u>카라멜</u>을 사서 먹었다.

| 문항 해설 |

① '키로그람'의 바른 표기는 '킬로그램'이다. 이것은 영어 kilogram[kílogrǽm]을 음차한 것이다. 어중의 [l]이 모음 앞에 올 경우 'ㄹㄹ'로 적는다(「외래어 표기법」 제3장 제1절 제6항 참조).

② '나프탈렌'은 바르게 표기한 것이다. 이것은 영어 naphthalene을 차용한 것이다. '나프탈린'은 독일어 Naphthalin을 차용한 것으로, 비표준어이다.

③ '무지컬'의 바른 표기는 '뮤지컬'이다. 이것은 영어 musical을 차용한 것이다.

④ '카라멜'의 바른 표기는 '캐러멜'이다. '캐러멜'은 영어 caramel[kǽrəmél]을 음차한 것이다.

정답 ②

14 밑줄 친 외래어를 바르게 표기한 것은?

① <u>카아드 색쑌</u>이 볼 만하다.
② 우리는 <u>카훼리</u>를 타고 제주도에 갔다.
③ 저 사람이 <u>캐리커처</u>를 잘 그린다.
④ 어린이들이 <u>캐롤</u>을 부른다.

| 문항 해설 |

① '카아드 색쑌'의 바른 표기는 '카드 섹션'이다. 카드 섹션은 영어 card section을 차용한 것이다.
② '카훼리'의 바른 표기는 '카페리'이다. '카페리'는 영어 car ferry를 차용한 것으로, 여객과 자동차를 실어 운반하는 배이다.
③ '캐리커처'는 바르게 표한 것이다. 이것은 영어 caricature를 차용한 것이다. '캐리커처'는 어떤 사람이나 사물 따위의 특징을 과장하여 우스꽝스럽게 풍자한 글이나 그림, 또는 그런 표현법을 뜻한다.
④ '캐롤'의 바른 표기는 '캐럴'이다. '캐럴'은 영어 carol[kǽrəl]을 음차한 것이다.

정답 ③

15 밑줄 친 외래어를 바르게 표기한 것은?

① 이번 정상 회담의 <u>어젠다</u>가 무엇입니까?
② 그녀는 <u>캐쥬얼</u> 드레스를 입었다.
③ 출판사에 <u>카타로그</u>를 보내 달라고 하였다.
④ 저 야구 선수가 우수한 <u>캣쳐</u>이다.

| 문항 해설 |

① '어젠다'는 바르게 표기한 것이다. 이것은 영어 agenda를 차용한 것이다. '어젠다'는 의제 또는 협의 사항을 뜻한다. '아젠다'는 잘못 표기한 것이다.
② '캐쥬얼'의 바른 표기는 '캐주얼'이다. '캐주얼'은 영어 casual을 차용한 것이다.
③ '카타로그'의 바른 표기는 '카탈로그'이다. '카탈로그'는 영어 catalog를 차용한 것이다. 어중의 [l]이 모음 앞에 올 경우 'ㄹㄹ'로 적는다(「외래어 표기법」 제3장 제1절 제6항 참조).
④ '캣쳐'의 바른 표기는 '캐처'이다. '캐처'는 영어 catcher를 차용한 것이다.

정답 ①

16 밑줄 친 외래어를 바르게 표기한 것은?

① 이번에 생산할 상품의 <u>캣치프레이스</u>를 작성해 보자.
② 이것들은 같은 <u>카데고리</u>에 속한다.
③ 나는 <u>쿡키</u>를 많이 먹었어.
④ 그는 감자튀김을 <u>케첩</u>에 찍어 먹었다.

| 문항 해설 |

① '캣치프레이스'의 바른 표기는 '캐치프레이즈'이다. '캐치프레이즈'는 영어 catchphrase 를 차용한 것이다.
② '카데고리'의 바른 표기는 '카테고리'이다. '카테고리'는 독일어 Kategorie를 차용한 것으로, 범주(範疇)를 뜻한다.
③ '쿡키'의 바른 표기는 '쿠키'이다. '쿠키'는 영어 cookie를 차용한 것이다.
④ '케첩'은 바르게 표기한 것이다. 이것은 영어 ketchup을 차용한 것이다.

정답 ④

17 외래어를 바르게 표기한 것은?

① 센서스(census)
② 쎄라믹(← ceramics)
③ 침팬찌(chimpanzee)
④ 카쎈타(car center)

| 문항 해설 |

① '센서스'는 바르게 표기한 것이다. '센서스'는 '총조사(總調査) 즉 일정한 사회 집단 전체를 대상으로 하는 대규모 전수 조사(全數調査)'를 뜻한다.
② '쎄라믹'의 바른 표기는 '세라믹'이다. '세라믹'은 고온에서 구워 만든 비금속 무기질 고체 재료이다.
③ '침팬찌'의 바른 표기는 '침팬지'이다.
④ '카쎈타'의 바른 표기는 '카센터'이다.

정답 ①

18 밑줄 친 외래어를 바르게 표기한 것은?

① 그 곡예단의 <u>써커쓰</u>는 정말 볼 만해.

② 이 희곡은 여기가 <u>크라이막스</u>이다.

③ 우리는 그 회사의 제품을 <u>보이콧</u>을 하기로 했어.

④ 그 영화의 주인공이 어디에서 <u>크로즈업</u>이 되었니?

| 문항 해설 |

① '써커쓰'의 바른 표기는 '서커스'이다. '서커스'는 영어 circus를 차용한 것이다.

② '크라이막스'의 바른 표기는 '클라이맥스'이다. '클라이맥스'는 영어 climax를 차용한 것으로, 극(劇)이나 소설의 전개 과정에서 갈등이 최고조에 이르는 단계를 뜻한다.

③ '보이콧'은 바르게 표기한 것이다. 이것은 영어 boycott을 차용한 것이다. '보이콧'은 '특정한 제품을 사지 않기로 결의하여 그 생산자에게 압박을 가하는 조직적 운동, 즉 불매 운동'을 뜻한다.

④ '크로즈업'의 바른 표기는 '클로즈업'이다. '클로즈업'은 영어 close-up을 차용한 것이다. 어중의 [l]이 모음 앞에 올 경우 'ㄹㄹ'로 적는다(「외래어 표기법」 제3장 제1절 제6항 참조).

정답 ③

19 밑줄 친 외래어를 바르게 표기한 것은?

① 나는 야채 <u>쥬스</u>를 좋아해.

② 과일 즙을 만들어 먹기 위해 <u>믹써</u>를 샀어.

③ 우리는 <u>유비쿼터스</u> 시대에 진입하고 있다.

④ 그 <u>코메디</u>는 아주 재미있어.

① '쥬스'의 바른 표기는 '주스'이다. '주스'는 영어 juice를 차용한 것이다.

② '믹써의 바른 표기는 '믹서'이다. '믹서'는 영어 mixer를 차용한 것이다.

③ '유비쿼터스'는 바르게 표기한 것이다. 이것은 라틴어 ubiquitous에서 유래한 단어로, '어디서나 어떤 기기로든 자유롭게 통신망에 접속하여 온갖 자료를 주고받을 수 있는 (환경)'을 뜻한다.

④ '코메디'의 바른 표기는 '코미디'이다. '코미디'는 영어 comedy를 차용한 것이다.

정답 ③

20 밑줄 친 외래어를 바르게 표기한 것은?

① <u>코뮤니티</u>는 지연에 의하여 자연 발생적으로 이루어진 공동 사회이다.

② 추석에 우리 회사에서 <u>쿠퐁</u>을 많이 주었다.

③ 나는 <u>크레카</u>를 커피와 함께 먹어.

④ 우리는 <u>방갈로</u>에서 묵었다.

① '코뮤니티'의 바른 표기는 '커뮤니티'이다. '커뮤니티'는 영어 community를 차용한 것이다.

② '쿠퐁'의 바른 표기는 '쿠폰'이다. '쿠폰'은 영어 coupon을 차용한 것이다.

③ '크레카'의 바른 표기는 '크래커'이다. '크래커'는 영어 kraker를 차용한 것이다.

④ '방갈로'는 바르게 표기한 것이다. 이것은 영어 bungalow를 차용한 것이다. '방갈로'는 산기슭이나 호숫가 같은 곳에 지어 여름철에 훈련용, 피서용으로 쓰는 산막(山幕), 별장 따위의 작은집이다.

정답 ④

21 밑줄 친 외래어를 바르게 표기한 것은?

① <u>빽미로</u>로 뒤를 살펴봐요.
② 철사를 자르게 <u>카터</u>를 가져오세요.
③ 올여름은 더워서 <u>커트</u> 머리를 했어요.
④ 그녀는 <u>후리랜서</u>이다.

| 문항 해설 |

① '빽미로'의 바른 표기는 '백미러'이다. '백미러'는 영어 back mirror를 차용한 것
   이다.
② '카터'의 바른 표기는 '커터'이다. '커터'는 영어 cutter를 차용한 것이다.
③ '커트'는 바르게 표기한 것이다. 이것은 영어 cut를 차용한 것이다.
④ '후리랜서'의 바른 표기는 '프리랜서'이다. '프리랜서'는 영어 free-lancer를 차용한
   것으로, '일정한 소속이 없이 자유 계약으로 일하는 사람'을 뜻한다.

정답 ③

22 밑줄 친 외래어를 바르게 표기한 것은?

① 나는 이번에 새 <u>버젼</u>을 발표했어.
② 여기는 <u>패러다이스</u>이다.
③ 그는 <u>싸이클</u> 경기에 출전했어.
④ <u>샤프펜슬</u>로 답을 쓰세요.

| 문항 해설 |

① '버젼'의 바른 표기는 '버전'이다. '버전'은 영어 version을 차용한 것이다.
② '패러다이스'의 바른 표기는 '파라다이스'이다. '파라다이스'는 영어 paradise를 차
   용한 것이다.
③ '싸이클'의 바른 표기는 '사이클'이다. '사이클'은 영어 cycle[sáikl]을 음차한 것이다.
④ '샤프펜슬'은 바르게 표기한 것이다. 이것은 영어 sharp pencil을 차용한 것이다.

정답 ④

23 밑줄 친 외래어를 바르게 표기한 것은?

① 호텔 <u>후론트</u>에 가서 계산했어요.
② 저분의 <u>쇼울</u>이 아름답네요.
③ 우리는 해수욕장에 있는 <u>파라솔</u> 밑에서 쉬었어.
④ 그는 <u>베니아</u>를 톱으로 잘랐다.

| 문항 해설 |

① '후론트'의 바른 표기는 '프런트'이다. '프런트'는 영어 front를 차용한 것이다.
② '쇼울'의 바른 표기는 '숄'이다. '숄'은 영어 shawl을 차용한 것으로, '여자들이 방한이나 장식을 목적으로 어깨에 걸쳐 덮는 네모진 천'을 뜻한다.
③ '파라솔'은 바르게 표기한 것이다. 이것은 영어 parasol을 차용한 것이다.
④ '베니아'의 바른 표기는 '베니어'이다. '베니어'는 영어 veneer를 차용한 것이다.

정답 ③

24 밑줄 친 외래어를 바르게 표기한 것은?

① 그는 동료들과 <u>트러불</u>을 자주 일으킨다.
② 저 사람은 유명한 <u>파일롯</u>이다.
③ 야구팬들이 <u>치어리더</u>의 리드에 따라 응원을 열렬히 한다.
④ 산업 발전의 <u>페러다임</u>을 바꾸어야 한다.

| 문항 해설 |

① '트러불'의 바른 표기는 '트러블'이다. '트러블'은 영어 trouble을 차용한 것으로, '불화나 말썽'을 뜻한다.
② '파일롯'의 바른 표기는 '파일럿'이다. '파일럿'은 영어 pilot을 차용한 것이다.
③ '치어리더'는 바르게 표기한 것이다. '치어리더'는 영어 cheer leader를 차용한 것으로, 운동 경기장에서 음악에 맞춰 율동을 하며 특정 팀을 응원하고 관중의 응원을 이끄는 사람이다.
④ '페러다임'의 바른 표기는 '패러다임'이다. '패러다임'은 영어 paradigm을 차용한 것으로, '어떤 한 시대의 사람들의 견해·사고(思考)를 근본적으로 규정하고 있는 인식의 체계'를 뜻한다.

정답 ③

25 밑줄 친 외래어를 바르게 표기한 것은?

① 저 아이는 <u>비프스테이크</u>를 좋아한다.

② 이집트에는 <u>피라밋</u>이 있다.

③ 우리나라는 새로운 <u>로킷</u>을 개발하였다.

④ <u>로얄티</u>를 많이 지불하기 때문에 이 상품이 비싸다.

| 문항 해설 |

① '비프스테이크'는 바르게 표기한 것이다. 이것은 영어 beefsteak를 차용한 것이다.

② '피라밋'의 바른 표기는 '피라미드'이다. '피라미드'는 영어 pyramid를 차용한 것이다.

③ '로킷'의 바른 표기는 '로켓'이다. '로켓'은 영어 rocket을 차용한 것이다.

④ '로얄티'의 바른 표기는 '로열티'이다. '로열티'는 영어 royalty를 차용한 것이다.

정답 ①

01 밑줄 친 외래어를 바르게 표기한 것은?

① 이 백화점에서 <u>바게인쎄일</u>을 한다.
② 어제 그는 여기에서 <u>씨가</u>를 피웠다.
③ 이 자동차의 <u>실린더</u>가 고장이 났다.
④ 앞 차가 갑자기 서는 바람에 <u>브레익크</u>를 급히 밟았다.

| 문항 해설 |

① '바게인쎄일'의 바른 표기는 '바겐세일'이다. 이것은 영어 bargain sale을 차용한 것이다.
② '씨가'의 바른 표기는 '시가'이다. '시가'는 영어 cigar를 차용한 것이다. '시가'는 엽궐연이다.
③ '실린더'는 바르게 표기한 것이다. 이것은 영어 cylinder를 차용한 것이다.
④ '브레익크'의 바른 표기는 '브레이크'이다. '브레이크'는 brake를 차용한 것이다.

정답 ③

02 밑줄 친 외래어를 바르게 표기한 것은?

① 저 농구 선수는 <u>디휀스</u>를 잘한다.
② 컴퓨터 시스템이 <u>셧다운</u> 되었어.
③ 그 만화 주인공을 <u>코스뿌레</u>를 하지마.
④ 기업주가 노동 쟁의에 항의하여 <u>록아웃</u>을 하였다.

| 문항 해설 |

① '디휀스'의 바른 표기는 '디펜스'이다. '디펜스'는 영어 defence를 차용한 것이다.

② '셧다운'은 바르게 표기한 것이다. 이것은 영어 shutdown을 차용한 것이다.

③ '코스뿌레'의 바른 표기는 '코스프레'이다. '코스프레'는 일본어 コスプレ를 차용한 것이다. 만화나 애니메이션, 컴퓨터 게임 등의 주인공들을 모방하여 즐기는 것을 뜻한다.

④ '록아울'의 바른 표기는 '로크아웃'이다. '로크아웃'은 영어 lockout을 차용한 것이다. 이것은 사용자가 직장을 폐쇄하는 것을 뜻한다.

정답 ②

03 외국의 이름을 바르게 표기한 것은?

① 오스트레일리아(Australia)

② 베네주엘라(Venezuela)

③ 말레시아(Malaysia)

④ 네델란드(Netherlands)

| 문항 해설 |

① '오스트레일리아'는 바르게 표기한 것이다.

② '베네주엘라'의 바른 표기는 '베네수엘라'이다. '베네수엘라'는 남아메리카 대륙 북부에 있는 공화국이다.

③ '말레시아'의 바른 표기는 '말레이시아'이다.

④ '네델란드'의 바른 표기는 '네덜란드'이다.

정답 ①

04 밑줄 친 외래어를 바르게 표기한 것은?

① 어제 그는 마이썰린 주사를 맞았다.

② 인홀루언써는 웹 상에서 사회에 미치는 영향력이 큰 사람이다.

③ 모자익은 여러 가지 빛깔의 돌이나 유리, 금속, 조개껍데기, 타일 따위를 조각조각 붙여서 무늬나 회화를 만드는 기법이다.

④ 팬터마임은 대사 없이 표정과 몸짓만으로 내용을 전달하는 연극이다.

| 문항 해설 |

① '마이씰린'의 바른 표기는 '마이실린'이다. '마이실린'은 영어 mycillin을 차용한 것이다.
② '인홀루언써'의 바른 표기는 '인플루언서'이다. '인플루언서'은 영어 influence를 차용한 것이다.
③ '모자익'의 바른 표기는 '모자이크'이다. 모자이크'는 영어 mosaic를 차용한 것이다.
④ '팬터마임'은 바르게 표기한 것이다. 이것은 영어 pantomime을 차용한 것이다.

정답 ④

05 외래어를 바르게 표기한 것은?

① 노우타이(no tie) ② 터취(touch)
③ 휴머니즘(humanism) ④ 다이알(dial)

| 문항 해설 |

① '노우타이'의 바른 표기는 '노타이'이다.
② '터취'의 바른 표기는 '터치'이다.
③ '휴머니즘'은 바르게 표기한 것이다.
④ '다이알'의 바른 표기는 '다이얼'이다.

정답 ③

06 밑줄 친 외래어를 바르게 표기한 것은?

① 그는 자동차의 프레임을 디자인하였다.
② 나는 미네럴 워터를 먹는다.
③ 그는 뉴루크를 즐겨 입는다.
④ 그는 컴퓨터를 절전 모우드에 놓았다.

① '프레임'은 바르게 표기한 것이다. 이것은 영어 frame을 차용한 것으로, '자동차, 자전거 따위의 뼈대'를 뜻한다.

② '미네럴 워터'의 바른 표기는 '미네랄 워터'이다. '미네랄 워터'는 영어 mineral water를 차용한 것이다.

③ '뉴루크'의 바른 표기는 '뉴룩'이다. '뉴룩'은 영어 new look을 차용한 것으로, '최신 유행 복장'을 뜻한다.

④ '모우드'의 바른 표기는 '모드'이다. '모드'는 영어 mode를 차용한 것으로, 기기 따위가 작동되는 특정한 방식을 뜻한다.

정답 ①

07 외래어를 바르게 표기한 것은?

① 스킨쉽(skinship) ② 왜곤(wagon)
③ 스펀지(sponge) ④ 브록커(broker)

| 문항 해설 |

① '스킨쉽'의 바른 표기는 '스킨십'이다. '스킨십'은 피부의 상호 접촉에 의한 애정의 교류이다.

② '왜곤'의 바른 표기는 '왜건'이다. '왜건'은 세단의 지붕을 뒤쪽까지 늘려 뒷좌석 바로 뒤에 화물칸을 설치한 승용차이다.

③ '스펀지'는 바르게 표기한 것이다. 이것은 생고무나 합성수지로 해면(海綿)처럼 만든 물건이다.

④ '브록커'의 바른 표기는 '브로커'이다. '브로커'는 중개 상인이다.

정답 ③

08 밑줄 친 외래어를 바르게 표기한 것은?

① 우리 공군이 적기를 요격하기 위해 <u>스크램불</u>을 하였다.
② 이 회사 세탁기 제품의 <u>커피</u>가 좋다.
③ <u>쵸비니즘</u>은 광신적인 애국주의이다.
④ 나는 신문에서 건강 정보에 대한 기사를 모아 <u>스크랩북</u>을 만들었다.

| 문항 해설 |

① '스크램불'의 바른 표기는 '스크램블'이다. '스크램블'은 영어 scramble을 차용한 것이다. 이것은 '기습한 적기를 요격하기 위한 전투기의 긴급 발진', 또는 '교통량이 많은 교차점에서 모든 방향의 차량을 정지시킨 뒤에 보행자가 어느 방향으로나 자유롭게 갈 수 있도록 하는 것'을 뜻한다.
② '커피'의 바른 표기는 '카피'이다. '카피'는 영어 copy를 차용한 것으로, '복사(複寫)' 또는 '광고의 문안'을 뜻한다.
③ '쵸비니즘'의 바른 표기는 '쇼비니슴'이다. '쇼비니슴'은 프랑스어 chauvinisme을 차용한 것이다.
④ '스크랩북'은 바르게 표기한 것이다. 이것은 영어 scrapbook을 차용한 것으로, 신문, 잡지 따위에서 필요한 부분만을 오린 것을 보관하기 위하여 책처럼 만든 것이다.

정답 ④

09 밑줄 친 외래어를 바르게 표기한 것은?

① <u>스테리오타이프</u>로 글을 썼다.
② <u>내셔날리즘</u>은 국가의 공동체적 이념을 강조하고 그 통일, 독립, 발전을 꾀하는 주의이다.
③ 그녀는 <u>신데렐라</u>이다.
④ 여기는 지식 기반 산업 <u>클라스터</u>이다.

① '스테리오타이프'의 바른 표기는 '스테레오타입'이다. '스테레오타입'은 영어 stereotype을 차용한 것이다. 이것은 '창의성이 없이 판에 박은 방식', 또는 '연판(鉛版)'을 뜻한다.

② '내셔날리즘'의 바른 표기는 '내셔널리즘'이다. '내셔널리즘'은 영어 nationalism을 차용한 것이다.

③ '신데렐라'는 바르게 표기한 것이다. 이것은 영어 Cinderella를 차용한 것이다.

④ '클라스터'의 바른 표기는 '클러스터'이다. '클러스터'는 영어 cluster를 차용한 것으로, 산학 협력 지구를 뜻한다.

정답 ③

10 밑줄 친 외래어를 바르게 표기한 것은?

① 그는 유명한 <u>스토리텔러</u>이다.

② 이 영화에서는 주인공의 <u>슬로우 모숀</u>이 볼 만하다.

③ 어제 우리는 <u>씨네머 드라머</u>를 감상했다.

④ 옛날에는 돈으로 매매하지 않고 <u>빠터</u>를 했다.

| 문항 해설 |

① '스토리텔러'는 바르게 표기한 것이다. 이것은 영어 storyteller를 차용한 것으로, 스토리를 흥미진진하게 잘 풀어 나가는 사람을 뜻한다.

② '슬로우 모숀'의 바른 표기는 '슬로 모션'이다. 이것은 영어 slow motion을 차용한 것이다.

③ '씨네머 드라머'의 바른 표기는 '시네마 드라마'이다. '시네마 드라마'는 영어 cinema drama를 차용한 것으로, 연극의 양식을 띤 영화를 뜻한다.

④ '빠터'의 바른 표기는 '바터'이다. 파열음 표기에는 된소리를 쓰지 않는 것을 원칙으로 한다(「외래어 표기법」 제1장 제4항 참조). '바터'는 영어 barter를 차용한 것으로, '물물 교환'을 뜻한다.

정답 ①

11 외래어를 바르게 표기한 것은?

① 토오템(totem)   ② 팀플레이(team play)
③ 텔리파시(telepathy)   ④ 컴마(comma)

| 문항 해설 |

① '토오템'의 바른 표기는 '토템'이다.
② '팀플레이'는 바르게 표기한 것이다.
③ '텔리파씨'의 바른 표기는 '텔레파시'이다. '텔레파시'는 한 사람의 사고, 말, 행동 따위가 멀리 있는 다른 사람에게 전이되는 심령 현상이다.
④ '컴마'의 바른 표기는 '콤마'이다.

정답 ②

12 외래어를 바르게 표기한 것은?

① 커리큐럼(curriculum)   ② 코코너트(coconut)
③ 리사이클(recycle)   ④ 클럿치(clutch)

| 문항 해설 |

① '커리큐럼'의 바른 표기는 '커리큘럼'이다. '커리큘럼'은 교육 과정(敎育課程)이다.
② '코코너트'의 바른 표기는 '코코넛'이다.
③ '리사이클'은 바르게 표기한 것이다. 이것은 버리는 물건을 재생하여 다시 사용하는 것을 뜻한다.
④ '클럿치'의 바른 표기는 '클러치'이다.

정답 ③

13 외래어를 바르게 표기한 것은?

① 크로쓰–컨츄리(cross-country) ② 타블로이드(tabloid)
③ 스탬푸(stamp) ④ 터미낱(terminal)

| 문항 해설 |

① '크로쓰–컨츄리'의 바른 표기는 '크로스–컨트리'이다.
② '타블로이드'는 바르게 표기한 것이다.
③ '스탬푸'의 바른 표기는 '스탬프'이다
④ '터미낱'의 바른 표기는 '터미널'이다.

정답 ②

14 외래어를 바르게 표기한 것은?

① 턴테이블(turntable) ② 훼스티발(festival)
③ 파이팅(fighting) ④ 패씽(passing)

| 문항 해설 |

① '턴테이블'은 바르게 표기한 것이다.
② '훼스티발'의 바른 표기는 '페스티벌'이다. '페스티벌'은 영어 festival을 차용한 것
으로, 축하하여 벌이는 큰 규모의 행사이다.
③ '화이팅'의 바른 표기는 '파이팅'이다.
④ '패씽'의 바른 표기는 '패싱'이다.

정답 ①

15 밑줄 친 외래어를 바르게 표기한 것은?

① 어제 나는 새로운 <u>쓔즈</u>를 샀어.

② 그녀는 <u>쎄러리</u>를 아주 잘 먹는다.

③ 그는 <u>히스테리</u>가 심하다.

④ 저 사람은 인기가 많은 <u>코메디안</u>이다.

| 문항 해설 |

① '쓔즈'의 바른 표기는 '슈즈'이다. '슈즈'는 영어 shoes를 차용한 것이다.

② '쎄러리'의 바른 표기는 '셀러리'이다. '셀러리'는 영어 celery를 차용한 것이다.

③ '히스테리'는 바르게 표기한 것이다. 이것은 독일어 Hysterie를 차용한 것으로, 정신적 원인에 의하여 일시적으로 일어나는 비정상적인 흥분 상태를 통틀어 이르는 말이다.

④ '코메디안'의 바른 표기는 '코미디언'이다. 이것은 영어 comedian을 차용한 것이다.

정답 ③

16 외래어를 바르게 표기한 것은?

① 파파라치(paparazzi)　　② 그루프(group)

③ 첼린쥐(challenge)　　④ 핱팬츠(hot pants)

| 문항 해설 |

① '파파라치'는 바르게 표기한 것이다. '파파라치'는 이탈리아어를 차용한 것이다. 이것은 유명 인사나 연예인의 사생활을 카메라로 몰래 찍은 뒤 이것을 신문사나 잡지사에 고액으로 파는 사진사이다.

② '그루프'의 바른 표기는 '그룹'이다.

③ '첼린쥐'의 바른 표기는 '첼린지'이다. '첼린지'는 '도전'을 뜻한다.

④ '핱팬츠'의 바른 표기는 '핫팬츠'이다.

정답 ①

17 밑줄 친 외래어를 바르게 표기한 것은?

① <u>도마도</u>는 건강에 좋은 식품이다.

② 부추, 블루베리, 마늘, 아몬드, 시금치 등은 <u>슈퍼푸드</u>이다.

③ 문제의 <u>훠커스</u>를 흐리지 마라.

④ 그는 영양을 공급하는 <u>쥬부</u>를 거부했다.

| 문항 해설 |

① '도마도'의 바른 표기는 '토마토'이다. '토마토'는 영어 tomato를 차용한 것이다.

② '슈퍼푸드'는 바르게 표기한 것이다. '슈퍼푸드'는 영어 super food를 차용한 것으로, 영양가가 풍부해서 건강에 도움을 주는 식품이다.

③ '훠커스'의 바른 표기는 '포커스'이다. '포커스'는 영어 focus를 차용한 것이다.

④ '쥬부'의 바른 표기는 '튜브'이다. '튜브'는 영어 tube를 차용한 것이다.

정답 ②

18 외래어를 바르게 표기하지 않은 것은?

① 타이틀 매치(title match)　　② 기프트(gift)

③ 벙커(bunker)　　④ 유니트(unit)

| 문항 해설 |

① '타이틀 매치'는 바르게 표기한 것이다.

② '기프트'는 바르게 표기한 것이다.

③ '벙커'는 바르게 표기한 것이다.

④ '유니트'의 바른 표기는 '유닛'이다.

정답 ④

19 외래어를 바르게 표기하지 않은 것은?

① 스마트 팩토리(smart factory)
② 팬케이크(pancake)
③ 쇼트카바링(short covering)
④ 스타트업(start-up)

| 문항 해설 |

① '스마트 팩토리'는 바르게 표기한 것이다. 이것은 제품을 조립, 포장하고 기계를 점검하는 전 과정이 자동으로 이뤄지는 공장이다
② '팬케이크'는 바르게 표기한 것이다.
③ '쇼트카바링'의 바른 표기는 '숏커버링'이다. '숏커버링'은 주식 시장에서 매도했던 주식을 다시 사는 환매수를 뜻한다.
④ '스타트업'은 바르게 표기한 것이다.

정답 ③

20 밑줄 친 외래어를 바르게 표기한 것은?

① 두 대선 후보의 지지율을 <u>크로스체크</u>를 했다.
② 그녀는 <u>웍킹 맘</u>이다.
③ 투수와 포수의 <u>컴비네이숀</u>이 좋다.
④ 그는 <u>코미션</u>을 받은 혐의로 구속되었다.

| 문항 해설 |

① '크로스체크'는 바르게 표기한 것이다. 이것은 영어 cross-check를 차용한 것이다.
② '웍킹 맘'의 바른 표기는 '워킹 맘'이다. '워킹 맘'은 영어 working mom을 차용한 것으로, '일하면서 아이를 키우는 엄마'를 뜻한다.
③ '컴비네이숀'의 바른 표기는 '콤비네이션'이다. '콤비네이션'은 영어 combination을 차용한 것이다.
④ '코미션'의 바른 표기는 '커미션'이다. '커미션'은 영어 commission을 차용한 것으로, 어떤 일을 맡아 처리해 준 데 대한 대가로 받는 보수이다.

정답 ①

21 밑줄 친 외래어를 바르게 표기한 것은?

① 반도체 업체가 인력 블랙호울에 빠졌다.

② 우리는 웨이츄레스에게 음식을 주문했다.

③ 오죤은 3원자의 산소로 된 푸른빛의 기체이다.

④ 오페레타는 가벼운 희극에 통속적인 노래나 춤을 곁들인 오락성이 짙은 음악극이다.

| 문항 해설 |

① '블랙호울'의 바른 표기는 '블랙홀'이다. '블랙홀'은 영어 black hole을 차용한 것이다.

② '웨이츄레스'의 바른 표기는 '웨이트리스'이다. '웨이트리스'는 영어 waitress를 차용한 것이다. 이것은 '호텔, 서양식 음식점, 술집, 찻집 따위에서 손님의 시중을 드는 여자 종업원'을 뜻한다.

③ '오죤'의 바른 표기는 '오존'이다. '오존'은 영어 ozone을 차용한 것이다.

④ '오페레타'는 바르게 표기한 것이다. 이것은 이탈리아어 operetta를 차용한 것이다.

정답 ④

22 외래어를 바르게 표기한 것은?

① 이곳은 노우키즈존이다.

② 카라반은 대상(隊商)이다.

③ 이 단어의 스페링이 무엇입니까?

④ 그는 가요계의 레젼드이다.

| 문항 해설 |

① '노우키즈존'의 바른 표기는 '노키즈존'이다. '노키즈존'은 영어 No Kids Zone을 차용한 것으로, '영유아나 어린이의 출입을 금지하는 곳'을 뜻한다.

② '카라반'은 바르게 표기한 것이다. 이것은 프랑스어 caravane을 차용한 것이다.

③ '스페링'의 바른 표기는 '스펠링'이다. '스펠링'은 영어 spelling을 차용한 것이다.

④ '레젼드'의 바른 표기는 '레전드'이다. '레전드'는 영어 legend를 차용한 것이다.

정답 ②

23 밑줄 친 외래어를 바르게 표기한 것은?

① 그는 쥬니어이다.

② 저 연예인은 개그우맨이다.

③ 그는 엔터테인먼트를 기획하는 사람이다.

④ 이 지역은 그린벨트이다.

| 문항 해설 |

① '쥬니어'의 바른 표기는 '주니어'이다. '주니어'는 영어 junior를 차용한 것이다.

② '개그우맨'의 바른 표기는 '개그우먼'이다. '개그우먼'은 영어 gagwoman을 차용한 것이다.

③ '엔터테인먼트'는 바르게 표기한 것이다. 이것은 영어 entertainment를 차용한 것이다. '엔터테인먼트'는 대중을 즐겁게 하는 것을 목적으로 하는 영화, 음악 따위의 오락물이다.

④ '그린벨트'의 바른 표기는 '그린벨트'이다. '그린벨트'는 영어 greenbelt를 차용한 것이다.

정답 ③

24 밑줄 친 외래어를 바르게 표기한 것은?

① 나는 슈크림을 아주 좋아해.

② 내 컴퓨터가 지금 액쎄스 중이다.

③ 이 집은 실내 가구의 쎗팅이 잘되어 있다.

④ 우리는 쏘푸트볼을 하였다.

| 문항 해설 |

① '슈크림'은 바르게 표기한 것이다. 이것은 프랑스어 chou와 영어 cream을 결합하여 만든 혼성어인 choucream을 차용한 것이다.

② '액쎄스'의 바른 표기는 '액세스'이다. '액세스'는 영어 access를 차용한 것으로서, 장치에 데이터를 기억시키거나 기억 장치에서 데이터를 얻는 과정을 뜻한다.

③ '쎗팅'의 바른 표기는 '세팅'이다. '세팅'은 영어 setting을 차용한 것이다. 이것은 '주변물과의 미적 관계나 일의 목적 따위를 고려하면서, 사물을 배치하거나 새로 갖추는 것'을 뜻한다.

④ '쏘푸트볼'의 바른 표기는 '소프트볼'이다. '소프트볼'은 영어 softball을 차용한 것이다.

정답 ①

25 밑줄 친 외래어를 바르게 표기한 것은?

① 인수위원회는 <u>새도우 캐비넷</u>처럼 운영하여야 한다.
② 나는 된장찌개와 감자찌개의 <u>래씨피</u>를 잘 알고 있다.
③ 저 사람은 유명한 <u>셰프</u>이다.
④ 어제 나는 저 상점에서 사과 한 <u>빡스</u>를 샀다.

| 문항 해설 |

① '새도우 캐비넷'의 바른 표기는 '섀도 캐비닛'이다. '섀도 캐비닛'은 영어 shadow cabinet을 차용한 것으로, '야당에서 정권을 잡을 경우를 예상해서 미리 조직한 내각'을 뜻한다. '섀도 캐비닛'을 '그림자 내각' 또는, '예비내각'이라고 일컫기도 한다.
② '래씨피'의 바른 표기는 '레시피'이다. '레시피'는 영어 recipe를 차용한 것으로, '요리법'을 뜻한다.
③ '셰프'는 바르게 표기한 것이다. 이것은 영어 'chef'를 차용한 것으로, '요리사'를 뜻한다.
④ '빡쓰'의 바른 표기는 '박스'이다. '박스'는 영어 box를 차용한 것이다.

정답 ③

5

「국어의 로마자 표기」 평가

제1회 「국어의 로마자 표기」 평가

01 '대관령(大關嶺)'을 「국어의 로마자 표기법」에 따라 로마자로 바르게 표기한 것은?

① Dagwalyong

② Daegwallyeong

③ Daiguallyeng

④ Degwaryeong

| 문항 해설 |

'대괄령(大關嶺)'은 'Daegwallyeong'으로 적어야 한다. 국어의 로마자 표기는 국어의 표준 발음법에 따라 적는 것을 원칙으로 한다(「국어의 로마자 표기법」 제1장 제1항). 대관령의 표준 발음은 [대ː괄령]인데, 장모음의 표기는 따로 하지 않는다(제2장 제1항 붙임 2 참조). 따라서 '대괄령'을 'Daegwallyeong'으로 적어야 한다. 고유 명사는 첫 글자를 대문자로 적는다(제3장 제3항 참조).

정답 ②

02 국어의 지명을 로마자로 바르게 표기한 것은?

① 광천(廣川) → Gwangcheon

② 청주(清州) → Chungju

③ 합덕(合德) → Haptteok

④ 왕십리(往十里) → Wangshimri

① 'Gwangcheon'은 '광천'을 로마자로 바르게 표기한 것이다. 광천(廣川)의 표준 발음은 [광:천]이다. 그런데 장모음의 표기는 따로 하지 않는다(「국어의 로마자 표기법」 제2장 제1항 붙임 2 참조). 'ㄱ'은 모음 앞에서 'g'로 적는다(제2장 제2항 붙임 1 참조). 'ㅘ'는 'wa'로 적는다. 고유 명사는 첫 글자를 대문자로 적는다(제3 장 제3항 참조).

② '청주(淸州)'는 표준 발음이 [청주]이므로, 'Cheongju'로 적어야 한다. 'ㅓ'는 'eo' 로 적는다.

③ '합덕(合德)'은 표준 발음이 [합떡]이지만, 된소리되기는 로마자 표기에 반영하지 않으므로 'Hapdeok'으로 적어야 한다(「국어의 로마자 표기법」 3장 제1항 붙임 참조).

④ '왕십리(往十里)'는 표준 발음이 [왕:심니]인데, 장모음의 표기는 따로 하지 않으 므로 'Wangsimni'로 적어야 한다. 'ㅅ'은 's'로 적는다.

정답 ①

03 「국어의 로마자 표기법」에 따라 로마자로 바르게 표기한 것은?

① 해돋이 → haedoji
② 좋다 → jodha
③ 놓지 → nohji
④ 잡혀 → japhyeo

① 'haedoji'는 '해돋이'를 로마자로 바르게 표기한 것이다. '해돋이'의 표준 발음은 [해도지]이다(「국어의 로마자 표기법」 제3장 제1항 3 참조).

② '좋다'는 표준 발음이 [조타]이므로, 'jota'로 적어야 한다(「국어의 로마자 표기법」 제3장 제1항 4 참조).

③ '놓지'는 표준 발음이 [노치]이므로, 'nochi'로 적어야 한다(「국어의 로마자 표기법」 제3장 제1항 4 참조).

④ '잡혀'는 표준 발음이 [자펴]이므로, 'japyeo'로 적어야 한다. 'ㅍ'은 'p'로 적는다.

정답 ①

04 고유 명사를 「국어의 로마자 표기법」에 따라 로마자로 바르게 표기한 것은?

① 설악(雪嶽) → Sulak

② 울릉도(鬱陵島) → Ulleungdo

③ 김포(金浦) → Kimpho

④ 백암(白巖) → Baekam

| 문항 해설 |

① '설악(雪嶽)'은 표준 발음이 [서락]이므로, 'Seorak'으로 표기하여야 한다. 'ㄹ'은 모음 앞에서 'r'로 적는다(「국어의 로마자 표기법」 제2장 제2항 붙임 2 참조).

② 'Ulleungdo'는 '울릉도'를 로마자로 바르게 표기한 것이다. '울릉도(鬱陵島)'는 표준 발음이 [울릉도]이다. 'ㄹ'은 모음 앞에서 'r'로, 자음 앞이나 어말에서는 'l'로 적는다. 단, 'ㄹㄹ'은 'll'로 적는다(「국어의 로마자 표기법」 제2장 제2항 붙임 2 참조).

③ '김포(金浦)'는 표준 발음이 [김포]이므로, 'Gimpo'로 적어야 한다. 고유 명사는 첫 글자를 대문자로 적는다. 모음 앞의 'ㄱ'은 'g'로 표기한다.

④ '백암(白巖)'은 표준 발음이 [배감]이므로, 'Baegam'으로 적어야 한다. 'ㄱ, ㄷ, ㅂ'은 모음 앞에서는 'g, d, b'로, 자음 앞이나 어말에서는 'k, t, p'로 적는다(「국어의 로마자 표기법」 제2장 제2항 붙임 1 참조).

정답 ②

05 고유 명사를 「국어의 로마자 표기법」에 따라 로마자로 바르게 표기한 것은?

① 신문로(新門路) → Sinmunno

② 신라(新羅) → Shinra

③ 건양문(建陽門) → Keonyangmun

④ 삼례(參禮) → Samrye

① 'Sinmunno'는 '신문로'를 로마자로 바르게 표기한 것이다. '신문로(新門路)'의 표
준 발음은 [신문노]이다.

② '신라(新羅)'는 표준 발음이 [실라]이므로, 'Silla'로 적어야 한다. 'ㄹ'은 모음 앞에
서는 'r'로, 자음 앞이나 어말에서는 'l'로 적는다. 단, 'ㄹㄹ'은 'll'로 적는다(「국
어의 로마자 표기법」 제2장 제2항 붙임 2 참조, 제3장 제1항 1 참조).

③ '건양문(建陽門)'은 표준 발음이 [거:냔문]인데, 장모음 표기는 따로 하지 않으므
로 'Geonyangmun'으로 적어야 한다. 모음 앞의 'ㄱ'은 'g'로 적는다. 고유 명사
는 첫 글자를 대문자로 적는다.

④ '삼례(參禮)'는 표준 발음이 [삼녜]이므로, 'Samnye'로 적어야 한다.

정답 ①

06 「국어의 로마자 표기법」에 따라 로마자로 바르게 표기한 것은?

① 나뭇잎 → namutnip

② 학여울(鶴여울) → Hangnyeoul

③ 알약 → alyak

④ 수돗물(水道물) → sudotmul

① '나뭇잎'은 표준 발음이 [나문닙]이므로, 'namunnip'으로 표기하여야 한다(「국어
의 로마자 표기법」 제3장 제1항 2 참조).

② 'Hangnyeoul'은 '학여울'을 로마자로 바르게 표기한 것이다. '학여울(鶴여울)'의
표준 발음은 [항녀울]이다. 고유 명사는 첫 글자를 대문자로 적는다.

③ '알약'은 표준 발음이 [알략]이므로, 'allyak'으로 적어야 한다(「국어의 로마자 표기
법」 제3장 제1항 2 참조).

④ '수돗물(水道물)'은 표준 발음이 [수돈물]이므로, 'sudonmul'로 적어야 한다.

정답 ②

07 「국어의 로마자 표기법」에 따라 로마자로 바르게 표기한 것은?

① 구미(龜尾) → Kumi

② 영동(永同) → Yongtong

③ 옥동골(玉洞골) → Okdonggol

④ 한밭 → Hanbad

| 문항 해설 |

① '구미(龜尾)'는 'Gumi'로 표기하여야 한다. 'ㄱ, ㄷ, ㅂ'은 모음 앞에서는 'g, d, b'로 적고, 자음 앞이나 어말에서는 'k, t, p'로 적는다(「국어의 로마자 표기법」 제2장 제2항 붙임 1 참조).

② '영동(永同)'은 표준 발음이 [영ː동]인데, 장모음의 표기는 따로 하지 않으므로, 'Yeongdong'으로 적어야 한다. 'ㅕ'는 'yeo'로, 모음 앞의 'ㄷ'은 'd'로 적는다.

③ 'Okdonggol'은 '옥동골'을 로마자로 바르게 표기한 것이다. '옥동골(玉洞골)'은 표준 발음이 [옥똥꼴]이지마는, 된소리되기는 로마자 표기에 반영하지 않으므로 'Okttongkkol'로 적어서는 안 된다(「국어의 로마자 표기법」 제3장 제1항 붙임 참조). 고유 명사의 첫 글자는 대문자로 표기 한다.

④ '한밭'은 표준 발음이 [한받]이므로, 'Hanbat'으로 적어야 한다. 'ㄷ'은 모음 앞에서는 'd'로, 자음이나 어말에서는 't'로 적는다(「국어의 로마자 표기법」 제2장 제2항 붙임 1 참조). '한밭'은 '대전'의 옛 이름이다.

정답 ③

08 지명(地名)을 로마자로 바르게 표기한 것은?

① 강서구(江西區) → Kangseo-gu

② 신창읍(新昌邑) → Sinchang-eup

③ 충청북도(忠淸北道) → Chungchongbuk-tto

④ 반포동(盤浦洞) → Panpho-dong

| 문항 해설 |

① '강서구(江西區)'는 표준 발음이 [강서구]이므로, 'Gangseo-gu'로 표기하여야 한다. 모음 앞의 'ㄱ'은 'g'로 적되, 행정 구역 단위인 'gu' 앞에는 붙임표(-)를 넣는다(「국어의 로마자 표기법」 제2장 제2항 붙임 1, 제3장 5항 참조).

② 'Sinchang-eup'은 '신창읍'을 로마자로 바르게 표기한 것이다. '신창읍(新昌邑)'은 표준 발음이 [신창읍]이다. 행정 구역 단위인 '읍(邑)'은 'eup'으로 적고, 그 앞에는 붙임표(-)를 넣는다(「국어의 로마자 표기법」 제3장 제5항 참조). 'ㅊ'은 'ch'로 적는다.

③ '충청북도(忠淸北道)'는 표준 발음이 [충청북또]인데, 'Chungcheongbuk-do'로 적어야 한다. 행정 구역 단위인 '도(道)' 앞의 붙임표(-) 앞뒤에서 일어나는 음운 변화는 표기에 반영하지 않으므로 'Chungcheongbuk-do'로 적는다(「국어의 로마자 표기법」 제3장 제5항 참조).

④ '반포동(盤浦洞)'은 표준 발음이 [반포동]이므로, 'Banpo-dong'으로 적어야 한다. 모음 앞의 'ㅂ'은 'b'로, 'ㅍ'은 'p'로 적는다(「국어의 로마자 표기법」 제2장 제2항 붙임 1 참조).

정답 ②

09 인명인 '문복남'을 「국어의 로마자 표기법」에 따라 로마자로 바르게 표기한 것은?

① Munbongnam

② Mun bong nam

③ Mun Bok-nam

④ Boknam mun

| 문항 해설 |

고유 명사는 첫 글자를 대문자로 적는다(「국어의 로마자 표기법」 제3장 제3항 참조). 인명은 성과 이름의 순서로 띄어 쓴다. 이름은 붙여 쓰는 것을 원칙으로 하되 음절 사이에 붙임표(-)를 쓰는 것을 허용한다. 또한 이름에서 일어나는 음운 변화는 표기에 반영하지 않기 때문에 이름인 '복남'이 [봉남]으로 발음되더라도 철자대로 표기한다(「국어의 로마자 표기법」 제3장 제4항 참조).

정답 ③

10 「국어의 로마자 표기법」에 따라 로마자로 바르게 표기한 것은?

① 광희문(光熙門) → Gwanghimun

② 독립문(獨立門) → Dongnipmun

③ 흥인지문(興仁之門) → Hunginjimun

④ 숭례문(崇禮門) → Sungnremum

| 문항 해설 |

① 'Gwanghimun'은 '광희문'을 로마자로 바르게 표기한 것이다. '광희문(光熙門)'의 표준 발음은 [광히문]이다.

② '독립문(獨立門)'은 표준 발음이 [동님문]이므로, 'Dongnimun'으로 적어야 한다.

③ '흥인지문(興仁之門)'은 표준 발음이 [흥인지문]이므로, Heunginjimun'으로 적어야 한다. 'ㅡ'는 'eu'로 적는다.

④ '숭례문(崇禮門)'은 표준 발음이 [숭녜문]이므로, 'Sungnyemum'으로 적어야 한다.

정답 ①

11 「국어의 로마자 표기법」에 따라 로마자로 바르게 표기한 것은?

① 강릉(江陵) → Kangreung

② 집현전(集賢殿) → Jiphyeonjeon

③ 낙동강(洛東江) → Nakttonggang

④ 병풍(屛風) → pyeongphung

| 문항 해설 |

① '강릉(江陵)'은 표준 발음이 [강능]이므로, 'Gangneung'으로 적어야 한다.

② 'Jiphyeonjeon'은 '집현전'을 로마자로 바르게 표기한 것이다. '집현전(集賢殿)'은 표준 발음이 [지편전]이다. 체언에서 'ㄱ, ㄷ, ㅂ' 뒤에 'ㅎ'이 따를 때에는 'ㅎ'을 밝혀 적는다(「국어의 로마자 표기법」 제3장 제1항 4 다만 참조).

③ '낙동강'은 'Nakdonggang'으로 표기하여야 한다. '낙동강(洛東江)'은 표준 발음이 [낙똥강]이지마는, 된소리되기는 로마자 표기에 반영하지 않기 때문에

'Nakttonggang'으로 적으면 안 된다.

④ '병풍(屛風)'은 표준 발음이 [병풍]이므로, 'byeongpung'으로 적어야 한다. 모음
앞의 'ㅂ'은 'b'로, 'ㅍ'은 'p'로 적는다.

정답 ②

12 「국어의 로마자 표기법」에 따라 로마자로 바르게 표기한 것은?

① 장독대(醬독臺) → changttokttae

② 탕수육(糖水肉) → Tangsuyuk

③ 칼국수 → Kalgukssu

④ 콩나물비빔밥 → Kongnamulbibimppap

| 문항 해설 |

① '장독대(醬독臺)'는 'jangdokdae'로 적어야 한다. '장독대(醬독臺)'는 표준 발음이
[장:똑때]이지마는, 장모음 표기는 따로 하지 않고 된소리되기는 로마자 표기에
반영하지 않으므로 'jangdokdae'로 적어야 한다(「국어의 로마자 표기법」 제2장
제1항 붙임 1, 제3장 제1항 붙임 참조).

② 'Tangsuyuk'은 '탕수육'을 로마자로 바르게 표기한 것이다. '탕수육(糖水肉)'의
표준 발음은 [탕수육]이다. 'ㅠ'는 'yu'로 적는다.

③ '칼국수'는 표준 발음이 [칼국쑤]이지마는, 된소리되기는 로마자 표기에서 반영하
지 않으므로 'Kalguksu'로 적어야 한다.

④ '콩나물비빔밥'은 표준 발음이 [콩나물비빔빱]이지마는, 된소리되기는 로마자 표
기에 반영하지 않으므로 'Kongnamulbibimbap'으로 적어야 한다.

정답 ②

13 고유 명사를 「국어의 로마자 표기법」에 따라 로마자로 바르게 표기한 것은?

① 탄천(炭川) → Tancheon

② 탄금대(彈琴臺) → Tangumdae

③ 탐라(耽羅) → Tamra

④ 대흑산도(大黑山島) → Daeheukssando

| 문항 해설 |

① 'Tancheon'은 '탄천(炭川)'을 로마자로 바르게 표기한 것이다. 탄천(炭川)은 표준 발음이 [탄:천]인데 장모음의 표기는 따로 하지 않으므로, 'Tancheon'으로 적어야 한다. 'ㅓ'는 'eo'로 적는다.

② '탄금대(彈琴臺)'는 표준 발음이 [탄:금대]이지마는, 장모음의 표기는 따로 하지 않으므로 'Tangeumdae'로 적어야 한다. 'ㅡ'는 'eu'로 적는다.

③ '탐라(耽羅)'는 표준 발음이 [탐나]이므로, 'Tamna'로 적어야 한다.

④ '대흑산도(大黑山島)'는 표준 발음이 [대:흑싼도]이지마는, 로마자 표기에서는 장모음 표기를 따로 하지 않고 된소리되기는 로마자 표기에 반영하지 않으므로 'Daeheuksando'로 적어야 한다.

정답 ①

14 고유 명사를 「국어의 로마자 표기법」에 따라 로마자로 바르게 표기한 것은?

① 탑골(塔골) → Tapkkol

② 탑현(塔峴) → Taphyeon

③ 태백산(太白山) → Taebaekssan

④ 상녕리(上寧里) → Sangnyeong-ni

① '탑골(塔골)'은 표준 발음이 [탑꼴]이지마는, 된소리되기는 로마자 표기에서 반영하지 않으므로 'Tapgol'로 적어야 한다(「국어의 로마자 표기법」제3장 제1항 붙임 참조).

② 'Taphyeon'은 '탑현'을 로마자로 바르게 표기한 것이다. 체언에서 'ㄱ, ㄷ, ㅂ' 뒤에 'ㅎ'이 따를 때에는 'ㅎ'을 밝혀 적는다(「국어의 로마자 표기법」제3장 제1항 4 다만 참조). 이 규정에 따라 '탑현'은 표준 발음이 [타편]이지마는, 'Taphyeon'으로 적어야 한다.

③ '태백산(太白山)'은 표준 발음이 [태백싼]이지마는, 된소리되기는 로마자 표기에 반영하지 않으므로 'Taebaeksan'으로 적어야 한다.

④ '상녕리(上寧里)'는 표준 발음이 [상:녕니]이지마는, 'Sangnyeong-ri'로 적어야 한다. 장모음의 표기는 따로 하지 않는다(「국어의 로마자 표기법」제2장 제1항 붙임 참조). 행정 구역 단위인 '리(里)' 앞의 붙임표 (-) 앞뒤에서 일어나는 음운 변화는 표기에 반영하지 않는다(「국어의 로마자 표기법」제3장 제5항 참조).

정답 ②

15 고유 명사를 「국어의 로마자 표기법」에 따라 로마자로 바르게 표기한 것은?

① 태평로(太平路) → Taebhyeongro
② 신녕군(新寧郡) → Shinnyong-kun
③ 토당동(土堂洞) → Thodang-dong
④ 경복궁(景福宮) → Gyeongbokgung

| 문항 해설 |

① '태평로(太平路)'는 표준 발음이 [태평노]이므로, 'Taepyeongno'로 적어야 한다. 'ㅍ'은 'p'로 적는다.

② '신녕군(新寧郡)'은 표준 발음이 [신녕군]이므로, 'Sinnyeong-gun'으로 적어야 한다. 'ㅅ'은 's'로, 'ㅕ'는 'yeo'로 적는다. 행정 구역 단위인 '군(郡)'은 'gun'으로 적는다.

③ '토당동(土堂洞)'은 표준 발음이 [토당동]이므로, 'Todang-dong'으로 적어야 한다. 'ㅌ'은 't'로 적는다. 행정 구역 단위 앞에는 붙임표(-)를 넣는다(「국어의 로마자 표기법」제3장 제5항 참조).

④ 'Gyeongbokgung'은 '경복궁'을 로마자로 바르게 표기한 것이다. 경복궁(景福宮)'은 표준 발음이 [경ː복꿍]이지마는, 장모음 표기는 따로 하지 않고 된소리되기는 로마자 표기에 반영하지 않으므로 'Gyeongbokgung'으로 적어야 한다.

정답 ④

16 고유 명사를 「국어의 로마자 표기법」에 따라 로마자로 바르게 표기한 것은?

① 각화동(角化洞) → Gakhwa-dong

② 간월암(看月庵) → Ganwolam

③ 갈곶리(乫串里) → Galkkot-ri

④ 가회동(嘉會洞) → Gahoi-dong

| 문항 해설 |

① 'Gakhwa-dong'은 '각화동(角化洞)'을 로마자로 바르게 표기한 것이다. '각화동'의 표준 발음은 [가콰동]이지마는, 'Gakwa-dong'으로 적으면 안 된다. 체언에서 'ㄱ, ㄷ, ㅂ' 뒤에 'ㅎ'이 따를 때에는 'ㅎ'을 밝혀 적어야 한다(「국어의 로마자 표기법」 제3장 제1항 4 다만 참조).

② '간월암(看月庵)'은 표준 발음이 [가눠람]이므로, 'Ganworam'으로 적어야 한다. 'ㅝ'는 'wo'로, 모음 앞의 'ㄹ'은 'r'로 적는다.

③ '갈곶리(乫串里)'는 표준 발음이 [갈곤니]인데, 행정 구역 단위인 '리(里)' 앞의 붙임표 (-) 앞뒤에서 일어나는 음운 변화는 표기에 반영하지 않으므로 'Galgot-ri'로 적어야 한다(「국어의 로마자 표기법」 제3장 제5항 참조).

④ '가회동'은 표준 발음이 [가회동/가훼동]이므로, 'Gahoe-dong'이나 'Gahwe-dong'으로 적어야 한다. 'ㅚ'는 'oe'로, 'ㅞ'는 'we'로 적는다.

정답 ①

17 고유 명사를 로마자로 바르게 표기한 것은?

① 검룡소(儉龍沼) → Geomryongso

② 이태원(梨泰院) → Itaewon

③ 가좌동(加佐洞) → Gajoa-dong

④ 가칠봉(加七峯) → Kachilpong

| 문항 해설 |

① '검룡소(儉龍沼)'의 표준 발음이 [검ː뇽소]인데, 장모음의 표기는 따로 하지 않으므로 'Geomnyeongso'로 적어야 한다. '검룡소'는 강원도 태백시 창죽동(삼수동)에 있는 분출수로서, 대덕산과 함백산 사이에 있는 금대봉(해발 1418m) 자락의 800m 고지에 있는 늪이다. '민족의 젖줄'로 불리는 한강의 발원지로 알려져 있다

② 'Itaewon'은 '이태원'을 로마자로 바르게 표기한 것이다. '이태원(梨泰院)'의 표준 발음은 [이태원]이다.

③ '가좌동(加佐洞)'은 표준 발음이 [가좌동]이므로, 'Gajwa-dong'으로 적어야 한다. 'ㅘ'는 'wa'로 적는다.

④ '가칠봉(加七峯)'은 표준 발음이 [가칠봉]이므로, 'Gachilbong'으로 적어야 한다. 모음 앞의 'ㅂ'은 'b'로 적는다.

정답 ②

18 고유 명사를 「국어의 로마자 표기법」에 따라 로마자로 바르게 표기한 것은?

① 가파도(加波島) → Gaphado

② 가의도(賈誼島) → Gawido

③ 박석고개(薄石고개) → Bakseokgogae

④ 개경(開京) → Gaegeong

| 문항 해설 |

① '가파도(加波島)'는 표준 발음이 [가파도]이므로, 'Gapado'로 적어야 한다. 'ㅍ'은 'p'로 적는다. '가파도'는 제주특별자치도 서귀포시 대정읍에 속하는 섬이다.

② '가의도(賈誼島)'는 표준 발음이 [가의도]이므로, 'Gauido'로 적어야 한다. 'ㅢ'는 'ui'로 적는다. '가의도'는 충청남도 태안군 근흥면 가의도리에 속한 섬이다.

③ 'Bakseokgogae'는 '박석고개'를 로마자로 바르게 표기한 것이다. '박석고개(薄石고개)'의 표준 발음은 [박썩꼬개]이지만, 된소리되기는 로마자 표기에 반영하지 않으므로 'Bakseokgogae'로 적어야 한다.

④ '개경(開京)'은 표준 발음이 [개경]이므로, 'Gaegyeong'으로 적어야 한다. 'ㅕ'는 'yeo'로 적는다.

정답 ③

19 고유 명사를 「국어의 로마자 표기법」에 따라 로마자로 바르게 표기한 것은?

① 죽변(竹邊) → jukppyeon
② 압구정(狎鷗亭) → Apkkujeong
③ 낙성대(落星垈) → Nakseongdae
④ 팔당(八堂) → Palttang

| 문항 해설 |

① '죽변(竹邊)'은 표준 발음이 [죽뼌]이지마는, 된소리되기는 로마자 표기에 반영하지 않으므로 'Jukbyeon'으로 적어야 한다. '죽변'은 고유 명사이므로 첫 글자를 대문자 'J'로 적어야 한다.

② '압구정(狎鷗亭)'은 표준 발음이 [압꾸정]이지마는, 된소리되기는 로마자 표기에 반영하지 않으므로 'Apgujeong'으로 적어야 한다.

③ 'Nakseongdae'는 '낙성대(落星垈)'를 로마자로 바르게 표기한 것이다. '낙성대'는 표준 발음이 [낙썽대]이지마는, 된소리되기는 로마자 표기에 반영하지 않으므로 'Naksseongdae'로 표기하면 안 된다. '낙성대'는 서울특별시 관악구 봉천동에 있는 강감찬 장군의 출생지이다. 하늘에서 큰 별이 떨어진 날 장군이 태어났다고 하여 붙은 이름이다.

④ '팔당(八堂)'의 표준 발음은 [팔땅]이지마는, 된소리되기는 로마자 표기에 반영하지 않으므로 'Paldang'으로 적어야 한다.

정답 ③

20 고유 명사를 「국어의 로마자 표기법」에 따라 로마자로 바르게 표기한 것은?

① 욕지도(欲知島) → Yokjjido

② 가은읍(加恩邑) → Gaeun-eup

③ 밀양(密陽) → Millyang

④ 법성포(法聖浦) → Beopsseongpo

| 문항 해설 |

① '욕지도(欲知島)'는 표준 발음이 [욕찌도]이지마는, 된소리되기는 로마자 표기에 반영하지 않으므로 'Yokjido'로 적어야 한다. '욕지도'는 경상남도 통영시 욕지면에 속하는 섬이다.

② 'Gaeun-eup'은 '가은읍'을 로마자로 바르게 표기한 것이다. '가은읍(加恩邑)'은 표준 발음이 [가으늡]이지만, 행정 구역 단위인 '읍(邑)' 앞뒤에서 일어나는 음운 변화는 표기에 반영하지 않으므로 'Gaeun-eup'으로 적어야 한다. 'ㅡ'는 eu로 적는다.

③ '밀양(密陽)'은 표준 발음이 [미량]이므로, 'Miryang'으로 적어야 한다. 모음 앞의 'ㄹ'은 'r'로 적는다.

④ '법성포(法聖浦)'는 표준 발음이 [법썽포]이지마는, 된소리되기는 로마자 표기에 반영하지 않으므로 'Beopseongpo'로 적어야 한다.

정답 ②

21 고유 명사를 「국어의 로마자 표기법」에 따라 로마자로 바르게 표기한 것은?

① 약수동(藥水洞) → Yakssu-dong

② 북대천(北大川) → Bukttaecheon

③ 석모도(席毛島) → Seongmodo

④ 서귀포(西歸浦) → Seoguipho

| 문항 해설 |

① '약수동(藥水洞)'은 표준 발음이 [약쑤동]인데, 된소리되기는 로마자 표기에 반영하지 않으므로 'Yaksu-dong'으로 적어야 한다.

② '북대천(北大川)'은 표준 발음이 [북때천]이지마는, 된소리되기는 로마자 표기에 반영하지 않기 때문에 'Bukdaecheon'으로 적어야 한다.

③ 'Seongmodo'는 '석모도'를 로마자로 바르게 표기한 것이다. '석모도(席毛島)'의 표준 발음은 [성모도]이다.

④ '서귀포(西歸浦)'는 표준 발음이 [서귀포]이므로, 'Seogwipo'로 적어야 한다. 'ㅟ'는 'wi'로, 'ㅍ'은 'p'로 적는다.

정답 ③

22 고유 명사를 「국어의 로마자 표기법」에 따라 로마자로 바르게 표기한 것은?

① 북한강(北漢江) → Bukangang

② 가학루(駕鶴樓) → Gahangnu

③ 영변(寧邊) → Yeongpyeon

④ 양강도(兩江道) → Yangkang-do

| 문항 해설 |

① '북한강(北漢江)'은 표준 발음이 [부칸강]이지마는, 'Bukhangang'으로 적어야 한다. 체언에서 'ㄱ, ㄷ, ㅂ' 뒤에 'ㅎ'이 따를 때에는 'ㅎ'을 밝혀 적는다(「국어의 로마자 표기법」 제3장 제1항 4 다만 참조).

② 'Gahangnu'는 '가학루(駕鶴樓)'를 로마자로 바르게 표기한 것이다. '가학루'의 표준 발음은 [가항누]이다.

③ '영변(寧邊)'은 표준 발음이 [영변]이므로, 'Yeongbyeon'으로 적어야 한다. 모음 앞의 'ㅂ'은 'b'로 적는다.

④ '양강도(兩江道)'는 표준 발음이 [양ː강도]인데, 장모음의 표기는 따로 하지 않으므로 'Yanggang-do'로 적어야 한다(「국어의 로마자 표기법」 제2장 제1항 붙임 2 참조). 모음 앞의 'ㄱ'은 'g'로 적는다.

정답 ②

23 「국어의 로마자 표기법」에 따라 로마자로 바르게 표기한 것은?

① 붙이다 → butida

② 감자튀김 → gamjatwigim

③ 막일 → makil

④ 샛별 → saetppyeol

| 문항 해설 |

① '붙이다'는 표준 발음이 [부치다]이므로, 'buchida'로 표기하여야 한다.

② 'gamjatwigim'은 '감자튀김'을 로마자로 바르게 표기한 것이다. '감자튀김'은 표준 발음이 [감자튀김]이다. 'ㅟ'는 'wi'로 적는다.

③ '막일'은 표준 발음이 [망닐]이므로, 'mangnil'로 적어야 한다.

④ '샛별'은 표준 발음이 [새뼐/샏뼐]이지마는, 된소리되기는 로마자 표기에 반영하지 않으므로 'saetbyeol'로 적어야 한다(「국어의 로마자 표기법」 제3장 제1항 붙임 참조).

정답 ②

24 고유 명사를 「국어의 로마자 표기법」에 따라 로마자로 바르게 표기한 것은?

① 갓바위재 → Gatppawijae

② 강강수월래(強羌水越來) → Ganggangsuwolrae

③ 강계군(江界郡) → Ganggye-kun

④ 속리산(俗離山) → Songnisan

| 문항 해설 |

① '갓바위재'는 표준 발음이 [갇빠위재]이지마는, 된소리되기는 로마자 표기에 반영하지 않으므로 'Gatbawijae'로 표기하여야 한다.

② '강강수월래'는 표준 발음이 [강강수월래]이므로, 'Ganggangsuwollae'로 적어야 한다. 'ㄹㄹ'은 'll'로 적는다(「국어의 로자마 표기법」 제2장 제2항 붙임 2 참조).

③ '강계군'은 표준 발음이 [강계군/강게군]이므로, 'Ganggye-gun'이나 'Gangge-gun'으로 적어야 한다. 행정 구역 단위인 '군(郡)'은 'gun'으로 적는다(「국어의 로자마 표기법」 제3장 제5항 참조).

④ 'Songnisan'은 '속리산'을 로마자로 바르게 표기한 것이다. '속리산(俗離山)'의 표준 발음은 [송니산]이다.

정답 ④

25 「국어의 로마자 표기법」에 따라 로마자로 바르게 표기한 것은?

① 양촌리(陽村里) → Yangchol-ri

② 백두산(白頭山) → Baekdusan

③ 결성(結城) → Gyeolsseong

④ 송림(松林) → Songrim

| 문항 해설 |

① '양촌리'는 'Yangchon-ri'로 적어야 한다. '양촌리(陽村里)'는 표준 발음이 [양촐리]이지마는 행정 구역 단위인 '리(里) 앞의 붙임표 (-) 앞뒤에서 일어나는 음운 변화는 표기에 반영하지 않기 때문에 'Yangchon-ri'로 적어야 한다(「국어의 로마자 표기법」 제3장 제5항 참조).

② 'Baekdusan'은 '백두산'을 로마자로 바르게 표기한 것이다. '백두산(白頭山)'은 표준 발음이 [백뚜산]이지만, 된소리되기는 로마자 표기에 반영하지 않으므로 'Baekttusan'으로 적으면 안 된다. 고유 명사는 첫 글자를 대문자로 적는다(「국어의 로마자 표기법」 제3장 제3항 참조).

③ '결성'은 표준 발음이 [결썽]이지마는, 된소리되기는 로마자 표기에 반영하지 않으므로 'Gyeolseong'으로 표기하여야 한다.

④ '송림(松林)'은 표준 발음이 [송님]이므로, 'Songnim'으로 적어야 한다.

정답 ②

01 「국어의 로마자 표기법」에 따라 로마자로 바르게 표기한 것은?

① 경희궁(慶熙宮) → Gyeonghigung

② 덕수궁(德壽宮) → Deokssugung

③ 운현궁(雲峴宮) → Oonhyeongoong

④ 창덕궁(昌德宮) → Changtteokkkung

| 문항 해설 |

① 'Gyeonghigung'은 '경희궁'을 로마자로 바르게 표기한 것이다. '경희궁(慶熙宮)'
은 표준 발음이 [경:히궁]인데, 장모음의 표기는 따로 하지 않는다(「국어의 로마
자 표기법」 제2장 제1항 붙임 2 참조).

② '덕수궁(德壽宮)'은 표준 발음이 [덕쑤궁]이지마는, 된소리되기는 로마자 표기에
반영하지 않기 때문에 'Deoksugung'으로 적어야 한다(「국어의 로마자 표기법」
제3장 제1항 붙임 참조).

③ '운현궁(雲峴宮)'은 표준 발음이 [운현궁]이므로, 'Unhyeongung'으로 적어야 한
다. 'ㅜ'는 'u'로 표기한다. '운현궁'은 서울특별시 종로구 운니동에 있는 궁궐이
다. 조선 고종의 아버지인 흥선 대원군이 저택으로 쓰던 곳이다.

④ '창덕궁(昌德宮)'은 표준 발음이 [창덕꿍]이지마는, 된소리되기는 로마자 표기에
반영하지 않기 때문에 'Changdeokgung'으로 적어야 한다(「국어의 로마자 표기
법」 제3장 제1항 붙임 참조).

정답 ①

02 「국어의 로마자 표기법」에 따라 로마자로 바르게 표기한 것은?

① 동구릉(東九陵) → Dongguneung
② 건릉(乾陵) → Gelleung
③ 무열왕릉(武烈王陵) → Muyeolwangreung
④ 선정릉(宣靖陵) → Seonjeongreung

| 문항 해설 |

① '동구릉(東九陵)'은 표준 발음이 [동구릉]이므로, 'Donggureung'으로 적어야 한다.
② 'Gelleung'은 '건릉'을 로마자로 바르게 표기한 것이다. '건릉(乾陵)'의 표준 발음은 [걸릉]이다.
③ '무열왕릉(武烈王陵)'은 표준 발음이 [무:여롱능]인데, 장모음의 표기는 따로 하지 않기 때문에 'Muyeorwangneung'으로 적어야 한다(「국어의 로마자 표기법」 제2장 제1항 붙임 2 참조).
④ '선정릉(宣靖陵)'은 표준 발음이 [선정능]이므로, 'Seonjeongneung'으로 적어야 한다.

정답 ②

03 「국어의 로마자 표기법」에 따라 로마자로 바르게 표기한 것은?

① 덕봉산(德峰山) → Deokppongsan
② 덕잠 서원(德岑書院) → Deokjjam Seowon
③ 동림동(東林洞) → Dongnim-dong
④ 묵계(默契) → Mukkkye

| 문항 해설 |

① '덕봉산(德峰山)'은 표준 발음이 [덕뽕산]이지마는, 된소리되기는 로마자 표기에 반영하지 않기 때문에 'Deokbongsan'으로 적어야 한다(「국어의 로마자 표기법」 제3장 제1항 붙임 참조).
② '덕잠 서원(德岑書院)'은 표준 발음이 [덕짬서원]이지마는, 된소리되기는 로마자 표기에 반영하지 않으므로 'Deokjam Seowon'으로 적어야 한다.

③ 'Dongnim-dong'은 '동림동'을 로마자로 바르게 표기한 것이다. '동림동(東林洞)'
은 표준 발음이 [동님동]이다.

④ '묵계(默契)'는 표준 발음이 [묵꼐/묵께]이지마는, 된소리되기는 로마자 표기에 반
영하지 않기 때문에 'Mukgye/Mukge'로 적어야 한다.

정답 ③

04 서원(書院)의 이름을 로마자로 바르게 표기한 것은?

① 백산 서원(柏山書院) → Baeksan Seowon
② 봉강 서원(鳳崗書院) → Bongkang Seowon
③ 삼천 서원(三川書院) → Samchon Seowon
④ 설봉 서원(雪峯書院) → Seolpong Seowon

| 문항 해설 |

① 'Baeksan Seowon'은 '백산 서원'을 로마자로 바르게 표기한 것이다. '백산 서원
(柏山書院)'은 표준 발음이 [백싼서원]이지마는, 된소리되기는 로마자 표기에 반
영하지 않기 때문에 'Baekssan Seowon'으로 적어서는 안 된다.

② '봉강 서원(鳳崗書院)'은 표준 발음이 [봉ː강서원]인데, 장모음의 표기는 따로 하
지 않으므로 'Bonggang Seowon'으로 적어야 한다. 'ㄱ'은 모음 앞에서는 'g'로
적는데, 자음 앞이나 어말에서는 'k'로 적는다(「국어의 로마자 표기법」 제2장 제2
항 붙임 1 참조).

③ '삼천 서원(三川書院)'은 표준 발음이 [삼천서원]이므로, 'Samcheon Seowon'으
로 적어야 한다. 'ㅓ'는 'eo'로 표기한다.

④ '설봉 서원(雪峯書院)'은 표준 발음이 [설봉서원]이므로, 'Seolbong Seowon'으로
적어야 한다. 'ㅂ'은 모음 앞에서는 'b'로 적는데, 자음 앞이나 어말에 서는 'p'로
적는다.

정답 ①

05 「국어의 로마자 표기법」에 따라 로마자로 바르게 표기한 것은?

① 해미읍성(海美邑城) → Haemieupseong
② 경주월성(慶州月城) → Gyeongjuworsseong
③ 대구달성(大邱達城) → Daekudalsseong
④ 덕주산성(德周山城) → Deokjjusanseong

| 문항 해설 |

① 'Haemieupseong'은 '해미읍성'을 로마자로 바르게 표기한 것이다. '해미읍성(海美邑城)'은 표준 발음이 [해ː미읍썽]이지마는, 장모음의 표기는 따로 하지 않고 된소리되기는 로마자 표기에 반영하지 않기 때문에 'Haemieupseong'으로 적어야 한다.

② '경주월성(慶州月城)'은 표준 발음이 [경ː주월썽]이지마는, 장모음의 표기는 따로 하지 않고 된소리되기는 로마자 표기에 반영하지 않으므로 'Gyeongjuwolseong'으로 적어야 한다. 'ㄹ'은 모음 앞에서는 'r'로, 자음 앞이나 어말에서는 'l'로 적는다(「국어의 로마자 표기법」 제2장 제2항 붙임 2 참조).

③ '대구달성(大邱達城)'은 표준 발음이 [대구달썽]이지마는, 된소리되기는 로마자 표기에 반영하지 않기 때문에 'Daegudalseong'으로 적어야 한다. 'ㄱ'은 모음 앞에서 'g'로 적는다.

④ '덕주산성(德周山城)'은 표준 발음이 [덕쭈산성]이지마는, 된소리되기는 로마자 표기에 반영하지 않기 때문에 'Deokjusanseong'으로 적어야 한다.

정답 ①

06 「국어의 로마자 표기법」에 따라 로마자로 바르게 표기한 것은?

① 북한산성(北漢山城) → Bukansanseong
② 삼랑성(三郞城) → Samnangseong
③ 순천왜성(順天倭城) → Suncheonweseong
④ 증산성(甑山城) → Jungsanseong

① '북한산성(北漢山城)'은 표준 발음이 [부칸산성]이지마는, 'Bukhansanseong'으로 적어야 한다. 체언에서 'ㄱ' 뒤에 'ㅎ'이 따를 때에는 'ㅎ'을 밝혀 적는다(「국어의 로마자 표기법」 제3장 제1항 4 다만 참조).

② 'Samnangseong'은 '삼랑성'을 로마자로 바르게 표기한 것이다. '삼랑성(三郎城)' 은 표준 발음이 [삼낭성]이다.

③ '순천왜성(順天倭城)'은 표준 발음이 [순:천왜성]이지마는, 장모음의 표기는 따로 하지 않으므로 'Suncheonwaeseong'으로 적어야 한다. 'ㅙ'는 'wae'로 표기한다.

④ '증산성(甑山城)'은 표준 발음이 [증산성]이므로, 'Jeungsanseong'으로 적어야 한 다. 'ㅡ'는 'eu'로 적는다.

정답 ②

07 고유 명사를 「국어의 로마자 표기법」에 따라 로마자로 바르게 표기한 것은?

① 광화문(光化門) → Gwanghwamun
② 길상사(吉祥寺) → Gilsangsa
③ 관덕정(觀德亭) → Guandeokjjeong
④ 귀래정(歸來亭) → Guilaejeong

| 문항 해설 |

① '광화문(光化門)'은 표준 발음이 [광화문]이기 때문에 'Gwanghwamun'으로 적어 야 한다. 이것은 고유 명사이므로 첫 글자를 대문자로 적어야 한다.

② 'Gilsangsa'는 '길상사(吉祥寺)'를 로마자로 바르게 표기한 것이다. '길상사(吉祥 寺)'는 표준 발음이 [길쌍사]이지만, 된소리되기는 로마자 표기에 반영하지 않으 므로 'Gilssangsa'로 적으면 안 된다.

③ '관덕정(觀德亭)'은 표준 발음이 [관덕쩡]이지마는, 된소리되기는 로마자 표기에 반영하지 않으므로 'Gwandeokjeong'으로 적어야 한다. 'ㅘ'는 로마자 'wa'로 표 기한다.

④ '귀래정(歸來亭)'은 표준 발음이 [귀:래정]이지마는, 장모음의 표기는 따로 하지 않으므로 'Gwiraejeong'으로 적어야 한다. 'ㅟ'는 'wi'로, 모음 앞의 'ㄹ'은 'r'로 적는다.

정답 ②

08 고유 명사를 「국어의 로마자 표기법」에 따라 로마자로 바르게 표기한 것은?

① 망선루(望仙樓) → Mangseonru

② 매월대(梅月臺) → Maewolttae

③ 백화정(百花亭) → Baekwajeong

④ 서벽정(棲碧亭) → Seobyeokjeong

| 문항 해설 |

① '망선루(望仙樓)'는 표준 발음이 [망ː설루]이지만, 장모음의 표기는 따로 하지 않으므로 'Mangseollu'로 적어야 한다.

② '매월대(梅月臺)'는 표준 발음이 [매월때]이지마는, 된소리되기는 로마자 표기에 반영하지 않으므로 'Maewoldae'로 적어야 한다.

③ '백화정(百花亭)'은 표준 발음이 [배콰정]이지마는, 체언에서 'ㄱ' 뒤에 'ㅎ'이 따를 때에는 'ㅎ'을 밝혀 적는다는 규정에 따라 'Baekhwajeong'으로 적어야 한다.

④ 'Seobyeokjeong'은 '서벽정'을 로마자로 바르게 표기한 것이다. '서벽정(棲碧亭)'은 표준 발음이 [서ː벽쩡]이지마는, 장모음의 표기는 따로 하지 않고 된소리되기는 로마자 표기에 반영하지 않기 때문에 'Seobyeokjeong'으로 적어야 한다.

정답 ④

09 고유 명사를 「국어의 로마자 표기법」에 따라 로마자로 바르게 표기한 것은?

① 한라산(漢拏山) → Hallasan

② 고구려(高句麗) → Kogulyeo

③ 소백산(小白山) → Sobaekssan

④ 백제(百濟) → Baekjje

| 문항 해설 |

① 'Hallasan'은 '한라산'을 로마자로 바르게 표기한 것이다. '한라산(漢拏山)'은 표준 발음이 [할ː라산]이지만, 장모음의 표기는 따로 하지 않으므로 'Hallasan'으로 적어야 한다.

② '고구려(高句麗)'는 표준 발음이 [고구려]이므로, 'Goguryeo'로 적어야 한다. 모음 앞의 'ㄱ'은 'g'로, 모음 앞의 'ㄹ'은 'r'로 적는다. 고유 명사의 첫 글자는 대문자로 적는다.

③ '소백산(小白山)'은 표준 발음이 [소:백싼]인데, 장모음의 표기는 따로 하지 않고 된소리되기는 로마자 표기에 반영하지 않으므로 'Sobaeksan'으로 적어야 한다.

④ '백제(百濟)'는 표준 발음이 [백쩨]이지마는, 된소리되기는 로마자 표기에 반영하지 않기 때문에 'Baekje'로 적어야 한다.

정답 ①

10 고유 명사를 「국어의 로마자 표기법」에 따라 로마자로 바르게 표기한 것은?

① 광개토대왕(廣開土大王) → Gwanggaetodaewang

② 근초고왕(近肖古王) → Gunchokowang

③ 혁거세(赫居世) → Hyeokkeose

④ 법흥왕(法興王) → Beopeungwang

| 문항 해설 |

① 'Gwanggaetodaewang'은 '광개토대왕(廣開土大王)'을 로마자로 바르게 표기한 것이다. '광개토대왕'은 표준 발음이 [광:개토대왕]이지만, 장모음의 표기는 따로 하지 않으므로, 'Gwanggaetodaewang'으로 적어야 한다(「국어의 로마자 표기법」 제2장 제1항 붙임 2 참조). 'ㅐ'는 'ae'로 적는다.

② '근초고왕(近肖古王)'은 표준 발음이 [근:초고왕]인데, 장모음의 표기는 따로 하지 않으므로, 'Geunchogowang'으로 적어야 한다. 체언에서 모음 앞의 'ㄱ'은 'g'로 적는다.

③ '혁거세(赫居世)'는 표준 발음이 [혁꺼세]이지마는, 된소리되기는 로마자 표기에 반영하지 않기 때문에 'Hyeokgeose'로 적어야 한다.

④ '법흥왕(法興王)'은 표준 발음이 [버픙왕]이지마는, 체언에서 'ㅂ' 뒤에 'ㅎ'이 따를 때에는 'ㅎ'을 밝혀 적어야 하므로 'Beopheungwang'으로 표기하여야 한다(「국어의 로마자 표기법」 제3장 제1항 4 다만 참조).

정답 ①

11 고유 명사를 「국어의 로마자 표기법」에 따라 로마자로 바르게 표기한 것은?

① 청량리(淸凉里) → Cheongnyangri

② 신설동(新設洞) → Shinseol-tong

③ 옥수(玉水) → Okssu

④ 회기(回基) → Hoegi

| 문항 해설 |

① '청량리(淸凉里)'는 표준 발음이 [청냥니]이므로, 'Cheongnyangni'로 적어야 한다.

② '신설동(新設洞)'은 표준 발음이 [신설똥]이지마는, 'Sinseol-dong'으로 적어야 한다. 행정 구역 단위인 '동(洞)'은 'dong'으로 적는다. 붙임표(-) 뒤에서 일어나는 된소리되기는 표기에 반영하지 않는다(「국어의 로마자 표기법」 제3장 제5항 참조).

③ '옥수(玉水)'는 표준 발음이 [옥쑤]이지마는, 된소리되기는 로마자 표기에 반영하지 않으므로 'Oksu'로 적어야 한다.

④ 'Hoegi'는 '회기'를 로마자로 바르게 표기한 것이다. '회기(回基)'는 표준 발음이 [회기/훼기]이므로 'Hoegi'나 'Hwegi'로 적어야 한다. 'ㅚ'는 'oe'로, 'ㅞ'는 'we'로 적는다.

정답 ④

12 지명(地名)을 로마자로 바르게 표기한 것은?

① 녹번동(碌磻洞) → Nokbeon-dong

② 의정부(議政府) → Wijeongbu

③ 영등포(永登浦) → Yeongdungpho

④ 시흥(始興) → Shifeung

| 문항 해설 |

① 'Nokbeon-dong'은 '녹번동'을 로마자로 바르게 표기한 것이다. '녹번동(碌磻洞)'은 표준 발음이 [녹뻔동]이지마는, 된소리되기는 로마자 표기에 반영하지 않기 때문에 'Nokppeon-dong'으로 적으면 안 된다.

② '의정부(議政府)'는 표준 발음이 [의정부]이므로 'Uijeongbu'로 적어야 한다. 'ㅢ'
　　는 'ui'로 적는다.
③ '영등포(永登浦)'는 표준 발음이 [영:등포]인데, 장모음의 표기는 따로 하지 않으
　　므로 'Yeongdeungpo'로 적어야 한다. 'ㅡ'는 'eu'로, 'ㅍ'은 'p'로 표기한다.
④ '시흥(始興)'은 표준 발음이 [시:흥]인데, 장모음의 표기는 따로 하지 않으므로
　　'Siheung'으로 적어야 한다. 'ㅅ'은 's'로, 'ㅎ'은 'h'로 적는다.

정답 ①

13 「국어의 로마자 표기법」에 따라 로마자로 바르게 표기한 것은?

① 현대(現代) → Hyeondae
② 삼성(三星) → Samsung
③ 해태[(←해치(獬豸)] → Haitai
④ 선경(宣敬) → Sunkyung

| 문항 해설 |
────────────────────────

① 'Hyeondae'는 '현대'를 로마자로 바르게 표기한 것이다. '현대(現代)'는 표준 발음
　　이 [현:대]이지만, 장모음의 표기는 따로 하지 않기 때문에 'Hyeondae'로 적어야
　　한다.
② '삼성(三星)'은 표준 발음이 [삼성]이므로, 'Samseong'으로 적어야 한다. 'ㅓ'는
　　'eo'로 적는다.
③ '해태'는 표준 발음이 [해:태]인데, 장모음의 표기는 따로 하지 않기 때문에
　　'Haetae'로 적어야 한다. 'ㅐ'는 'ae'로 적는다. '해태'는 잘잘못과 선악을 판단하여
　　안다고 하는 상상(想像)의 동물이다.
④ '선경(宣敬)'은 표준 발음이 [선경]이므로, 'Seongyeong'으로 적어야 한다. 모음
　　앞의 'ㄱ'은 'g'로, 'ㅕ'는 'yeo'로 적는다.
　　「국어의 로마자 표기법」 제3장 제7항에는 "인명, 회사명, 단체명 등은 그동안 써
　　온 표기를 쓸 수 있다."라고 규정하고 있다. 그동안 써 온 기업명인 Hyundai,
　　Samsung, Haitai, Sunkyung 등의 고유 명사는 그대로 쓸 수 있음을 허용하고
　　있다.

정답 ①

14 고유 명사를 「국어의 로마자 표기법」에 따라 로마자로 바르게 표기한 것은?

① 쑥골 → Ssukgol
② 문래동(文來洞) → Munrae-dong
③ 신림동(新林洞) → Sinrim-dong
④ 역삼동(驛三洞) → Yeokssam-dong

| 문항 해설 |

① 'Ssukgol'은 '쑥골'을 로마자로 바르게 표기한 것이다. '쑥골'은 표준 발음이 [쑥꼴]이지마는, 된소리되기는 로마자 표기에 반영하지 않기 때문에 'Ssukgol'로 적어야 한다. 로마자로 표기할 때 고유 명사는 첫 글자를 대문자로 적는다.
② '문래동(文來洞)'은 표준 발음이 [물래동]이기 때문에 'Mullae-dong'로 적어야 한다. '문래동'은 문익점(文益漸)의 목화 전래와 물레 제작 사실과 연관하여 지은 동(洞)의 이름이다.
③ '신림동(新林洞)'은 표준 발음이 [실림동]이므로, 'Sillim-dong'으로 적어야 한다.
④ '역삼동(驛三洞)'은 표준 발음이 [역쌈동]이지마는, 된소리되기는 로마자 표기에 반영하지 않기 때문에 'Yeoksam-dong'으로 적어야 한다. 역삼동은 조선 시대 역촌이었던 말죽거리, 윗방아다리, 아랫방아다리 세 마을을 합쳐 역 '삼라리'라고 한 데서 붙여진 이름이다.

정답 ①

15 고유 명사를 로마자로 바르게 표기한 것은?

① 선릉(宣陵) → Seonreug
② 뚝섬 → Ttukseom
③ 을지로(乙支路) → Euljjiro
④ 답십리(踏十里) → Dapssim-ri

① '선릉(宣陵)'은 표준 발음이 [설릉]이므로, 'Seolleung'으로 적어야 한다. 고유 명사는 첫 글자를 대문자로 적는다.

② 'Ttukseom'은 '뚝섬'을 로마자로 바르게 표기한 것이다. '뚝섬'은 표준 발음이 [뚝썸]이지마는, 된소리되기는 로마자 표기에 반영하지 않기 때문에 'Ttukseom'으로 적어야 한다. '뚝섬'은 고유 명사이므로 첫 글자는 대문자로 적어야 한다.

③ '을지로(乙支路)'는 표준 발음이 [을지로]이지마는, 된소리되기는 로마자 표기에 반영하지 않기 때문에 'Euljiro'로 적어야 한다. '을지로'는 고구려 장군인 을지문덕(乙支文德) 장군의 성(姓)에서 유래되었다

④ '답십리(踏十里)'는 'Dapsim-ri'로 적어야 한다. '답십리(踏十里)'는 표준 발음이 [답씸니]이지마는, 된소리되기는 로마자 표기에 반영하지 않고 행정 구역 단위인 '리(里)' 앞의 붙임표(-) 앞뒤에서 일어나는 음운 변화는 표기에 반영하지 않기 때문에 'Dapsim-ri'로 표기하여야 한다.

정답 ②

16 「국어의 로마자 표기법」에 따라 로마자로 바르게 표기한 것은?

① 녹사평(綠莎坪) → Nokssapyeng

② 복정동(福井洞) → Bokjjeong-dong

③ 정발산(鼎鉢山) → Jeongbalssan

④ 백궁(栢宮) → Baekgung

① '녹사평(綠莎坪)'은 표준 발음이 [녹싸평]이지마는, 된소리되기는 로마자 표기에 반영하지 않으므로 'Noksapyeong'으로 적어야 한다. 'ㅕ'는 'yeo'로 적는다.

② '복정동(福井洞)'은 표준 발음이 [복쩡동]이지마는, 된소리되기는 로마자 표기에 반영하지 않기 때문에 'Bokjeong-dong'으로 적어야 한다.

③ '정발산(鼎鉢山)'은 표준 발음이 [정:발싼]이지마는, 된소리되기와 장모음의 표기는 로마자 표기에 반영하지 않으므로 'Jeongbalsan'으로 적어야 한다.

④ 'Baekgung'은 '백궁'을 로마자로 바르게 표기한 것이다. '백궁(栢宮)'은 표준 발음이 [백꿍]이지마는, 된소리되기는 로마자 표기에 반영하지 않으므로 'Baekgung'으로 적어야 한다.

정답 ④

17 「국어의 로마자 표기법」에 따라 로마자로 바르게 표기한 것은?

① 서현동(書峴洞) → Seoheon-tong
② 길음동(吉音洞) → Gileum-dong
③ 삼각지(三角地) → Samgakji
④ 선바위(禪바위) → Sunbaui

| 문항 해설 |

① '서현동(書峴洞)'은 표준 발음이 [서현동]이므로 'Seohyeon-dong'으로 적어야 한다. 'ㅕ'는 'yeo'로 적는다. 행정 구역 단위인 '동(洞)'은 'dong'으로 적어야 한다.
② '길음동(吉音洞)'은 표준 발음이 [기름동]이므로, 'Gireum-dong'으로 표기하여야 한다. 모음 앞의 'ㄹ'은 'r'로 적는다.
③ 'Samgakji'는 '삼각지'를 로마자로 바르게 표기한 것이다. '삼각지(三角地)'는 표준 발음이 [삼각찌]이지마는, 된소리되기는 로마자 표기에 반영하지 않으므로 'Samgakjji'로 적어서는 안 된다.
④ '선바위'는 표준 발음이 [선바위]이므로, 'Seonbawi'로 적어야 한다. 'ㅓ'는 'eo'로, 'ㅟ'는 'wi'로 적는다.

정답 ③

18 고유 명사를 로마자로 바르게 표기한 것은?

① 상록수역(常綠樹驛) → Sangnoksuyeok
② 충정로(忠正路) → Chungjeongro
③ 오목교(梧木橋) → Omokkkyo
④ 금천구(衿川區) → Keumchun-ku

| 문항 해설 |

① 'Sangnoksuyeok'은 '상록수역'을 로마자로 바르게 표기한 것이다. '상록수역(常綠樹驛)'은 표준 발음이 [상녹쑤역]이지마는, 된소리되기는 로마자 표기에 반영하지 않기 때문에 'Sangnoksuyeok'으로 적어야 한다.
② '충정로(忠正路)'는 표준 발음이 [충정노]이므로, 'Chungjeongno'로 적어야 한다.

③ '오목교(梧木橋)'는 표준 발음이 [오목꾜]이지마는, 된소리되기는 로마자 표기에 반영하지 않기 때문에 'Omokgyo'로 적어야 한다.

④ '금천구(衿川區)'는 표준 발음이 [금천구]이므로, 'Geumcheon-gu'로 적어야 한다. 'ㅓ'는 'eo'로 적는다. 행정 단위 구역 단위인 '구(區)'는 'gu'로 적는다(「국어의 로마자 표기법」 제3장 제5항 참조).

정답 ①

19 「국어의 로마자 표기법」에 따라 로마자로 바르게 표기한 것은?

① 태릉(泰陵) → Taeneung

② 관악산(冠岳山) → Gwanakssan

③ 독바위역 → Dokbawiyeok

④ 불광동(佛光洞) → Pulguang-dong

| 문항 해설 |

① '태릉(泰陵)'은 표준 발음이 [태릉]이므로, 'Taereung'으로 적어야 한다.

② '관악산(冠岳山)'은 표준 발음이 [과낙싼]이지마는, 된소리되기는 로마자 표기에 반영하지 않기 때문에 'Gwanaksan'으로 적어야 한다.

③ 'Dokbawiyeok'은 '독바위역'을 로마자로 바르게 표기한 것이다. '독바위역'은 표준 발음이 [독빠위역]이지마는, 된소리되기는 로마자 표기에 반영하지 않기 때문에 'Dokbawiyeok'으로 적어야 한다.

④ '불광동(佛光洞)'은 표준 발음이 [불광동]이므로, 'Bulgwang-dong'으로 적어야 한다. 모음 앞의 'ㅂ'은 'b'로, 'ㅘ'는 'wa'로 적는다.

정답 ③

20 고유 명사를 로마자로 바르게 표기한 것은?

① 수락산(水落山) → Surakssan

② 먹골 → Meokgol

③ 공릉(恭陵) → Gongreung

④ 흑석동(黑石洞) → Heuksuk-ttong

① '수락산(水落山)'은 표준 발음이 [수락싼]이지만, 된소리되기는 로마자 표기에 반영하지 않기 때문에 'Suraksan'으로 적어야 한다.

② 'Meokgol'은 '먹골'을 로마자로 바르게 표기한 것이다. '먹골'은 표준 발음이 [먹꼴]이지만, 된소리되기는 로마자 표기에 반영하지 않기 때문에 'Meokkkol'로 적으면 안 된다.

③ '공릉(恭陵)'은 표준 발음이 [공능]이므로, 'Gongneung'으로 적어야 한다.

④ '흑석동(黑石洞)'은 표준 발음이 [흑썩똥]이지만, 'Heukseok-dong'으로 적어야 한다. 된소리 되기는 로마자 표기에 반영하지 않고, 행정 구역 단위 앞의 붙임표 (−) 앞뒤에서 일어나는 음운 변화는 표기에 반영하지 않는다(「국어의 로마자 표기법」 제3장 제5항 참조).

정답 ②

21 고유 명사를 「국어의 로마자 표기법」에 따라 로마자로 바르게 표기한 것은?

① 대림동(大林洞) → Taelim−dong

② 철산역(鐵山驛) → Cheolssanyeok

③ 광명(光明市) → Gwangmyeong−si

④ 현충로(顯忠路) → Hyeonchungro

① '대림동(大林洞)'은 표준 발음이 [대ː림동]인데, 장모음의 표기는 따로 하지 않으므로 'Daerim-dong'으로 적어야 한다. 모음 앞의 'ㄷ'은 'd'로, 모음 앞의 'ㄹ'은 'r'로 적는다. 고유 명사는 첫 글자를 대문자로 적는다.

② '철산역(鐵山驛)'은 표준 발음이 [철싼역]이지마는, 된소리되기는 로마자 표기에 반영하지 않기 때문에 'Cheolsanyeok'으로 적어야 한다.

③ 'Gwangmyeong−si'는 '광명시'를 로마자로 바르게 표기한 것이다. '광명시(光明市)'는 표준 발음이 [광명시]이다. 'ㅘ'는 'wa'로, 'ㅕ'는 'yeo'로 적는다.

④ '현충로(顯忠路)'는 표준 발음이 [현ː충노]인데, 장모음의 표기는 따로 하지 않으므로 'Hyeonchungno'로 적어야 한다.

정답 ③

22 고유 명사를 로마자로 바르게 표기한 것은?

① 반월당(半月堂) → Banueolttang

② 큰고개 → Keungogae

③ 반야월(半夜月) → Bannyawol

④ 괴정동(槐亭洞) → Goijeong-dong

| 문항 해설 |

① '반월당(半月堂)'은 표준 발음이 [바ː눨땅]이지마는, 장모음의 표기는 따로 하지 않고 된소리되기는 로마자 표기에 반영하지 않기 때문에 'Banwoldang'으로 적어야 한다. 'ㅝ'는 'wo'로 적는다.

② 'Keungogae'는 표준 발음이 [큰고개]이므로 '큰고개'를 로마자로 바르게 표기한 것이다. 고유 명사는 첫 글자를 대문자로 적는다. 'ㅡ'는 'eu'로, 'ㅐ'는 'ae'로 적는다.

③ '반야월(半夜月)'은 표준 발음이 [바ː냐월]인데, 장모음의 표기는 따로 하지 않으므로 'Banyawol'로 적어야 한다. '반야월'은 작곡가 박창오의 예명이다.

④ '괴정동(槐亭洞)'은 표준 발음이 [괴정동/궤정동]이므로, 'Goejeong-dong'이나 'Gwejeong-dong'으로 적어야 한다. 'ㅚ'는 'oe'로, 'ㅞ'는 'we'로 적는다.

정답 ②

23 고유 명사를 「국어의 로마자 표기법」에 따라 로마자로 바르게 표기한 것은?

① 동대신동(東大新洞) → Dongdaeshin-dong

② 자갈치 → Jakalchi

③ 초량(草梁) → Choryang

④ 범일동(凡一洞) → Bumil-ttong

| 문항 해설 |

① '동대신동(東大新洞)'은 표준 발음이 [동대신동]이므로, 'Dongdaesin-dong'으로 적어야 한다. 'ㅅ'은 's'로 적는다.

② '자갈치'는 표준 발음이 [자갈치]이므로, 'Jagalchi'로 적어야 한다. 모음 앞의 'ㄱ'은 'g'로 적는다. '자갈치'는 부산광역시 충무동 일대의 바닷가를 이르는 말이다.

③ Choryang은 '초량'을 로마자로 바르게 표기한 것이다. '초량(草梁)'은 표준 발음이 [초량]이므로, Choryang으로 적어야 한다. 모음 앞의 'ㄹ'은 'r'로, 'ㅑ'는 'ya'로 적는다.

④ '범일동(凡一洞)'은 표준 발음이 [버밀똥]이지마는, 행정 구역 단위인 '동(洞) 앞의 붙임표(-) 앞뒤에서 일어나는 음운 변화는 표기에 반영하지 않기 때문에 'Beomil-dong'으로 적어야 한다. 'ㅓ'는 'eo'로 적는다.

정답 ③

24 고유 명사를 로마자로 바르게 표기한 것은?

① 민락동(民樂洞) → Minnak-ttong
② 황령산(荒嶺山) → Hwangnyeongsan
③ 못골 → Motkkol
④ 금곡(金谷) → Keumkog

| 문항 해설 |

① '민락동(民樂洞)'은 'Millak-dong'으로 적어야 한다. '민락동(民樂洞)'은 표준 발음이 [밀락똥]인데, 된소리되기는 로마자 표기에 반영하지 않고 행정 구역 단위인 '동(洞)' 앞 붙임표(-) 앞뒤에서 일어나는 음운 변화는 표기에 반영하지 않으므로 'Millak-dong'으로 적어야 한다.

② 'Hwangnyeongsan'은 '황령산'을 로마자로 바르게 표기한 것이다. '황령산(荒嶺山)'의 표준 발음은 [황녕산]이다. 'ㅘ'는 'wa'로, 'ㅕ'는 'yeo'로 적는다.

③ '못골'은 표준 발음이 [몯꼴]이지마는, 된소리되기는 로마자 표기에 반영하지 않으므로 'Motgol'로 적어야 한다.

④ '금곡'은 표준 발음이 [금곡]이므로 'Geumgok'으로 적어야 한다. 모음 앞의 'ㄱ'은 'g'로, 어말의 'ㄱ'은 'k'로 적는다.

정답 ②

25 고유 명사를 로마자로 바르게 표기한 것은?

① 귤현(橘峴) → Gyulhyeon
② 작전(鵲田) → Jakjjeon
③ 갈산(葛山) → Galssan
④ 선학(仙鶴) → Sunhak

| 문항 해설 |

① 'Gyulhyeon'은 '귤현'을 로마자로 바르게 표기한 것이다. 귤현(橘峴)은 표준 발음 이 [귤현]이므로, 모음 앞의 'ㄱ'은 'g'로 적되 고유 명사 첫 글자 'g'는 대문자 'G' 로 적는다. 'ㅠ'는 'yu'로, 'ㅕ'는 'yeo'로 적는다.

② '작전(鵲田)'은 표준 발음이 [작쩐]이지마는, 된소리되기는 로마자 표기에 반영하 지 않기 때문에 'Jakjeon'으로 적어야 한다.

③ '갈산(葛山)'은 표준 발음이 [갈싼]이지마는, 된소리되기는 로마자 표기에 반영하 지 않기 때문에 'Galsan'으로 적어야 한다.

④ '선학(仙鶴)'은 표준 발음이 [선학]이므로, 'Seonhak'으로 적어야 한다. 'ㅓ'는 'eo' 로 적는다.

정답 ①

제3회 「국어의 로마자 표기」 평가

01 고유 명사를 「국어의 로마자 표기법」에 따라 로마자로 바르게 표기한 것은?

① 명학(鳴鶴) → Myungfak
② 병점(餠店) → Byeongjeom
③ 송탄(松炭) → Songdhan
④ 조치원(鳥致院) → Jochiweon

| 문항 해설 |

① '명학(鳴鶴)'은 표준 발음이 [명학]이므로 'Myeonghak'으로 적는다. 'ㅕ'는 'yeo'로, 'ㅎ'은 'h'로 적는다.
② 'Byeongjeom'은 '병점'을 로마자로 바르게 표기한 것이다. '병점(餠店)'은 표준 발음이 [병쩜]이지마는, 된소리되기는 로마자 표기에 반영하지 않으므로 'Byeongjjeom'으로 적어서는 안 된다.
③ '송탄(松炭)'은 표준 발음이 [송탄]이므로, 'Songtan'으로 적는다. 'ㅌ'은 't'로 적는다.
④ '조치원(鳥致院)'은 표준 발음이 [조치원]이므로, 'Jochiwon'으로 적는다. 'ㅝ'는 'wo'로 적는다.

정답 ②

02 고유 명사를 로마자로 바르게 표기한 것은?

① 부강(芙江) → Pukang
② 추풍령(秋風嶺) → Chupungryeong
③ 약목(若木) → Yangmok
④ 직지사(直指寺) → Jikjjisa

① '부강(芙江)'은 표준 발음이 [부강]이므로 'Bugang'으로 적는다. 모음 앞의 'ㅂ'은 'b'로, 모음 앞의 'ㄱ'은 'g'로 적는다.

② '추풍령(秋風嶺)'은 표준 발음이 [추풍녕]이므로, 'Chupungnyeong'으로 적어야 한다. 'ㅕ'는 'yeo'로 적는다.

③ 'Yangmok'은 '약목'을 로마자로 바르게 표기한 것이다. '약목(若木)'의 표준 발음은 [양목]이다. 'ㅑ'는 'ya'로 적는다. 고유 명사는 첫 글자를 대문자로 적는다.

④ '직지사(直指寺)'는 표준 발음이 [직찌사]이지마는, 된소리되기는 로마자 표기에 반영하지 않으므로 'Jikjisa'로 적어야 한다.

정답 ③

03 고유 명사를 「국어의 로마자 표기법」에 따라 로마자로 바르게 표기한 것은?

① 왜관(倭館) → Wegwan

② 경산(慶山) → Gyeongsan

③ 청도(淸道) → Cheongto

④ 삼랑진(三浪津) → Samrangjin

① '왜관(倭館)'은 표준 발음이 [왜관]이므로, 'Waegwan'으로 적는다. 'ㅙ'는 'wae'로 적는다.

② 'Gyeongsan'은 '경산'을 로마자로 바르게 표기한 것이다. '경산(慶山)'은 표준 발음이 [경ː산]이지마는, 로마자 표기에 장모음은 따로 표기하지 않으므로 'Gyeong-san'으로 적어야 한다. 'ㅕ'는 'yeo'로 적는다.

③ '청도(淸道)'는 표준 발음이 [청도]이므로 'Cheongdo'로 적는다. 모음 앞의 'ㄷ'은 'd'로 적는다.

④ '삼랑진(三浪津)'은 표준 발음이 [삼낭진]이므로, 'Samnangjin'으로 적어야 한다.

정답 ②

04 고유 명사를 「국어의 로마자 표기법」에 따라 로마자로 바르게 표기한 것은?

① 소래(蘇萊) → Solae

② 판교(板橋) → pangyo

③ 신례원(新禮院) → Sinryewon

④ 학성(鶴城) → Hakseong

| 문항 해설 |

① '소래(蘇萊)'는 표준 발음이 [소래]이므로 'Sorae'로 적어야 한다. 'ㄹ'은 모음 앞에서는 'r'로, 자음 앞이나 어말에서는 'l'로 적는다(「국어의 로마자 표기법」 제2장 제2항 붙임 2 참조).

② '판교(板橋)'는 표준 발음이 [판교]이므로 'Pangyo'로 적어야 한다. 로마자로 표기할 적에 고유 명사는 첫 글자를 대문자로 적는다(「국어의 로마자 표기법」 제3장 제3항 붙임 2 참조).

③ '신례원(新禮院)'은 표준 발음이 [실례원]이므로, 'Sillyewon'으로 적어야 한다. 'ㅖ'는 'ye'로 적는다.

④ 'Hakseong'은 '학성'을 로마자로 바르게 표기한 것이다. '학성(鶴城)'은 표준 발음이 [학썽]이지마는, 된소리되기는 로마자 표기에 반영하지 않으므로 'Haksseong'으로 적어서는 안 된다.

정답 ④

05 문화재 이름을 「국어의 로마자 표기법」에 따라 로마자로 바르게 표기한 것은?

① 보신각(普信閣) → Poshingak

② 경포대(鏡浦臺) → Gyeongbhodae

③ 고석정(孤石亭) → Goseokjeong

④ 관란정(觀瀾亭) → Gwannanjeong

| 문항 해설 |

① '보신각(普信閣)'은 표준 발음이 [보:신각]인데, 장모음의 표기는 따로 하지 않으므로 'Bosingak'으로 적어야 한다. 모음 앞의 'ㅂ'은 'b'로 표기한다.

② '경포대(鏡浦臺)'는 표준 발음이 [경:포대]인데, 장모음의 표기는 따로 하지 않으므

로 'Gyeongpodae'로 적어야 한다. 'ㅍ'은 로마자 'p'로 적는다.

③ 'Goseokjeong'은 '고석정'을 로마자로 바르게 표기한 것이다. '고석정(孤石亭)'은 표준 발음이 [고석쩡]이지만, 된소리되기는 로마자 표기에 반영하지 않으므로 'Goseokjjeong'으로 적어서는 안 된다.

④ '관란정(觀瀾亭)'은 표준 발음이 [괄란정]이므로, 'Gwallanjeong'으로 적어야 한다. 'ㅘ'는 'wa'로, 'ㅓ'는 'eo'로 적는다.

정답 ③

06 문화재 이름을 「국어의 로마자 표기법」에 따라 로마자로 바르게 표기한 것은?

① 남희정(南喜亭) → Namhijeong

② 대재각(大哉閣) → Daejaekak

③ 덕산사(德山寺) → Deokssansa

④ 동백정(冬栢亭) → Dongbaekjjeong

| 문항 해설 |

① 'Namhijeong'은 '남희정'을 로마자로 바르게 표기한 것이다. '남희정(南喜亭)'의 표준 발음은 [남히정]이다. '남희정'은 전라남도 담양에 있는 정자(亭子)이다.

② '대재각(大哉閣)'은 표준 발음이 [대ː재각]이지마는, 장모음의 표기는 따로 하지 않으므로 'Daejaegak'으로 적어야 한다. 모음 앞의 'ㄱ'은 'g'로 적는다. '대재각'은 충청남도 부여군 백마강의 오른편 언덕에 있는 비각(碑閣)이다.

③ '덕산사(德山寺)'는 표준 발음이 [덕싼사]이지마는, 된소리되기는 로마자 표기에 반영하지 않으므로 'Deoksansa'로 적어야 한다.

④ '동백정(冬栢亭)'은 표준 발음이 [동백쩡]이지마는, 된소리되기는 로마자 표기에 반영하지 않으므로 'Dongbaekjeong'으로 적어야 한다. '동백정(冬栢亭)'은 충청남도 서천군 서면에 있는 정자이다.

정답 ①

07 문화재 이름을 「국어의 로마자 표기법」에 따라 로마자로 바르게 표기한 것은?

① 월송정(越松亭) → Wolssongjeong
② 여민루(慮民樓) → Yeominru
③ 오목대(梧木臺) → Omokdae
④ 옥류각(玉溜閣) → Okrugak

| 문항 해설 |

① '월송정(越松亭)'은 표준 발음이 [월쏭정]이지마는, 된소리되기는 로마자 표기에 반영하지 않으므로 'Wolsongjeong'으로 적어야 한다. '월송정'은 경상북도 울진군 평해읍(平海邑)에 있는 정자(亭子)이다.
② '여민루(慮民樓)'는 표준 발음이 [여밀루]이므로, 'Yeomillu'로 적어야 한다. '여민루'는 충청남도 아산시 영인면에 있는, 조선 시대 아산군 관아 입구에 세웠던 문루 건물이다.
③ 'Omokdae'는 '오목대'를 로마자로 바르게 표기한 것이다. '오목대(梧木臺)'는 표준 발음이 [오목때]이지마는, 된소리되기는 로마자 표기에 반영하지 않으므로 'Omokttae'로 적어서는 안 된다.
④ '옥류각(玉溜閣)'은 표준 발음이 [옹뉴각]이므로, 'Ongnyugak'으로 적어야 한다. '옥류각'은 대전광역시 대덕구 비래동에 있는 누각이다.

정답 ③

08 문화재 이름을 「국어의 로마자 표기법」에 따라 로마자로 바르게 표기한 것은?

① 의상대(義湘臺) → Wisangdae
② 이목대(梨木臺) → Imokttae
③ 임존성(任存城) → Imjonsung
④ 자락정(自樂亭) → Jarakjeong

① '의상대(義湘臺)'는 표준 발음이 [의:상대]인데, 장모음의 표기는 따로 하지 않으므로 'Uisangdae'로 적어야 한다. 'ㅢ'는 'ui'로 적는다.

② '이목대(梨木臺)'는 표준 발음이 [이목때]이지마는, 된소리되기는 로마자 표기에 반영하지 않기 때문에 'Imokdae'로 적어야 한다.

③ '임존성(任存城)'은 표준 발음이 [임:존성]인데, 장모음의 표기는 따로 하지 않으므로 'Imjonseong'으로 적어야 한다. 'ㅓ'는 'eo'로 적는다.

④ 'Jarakjeong'은 '자락정'을 로마자로 바르게 표기한 것이다. '자락정(自樂亭)'은 표준 발음이 [자락쩡]이지마는, 된소리되기는 로마자 표기에 반영하지 않으므로 'Jarakjjeong'으로 적어서는 안 된다.

정답 ④

09 문화재 이름을 「국어의 로마자 표기법」에 따라 로마자로 바르게 표기한 것은?

① 적벽(赤壁) → Jeokbyeok
② 정암루(鼎岩樓) → Jeongamru
③ 착량묘(鑿梁廟) → Chakryangmyo
④ 참성단(塹星壇) → Chamsseongtan

① 'Jeokbyeok'은 '적벽'을 로마자로 바르게 표기한 것이다. '적벽(赤壁)'은 표준 발음이 [적뼥]이지마는, 된소리되기는 로마자 표기에 반영하지 않으므로 'Jeokppyeok'으로 적어서는 안 된다.

② '정암루(鼎岩樓)'는 표준 발음이 [정:암누]인데, 장모음의 표기는 따로 하지 않으므로 'Jeongamnu'로 적어야 한다.

③ '착량묘'는 표준 발음이 [창냥묘]이므로, 'Changnyangmyo'로 적어야 한다. '착량묘(鑿梁廟)'는 임진왜란 때 큰 공을 세운 이순신 장군의 위패와 영정을 모시고 있는 사당이다

④ '참성단(塹星壇)'은 표준 발음이 [참성단]이므로, 'Chamseongdan'으로 적어야 한다. 모음 앞의 'ㄷ'은 'd'로 적어야 한다. '참성단'은 인천광역시 강화군 강화도 마니산 서쪽 봉우리에 있는 단(壇)으로, 단군왕검이 하늘에 제사를 지낸 곳으로 알려져 있다.

정답 ①

10 문화재 이름을 로마자로 바르게 표기한 것은?

① 첨성대(瞻星臺) → Chumsungdae
② 청령포(淸泠浦) → Cheongnyeongpo
③ 천학정(千鶴亭) → Cheonhakjjeong
④ 충렬사(忠烈祠) → Chungryeolssa

| 문항 해설 |

① '첨성대(瞻星臺)'는 표준 발음이 [첨성대]이므로, 'Cheomseongdae'로 적어야 한다. 'ㅓ'는 'eo'로 적는다. '첨성대'는 신라 선덕 여왕 때 세운 천문 기상 관측대이다.
② 'Cheongnyeongpo'는 '청령포'를 로마자로 바르게 표기한 것이다. '청령포(淸泠浦)'의 표준 발음은 [청녕포]이다. 'ㅕ'는 'yeo'로 적는다.
③ '천학정(千鶴亭)'은 표준 발음이 [천학쩡]이지마는, 된소리되기는 로마자 표기에 반영하지 않기 때문에 'Cheonhakjeong'으로 적어야 한다.
④ '충렬사(忠烈祠)'는 표준 발음이 [충녈쌔]이지마는, 된소리되기는 로마자 표기에 반영하지 않으므로 'Chungnyeolsa'로 적어야 한다.

정답 ②

11 문화재 이름을 로마자로 바르게 표기한 것은?

① 취백정(翠白亭) → Chuibaekjjeong
② 침과정(枕戈亭) → Chimgwejeong
③ 침락정(枕洛亭) → Chimnakjeong
④ 팔영루(八詠樓) → Palyeongru

| 문항 해설 |

① '취백정(翠白亭)'은 표준 발음이 [취:백쩡]이지마는, 장모음 표기는 따로 하지 않고 된소리되기는 로마자 표기에 반영하지 않으므로 'Chwibaekjeong'으로 적어야 한다. 'ㅟ'는 'wi'로 적는다.
② '침과정(枕戈亭)'은 표준 발음이 [침:과정]인데, 장모음 표기는 따로 하지 않으므로 'Chimgwajeong'으로 적어야 한다. 'ㅘ'는 'wa'로 적는다.

③ 'Chimnakjeong'은 '침락정'을 로마자로 바르게 표기한 것이다. '침락정(枕洛亭)'
   은 표준 발음이 [침낙쩽]이지마는, 된소리되기는 로마자 표기에 반영하지 않으므
   로 'Chimnakjjeong'으로 적어서는 안 된다.
④ '팔영루(八詠樓)'는 표준 발음이 [파령누]이므로, 'Paryeongnu'로 적어야 한다. 모
   음 앞의 'ㄹ'은 'r'로 적는다.

정답 ③

12 문화재 이름을 「국어의 로마자 표기법」에 따라 로마자로 바르게 표기한 것은?

① 성락원(城樂園) → Seongrakwon
② 함벽당(涵碧堂) → Hambyeokdang
③ 한풍루(寒風樓) → Hanpungru
④ 화석정(花石亭) → Hwasukjeong

| 문항 해설 |

① '성락원(城樂園)'은 표준 발음이 [성나권]이므로, 'Seongnagwon'으로 적어야 한
   다. '성락원'은 서울특별시 성북구에 있는 조선 후기 별궁의 정원이다.
② 'Hambyeokdang'은 '함벽당'을 로마자로 바르게 표기한 것이다. '함벽당(涵碧堂)'
   은 표준 발음이 [함벽땅]이지마는, 된소리되기는 로마자 표기에 반영하지 않으므
   로 'Hambyeokttang'으로 적어서는 안 된다. '함벽당'은 경상북도 안동시 서후면
   에 있는 정자(亭子)이다.
③ '한풍루(寒風樓)'는 표준 발음이 [한풍누]이므로, 'Hanpungnu'로 적어야 한다. '한
   풍루'는 전라북도 무주군 무주읍에 있는 조선 시대 무주현 관아의 누정(樓亭)이다.
④ '화석정(花石亭)'은 표준 발음이 [화석쩽]이지마는, 된소리되기는 로마자 표기에
   반영하지 않으므로 'Hwaseokjeong'으로 적어야 한다. 'ㅓ'는 'eo'로 적는다. '화
   석정'은 경기도 파주군 파평면에 있는 정자이다.

정답 ②

13 행정 구역의 이름을 「국어의 로마자 표기법」에 따라 로마자로 바르게 표기한 것은?

① 달서구(達西區) → Dalsseo-ku
② 달성군(達城郡) → Dalseong-kun
③ 대덕구(大德區) → Daedeok-kku
④ 동래구(東萊區) → Dongnae-gu

| 문항 해설 |

① '달서구(達西區)'는 표준 발음이 [달써구]이지마는, 된소리되기는 로마자 표기에 반영하지 않기 때문에 'Dalseo-gu'로 적어야 한다. 행정 구역 단위인 '구(區)'는 'gu'로 적는다.

② '달성군(達城郡)'은 표준 발음이 [달썽군]이지마는, 된소리되기는 로마자 표기에 반영하지 않으므로 'Dalseong-gun'으로 적어야 한다. 행정 구역 단위인 '군(郡)'은 'gun'으로 적는다.

③ '대덕구(大德區)'는 표준 발음이 [대ː덕꾸]이지마는, 'Daedeok-gu'로 적어야 한다. 장모음의 표기는 따로 하지 않고, 행정 구역 단위인 '구(區)' 앞 붙임표(-) 앞뒤에서 일어나는 음운 변화는 표기에 반영하지 않는다. 그리고 행정 구역 단위인 '구(區)'는 'gu'로 적는다(「국어의 로마자 표기법」 제3장 제5항 참조).

④ 'Dongnae-gu'는 '동래구'를 로마자로 바르게 표기한 것이다. '동래구(東萊區)'는 표준 발음이 [동내구]이다.

정답 ④

14 행정 구역의 이름을 「국어의 로마자 표기법」에 따라 로마자로 바르게 표기한 것은?

① 의령군(宜寧郡) → Uiryeong-gun
② 가평군(加平郡) → Kapyong-gun
③ 태백시(太白市) → Taebaek-ssi
④ 횡성군(橫城郡) → Hoingseong-gun

① 'Uiryeong-gun'은 '의령군'을 로마자로 바르게 표기한 것이다. '의령군(宜寧郡)'
은 표준 발음이 [의령군]이다. 'ㅢ'는 'ui'로, 모음 앞의 'ㄹ'은 'r'로 적는다. 고유
명사는 첫 글자를 대문자로 적는다(「국어의 로마자 표기법」 제3장 3항 참조).

② '가평군(加平郡)'은 표준 발음이 [가평군]이므로, 'Gapyeong-gun'으로 적어야
한다. 모음 앞의 'ㄱ'은 'g'로, 'ㅕ'는 'yeo'로 적는다.

③ '태백시'는 표준 발음이 [태백씨]이지마는, 행정 구역 단위인 '시(市)' 앞의 붙임표
(-) 앞뒤에서 일어나는 음운 변화는 표기에 반영하지 않으므로 'Taebaek-si'로
적는다(「국어의 로마자 표기법」 제3장 5항 참조).

④ '횡성군'은 표준 발음이 [횡성군/휑선꾼]이므로 'Hoengseong-gun'이나 'Hwengseong
-gun'으로 적어야 한다. 'ㅚ'는 'oe'로, 'ㅞ'는 'we'로 적는다.

정답 ①

15 행정 구역의 이름을 「국어의 로마자 표기법」에 따라 로마자로 바르게 표기한
것은?

① 고흥군(高興郡) → Gohung-gun
② 곡성군(谷城郡) → Goksseong-gun
③ 완도군(莞島郡) → Oando-gun
④ 함평군(咸平郡) → Hampyeong-gun

① '고흥군(高興郡)'은 표준 발음이 [고흥군]이므로, 'Goheung-gun'으로 적어야 한
다. 'ㅡ'는 'eu'로 적는다.

② '곡성군(谷城郡)'은 표준 발음이 [곡썽군]이지마는, 된소리되기는 로마자 표기에
반영하지 않으므로 'Gokseong-gun'으로 적어야 한다.

③ '완도군(莞島郡)'은 표준 발음이 [완도군]이므로, 'Wando-gun'으로 적어야 한다.
'ㅘ'는 'wa'로 적는다.

④ 'Hampyeong-gun'은 '함평군'을 로마자로 바르게 표기한 것이다. '함평군(咸平
郡)'은 표준 발음이 [함평군]이다. 'ㅕ'는 'yeo'로 적는다.

정답 ④

16

행정 구역의 이름을 「국어의 로마자 표기법」에 따라 로마자로 바르게 표기한 것은?

① 전라남도(全羅南道) → Jeonranam-do

② 삼죽면(三竹面) → Samjung-myeon

③ 방축동(防築洞) → Bangchuk-dong

④ 보령시(保寧市) → Poreong-si

| 문항 해설 |

① '전라남도(全羅南道)'는 표준 발음이 [절라남도]이므로, 'Jeollanam-do'로 적어야 한다.

② '삼죽면(三竹面)'은 표준 발음이 [삼중면]이지마는, 행정 구역 단위인 '면(面)' 앞의 붙임표(-) 앞뒤에서 일어나는 음운 변화는 표기에 반영하지 않으므로 'Samjuk-myeon'으로 적어야 한다(「국어의 로마자 표기법」 제3장 5항 참조).

③ 'Bangchuk-dong'은 '방축동'을 로마자로 바르게 표기한 것이다. '방축동(防築洞)'은 표준 발음이 [방축똥]이지마는, 행정 구역 단위인 '동(洞)' 앞의 붙임표(-) 앞뒤에서 일어나는 음운 변화는 표기에 반영하지 않으므로 'Bangchuk-ttong'으로 적어서는 안 된다.

④ '보령시(保寧市)'는 표준 발음이 [보:령시]이지마는, 장모음 표기는 따로 하지 않으므로 'Boryeong-si'로 적어야 한다. 모음 앞의 'ㅂ'은 'b'로, 'ㅕ'는 'yeo'로 적는다.

정답 ③

17

행정 구역의 이름을 「국어의 로마자 표기법」에 따라 로마자로 바르게 표기한 것은?

① 내북면(內北面) → Naebung-myun

② 외속리면(外俗離面) → Oesongni-myeon

③ 덕산면(德山面) → Deokssan-myeon

④ 백곡면(栢谷面) → Baekkong-myeon

① '내북면(內北面)'은 [내:붕면]으로 발음되는데, 행정 구역 단위인 '면(面)' 앞의 붙임표(-) 앞뒤에서 일어나는 음운 변화는 표기에 반영하지 않으므로 'Naebuk-myeon'으로 적어야 한다. 로마자 표기에서 장모음의 표기는 따로 하지 않는다 (「국어의 로마자 표기법」제2장 붙임 2 참조). 'ㅕ'은 'yeo'로 적는다.

② 'Oesongni-myeon'은 '외속리면'을 로마자로 바르게 표기한 것이다. '외속리면 (外俗離面)'은 표준 발음이 [외:송니면/웨:송니면]이지만, 장모음의 표기는 따로 하지 않고 행정 구역 단위인 '면(面)' 앞의 붙임표(-) 앞뒤에서 일어나는 음운 변화는 표기에 반영하지 않으므로 'Oesongri-myeon'이나 'Wesongri-myeon' 으로 적어야 한다.

③ '덕산면(德山面)'은 표준 발음이 [덕싼면]이지마는, 된소리되기는 로마자 표기에 반영하지 않기 때문에 'Deoksan-myeon'으로 적어야 한다.

④ '백곡면(栢谷面)'은 표준 발음이 [백꽁면]이지마는, 된소리되기는 로마자 표기에 반영하지 않고 행정 구역 단위인 '면(面)' 앞의 붙임표(-) 앞뒤에서 일어나는 음운 변화는 표기에 반영하지 않으므로 'Baekgok-myeon'으로 적어야 한다.

정답 ②

18 행정 구역의 이름을 로마자로 바르게 표기한 것은?

① 청룡동(靑龍洞) → Cheongryong-dong
② 신흑동(新黑洞) → Shinfeuk-ttong
③ 설악면(雪岳面) → Seorak-myeon
④ 황해북도(黃海北道) → Hwanghaibuk-tto

| 문항 해설 |

① '청룡동(靑龍洞)'은 표준 발음이 [청뇽동]이므로, 'Cheongnyong-dong'으로 적어야 한다.

② '신흑동(新黑洞)'은 표준 발음이 [신흑똥]인데, 'Sinheuk-dong'으로 적어야 한다. 'ㅅ'은 's'로 적는다. 행정 구역 단위인 '동(洞)' 앞의 붙임표(-) 앞뒤에서 일어나는 음운 변화는 표기에 반영하지 않으므로 '동(洞)'을 'ttong'으로 표기해서는 안 된다(「국어의 로마자 표기법」제3장 제5항 참조).

③ 'Seorak-myeon'은 '설악면'을 로마자로 바르게 표기한 것이다. '설악면(雪岳面)' 은 표준 발음이 [서랑면]이지마는, 행정 구역 단위인 '면(面) 앞의 붙임표(-) 앞

뒤에서 일어나는 음운 변화는 표기에 반영하지 않으므로 'Seorak-myeon'으로 적어야 한다(「국어의 로마자 표기법」제3장 제5항 참조).

④ '황해북도(黃海北道)'는 표준 발음이 [황해북또]이지마는, 'Hwanghaebuk-do'로 적어야 한다. 행정 구역 단위인 '도(道)' 앞의 붙임표(−) 앞뒤에서 일어나는 음운 변화는 표기에 반영하지 않는다(「국어의 로마자 표기법」제3장 제5항 참조). 행정 구역 단위인 '도(道)'는 로마자 'do'로 적는다.

정답 ③

19 행정 구역의 이름을 「국어의 로마자 표기법」에 따라 로마자로 바르게 표기한 것은?

① 군북면(郡北面) → Gunbung-myeon
② 복수면(福壽面) → Boksu-myeon
③ 규암면(窺巖面) → Guiam-myeon
④ 광시면(光時面) → Gwangshi-myeon

| 문항 해설 |

① '군북면(郡北面)'은 표준 발음이 [군붕면]이지마는, 행정 구역 단위인 '면(面)' 앞의 붙임표(−) 앞뒤에서 일어나는 음운 변화는 표기에 반영하지 않으므로 'Gunbuk-myeon'으로 적어야 한다(「국어의 로마자 표기법」제3장 제5항 참조).

② 'Boksu-myeon'은 '복수면'을 로마자로 바르게 표기한 것이다. '복수면(福壽面)'은 표준 발음이 [복쑤면]이지마는, 된소리되기는 로마자 표기에 반영하지 않으므로 'Boksu-myeon'으로 적어야 한다.

③ '규암면(窺巖面)'은 표준 발음이 [규암면]이므로, 'Gyuam-myeon'으로 적어야 한다. 'ㅠ'는 'yu'로 적는다.

④ '광시면(光時面)'은 표준 발음이 [광시면]이므로, 'Gwangsi-myeon'으로 적어야 한다. 'ㅅ'은 's'로 적는다.

정답 ②

20 고유 명사를 로마자로 바르게 표기한 것은?

① 죽도봉(竹島峰) → Jukttobong

② 유달산(儒達山) → Yoodalssan

③ 정읍사(井邑詞) → Jungeupssa

④ 문경새재(聞慶새재) → Mungyeongsaejae

| 문항 해설 |

① '죽도봉(竹島峰)'은 표준 발음이 [죽또봉]이지마는, 된소리되기는 로마자 표기에 반영되지 않으므로 'Jukdobong'으로 적어야 한다.

② '유달산(儒達山)'은 'Yudalsan'으로 적어야 한다. '유달산(儒達山)'은 표준 발음이 [유달싼]이지마는, 된소리되기는 로마자 표기에 반영하지 않으므로 'Yudalsan'으로 적어야 한다. 'ㅠ'는 'yu'로 적는다.

③ '정읍사(井邑詞)'는 'Jeongeupsa'로 적어야 한다. '정읍사(井邑詞)'는 표준 발음이 [정읍써]이지마는, 된소리되기는 로마자 표기에 반영하지 않고, 'ㅓ'는 'eo'로 적어야 하기 때문이다.

④ 'Mungyeongsaejae'는 '문경새재'를 로마자로 바르게 표기한 것이다. '문경새재(聞慶새재)'는 표준 발음이 [문경새재]이므로, 'Mungyeongsaejae'로 적어야 한다. '문경새재'는 경상북도 문경시와 충청북도 괴산군 사이에 있는 고개이다.

정답 ④

21 고유 명사를 로마자로 바르게 표기한 것은?

① 천리포(千里浦) → Cheolripo

② 홍릉(弘陵) → Hongneung

③ 돌섬 → Dolsseom

④ 압록강(鴨綠江) → Aprokkkang

| 문항 해설 |

① '천리포(千里浦)'는 표준 발음이 [철리포]이므로, 'Cheollipo'로 적어야 한다. 'ㄹㄹ'은 'll'로 적는다(「국어의 로마자 표기법」 제2장 제2항 붙임 2 참조).

② 'Hongneung'은 '홍릉'을 로마자로 바르게 표기한 것이다. '홍릉(弘陵)'은 표준 발음이 [홍능]이다.

③ '돌섬'은 표준 발음이 [돌썸]이지마는, 된소리되기는 로마자 표기에 반영하지 않으므로 'Dolseom'으로 적어야 한다.

④ '압록강(鴨綠江)'은 표준 발음이 [암녹깡]인데, 된소리되기는 로마자 표기에 반영하지 않으므로 'Amnokgang'으로 적어야 한다.

정답 ②

22 고유 명사를 로마자로 바르게 표기한 것은?

① 국망봉(國望峯) → Kukmangbong

② 박달재(朴達재) → Bakttaljjae

③ 백아산(白鵝山) → Baekasan

④ 미천골(米川골) → Micheongol

| 문항 해설 |

① '국망봉(國望峯)'은 표준 발음이 [궁망봉]이므로, 'Gungmangbong'으로 적어야 한다. 모음 앞의 'ㄱ'은 'g'로 적는다. 고유 명사는 첫 글자를 대문자로 적는다.

② '박달재(朴達재)'는 표준 발음이 [박딸재]이지마는, 된소리되기는 로마자 표기에 반영하지 않으므로 'Bakdaljae'로 적어야 한다.

③ '백아산(白鵝山)'은 표준 발음이 [배가산]이므로, 'Baegasan'으로 적어야 한다.

④ 'Micheongol'은 '미천골'을 로마자로 바르게 표기한 것이다. '미천골(米川골)'은 표준 발음이 [미천꼴]이지마는, 된소리되기는 로마자 표기에 반영하지 않으므로 'Micheongol'로 적어야 한다.

정답 ④

23 명소(名所)를 로마자로 바르게 표기한 것은?

① 동백섬(冬栢섬) → Dongbaeksseom
② 낙화암(落花巖) → Nakhwaam
③ 백마고지(白馬高地) → Baekmagoji
④ 석굴암(石窟庵) → Seokkuram

| 문항 해설 |

① '동백섬(冬栢섬)'은 표준 발음이 [동백썸]이지마는, 된소리되기는 로마자 표기에 반영하지 않으므로 'Dongbaekseom'으로 적어야 한다.

② 'Nakhwaam'은 '낙화암'을 로마자로 바르게 표기한 것이다. '낙화암(落花巖)'은 표준 발음이 [나콰암]이지마는, 체언에서 'ㄱ' 뒤에 'ㅎ'이 따를 때에는 'ㅎ'을 밝혀 적어야 하므로 'Nakhwaam'으로 적어야 한다(「국어의 로마자 표기법」 제3장 제1항 4 다만 참조).

③ '백마고지(白馬高地)'는 표준 발음이 [뱅마고지]이므로, 'Baengmagoji'로 적어야 한다.

④ '석굴암(石窟庵)'은 표준 발음이 [석꾸람]이지마는, 된소리되기는 로마자 표기에 반영하지 않으므로 'Seokguram'으로 적어야 한다. 모음 앞의 'ㄹ'은 'r'로 적는다.

정답 ②

24 명소를 「국어의 로마자 표기법」에 따라 로마자로 바르게 표기한 것은?

① 석빙고(石氷庫) → Seokbinggo
② 안압지(雁鴨池) → Anapjji
③ 얼음골 → Eorumkkol
④ 오죽헌(烏竹軒) → Ojukeon

| 문항 해설 |

① 'Seokbinggo'는 '석빙고'를 로마자로 바르게 표기한 것이다. '석빙고(石氷庫)'는 표준 발음이 [석삥고]이지마는, 된소리되기는 로마자 표기에 반영하지 않으므로 'Seokbinggo'로 적어야 한다.

② '안압지(雁鴨池)'는 표준 발음이 [아:납찌]이다. '안압지'는 된소리되기를 로마자 표기에 반영하지 않고, 장모음의 표기는 따로 하지 않으므로 'Anapji'로 적어야 한다.

③ '얼음골'은 표준 발음이 [어름꼴]이지마는, 된소리되기는 로마자 표기에 반영하지 않으므로 'Eoreumgol'로 적어야 한다. 'ㅡ'는 'eu'로 적는다.

④ '오죽헌(烏竹軒)'은 표준 발음이 [오주컨]이지마는, 체언에서 'ㄱ' 뒤에 'ㅎ'이 따를 때에는 'ㅎ'을 밝혀 써야 하므로 'Ojukheon'으로 적어야 한다. '오죽헌'은 강원도 강릉시 죽헌동에 있는, 이율곡이 태어난 집이다.

정답 ①

25 학술 연구 논문에서 한글 복원을 전제로 로마자로 바르게 표기한 것은?

① 넋 → neogs
② 앞 → ab
③ 먹었습니다 → meog-eos-sseumnida
④ 많다 → manta

| 문항 해설 |

「국어의 로마자 표기법」 제3장 제8항에서는 "학술 연구 논문 등 특수 분야에서 한글 복원을 전제로 표기할 경우에는 한글 표기 대상으로 적는다."라고 규정하고 있다. 한글 복원을 전제로 로마자로 표기할 경우에 한글 표기를 대상으로 적는다는 것은 전자법(轉字法)에 따라 한국어를 로마자로 표기하여야 한다는 것이다. 전자법은 외국어를 철자대로 자기 나라 글자로 맞추어 적는 방법이다.

① 'neogs'은 '넋'을 바르게 표기한 것이다.
② '앞'은 'ap'으로 적어야 한다.
③ '먹었습니다'는 'meog-eoss-seubnida'로 적어야 한다.
④ '많다'는 'manhda'로 적어야 한다.

정답 ①

26 학술 연구 논문에서 한글 복원을 전제로 로마자로 바르게 표기한 것은?

① 밖 → bak

② 값 → gabs

③ 독립 → dongnip

④ 문리 → mulli

| 문항 해설 |

① '밖'은 'bakk'으로 표기하여야 한다(「국어의 로마자 표기법」 제3장 제8항 참조).

② 'gabs'은 '값'을 바르게 표기한 것이다(「국어의 로마자 표기법」 제3장 제8항 참조).

③ '독립'은 'doglib'으로 적어야 한다(「국어의 로마자 표기법」 제3장 제8항 참조).

④ '문리'는 'munli'로 써야 한다(「국어의 로마자 표기법」 제3장 제8항 참조).

정답 ②

27 학술 연구 논문에서 한글 복원을 전제로 로마자로 바르게 표기한 것은?

① 집 → jip

② 냇가 → naetkka

③ 물엿 → mulyeos

④ 해돋이 → haedoji

| 문항 해설 |

① '집'은 'jib'으로 표기하여야 한다(「국어의 로마자 표기법」 제3장 제8항 참조).

② '냇가'는 'naesga'로 적어야 한다.

③ 'mulyeos'은 '물엿'을 바르게 적은 것이다(「국어의 로마자 표기법」 제3장 제8항 참조).

④ '해돋이'는 'haedodi'로 표기하여야 한다.

정답 ③

28 학술 연구 논문에서 한글 복원을 전제로 로마자로 바르게 표기한 것은?

① 같이 → gachi
② 학여울 → Hakyeoul
③ 알약 → allyak
④ 놓다 → nota

| 문항 해설 |
① '같이'는 'gati'로 표기하여야 한다.
② 'Hakyeoul'은 '학여울'을 바르게 적은 것이다. '학여울'은 고유 명사이므로 첫 글자를 대문자로 표기하여야 한다.
③ '알약'은 'alyag'으로 적어야 한다.
④ '놓다'는 'nohda'로 표기하여야 한다.

정답 ②

29 학술 연구 논문에서 한글 복원을 전제로 로마자로 바르게 표기한 것은?

① 붓꽃 → buskkoch
② 잡는 → jamneun
③ 않다 → anta
④ 독도 → Doktto

| 문항 해설 |
① 'buskkoch'은 '붓꽃'을 바르게 표기한 것이다(「국어의 로마자 표기법」 제3장 제8항 참조).
② '잡는'은 'jabneun'으로 적어야 한다.
③ '않다'는 'anhda'로 적어야 한다.
④ '독도'는 'dogdo'로 표기하여야 한다.

정답 ①

30 학술 연구 논문에서 한글 복원을 전제로 로마자로 바르게 표기한 것은?

① 촉석루 → Chokseongnu

② 속리산 → songnisan

③ 솔잎 → sollip

④ 왕십리 → Wangsibli

| 문항 해설 |

① '촉석루'는 'chogseoglu'로 표기하여야 한다. 학술 연구 논문 등에서 한글 복원을 전제로 표기할 경우 'ㄱ, ㄷ, ㄹ, ㅂ'은 'g, d, l, b'로만 적는다(「국어의 로마자 표기법」 제3장 제8항 참조).

② '속리산'은 'Soglisan'으로 적어야 한다. '속리산'은 고유 명사이므로 첫 글자는 대문자로 써야 한다.

③ '솔잎'은 'solip'으로 적어야 한다.

④ 'Wangsibli'는 '왕십리'를 바르게 표기한 것이다. '왕십리'는 고유 명사이므로 첫 글자를 대문자로 적어야 한다.

정답 ④

31 학술 연구 논문에서 한글 복원을 전제로 로마자로 바르게 표기한 것은?

① 집현전 → Jibhyeonjeon

② 종로 → Jongno

③ 한여름 → hannyeoreum

④ 명곡 → myeonggok

| 문항 해설 |

① 'Jibhyeonjeon'은 '집현전'을 바르게 표기한 것이다. '집현전'은 고유 명사이므로 첫 글자를 대문자로 써야 한다.

② '종로'는 'Jonglo'로 적어야 한다.

③ '한여름'은 'hanyeoleum'으로 적어야 한다.

④ '명곡'은 'myeonggog'으로 표기하여야 한다.

정답 ①

32 학술 연구 논문에서 한글 복원을 전제로 로마자로 바르게 표기한 것은?

① 빛나다 → bichnada

② 업신여기다 → eopssinnyeogida

③ 새파랗다 → saepalata

④ 엇나가다 → eonnagada

| 문항 해설 |

① 'bichnada'는 '빛나다'를 바르게 표기한 것이다.

② '업신여기다'는 'eobsinyeogida'로 적어야 한다.

③ '새파랗다'는 'saepalahda'로 적어야 한다.

④ '엇나가다'는 'eosnagada'으로 표기하여야 한다.

정답 ①

33 학술 연구 논문에서 한글 복원을 전제로 로마자로 바르게 표기한 것은?

① 나뭇가지 → namutkkaji

② 푸르렀다 → pureureottta

③ 많이 → manhi

④ 땀받이 → ttambaji

| 문항 해설 |

① '나뭇가지'는 'namusgaji'로 적어야 한다.

② '푸르렀다'는 'puleuleossda'로 적어야 한다.

③ 'manhi'는 '많이'를 바르게 표기한 것이다.

④ '땀받이'는 'ttambadi'로 표기하여야 한다.

정답 ③

34 학술 연구 논문에서 한글 복원을 전제로 로마자로 바르게 표기한 것은?

① 낱낱이 → nanachi

② 빛깔 → bichkkal

③ 짤따랗다 → jjalttarata

④ 고맙다 → gomaptta

| 문항 해설 |

① '낱낱이'는 'natnati'로 적어야 한다.

② 'bichkkal'은 '빛깔'을 바르게 적은 것이다.

③ '짤따랗다'는 'jjalttalahda'로 적어야 한다.

④ '고맙다'는 'gomabda'로 표기하여야 한다.

정답 ②

6

「종합 모의고사」

01 다음 단어 중에서 표준어인 것은?

① 웃머리
② 웃목
③ 웃돈
④ 웃몸
⑤ 웃잇몸

02 밑줄 친 단어 중에서 표준어인 것은?

① 이 작품에는 대구법(對句法)이 많이 사용되었다.
② 어머니는 기음을 매러 밭으로 가셨다.
③ 너무 느물지 마라.
④ 그녀는 또아리 위에 물동이를 이고 있다.
⑤ 창고에 새앙쥐가 있다.

03 다음 단어 중에서 표준어인 것은?

① 소리개
② 장사아치
③ 귀개
④ 부럼
⑤ 망태기

04 「띄어쓰기 규정」에 맞게 표기한 것은?

① 눈코뜰 새가 없이 바쁘다.
② 남의 말하기는 식은 죽 먹기다.
③ 발없는 말이 천리 간다.
④ 사흘 굶어 도둑질 아니할 사람 없다.
⑤ 산은 오를 수록 높고, 물은 건널 수록 깊다.

05 밑줄 친 단어 중에서 표준어인 것은?

① 9시에 그는 학교에 다닫는다.
② 철수가 그릇을 망그뜨렸다.
③ 그는 산 속에서 구어박고 있다.
④ 저 사람이 댐의 뚫린 구멍을 막읍니다.
⑤ 날씨가 무더워서 과일이 짓물었다.

06 다음 단어 중에서 비표준어인 것은?

① 우두커니
② 옹골차다
③ 씀벅씀벅
④ 코맹녕이
⑤ 뺨따귀

07 밑줄 친 단어 중에서 첫음절이 길게 발음되는 것은?

① 그는 문제를 해결하기 위해 장고(長考)를 하였다.
② 그는 문제를 쉽게 해결할 것이라고 장담(壯談)하였다.
③ 오늘 첫눈이 내렸다.
④ 잔디를 밟으면 안 된다.
⑤ 조금 전에 작은아버지께서 오셨다.

08 밑줄 친 단어 중에서 첫음절이 짧게 발음되는 것은?

① 너 자신을 알아라.
② 감이 매우 떫어.
③ 그는 돈을 많이 벌어.
④ 그녀는 야채를 많이 썰었다.
⑤ 책상 위에 먼지가 없어.

09 표준 발음이 아닌 것은?

① 없애다[업ː쌔다]
② 벌리다[벌ː리다]
③ 끌리다[끌ː리다]
④ 걸치다[걸ː치다]
⑤ 더럽다[더럽따]

10 표준 발음이 아닌 것은?

① 닭다[닥따]

② 낫다[낟ː따]

③ 낮다[낟따]

④ 있다[읻따]

⑤ 짚다[집따]

11 표준 발음이 아닌 것은?

① 넓다[널따]

② 밟지[밥ː찌]

③ 넓둥글다[넙뚱글다]

④ 맑다[말따]

⑤ 젊다[점ː따]

12 다음 단어 중에서 「한글 맞춤법」에 맞게 표기한 것은?

① 년리률(年利率)

② 태양리발관(太陽理髮館)

③ 합격률(合格率)

④ 국제련합(國際聯合)

⑤ 등용문(登龍門)

13 다음 단어 중에서 「한글 맞춤법」에 맞게 표기한 것은?

① 몰리해(沒理解)

② 불리행(不履行)

③ 선리자(先利子)

④ 가영수(假領收)

⑤ 낙화류수(落花流水)

14 다음 단어 중에서 「한글 맞춤법」에 맞게 표기한 것은?

① 무실력행(務實力行)

② 몰렴치(沒廉恥)

③ 구름량(구름量)

④ 낙뇌(落雷)

⑤ 연로(年老)

15 「한글 맞춤법」에 맞게 표기한 것은?

① 학습란(學習欄)

② 비론리(非論理)

③ 중로동(重勞動)

④ 실락원(失樂園)

⑤ 늠늠하다(凜凜하다)

16 밑줄 친 말 중에서 「한글 맞춤법」에 맞게 표기한 것은?

① 나는 <u>떡복기</u>를 좋아한다.
② 저는 <u>깎뚜기</u>를 잘 먹어요.
③ 경치가 매우 <u>아름다와요</u>.
④ 동물은 <u>유류상종</u>(類類相從)을 합니다.
⑤ <u>곰곰이</u> 생각하니 내가 잘못했다.

17 밑줄 친 말 중에서 「한글 맞춤법」에 맞게 표기한 것은?

① 참된 것은 진(眞)이요, 아름다운 것은 미(美)요, 거룩한 것은 <u>성(聖)이요</u>.
② <u>번번히</u> 폐를 끼쳐서 죄송합니다.
③ 이 나무는 너무 <u>짧다랗다</u>.
④ 그는 발을 헛디뎌 <u>너머졌다</u>.
⑤ 사람들이 뿔뿔이 <u>흐터졌다</u>.

18 밑줄 친 단어 중에서 「한글 맞춤법」에 어긋나게 표기한 것은?

① 그는 건강의 미를 맘껏 <u>뽐냈다</u>.
② 그는 미술 작품에 대한 <u>열띤</u> 관심을 가졌다.
③ 이 작품은 그 당시의 세태를 <u>고스란히</u> 반영하고 있다.
④ 그는 <u>뿌듯한</u> 표정을 지었다.
⑤ 전기 자전거라 <u>허벅지</u>에 힘이 전혀 안 들어간다.

19 밑줄 친 단어 중에서 「한글 맞춤법」에 어긋나게 표기한 것은?

① 보름달은 <u>동그랄</u> 거야.
② 감기가 <u>낫으니</u> 기분이 좋아.
③ 김장을 빨리 <u>담가야</u> 한다.
④ 혼자 있으니 매우 <u>외로워</u>.
⑤ 고추가 매우 <u>빨가네</u>.

20 밑줄 친 단어 중에서 「한글 맞춤법」에 어긋나게 표기한 것은?

① 이삿짐을 많이 <u>날라서</u> 매우 피곤하다.
② 나는 <u>남몰래</u> 많이 울었다.
③ 그 <u>나머지</u> 문제도 풀어라.
④ 처음 가는 길이라 많이 <u>헤멨다</u>.
⑤ 노인이 <u>지팡이</u>를 짚고 간다.

21 밑줄 친 외래어를 바르게 표기한 것은?

① 그녀의 열애설은 <u>해푸닝</u>으로 끝났다.
② 그녀가 친구의 결혼식에서 <u>부캐</u>를 받았다.
③ 작년에 <u>미스테리</u> 사건이 많이 발생하였다.
④ 이것은 2022년 <u>캘린더</u>이다.
⑤ 이것은 <u>맆스틱</u>이야.

22 밑줄 친 외래어를 잘못 표기한 것은?

① 이 아파트는 서울의 <u>랜드마크</u>이다.
② 이것은 <u>메디칼</u> 빌딩이야.
③ 이 제품은 <u>프리 스타일</u>이다.
④ 곡선형 모니터인 <u>오디세이 아크</u>가 눈길을 끈다.
⑤ 이것은 삼륜 전동 <u>스쿠터</u>입니다.

23 외래어를 바르게 표기한 것은?

① 훤드(fund)
② 화이날(final)
③ 소핑(shopping)
④ 메타버스(metaverse)
⑤ 께임(game)

24 고유 명사를 「국어의 로마자 표기법」에 따라 바르게 표기한 것은?

① 개마고원 → Kaemakowon
② 금강 → Geumkang
③ 남대천 → Namdaecheon
④ 덕산 → Deokssan
⑤ 노량진 → Nolyangjin

25 고유 명사를 「국어의 로마자 표기법」에 따라 바르게 표기한 것은?

① 문경 → Mungyeong

② 북한강 → Pukangang

③ 옥강리 → Okgang-ni

④ 함경북도 → Hamgyeongbuk-tto

⑤ 발산 → Palssan

제2회 「종합 모의고사」

01 다음 단어 중에서 표준어인 것은?

① 건빨래(乾빨래)

② 배달나무(倍達나무)

③ 백말(白말)

④ 잎초(잎草)

⑤ 길품삯

02 복수 표준어끼리 묶인 것은?

① 애벌레/어린 벌레

② 곁땀내/암내

③ 가뭄/가물

④ 언제나/노다지

⑤ 언뜻/펀뜻

03 밑줄 친 말 중에서 표준어인 것은?

① 외국엘랑 가지 마세요.

② 그는 열심으로 공부한다.

③ 저 범은 갈범이다.

④ 여행을 간 사람이 감감소식이라 걱정이다.

⑤ 저 아이는 구슬사탕을 좋아해.

04 다음 단어 중에서 첫음절의 모음이 길게 발음되는 것은?

① 이성(二星)
② 동포(同胞)
③ 자유(自由)
④ 고독(孤獨)
⑤ 용서(容恕)

05 밑줄 친 단어 중에서 첫음절의 모음이 길게 발음되는 것은?

① 이 문제는 <u>아주</u> 쉽다.
② <u>정녕코</u> 떠나시겠습니까?
③ <u>마음껏</u> 먹어라.
④ <u>군밤</u>을 사 오너라.
⑤ 공을 <u>멀리</u> 던져라.

06 밑줄 친 단어의 표준 발음이 아닌 것은?

① 스트레스를 받지 않고 살면 쉽게 <u>늙지</u>[늑찌] 않는다.
② 시장에서 산 대추가 <u>굵직하다</u>[굴찌카다].
③ 죽을 <u>묽게</u>[물께] 끓여라.
④ 너무 큰 소리로 글을 <u>읽지</u>[익찌] 마라.
⑤ 그는 <u>젊은</u>[절믄] 편이다.

07 밑줄 친 단어의 표준 발음으로 맞는 것은?

① 그에게도 좋던[조턴] 시절이 있었어.

② 너는 친구가 많아서[마ː나서] 좋겠다.

③ 저 사람은 내 친구의 반려자(伴侶者)[반녀자]이다.

④ 무릎을[무르블] 구부렸다가 펴라.

⑤ 된장찌개가 끓는다[끌른다].

08 다음 말의 표준 발음으로 맞는 것은?

① 없애다[업쌔다]

② 뜻있다[뜨싣따]

③ 꽃잎[꼰닙]

④ 치읓에[치으체]

⑤ 폭로(暴露)[퐁로]

09 다음 단어의 표준 발음으로 맞는 것은?

① 솜이불[솜ː이불]

② 색연필[생년필]

③ 공권력[공꿜력]

④ 줄넘기[줄넘끼]

⑤ 남존여비[남존여비]

10 밑줄 친 단어 중에서 「한글 맞춤법」에 맞게 표기한 것은?

① 문이 바람에 <u>다쳤다</u>.

② <u>해도지</u>를 보러 가자.

③ 어제 나는 <u>돗자리</u>를 사러 시장에 갔다.

④ 강아지가 어미 개한테 <u>핥였다</u>.

⑤ 금이 땅에 <u>무쳤어</u>.

11 다음 단어 중에서 「한글 맞춤법」에 맞게 표기한 것은?

① 폐품(廢品)

② 혜택(惠澤)

③ 휴계실(休憩室)

④ 은익(隱匿)

⑤ 경로(敬老)

12 밑줄 친 단어 중에서 「한글 맞춤법」에 맞게 표기한 것은?

① 배운 사람들이 자신이 아는 것에 <u>얽매여</u> 사는 국가는 미래가 없다.

② 각자 맡은 <u>역활</u>을 제대로 하여야 나라가 발전한다.

③ 다른 사람의 존재와 능력을 인정하여야 <u>인간다와진다</u>.

④ 요사이 <u>하니바람</u>이 분다.

⑤ 그 날의 사건이 <u>머리속</u>에 맴돈다.

13 다음 단어 중에서 「한글 맞춤법」에 맞게 표기한 것은?

① 매도률(賣渡率)
② 확율(確率)
③ 성공률(成功率)
④ 나렬(羅列)
⑤ 전률(戰慄)

14 밑줄 친 단어 중에서 「한글 맞춤법」에 맞게 표기한 것은?

① 남존녀비(男尊女卑) 사상은 낡은 것이다.
② 금 한 량(兩)에 5만원이다.
③ 저 후보의 선거 공약이 공염불(空念佛)이 되었다.
④ 남부녀대(男負女戴)는 가난한 사람들이 살 곳을 찾아 이리저리 떠돌아다님을 비
  유적으로 이르는 말이다.
⑤ 이곳은 관광객들의 왕내(往來)가 많은 곳이다.

15 밑줄 친 말을 「띄어쓰기 규정」에 맞게 표기한 것은?

① 호기롭게 시합하자던 모습은 온데간데없다.
② 그의 언동을 예상했지만 진짜 이 정도일줄은 몰랐다.
③ 공인으로서 그 동안 걸어 온 길을 검증하기로 하였다.
④ 빨리 가야 할텐데 체증이 심하다.
⑤ 이 약은 배가 아픈데 먹는 것이다.

16 밑줄 친 단어 중에서 「한글 맞춤법」에 맞게 표기한 것은?

① 오랫동안 불을 때지 않아서 방바닥이 <u>능눅하다</u>.
② 그녀의 머리카락이 <u>놀롤하다</u>.
③ 노인이 허리를 <u>꼿꼿하게</u> 걷는다.
④ 옷들이 모두 <u>밋밋하다</u>.
⑤ 그는 매우 <u>싹삭한</u> 편이다.

17 문장 부호를 잘못 사용한 것은?

① "나도 너를 아주 ⋯⋯." 하고 현주가 말했다.
② 그의 박사 학위 논문 제목은 「김소월 연구 ― 율격을 중심으로 ―」이다.
③ 〈한성순보〉는 우리나라 최초의 근대 신문이다.
④ [윤석중 전집(1988), 70쪽 참조]
⑤ 태도(態度), 배터리(battery)

18 다음 단어 중에서 「한글 맞춤법」에 맞게 표기한 것은?

① 달달이
② 마소
③ 불나비
④ 불삽
⑤ 불손

19 밑줄 친 말 중에서 「띄어쓰기 규정」에 맞게 표기한 것은?

① 비행기로 <u>뉴욕으로 부터</u> 서울까지 몇 시간 걸리니?

② 그는 화를 내기는 <u>커녕</u> 즐거워하더라.

③ <u>이것이야 말로</u> 놀랄 만한 것이다.

④ 그는 공부도 잘할 <u>뿐더러</u> 운동도 잘한다.

⑤ 좀더 <u>일찍 출발할걸</u>.

20 밑줄 친 단어 중에서 「한글 맞춤법」에 맞게 표기한 것은?

① 내 나이는 <u>설흔</u>이다.

② 오월 <u>나흘날</u>에 만나자.

③ 이 달은 <u>설달</u>이다.

④ 저 사람은 매우 <u>잗달다</u>.

⑤ 저 소는 <u>풀소</u>이다.

21 밑줄 친 외래어를 바르게 표기한 것은?

① <u>싸이코패쓰</u>(psychopath)란 생활 전반에 걸쳐 다른 사람의 권리를 무시하거나 침해하는 성격 장애이다.

② <u>소시오패쓰</u>(sociopath)란 법규 무시, 인권 침해 등을 반복해 저지르는 정신 질환이다.

③ 그의 연설은 <u>올라인 컴뮤니티</u>를 뜨겁게 달구고 있다.

④ 그 작품은 <u>불랙 코메디</u>이다.

⑤ 이 회사는 여성 <u>파우어</u>가 대단하다.

22 외래어를 바르게 표기한 것은?

① 꺕(gap)
② 베스트쎌러(best seller)
③ 셋백(setback)
④ 케이푸(cape)
⑤ 씨그날(signal)

23 외래어를 바르게 표기한 것은?

① 스쿼트(squat)
② 스윗치(switch)
③ 콘셉(concept)
④ 콘덴서(condenser)
⑤ 브리쥐(dridge)

24 고유 명사를 「국어의 로마자 표기법」에 따라 바르게 표기한 것은?

① 숭례문(崇禮門) → Sungnyemun
② 민갑돌(閔甲乭) → Min gapttol
③ 속리산(俗離山) → Sokrisan
④ 독배 → Dokppae
⑤ 내죽리(內竹里) → Naejung-ni

25 학술 연구 논문에서 한글 복원을 전제로 로마자로 바르게 표기한 것은?

① 첫눈 → cheonnun

② 읽다 → ilgda

③ 없고 → eopkko

④ 뒷일 → dwinnil

⑤ 각하 → gaka

01 다음 단어 중에서 표준어인 것은?

① 말담
② 이찹쌀
③ 개수통
④ 풋머슴
⑤ 먼발치기

02 복수 표준어인 것은?

① 고봉밥(高捧밥)/높은밥
② 마파람/앞바람
③ 산줄기/멧줄기
④ 수삼(水蔘)/무삼
⑤ 알무/알타리무

03 밑줄 친 단어 중에서 표준어인 것은?

① 마기 이민 걱정이 많다.
② 생선 비린내가 매우 역스럽다.
③ 나는 참감자를 잘 먹는다.
④ 나는 반찰떡을 먹었다.
⑤ 그는 영어 단어를 욌다.

04 밑줄 친 단어 중에서 첫음절의 모음이 짧게 발음되는 것은?

① 그는 부동산(不動産)이 매우 많은 부자이다.
② 그는 많은 보상(報償)을 받았다.
③ 화재(火災)를 미리 예방하여야 한다.
④ 그는 주민들한테 반발(反撥)을 샀다.
⑤ 그는 방심을 하다가 피해(被害)를 많이 보았다.

05 표준 발음이 아닌 것은?

① 외국(外國)[외ː국/웨ː국]
② 급발진(急發進)[급발찐]
③ 경로당(敬老堂)[경ː노당]
④ 불합리(不合理)[불함니]
⑤ 불량품(不良品)[불량품]

06 다음 단어의 표준 발음인 것은?

① 폭력(暴力)[퐁력]
② 절약(節約)[절략]
③ 필요(必要)[필료]
④ 광한루(廣寒樓)[광ː한누]
⑤ 공략(攻略)[공ː냑]

07 밑줄 친 단어의 표준 발음으로 맞는 것은?

① 코로나 백신의 생산량(生産量)[생살량]이 풍부하다.
② 설득을 할 때 논리(論理)[논리]의 비약이 있어서는 안 된다.
③ 내가 그 일을 잘 할는지[할른지] 모르겠다.
④ 그들은 혼례(婚禮)[혼네]를 올렸다.
⑤ 그는 문법론(文法論)[문법논]을 연구한다.

08 밑줄 친 단어의 표준 발음으로 맞는 것은?

① 마음씨가 곱지 않은[안흔] 것은 건강에 해롭다.
② 꽃에[꼬세] 물을 주세요.
③ 닭이[다기] 알을 낳는다.
④ 남을 괴롭히는 것은 정말 싫소[실쏘].
⑤ 그는 어이가 없어서 헛웃음[헌우슴]을 지었다.

09 밑줄 친 단어 중에서 「한글 맞춤법」에 맞게 표기한 것은?

① 쓰러져 있던 오뚜기가 벌떡 일어났다.
② 그는 더퍼리이다.
③ 그 아이는 누더기를 입고 있었다.
④ 그는 소문난 살사리이다.
⑤ 저 산에서 뻐꾹이가 운다.

10 「한글 맞춤법」에 어긋나게 표기한 것은?

① 꾸준히
② 도저이
③ 어렴풋이
④ 딱히
⑤ 슬며시

11 「한글 맞춤법」에 어긋나게 표기한 것은?

① 값없다
② 맞먹다
③ 국말이
④ 낮잡다
⑤ 꺾꽂이

12 「한글 맞춤법」에 어긋나게 표기한 것은?

① 새파랗다
② 시뻘겋다
③ 시꺼멓다
④ 새노랗다
⑤ 새뽀얗다

13 「한글 맞춤법」에 맞게 표기한 것은?

① 아자비
② 업신여기다
③ 불이낳게
④ 오래비
⑤ 며칠

14 밑줄 친 단어 중에서 「한글 맞춤법」에 맞게 표기한 것은?

① 저 아이는 <u>덧이</u>가 났다.
② 나는 갑자기 <u>뱃살</u>이 쪄서 걱정이다.
③ 너는 그 사건의 <u>뒤갈망</u>을 할 수 있니?
④ 그는 <u>쇠조각</u>을 밟아서 다쳤어.
⑤ 나는 아주 피곤해서 <u>혀바늘</u>이 돋았어.

15 「한글 맞춤법」에 맞게 표기한 것은?

① 코병
② 아래방
③ 자릿세
④ 메나물
⑤ 예사일

16 밑줄 친 단어 중에서 「한글 맞춤법」에 어긋나게 표기한 것은?

① 그는 어둑컴컴한 밤에 집에 왔다.

② 기럭아 어디로 가느냐?

③ 아저씨가 엊그저께 오셨다.

④ 바위를 딛고 뛰어라.

⑤ 걸상다리를 엇매끼지 마라.

17 밑줄 친 단어 중에서 「한글 맞춤법」에 맞게 표기한 것은?

① 글이 잘 씌여서 기분이 좋다.

② 다림질을 하니 옷 주름이 폐였다.

③ 너무 잘 뵈여도 문제란다.

④ 보자기에 쌘 음식이 무어니?

⑤ 아기가 자니 침대에 뉘여라.

18 밑줄 친 단어 중에서 「한글 맞춤법」에 맞게 표기한 것은?

① 이 책에는 그분의 정신이 오로시 담겨 있다.

② 이번에 나는 반듯이 대학에 합격할 거야.

③ 그 범인은 버저시 대중 앞에 나타났다.

④ 어린아이가 의젓이 행동한다.

⑤ 초조해하지 말고 느그시 기다려라.

19 「띄어쓰기 규정」에 맞게 표기한 것은?

① 저 분은 홍길동박사입니다.
② 충무공 이순신 장군은 훌륭한 애국자이었다.
③ 나는 너 보다 키가 크다.
④ 본대로 느낀대로 말해라.
⑤ 나는 그 사람이 이민을 간줄 몰랐다.

20 「띄어쓰기 규정」에 맞게 표기한 것은?

① 그는 열심히 운동을 할뿐만아니라 공부도 열심히 한다.
② 너는 여행을 안가니 못가니?
③ 그녀는 쉴틈없이 바쁜 하루를 보낸다.
④ 의사소통을 잘해야 인간관계를 잘 맺을 수 있다.
⑤ 그는 곶감을 매달아놓았다.

21 밑줄 친 외래어를 바르게 표기한 것은?

① 사람들이 <u>피켓</u> 시위를 한다.
② 나는 앞으로 <u>버켓 리스트</u>을 실행하면서 살 작정이다.
③ 이것은 <u>휠터링</u> 파일이다.
④ 그녀는 <u>힐체어</u>를 타고 다닌다.
⑤ 나는 <u>락토프리</u> 제품만 먹는다.

22 밑줄 친 외래어를 바르게 표기한 것은?

① 지금은 어닝 <u>씨즌</u>이다.

② 그녀들은 <u>위맨쓰</u>를 보여 주었다.

③ 그 디자이너의 <u>패션 센스</u>가 돋보였다.

④ 그녀는 다채로운 <u>오휘스룩</u> 스타일링을 선보였다.

⑤ 이 제품은 <u>바디크렌져</u>이다.

23 외래어를 바르게 표기한 것은?

① 캡처(capture)

② 챔피온쉽(championship)

③ 쏘울(soul)

④ 휘날레(finale)

⑤ 메로디(melody)

24 고유 명사를 「국어의 로마자 표기법」에 따라 로마자로 바르게 표기한 것은?

① 백록담(白鹿潭) → Baekrokttam

② 월정사(月精寺) → Woljjeongsa

③ 장빛나 → Jang Bitna

④ 온죽면 → Onjung-myeon

⑤ 울릉도 → Ulneung-do

25 고유 명사를 「국어의 로마자 표기법」에 따라 로마자로 바르게 표기한 것은?

① 불국사 → Pulgukssa

② 독립문 → Dongnipmun

③ 괴산군 → Goisan-kun

④ 석굴암 → Sukkulam

⑤ 창경궁 → Changgyeonggung

「종합 모의고사」
정답과 해설

01 ③

① '웃머리'의 표준어는 '윗머리'이고, ② '웃목'의 표준어는 '윗목'이며, ④ '웃몸'의 표준어는 '윗몸'이고, ⑤ '웃잇몸'의 표준어는 '윗잇몸'이다. 「표준어 사정 원칙」 제12항 참조

02 ①

② '기음'의 표준어는 '김'이고, ③ '느물지'의 표준어는 '뽐내지'이며, ④ '또아리'의 표준어는 '똬리'이고, ⑤ '새앙쥐'의 표준어는 '생쥐'이다.

03 ⑤

① '소리개'의 표준어는 '솔개'이고, ② '장사아치'의 표준어는 '장사치'이며, ③ '귀개'의 표준어는 '귀이개'이고, ④ '부럼'의 표준어는 '부스럼'이다.

04 ②

① '눈코뜰'은 합성어가 아니므로 '눈코 뜰'로 써야 한다. ② '식은 죽'은 합성어가 아니므로 '식은'과 '죽'을 띄어 써야 한다. ③ '발없는'은 '발 없는'으로, ④ '아니할'은 '아니 할'로, ⑤ '오를 수록'은 '오를수록', '건널 수록'은 '건널수록'으로 써야 한다. '-ㄹ수록'은 모음으로 끝나는 어간에 붙어, 어떠한 일이 더하여 감을 나타내는 연결 어미이다.

05 ③

① '다닫는다'의 표준어는 '다다른다'이고, ② '망그뜨렸다'의 표준어는 '망가뜨렸다'이다. ④ '막읍니다'의 표준어는 '막습니다'이고, ⑤ '짓물었다'의 표준어는 '짓물렀다'이다.

06 ④

④ '코맹녕이'의 표준어는 '코맹맹이'이다.

07 ②

② '장담(壯談)[장:담]'은 확신을 가지고 자신 있게 말하는 것이다.

08 ①

단음절인 용언 어간에 모음으로 시작된 어미가 결합된 경우에는 첫음절이 짧게 발음된다.

09 ⑤

더럽다[더:럽따]('표준 발음법」 제7항 참조)

10 ②

낫다[낟:따]('표준 발음법」 제9항 참조)

11 ④

맑다[막따]('표준 발음법」 제11항 참조)

12 ③

① '년리율(年利率)'은 '연이율'로, ② '태양리발관(太陽理髮館)'은 '태양이발관'으로, ④ '국제련합(國際聯合)'은 '국제연합'으로, ⑤ '등룡문(登龍門)'은 '등용문'으로 적어야 한다(「한글 맞춤법」 제11항 참조).

13 ④

① '몰리해(沒理解)'는 '몰이해'로, ② '불리행(不履行)'은 '불이행'으로, ③ '선리자(先利子)'는 '선이자'로, ⑤ '낙화류수(落花流水)'는 '낙화유수'로 적어야 한다.

14 ⑤

① '무실력행(務實力行)'은 '무실역행'으로, ② '몰렴치(沒廉恥)'는 '몰염치'로, ③ '구름량(구름量)'은 '구름양'으로, ④ '낙뇌(落雷)'는 '낙뢰'로 표기하여야 한다.

15 ①

② '비론리(非論理)'는 '비논리'로, ③ '중로동(重勞動)'은 '중노동'으로, ④ '실락원(失樂園)'은 '실낙원'으로, ⑤ '늠늠하다(凜凜하다)'는 '늠름하다'로 적어야 한다. 「한글 맞춤법」 제12항 참조.

16 ⑤

① '떡복기'는 '떡볶이'로, ② '깎뚜기'는 '깍두기'로, ③ '아름다와요'는 '아름다워요'로, ④ '유류상종(類類相從)'은 '유유상종'으로 적어야 한다.

17 ②

① '성(聖)이요'는 '성(聖)이오'로, ③ '짧다랗다'는 '짤따랗다'로, ④ '너머졌다'는 '넘어졌다'로, ⑤ '흐터졌다'는 '흩어졌다'로 적어야 한다.

18 ①

'뽑냈다'는 '뽑냈다'로 표기하여야 한다.

19 ②

'낫으니'는 'ㅅ' 불규칙 동사이므로 '나으니'로 표기하여야 한다.

20 ④

'헤멨다'는 '헤맸다'로 표기하여야 한다.

21 ④

① '해푸닝'은 '해프닝'으로, ② '부캐'는 '부케'로, ③ '미스테리'는 '미스터리'로, ⑤ '맆스틱'은 '립스틱'으로 적어야 한다. '캘린더'는 영어 'calendar'를 차용한 것으로 '달력'을 뜻한다. '카렌다'는 일본어를 차용한 것이다.

22 ②

'메디칼'의 바른 표기는 '메디컬'이다. 이것은 영어 medical을 차용한 것이다.

23 ④

① '휜드(fund)'는 '펀드'로, ② '화이날(final)'은 '파이널'로, ③ '소핑(shopping)'은 '쇼핑'으로, ⑤ '께임(game)'은 '게임'으로 적어야 한다.

24 ③

① '개마고원'은 'Gamagowon'으로, ② '금강'은 'Geumgang'으로 적어야 한다. ④ '덕산'은 'Deoksan'으로, ⑤ '노량진'은 'Noryangjin'으로 표기하여야 한다.

25 ①

② '북한강'은 'Bukhangang'으로, ③ '옥강리'는 'Okgang-ri'로, ④ '함경북도'는 'Hamgyeongbuk-do'로, ⑤ '발산'은 'Balsan'으로 적어야 한다.

01 ⑤
① '건빨래'의 표준어는 '마른빨래'이고, ② '배달나무'의 표준어는 '박달나무'이며, ③ '백말'의 표준어는 '백마/흰말'이고, ④ '잎초'의 표준어는 '잎담배'이다.

02 ③
'애벌레, 암내, 언제나, 언뜻' 등은 표준어인데, '어린 벌레, 곁땀내, 노다지, 펀뜻' 등은 비표준어이다.

03 ④
① '엘랑'의 표준어는 '에는'이고, ② '열심으로'의 표준어는 '열심히'이다. ③ '갈범'의 표준어는 '칡범'이고, ⑤ '구슬사탕'의 표준어는 '알사탕'이다. '감감소식(감감消息.)'과 '감감무소식(감감無消息.)'은 복수 표준어이다.

04 ①
이(二)[이:], 사(四)[사:], 오(五)[오:] 등은 긴소리로 발음된다.

05 ⑤
'멀리'는 [멀:리]로 발음된다.

06 ②
굵직하다[국찌카다]('표준 발음법」 제11항 참조)

07 ②
② '많아서'는 [마:나서]로 발음된다('표준 발음법」 제12항 4 참조). ① '좋던'은 [조:턴]으로,

③ '반려자(伴侶者)'는 [발:려자]로, ④ '무릎을'은 [무르플]로, ⑤ '끓는다'는 [끌른다]로 발음된다.

08 ③

③ '꽃잎'은 [꼰닙]으로 발음된다(「표준 발음법」 제29항 참조). ① '없애다'는 [업:쌔다]로, ② '뜻있다'는 [뜨딛따]로, ④ '치읓에'는 [치으세]로, ⑤ '폭로(暴露)'는 [퐁노]로 발음하여야 한다.

09 ②

② '색연필'의 표준 발음은 [생년필]이다(「표준 발음법」 제29항 참조). ① '솜이불'은 [솜:니불]로, ③ '공권력'은 [공꿘녁]으로, ④ '줄넘기'는 [줄럼끼]로, ⑤ '남존여비'는 [남존녀비]로 발음하여야 한다.

10 ④

① '다쳤다'는 '닫혔다'로, ② '해도지'는 '해돋이'로, ③ '돋자리'는 '돗자리'로, ⑤ '무쳤어'는 '묻혔어'로 표기하여야 한다.

11 ⑤

① '폐품(廢品)'은 '폐품'으로, ② '혜택(惠澤)'은 '혜택'으로, ③ '휴계실(休憩室)'은 '휴게실'로, ④ '은익(隱匿)'은 '은닉'으로 적어야 한다.

12 ①

② '역활'은 '역할'로, ③ '인간다와진다'는 '인간다워진다'로, ④ '하니바람'은 '하늬바람'으로, ⑤ '머리속'은 '머릿속'으로 표기하여야 한다.

13 ③

① '매도률(賣渡率)'은 '매도율'로, ② '확율(確率)'은 '확률'로, ④ '나렬(羅列)'은 '나열'로, ⑤ '전률(戰慄)'은 '전율'로 적어야 한다.

14 ③

① '남존녀비(男尊女卑)'는 '남존여비'로, ② '량(兩)'은 '냥'으로, ④ '남부녀대(男負女戴)'는 '남부여대'로, ⑤ '왕내(往來)'는 '왕래'로 표기하여야 한다.

15 ①

① '온데간데없다'는 합성어이기 때문에 붙여 쓴다. ② '정도일줄은'은 '정도일 줄은'으로,

③ '그 동안 걸어 온 길을'은 '그동안 걸어온 길을'로, ④ '할텐데'는 '할 텐데'로, ⑤ '아픈데'
는 '아픈 데'로 적어야 한다. '텐데'는 '터인데'의 준말이다. '터'는 의존 명사이다. '아픈 데'에
쓰인 '데'도 의존 명사이다.

16 ④

한 단어 안에서 같은 음절이나 비슷한 음절이 겹쳐 나는 부분은 같은 글자로 적는다(「한글
맞춤법」 제13항 참조). ① '눙눅하다'는 '눅눅하다'로, ② '놀롤하다'는 '놀놀하다'로, ③ '꼿곳
하다'는 '꼿꼿하다'로, ⑤ '싹삭한'은 '싹싹한'으로 표기하여야 한다.

17 ③

신문 이름에는 겹낫표(『 』)나 겹화살표(《 》)를 사용한다.

18 ②

끝소리가 'ㄹ'인 말과 딴 말이 어울릴 적에 'ㄹ' 소리가 나지 아니하는 것은 아니 나는 대로
적는다(「한글 맞춤법」 제28항 참조). ① '달달이'는 '다달이'로, ② '말소'는 '마소'로, ③ '불
나비'는 '부나비'로, ④ '불삽'은 '부삽'으로, ⑤ '불손'은 '부손'으로 적는다. '부손'은 화로에
꽂아 두고 쓰는 작은 부삽이다.

19 ⑤

① '뉴욕으로 부터'는 '뉴욕으로부터'로, ② '내기는 커녕'은 '내기는커녕'으로, ③ '이것이야
말로'는 '이것이야말로'로, ④ '잘할 뿐더러'는 '잘할뿐더러'로 적어야 한다. ⑤ '출발할걸'에
서 '-ㄹ걸'은 어떤 일에 대한 뉘우침이나 아쉬움을 나타내는 종결 어미이다.

20 ④

① '설흔'은 '서른'으로 적어야 한다. 끝소리가 'ㄹ'인 말과 딴 말이 어울릴 적에 'ㄹ' 소리가
'ㄷ' 소리로 나는 것은 'ㄷ'으로 적는다. ② '나흘날'은 '나흗날'로, ③ '설달'은 '섣달'로, ⑤
'풀소'는 '푿소'로 적어야 한다. ④ '잗달다'는 '하는 짓이 잘고 인색하다'를 뜻한다.

21 ②

① '싸이코패쓰(psychopath)'는 '사이코패스'로, ③ '올라인 컴뮤니티'는 '온라인 커뮤니티'
로, ④ '불랙 코메디'는 '블랙 코미디'로, ⑤ '파우어는 '파워'로 적어야 한다.

22 ③

① '꺕(gap)'은 '갭'으로, ② '베스트쎌러(best seller)'는 '베스트셀러'로, ④ '케이푸(cape)'는
'케이프'로, ⑤ '씨그날(signal)'은 '시그널'로 표기하여야 한다.

23 ④

① '스쿼트(squat)'는 '스콰'으로, ② '스윗치(switch)'는 '스위치'로, ③ '콘셉(concept)'은 '콘셉트'로, ⑤ '브리쥐(bridge)'는 '브리지'로 적어야 한다.

24 ①

② '민갑돌(閔甲乭)'은 'Min Gapdol'로, ③ '속리산'은 'Songnisan'으로, ④ '독배'는 'Dokbae'로, ⑤ '내죽리(內竹里)'는 'Naejuk-ri'로 표기하여야 한다.

25 ②

① '첫눈'은 'cheosnun'으로, ③ '없고'는 'eobsgo'로, ④ '뒷일'은 'dwisil'로, ⑤ '각하'는 'gagha'로 적어야 한다.

01 ③

① '말담'의 표준어는 '입담'이고, ② '이찹쌀'의 표준어는 '찹쌀'이며, ④ '풋머슴'의 표준어는 '선머슴'이고, ⑤ '먼발치기'의 표준어는 '먼발치'이다.

02 ②

'고봉밥' '산줄기', '수삼'은 표준어인데, '알무/알타리무'는 비표준어이다. '알무/알타리무'의 표준어는 '총각무(總角무)'이다. '높은밥', '멧줄기', '무삼'은 비표준어이다.

03 ⑤

① '마기'의 표준어는 '막상'이고, ② '역스럽다'의 표준어는 '역겹다'이며, ③ '참감자'의 표준어는 '고구마'이고, ④ 반찰떡'의 표준어는 '메찰떡'이다. '외다'는 표준어로서, '외우다'의 준말이다.

04 ①

'보상(報償)', '화재(火災)', '반발(反撥)', '피해(被害)' 등의 첫음절의 모음은 길게 발음된다.

05 ②

'급발진(急發進)'의 표준 발음은 [급빨찐]이다.

06 ⑤

① '폭력(暴力)'의 표준 발음은 [퐁녁]이고, ② '절약(節約)'의 표준 발음은 [저략]이며, ③ '필요(必要)'의 표준 발음은 [피료]이며, ④ '광한루(廣寒樓)'의 표준 발음은 [광:할루]이다.

07 ③

① '생산량(生産量)'의 표준 발음은 [생산냥]이고, ② '논리(論理)'의 표준 발음은 [놀리]이며, ④ '혼례(婚禮)'의 표준 발음은 [홀례]이고, ⑤ '문법론(文法論)'의 표준 발음은 [문뻠논]이다.

08 ④
'ㅎ(ㄶ, ㅀ)' 뒤에 모음으로 시작된 어미나 접미사가 결합되는 경우에는, 'ㅎ'을 발음하지 않는다(「표준 발음법」제12항 4 참조). ① '않은'의 표준 발음은 [아는]이다. ② '꽃에'는 [꼬체]로, ③ '닭이'는 [달기]로, ⑤ '헛웃음'은 [허두슴]으로 발음하여야 한다.

09 ③
'−하다'나 '−거리다'가 붙는 어근에 '−이'가 붙어서 명사가 된 것은 그 원형을 밝히어 적는다(「한글 맞춤법」제23항 참조). ① '오뚜기'는 '오뚝이'로, ② '더퍼리'는 '더펄이'로, '살사리'는 '살살이'로 적어야 한다. '−하다'나 '−거리다'가 붙을 수 없는 어근에 '−이'나 또는 다른 모음으로 시작되는 접미사가 붙어서 명사가 된 것은 그 원형을 밝히어 적지 않는다(「한글 맞춤법」제23항 붙임 참조). 예 누덕 + '−이' → 누더기, 깍둑 + '−이' → 깍두기, 귀뚤 + '−아미' → 귀뚜라미, 개굴 + '−이' → 개구리, 뻐꾹 + '−이' → 뻐꾸기

10 ②
'도저이'의 바른 표기는 '도저히'이다(「한글 맞춤법」제25항 참조).

11 ⑤
'꺽꽂이'의 바른 표기는 '꺾꽂이'이다.

12 ④
'새노랗다'의 바른 표기는 '샛노랗다'이다.

13 ⑤
어원이 분명하지 않은 것은 원형을 밝히어 적지 않는다(「한글 맞춤법」제27항 붙임 2 참조). 예 골병, 골탕, 아재비, 오라비, 업신여기다, 부리나케
① '아자비'는 '아재비'로, ② '없신여기다'는 '업신여기다'로, ③ '불아낳게'는 '부리나케'로, ④ '오래비'는 '오라비'로 적어야 한다.

14 ②
① '덧이'는 '덧니'로 적어야 한다. ② '뒤갈망'은 '뒷갈망'으로, ③ '쇠조각'은 '쇳조각'으로, ⑤ '혀바늘'은 '혓바늘'로 적어야 한다(「한글 맞춤법 제30항 참조).

15 ③

① '코병'은 '콧병'으로, ② '아래방'은 '아랫방'으로, ④ '메나물'은 '멧나물'로, ⑤ '예사일'은 '예삿일'로 표기하여야 한다(「한글 맞춤법」 제30항 참조).

16 ①

① '어둑컴컴한'의 바른 표기는 '어두컴컴한'이다. ② '기럭아'는 '기러기야'의 준말이다. 단어의 끝모음이 줄어지고 자음만 남은 것은 그 앞의 음절에 받침으로 적는다(「한글 맞춤법」 제32항 참조).

17 ④

① '씌여서'는 '씌어서'로, ② '폐였다'는 '폐었다'로, ③ '뵈여도'는 '뵈어도'로, ⑤ '뉘여라'는 '뉘어라'로 적어야 한다(「한글 맞춤법」 제37항 참조). '쌘'은 '싸인'의 준말이다.

18 ④

① '오로시'는 '오롯이'로, ② '반듯이'는 '반드시'로, ③ '버저시'는 '버젓이', ⑤ '느그시'는 '느긋이'로 적어야 한다(「한글 맞춤법」 제51항 참조).

19 ②

① '홍길동박사'는 '홍기동 박사'로, ③ '너 보다'는 '너보다'로, ④ '본대로 느낀대로'는 '본대로 느낀 대로'로, ⑤ '간줄'은 '간 줄'로 표기하여야 한다. '줄'은 의존 명사이다.

20 ④

① '할뿐만아니라'는 '할 뿐만 아니라'로, ② '안가니 못가니'는 '안 가니 못 가니'로, ③ '쉴틈 없이'는 '쉴 틈 없이'로, ⑤ '매달아놓았다'는 '매달아 놓았다'로 적어야 한다.

21 ⑤

① '픽켓'은 '피켓'으로, ② '버켓 리스트'는 '버킷 리스트'로, ③ '휠터링 파일'은 '필터링 파일'로, ④ '힐체어'는 '휠체어'로 적어야 한다.

22 ③

① '씨즌'은 '시즌'으로, ② '워맨쓰'는 '워맨스'로, ④ '오휘스룩'은 '오피스룩'으로, ⑤ '바디크렌져'는 '보디클렌저'로 표기하여야 한다. '워맨스'는 영어 woman과 romance가 결합하여 형성된 합성어로서, '여자들의 친밀하고 깊은 우정'을 뜻한다.

23 ①

② '챔피온쉽(championship)'은 '챔피온십'으로, ③ '쏘울(soul)'은 '소울'로, ④ '휘날레 (finale)'는 '피날레'로, ⑤ '메로디(melody)'는 '멜로디'로 적어야 한다.

24 ③

인명을 로마자로 표기할 적에는 음절 각각을 따로 읽었을 때의 소리대로 적는다. ③ 'Jang Bitna'는 인명인 '장빛나'를 바르게 표기한 것이다. ① '백록담'은 'Baengnokdam'으로, ② '월정사'는 'Woljeongsa'로, ④ '온죽면'은 'Onjuk-myeon'으로, ⑤ '울릉도(鬱陵島)'는 'Ulleungdo'로 적어야 한다. '울릉도(鬱陵島)'의 '도(島)'는 행정 구역 단위가 아닌 '섬'을 뜻하므로, '울릉'과 '도' 사이에 붙임표(-)를 쓰지 않아야 한다.

25 ⑤

① '불국사'는 'Bulguksa'로, ② '독립문'은 'Dongnimmun'으로, ③ '괴산군'은 'Goesan-gun' 으로, ④ '석굴암'은 'Seokguram'으로 표기하여야 한다.

참고 문헌

국립국어연구원(1995), 『기본 외래어 용례집』.

국립국어연구원(1996), 『국어의 로마자 표기 자료집』

국립국어연구원(2001), 『운동 경기 용어 순화집』

국립국어원(2007), 『외래어, 이렇게 다듬어 쓰자』, 태학사.

국립국어원(2021), 『표준국어대사전』 stdict. Korean. go. kr

국어연구소(1988), 『외래어 표기 용례집』

금성출판사(1991), 『국어대사전』.

김병제(1980), 『방언 사전』, 과학, 백과사전출판사.

박갑수(1995), 『우리말 바로 써야 한다 1』, 집문당.

박갑수(1995), 『우리말 바로 써야 한다 2』, 집문당.

박갑수(1996), 『우리말 바로 써야 한다 3』, 집문당.

이주행(2007), 『한국어 사회방언과 지역방언의 이해』, 한국문화사.

이주행·이규항·김상준(2008), 『표준 한국어 발음 사전』, 지구문화사.

이주행·김상준(2010), 『한국어 능력 평가』, 지구문화사.

이주행(2919), 『알기 쉬운 한국어 문법론』(신정판), 역락출판사.

이주행(2020), 『외국어로서의 한국어 문법 교육론』, 보고사.

이주행(2021), 『한국어 어문 규범의 이해』(신정증보판), 보고사.

한국정신문화연구원(1987~1995), 『한국 방언 자료집』 9권.

KBS 아나운서실 한국어연구회(1996), 『방송과 표준한국어』, 한국방송공사.

이주행(李周行)

충청남도 홍성군 광천(廣川) 출생
서울대학교 사범대학 국어교육과 학사 학위 취득
서울대학교 대학원 석사 학위 취득
성균관대학교 대학원 문학박사 학위 취득

한국 화법학회 회장, 한국어 교육학회 부회장
교육부 국어과 교육과정 심의 위원장
국제 한국어 교육 문화 재단 부이사장
KBS 한국어 연구회 자문위원, EBS 우리말 연구소 자문위원
방송위원회 방송 언어 특별 위원회 위원장 역임
현재 중앙대학교 명예 교수

[저서]
『현대국어 문법론』, 『한국어 문법의 이해』, 『한국어 의존 명사 연구』,
『한국어 어문 규범의 이해』, 『외국어로서의 한국어 문법 교육론』,
『한국어 사회방언과 지역방언의 이해』, 『방송 화법』, 『한국어학 개론』(공저),
『대중 매체와 언어』(공저), 『표준 한국어 발음 사전』(공저) 외 다수

한국어 어문 규범의 평가
표준어 어휘·표준 발음·한글 맞춤법
외래어 표기·로마자 표기

2022년 4월 20일 초판 1쇄 펴냄

지은이 이주행
펴낸이 김흥국
펴낸곳 보고사

책임 편집 이소희
표지 디자인 오동준

등록 1990년 12월 13일 제6-0429호
주소 경기도 파주시 회동길 337-15 보고사
전화 031-955-9797(대표)
　　　 02-922-5120~1(편집), 02-922-2246(영업)
팩스 02-922-6990
메일 kanapub3@naver.com / bogosabooks@naver.com
http://www.bogosabooks.co.kr

ISBN 979-11-6587-299-1 93710
ⓒ 이주행, 2022

정가 20,000원